The Best of Hispanic Print 2011

268 Winners from the National Association of Hispanic Publications' 2011 José Martí Awards Celebrating The BEST in Latino Newspapers & Magazines

These Publications, Editorial Sections, Articles, Photos, Designs, and Marketing Materials Represent the BEST of Hispanic Newspapers & Magazines From Across the USA

WPR Books: Latino Insights
Carlsbad, CA

Introduction

This book is a first of it's kind. While the National Association of Hispanic Publications has carried out publishing awards since 1989 - and has honored literally thousands of publications, editors, journalists, art directors, photographers, and marketing staffs over the years - this is the first time that we presented all their GREAT works in one, handy place. This book shares how comprehensive the scope of Hispanic Print is, as well as sharing the enormous quality that goes into the work.

Each chapter presents a different section of the awards, and at the begging of the chapter we have quotes from some of the judges who reviewed that categories work.

In this book we share 35 Overall Winners (Chapter A); 39 Editorial Section Awards (Chapter B); 98 Editorial Awards (Chapter C); 46 Design Awards (Chapter D); 28 Photo & Cartoon Awards (Chapter E); and 22 Marketing Awards (Chapter F). That's a total of 268 award winners that we're sharing in this book.

The National Association of Hispanic Publications was founded in 1982 at a time when the combined circulation of all Hispanic Publications was a fraction of what it is today and the annual advertising total was 5% the collective total today. We've witnessed the evolutions that have gone on over the years - and seen quality improve in ever aspect of Hispanic publishing. That's why this book is so important.

I apologize for any mistakes or oversights we might have made because of the large scale of this project and the limited time we had to design and layout the book between the time that the judges got their final ballots in and the time that we needed to send the book off to the printers. We would have loved to include more photos in Category C's Editorial Awards, but there wasn't enough time. We would have loved to share all 101 Editorial Awards in their entirety, but just one section, the Multiple Article Awards would have taken more than a 100 pages alone!

Finally, I want to thank NAHP President Clara Padilla Andrews, President-Elect Zeke Montes, and the other board members would strongly supported this project. I hope you enjoy the quotes of some of them on the back cover.

Thank you for your interest in Hispanic Print,

Kirk Whisler

Credits

The book was conceived and created by WPR Books under the leadership of Kirk Whisler, Publisher. The efforts were assisted by Jesus Menera, Tony Díaz, Abraham Larrondo, Annie Perez, and Jim Sullivan. Kirk also wants to thank his wife, Magdalena, for her patience in this effort.

ISBN 978-1889379-39-5

For more about books presented by WPR Publishing, please go to www.WPRbooks.com.

WPR BOOKS: Latino Insights

3445 Catalina Dr., Carlsbad, CA 92010-2856

www.WPRbooks.com 760-434-1223 kirk@whisler.com

Table of Contents

The Book is Dedicated To the Publishers We Have Lost & The Accomplishments They Left Us With

This book is dedicated to the publishers, editors and others in Hispanic publishing that we've lost over the years. Many were the true founders of modern Hispanic publishing - and often the first Spanish language media in their cities.

Carlos Carrillo
Impacto Latin News, New York
NAHP Secretary 1984-88

Manuel A. Toro
La Prensa, Orlando
NAHP President 1989-90

Eddie Escobedo, Sr. *(with President Obama)*
El Mundo, Las Vegas, NAHP President 1997-99 &
long time NAHP Foundation chair

Some of the publishers we have lost. They & their efforts are missed.

1996 **Juan Pifarre**, Publisher of El Nuevo Horizontes, San Francisco. **Former NAHP Board Member**
1996 **Margarita F. Toraya**, Founding Publisher of Ave Fenix de Arizona. **Former NAHP Board Member**
1998 **Roland Manteiga**, Founding Publisher of La Gaceta, Tampa
1998 **Oscar Parodi**, Publisher of El Sol Salinas, CA
1999 **Carlos Ramirez**, Publisher of El Diario La Prensa, New York
1999 **Marshall Vega**, Founding Publisher of Spanish Journal, Milwaukee
2000 **Miguel Sepulveda**, Founding Publisher of Ahora Spanish English Newspaper, Reno
2001 **Anna Maria Arias**, Founding Publisher of Latina Style, Washington, DC
2001 **Filemon Ortega**, Founding Publisher of La Prensa Centroamerica, Hialeah
2001 **Charles Orten**, Publisher of El Sol de Texas, Dallas
2002 **Carlos Castañeda**, Publisher of El Nuevo Herald, Miami
2002 **Raúl A. León**, Founding Publisher of La Voz Latina, San Jose
2002 **George Villalobos**, Founding Publisher of Alianza Metropolítan News, San Jose
2005 **José Cabaleiro**, Founding Publisher of El Faro, Key West
2005 **Carlos Carrillo**, Founding Publisher of Impacto Latin News, NYC. **Former NAHP Board Officer**
2005 **John DiCarlo**, Founding Publisher of Teleguía Los Angeles. **Former NAHP Board Member**
2006 **Julio Esparza**, Founding Publisher of Qué Onda, Houston
2006 **Sheila Sepulveda**, Publisher of Ahora Spanish English Newspaper, Reno
2007 **Gaspar Roca**, Founding Publisher of El Vocero de Puerto Rico, San Juan
2007 **Antonio Salazar**, Publisher of TV Guía, San Francisco
2007 **Manuel A. Toro**, Founding Publisher of La Prensa, Orlando. **Former NAHP Board President**
2008 **José C. Cayón Diéguez**, Founding Publisher of El Tiempo de Nuevo York
2009 **Bidal Augero**, Founding Publisher of El Editor, Lubbock
2009 **Daniel L. Muñoz Sr.**, Founding Publisher of La Prensa San Diego
2010 **Eddie Escobedo Sr.**, Founding Publisher of El Mundo Las Vegas. . **Former NAHP Board President**
2010 **Art Lerner**, Founding Publisher of La Guía Familiar, Los Angeles. **Former NAHP Board Member**
2010 **Mary T. Mottola**, Publisher of Vida Nueva, Los Angeles
2010 **Fernando "Freddy" Rosado**, Founding Publisher of El Bohemio News, San Francisco
2010 **Roberto Suárez**, Founding Publisher of El Nuevo Herald, Miami

Anna Maria Arias

Freddy Rosado

Bidal Augero · *George Villalobos* · *Raúl A. León* · *Carlos Castañeda*

Miguel & Sheila Sepulveda · *John DiCarlo* · *Julio Esparza*

October 19, 2011

Fellow Members of the National Association of Hispanic Publications, National Hispanic Press Foundation, sponsors, exhibitors and supporters,

On behalf of the National Association of Hispanic Publications (NAHP) Board of Directors, it is my pleasure to introduce the first book on "The Best of Hispanic Print." Hispanic publications from across the country have submitted examples of the outstanding, professional work they produce day after day, and for the first time, we have been able to produce a publication that recognizes their award-winning efforts. These publications not only deserve recognition in their circulation areas, but national recognition as well and the José Martí Award Media Book aims to accomplish this goal.

The José Martí Awards are named after José Julian Martí Perez. a Cuban poet, essayist, journalist, revolutionary philosopher, professor, translator, political theorist, and publisher. These awards spotlight exceptional efforts of hard-working publications nationwide. We congratulate the recipients of the 2011 José Martí Awards and thank the judges for the hard work that goes into judging this prestigious award.

The NAHP Board of Directors understands the need for Hispanic publications and the vital role that they play in the lives of our communities and readership. NAHP serves to educate Hispanic publications and enhance opportunities to increase their visibility, reach, and quality of work.

I thank you for allowing me to represent you as President of the National Association of Hispanic Publications for the last four and a half years. It has been a pleasure to serve and I wish the new NAHP president and board of directors much success and look forward to the continued growth and strengthening of the organization for many years to come.

Clara

Clara Padilla Andrews
President, National Association of Hispanic Publications

National Association of Hispanic Publications
National Press Building
529 14th Street, Suite1126
Washington, D.C. 20045
Tel. 202-662-7250
www.nahp.org

Dear publishers & supporters of Hispanic Print,

All Hispanic publisher, this is your call to action. As an organization it is time to mobilize our coalition of Hispanic Publishers to bring prosperity to our industry and to our Hispanic communities.

More than ever before, our industry is facing the challenges of technology, procurement and expansion while simultaneously spotlighting issues that pertain to our communities locally and globally. Issues such as immigration, education and employment are matters that have hit the Hispanic population hard, and I am here today to ask you, the publishers, to unite and work together to help solve these issues.

Where to start? You can start by changing your outlook on your neighboring publisher from competitor to partner. As a team, you can hold meetings with Regional Companies, Government offices and politicians to make them aware of Hispanic contributions to the community, the economy and to our country. We can help each other by sharing information such as upcoming bids, government programs, recommend service providers, or efficient methods of operation. Collaborating together on local issues can draw the attention from those who may aid to solve these problems such as government or corporate influences. Together, we can increase our voter representation by explaining to our readers the importance of voting, if not for themselves, than for those who can't.

I ask our corporate partners to work with us to help Hispanic families and businesses grow through our reach, our relationships and our medium. There are so many opportunities to help Hispanic communities that can benefit from your outreach programs and endeavors. Voter Registration Drives, Financial Literacy Campaigns, Job Opportunity campaigns and many more are waiting for corporate aid that will impact their success and yours.

I ask our sister non-profit organizations for their assistance in sharing their message to the community of their wonderful programs that people may be unaware of. We can spread the word for those who may seek your help and for those who may want to help your cause.

Unity for the purpose of community has to be our mutual goal through communication and hard work. Please join us by taking the first step, an email, a call, or a hand shake that will bring mutual success to all those who make an effort.

From

Zeke Montes
NAHP President Elect

National Association of Hispanic Publications
National Press Building
529 14th Street, Suite1126
Washington, D.C. 20045
Tel. 202-662-7250
www.nahp.org

The 2011 NAHP Board

This is the board for the National Association of Hispanic Publications Board as of October 2011. On October 21, 2011 a new Executive Board will be elected during the NAHP's 2011 Convention in Las Vegas.

Clara Padilla Andrews
President

Zeke Montes
President Elect

Martha Montoya
Vice President - Membership

Lilian de la Torre
Vice President - Marketing

David Cortinas
Secretary

Nile Wendorf
Treasurer

Anthony Ibarria
Region 1 Director

Norma Condreasay
Region 3 Director

Lina Martinez
Region 4 Director

Eddie Escobedo Jr.
Region 5 Director

Jose Zepeda
Region 7 Director

Not pictured: Anibel Torres, *Region 2 Director*

cont. from page 238

2010 Was A Pivotal Year For Hispanic Publications

By Kirk Whisler

Since 1982 we have annually analyzed the trends in Hispanic newspapers, magazines, and other types of publications in Spanish and English aimed at the Latino community within the USA and Puerto Rico. In those early decades we saw increases across the board every year. Between 1995 and 2007 ad revenues for these publications increased by significant double digit rates every year. Those were exciting days.

Since 2007 we've seen declines in a variety categories. For instance, the number of Hispanic daily newspapers has dropped from a high of 42 to the present total of 26. Almost all media entities have suffered in one way or another over the past three years. Here's five key trends on why this is a landmark year - and hopefully spells much better things to come in the near future:

Hispanic Weeklies

When you look at both Hispanic weekly newspapers and weekly magazines, you find this segment is doing very well, considering the overall troubled times we have been in. Revenues are up and new publications are starting in markets across the USA, and some existing publications are starting new editions. In many ways these are the future of Hispanic Print.

Staffing

After a several years of dramatic drops in employment at these publications, we saw only a small decline in employment in 2010. Overall employment within all types of Hispanic Print still is a very impressive 10,674, with 3,192 of those working on the editorial side. When you total Latinos working in both mainstream media as well as in other forms of Spanish language media, you'd need to multiply that total by at least three to equal the number employed by Hispanic Print. This is both a reflection of the vitality of Hispanic Print, as well as the commitment to serving their readers that these publications have.

Audits

One of the best indicators of the growth and stability of Hispanic publications are trends in audited publications. 2010 marks the peak year thus far for audited Hispanic publications with a total of 220. The combined circulation for these publications is 15.4 million, up roughly five million in circulation from 2005.

Online Advertising

2010 marked the year that advertising revenues for the websites for Hispanic newspapers and magazines surpassed $10 million. The total for 2010 is projected at $14.5 million. I anticipate this will be a major growth area for most categories of Hispanic Print in the next few years. Many already have the quality content - they just need to use the right platforms and designs and then they'll start to see revenues rise even more.

Hispanic Owned Publications

This is a healthy segment with combined ad revenues up an impressive 6% over 2009. Weekly Hispanic owned newspapers and magazines both showed improvements. This segment has 16 more audited publications than there were in 2005.

Research indicates that downward cycle has changed for many categories of Hispanic Print and 2011 promises to be even a better year.

Latino Print Network works with over 625 Hispanic newspapers and magazines with a combined circulation of 19 million in 177 markets across the USA. For more information on trends or advertising in Hispanic newspapers, magazines, and online, please contact Kirk Whisler at kirk@whisler.com or phone 760-434-1223.

NOTE: *Early each year for more than 20 years we have carried out a comprehensive analysis on the State of Hispanic Print for the previous year. The following are the charts from the 2011 research.*

The State of Hispanic Print 2010

Type of Publication	Number	Audited	U.S. Total Circulation	% Spanish	Avg. Circ.	Avg. An. Copies
Daily Newspapers	26	15	1,015,243	94%	39,048	13,283,577
Weekly Newspapers	428	117	11,080,710	81%	25,890	1,365,963
Less Than Weekly Newspapers	378	10	4,923,719	65%	13,026	207,937
NEWSPAPER TOTAL	**832**	**142**	**17,019,672**	**85%**	**20,456**	**1,212,266**
Magazines - Local Glossy	155	2	1,641,527	82%	10,590	507,097
Magazines - Local Newsprint	149	44	3,551,023	91%	23,832	6,769,161
Magainzes - National	124	15	13,827,192	63%	111,510	1,137,952
Magazines - International	85	15	1,110,134	81%	13,060	112,647
MAGAZINE TOTAL	**513**	**76**	**20,129,876**	**79%**	**39,240**	**439,945**
Annuals	57	0	487,903	17%	8,560	9,456
Catalogs	18	0	557,000	41%	30,944	64,611
Journals	93	0	1,501,572	33%	16,146	88,962
Newsletters	259	1	642,573	24%	2,481	19,830
Yellow Pages	103	1	5,342,542	83%	51,869	58,563
OTHER TOTAL	**530**	**2**	**8,531,590**	**67%**	**16,097**	**39,893**
TOTALS	**1,875**	**220**	**45,681,138**	**82%**	**24,363**	**669,568**

Current Newspapers Grouped By Year Founded	
Before 1950	
28	3%
1960s	
26	3%
1970s	
50	6%
1980s	
109	13%
1990s	
249	30%
2000s	
357	44%

2010 Staffing & Copies Produced

Type of Publication	FT/PT Staffing	Editorial Staffing	Average Staff	Annnual Production In Millions: Copies	Mag. Size Pgs.	Av.Mag.Pgs.
Daily Newspapers	1,456	335	56	345	29,346	85
Weekly Newspapers	3,167	728	7.4	585	32,702	56
Less Than Weekly Newspapers	1,561	359	4.1	79	3,137	40
NEWSPAPER TOTAL	**6,184**	**1,422**	**7.4**	**1,009**	**65,184**	**65**
Magazines - Local	1,612	580	5.3	141	7,303	52
Magazines - Nat'	958	345	7.7	75	4,190	56
Magazines - Int'l.	729	262	9	10	591	62
MAGAZINE TOTAL	**3,299**	**1,187**	**6.4**	**226**	**12,083**	**54**
Annuals	94	38	1.6	0.5	40	73
Catalogs	39	0	2.2	1.2	17	15
Journals	280	252	3.0	8.3	259	31
Newsletters	338	271	1.3	5.1	41	8
Yellow Pages	440	22	4.3	6.0	681	113
OTHER TOTAL	**1,191**	**583**	**2.2**	**21**	**1,037**	**49**
TOTALS	**10,674**	**3,192**	**5.7**	**1,255**	**78,305**	**62**

Magazines Grouped By Year Founded	
Before 1950	
16	3%
1960s	
8	2%
1970s	
27	6%
1980s	
54	11%
1990s	
162	34%
2000s	
215	45%

Growth Trends: Hispanic Publications In 1970, 1990, 2000 & 2005

Type of Publication	1970		1990		2000		2005	
	Number	Circ.	Number	Circ.	Number	Circ.	Number	Circ.
Daily Newspapers	8	135,000	14	440,000	34	1,413,039	42	1,609,352
Weekly Newspapers	74	420,000	152	2,450,000	265	9,141,947	350	11,178,333
Less Than Weekly Newspapers	150	400,000	189	1,350,000	251	4,240,826	343	4,845,056
NEWSPAPER TOTAL	**232**	**955,000**	**355**	**4,240,000**	**550**	**14,795,812**	**735**	**17,632,741**
Magazines	52	730,000	177	4,600,000	352	15,397,492	477	24,108,851
Other	97	105,000	210	790,000	487	5,982,309	513	10,037,992
TOTALS	**381**	**1,790,000**	**742**	**9,630,000**	**1,389**	**36,175,613**	**1,725**	**51,779,584**
Percentage Increase To 2010								
Daily Newspapers	225%	652%	86%	131%	-24%	-28%	-38.1%	-36.9%
Weekly Newspapers	478%	2,538%	182%	352%	62%	21%	22.3%	-0.9%
Less Than Weekly Newspapers	152%	1,131%	100%	265%	51%	16%	10.2%	1.6%
NEWSPAPER TOTAL	**259%**	**1,682%**	**134%**	**301%**	**51%**	**15%**	**13.2%**	**-3.5%**
Magazines	887%	2,658%	190%	338%	46%	31%	7.5%	-16.5%
Other	446%	8,025%	152%	980%	9%	43%	3.3%	-15.0%
TOTALS	**392%**	**2,452%**	**153%**	**374%**	**35%**	**26%**	**8.7%**	**-11.8%**

NOTES: These numbers include Puerto Rican publications as well as Mexican border publications with US circulation. Puerto Rican publications included are 5 dailies, 15 weeklies, 15 magazines & 16 other publications and there are 12 border dailies that are included in these figures. For International magazines only U.S. circulation is included & ad revenues are prorated to represent the U.S. portion only. **© 2011 Latino Print Network, Carlsbad, CA. For info phone Kirk Whisler at 760-434-1223. No reproduction of this information is permitted without written authorization.**

Hispanic Publication Advertising Sales In 2010

Type of Publication	TOTAL	% of Total	Local	National	Web	Local $ %	Revenues Avg. in M's
	Est. Ad Revenues In Millions						
Daily Newspapers	**$308**	28%	$233	$76	$5.7	95%	$11,855
Weekly Newspapers	**$367**	34%	$294	$72	$1.4	80%	$857
Less Than Weekly Newspapers	**$30**	3%	$27	$3.2	$0.1	89%	$79
NEWSPAPER TOTAL	**$712**	**66%**	**$554**	**$151**	**$7.2**	**78%**	**$856**
Magazines - Local Glossy	**$23**	2%	$21	$1.3	$0.3	94%	$146
Magazines - Local Newsprint	**$96**	9%	$85	$10.6	$0.7	89%	$643
Magainzes - National	**$188**	17%	$9.0	$179	$4.7	5%	$1,519
Magazines - International	**$27**	2%	$0.3	$26	$0.7	1%	$312
MAGAZINE TOTAL	**$340**	**31%**	**$116**	**$218**	**$6.3**	**34%**	**$662**
Annuals	**$1.5**	0%	$0.6	$0.9	$0.1	39%	$26
Catalogs	**$0.3**	0%	$0.2	$0.1	$0.0	69%	$14
Journals	**$0.8**	0%	$0.4	$0.4	$0.0	49%	$8
Newsletters	**$1.0**	0%	$0.3	$0.7	$0.2	28%	$4
Yellow Pages	**$25.5**	2%	$22.3	$3.2	$0.7	87%	$248
OTHER TOTAL	**$30**	**3%**	**$23.7**	**$5.3**	**$1.0**	**79%**	**$57**
TOTALS	**$1,082**	**100%**	**$693**	**$374**	**$14.5**	**64%**	**$577**

Ad Revenue Groups For Newspapers In 2010		
Under $50,000	319	39%
$50,000-$99,999	115	14%
$100,000-$249,999	145	18%
$250,000-$499,999	77	9%
$500,000-$999,999	73	9%
Over $1,000,000	97	12%

2010 Advertising Revenue Per Copy & Per Staff

Type of Publication	Copy Produced	Issue Produced	Staff Person
	Average Ad Revenues Per		
Daily Newspapers	$0.89	$34,849	$211,700
Weekly Newspapers	$0.63	$16,238	$115,779
Less Than Weekly Newspapers	$0.38	$4,972	$19,218
NEWSPAPER TOTAL	**$0.71**	**$14,443**	**$115,153**
Local Magazines	$0.84	$148,864	$116,858
Nat'l. Magazines	$2.51	$280,034	$196,634
MAGAZINE TOTAL	**$1.51**	**$59,062**	**$102,972**
Annuals	$2.78	$23,773	$15,926
Catalogs	$0.22	$6,732	$6,487
Journals	$0.09	$1,473	$2,696
Newsletters	$0.20	$487	$2,982
Yellow Pages	$4.23	$219,275	$57,955
OTHER TOTAL	**$1.42**	**$22,842**	**$25,191**
TOTALS	**$0.86**	**$20,994**	**$101,350**

Ad Revenue Groups For Magazines In 2010		
Under $50,000	170	35%
$50,000-$99,999	56	12%
$100,000-$249,999	89	18%
$250,000-$499,999	57	12%
$500,000-$999,999	58	12%
Over $1,000,000	53	11%

Estimated Hispanic Publication Ad Revenues In 1990, 1995, 2000 & 2005

	1990		1995		2000		2005	
	Total	Increase	Total	Increase	Total	Increase	Total	Increase
Newspapers – Daily	$76.0	306%	$171	80%	$363	-15%	$611	-49.6%
Newspapers - Weekly	$40.0	817%	$94	290%	$206	78%	$346	6.0%
Newspapers - Less than weekly	$5.0	500%	$11	173%	$25	20%	$39	-23.1%
Newspapers TOTAL	**$121**	**489%**	**$276**	**158%**	**$594**	**20%**	**$996**	**-28.5%**
Magazines	$27.0	1,158%	$84	304%	$213	59%	$330	2.9%
Other Publications	$3.1	868%	$14	114%	$27	11%	$49	-38.8%
OVERALL TOTAL	**$151**	**616%**	**$374**	**189%**	**$834**	**30%**	**$1,375**	**-21.3%**

NOTES: The advertising revenues for web sites are solely for websites tied in with Hispanic publications and are not representative of revenues from Hispanic websites overall. These numbers include Puerto Rican publications as well as Mexican border publications with US circulation. Puerto Rican publications included are 5 dailies, 15 weeklies, 15 magazines & 16 other publications and there are 12 border dailies that are included in these figures. For International magazines only U.S. circulation is included & ad revenues are prorated to represent the U.S. portion only. **© 2011 Latino Print Network, Carlsbad, CA. For info phone Kirk Whisler at 760-434-1223. No reproduction of this information is permitted without written authorization.**

Hispanic Publication TOTAL Revenues In 2010

Type of Publication	Est. Total Revenues In Millions TOTAL	% of Total	Ad %	Newsstand %	Sub %	Revenues Avg. in M's
Daily Newspapers	**$385**	32%	80%	14%	6%	$14,821
Weekly Newspapers	**$373**	31%	98%	1%	1%	$872
Less Than Weekly Newspapers	**$33**	3%	92%	3%	4%	$86
NEWSPAPER TOTAL	**$791**	**65%**	**89%**	**7%**	**4%**	**$951**
Local Magazines	**$130**	11%	91%	8%	1%	$1,047
Nat'l. & Int'l. Magazines	**$257**	21%	84%	12%	5%	$3,022
MAGAZINE TOTAL	**$387**	**32%**	**86%**	**11%**	**3%**	**$754**
Annuals	**$1.6**	0%	95%	2%	4%	$28
Catalogs	**$0.3**	0%	100%	0%	0%	$14
Journals	**$2.0**	0%	38%	3%	59%	$21
Newsletters	**$2.5**	0%	41%	0%	59%	$9
Yellow Pages	**$25.5**	2%	100%	0%	0%	$248
OTHER TOTAL	**$32**	**3%**	**91%**	**0%**	**8%**	**$60**
TOTALS	**$1,209**	**100%**	**88%**	**8%**	**4%**	**$645**

2010 Total Revenue Per Copy & Per Staff

Type of Publication	Average Total Revenues Per Copy Produced	Issue Produced	Staff Person
Daily Newspapers	$1.12	$43,566	$264,652
Weekly Newspapers	$0.64	$16,521	$117,799
Less Than Weekly Newspapers	$0.41	$5,397	$20,864
NEWSPAPER TOTAL	**$0.78**	**$16,042**	**$127,906**
Local Magazines	$0.92	$102,569	$80,516
Nat'l. & Int'l. Magazines	$26.83	$350,397	$352,383
MAGAZINE TOTAL	**$1.71**	**$67,229**	**$117,211**
Annuals	$2.94	$25,131	$16,835
Catalogs	$0.22	$6,732	$6,487
Journals	$0.24	$3,895	$7,129
Newsletters	$0.48	$1,188	$7,275
Yellow Pages	$4.23	$219,276	$57,955
OTHER TOTAL	**$1.50**	**$24,203**	**$26,692**
TOTALS	**$0.96**	**$23,471**	**$113,307**

Hispanic Publication Circulation Revenues In 2010

Type of Publication	Estimated Revenues In Millions TOTAL	% of Total	Newsstand	Subs	Newsstand $ %	Revenues Avg. in M's
Daily Newspapers	**$77**	54%	$52	$25	68%	$2,965
Weekly Newspapers	**$6.4**	4%	$3.4	$3.0	53%	$15
Less Than Weekly Newspapers	**$2.6**	2%	$1.1	$1.4	44%	$7
NEWSPAPER TOTAL	**$86**	**61%**	**$57**	**$29**	**66%**	**$103**
Local Magazines	**$11**	8%	$10	$1.0	91%	$91
Nat'l. & Int'l. Magazines	**$42**	30%	$30	$12	72%	$494
MAGAZINE TOTAL	**$53**	**37%**	**$41**	**$13**	**76%**	**$104**
Annuals	**$0.1**	0%	$0.0	$0.1	33%	$2
Catalogs	**$0.0**	0%	$0.0	$0.0	0%	$0
Journals	**$1.2**	1%	$0.1	$1.2	5%	$13
Newsletters	**$1.5**	1%	$0.0	$1.4	1%	$6
Yellow Pages	**$0.0**	0%	$0.0	$0.0	0%	$0
OTHER TOTAL	**$2.8**	**2%**	**$0.1**	**$2.7**	**3%**	**$5**
TOTALS	**$142**		**$98**	**$45**	**69%**	**$76**

NOTES: These numbers include Puerto Rican publications as well as Mexican border publications with US circulation. Puerto Rican publications included are 5 dailies, 15 weeklies, 15 magazines & 16 other publications and there are 12 border dailies that are included in these figures. For International magazines only U.S. circulation is included & ad revenues are prorated to represent the U.S. portion only. **© 2011 Latino Print Network, Carlsbad, CA. For info phone Kirk Whisler at 760-434-1223. No reproduction of this information is permitted without written authorization.**

The 2011 José Martí Judges

We want to sincerely thank these hard working individuals for their many hours of work. Their object analysis of the entries is the foundation of these important awards. At the start of each chapter you can read some of thier insights. *Thank you very much for your efforts, Kirk Whisler*

Robert Alanez

Martin Castro

Carlos Cisneros

Mario Cobian

Nora de Hoyos Comstock

José Galvez

Ignacio Gomez

Myriam Grajales Hall

Jen Cullerton Johnson

The 2011 José Martí Judges

Mimi Lozano

Sylvia Mendoza

Guillermo Meneses

Esther Novak

Gloria Rodriguez

Nilza Serrano

Andres Tobar

Luis Torres

Francisco Vasquez

Overall Excellence Awards

These 35 winners are honored for their overall all-around quality of publishing. These are the highest publishing honors given by the National Association of Hispanic Publications.

"Jose Martí once stated, '...Talent is a gift that brings with it an obligation to serve the world, and not ourselves, for it is not of our making.' Each one of this year's candidates to the NAHP José Martí Awards has followed the mission and continues to provide uplifting streams of information, knowledge, and advice to our Hispanic population through the high quality of their writing, design, and relevant messages. If we want to learn from our successes then we need to look closely at what these Latino publications are doing." ***Gloria Rodriguez, Comunicad***

"In general the quality of the newspapers has improved discernibly and several publications are now quite sophisticated in their content and style. In particular, I noted some publications that are providing a broad range of information to its readers --- including (of course) immigration, targeted news from Latin American countries, impressive guest columns on issues of public policy relevant to Latinos (Andrés Oppenheimer, Jorge Ramos, etc.). It's very good to see the evolution and hope more publications will follow suit." ***Esther Novak, Vanguard Communications***

"It was a pleasure to see the tremendous improvements that have been made by the NAHP publications over the past ten years. The quality and the content of NAHP's publications are outstanding. Congratulations, NAHP." ***Andres Tobar, NAHP Executive Director, 1996-2001***

GOLD AWARD

Hoy
Chicago, IL

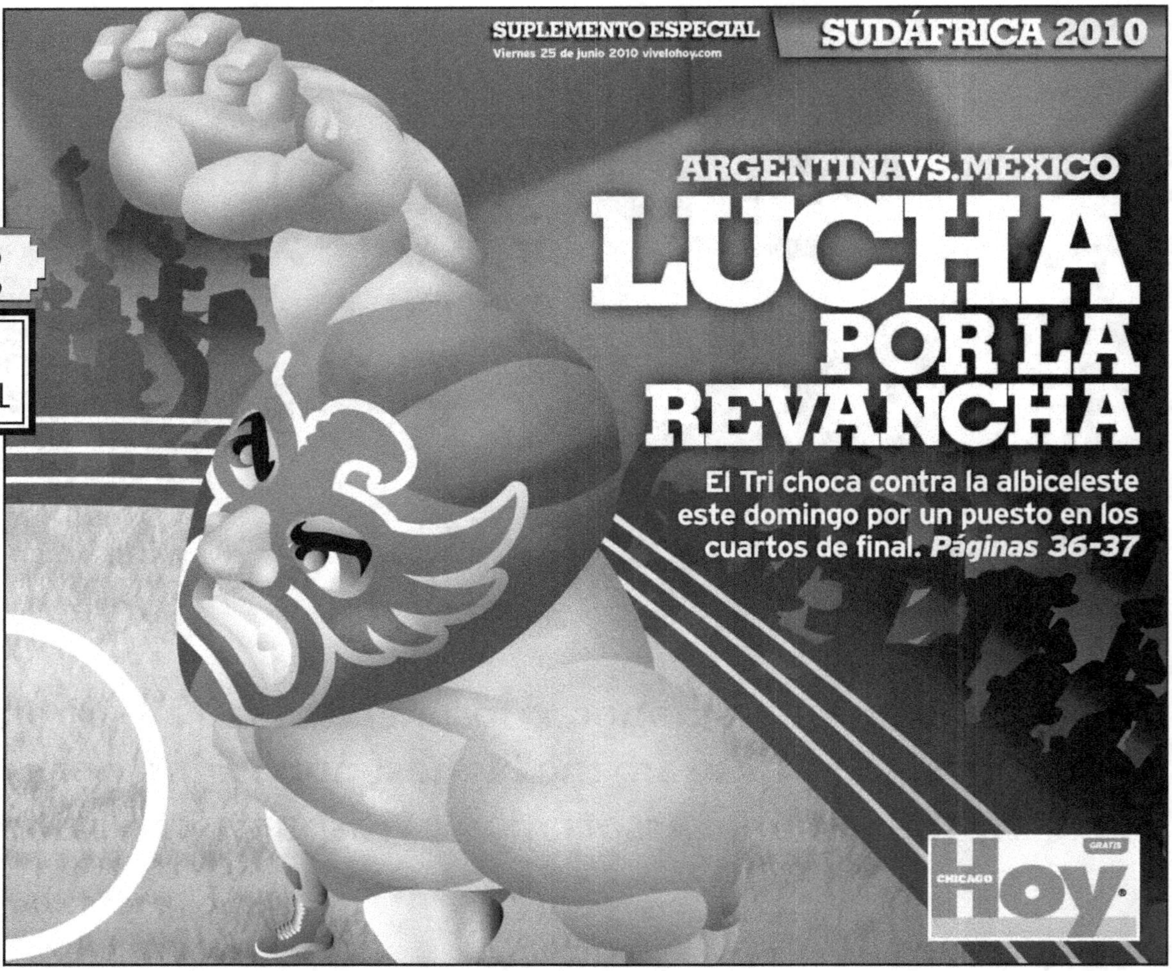

SUPLEMENTO ESPECIAL
Viernes 25 de junio 2010 vivelohoy.com

SUDÁFRICA 2010

ARGENTINAVS.MÉXICO

LUCHA POR LA REVANCHA

El Tri choca contra la albiceleste este domingo por un puesto en los cuartos de final. *Páginas 36-37*

CHICAGO Hoy GRATIS

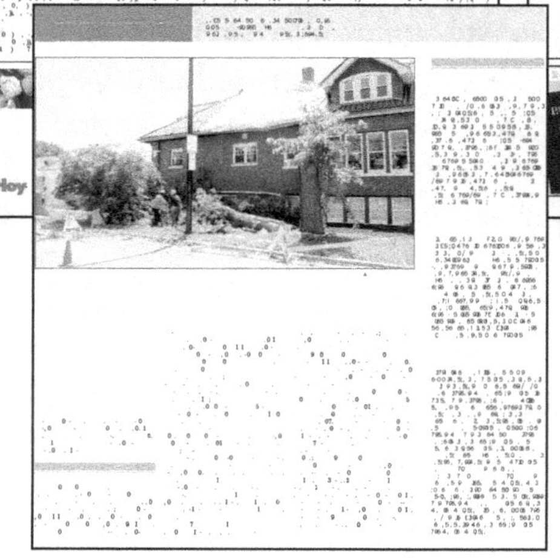

SILVER AWARD

El Nuevo Heraldo
Brownsville, TX

LA VOZ DEL VALLE

El Nuevo Heraldo

Viernes 16 y sábado 17 de julio de 2010 • www.elnuevoheraldo.com • .25 Diario • .50 Domingo

DEPORTES

No dan una

Recibe RGV Bravos histórica goleada ante Laredo Heat.

PAG. B1

REFLECTOR

Condena la violencia

Recuerda El Potrillo la muerte de músicos a manos del narco.

PAG. B4

EL EXTRA

GUANAJUATO

La cuna de la Independencia de México.

PHARR

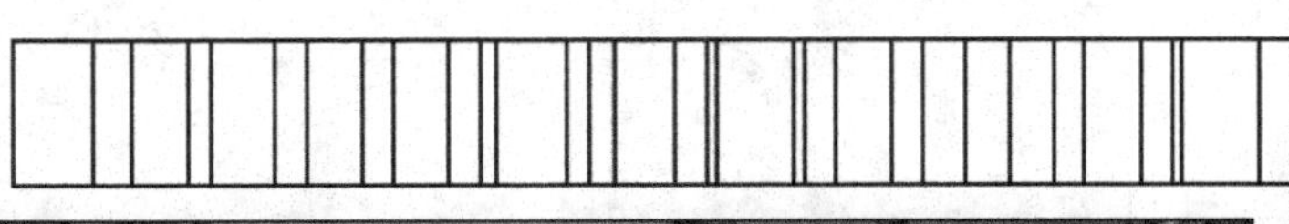

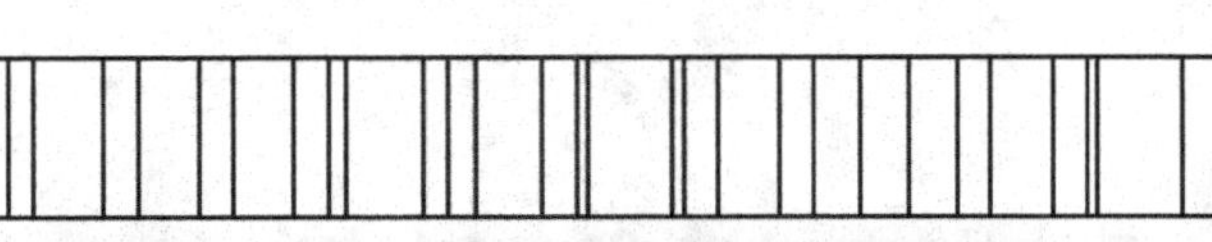

Nathan Lambrecht/The Monitor

INUNDACIONES **también han afectado zonas comerciales de la ciudad de Mission como se aprecia en la imagen.**

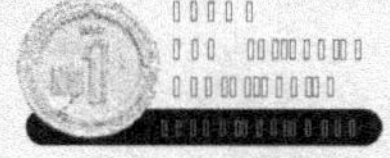

FRANJA FRONTERIZA

OJOS EN EL CIELO

Enviará EU aviones no tripulados a la franja fronteriza, destinan 47 mdd a agencias policiacas. **PAG. A2**

PHARR

GRAN FESTIVAL DE ARTE

Presentarán la obra "Bird Brains", una comedia con música y danza.

PAG. A3

NACIONAL

COMIENZA AUDIENCIA

Consideran alegatos en demanda contra nueva ley de Arizona.

PAG. A5

INTERNACIONAL

VOTO HISTORICO

Argentina aprueba matrimonio entre homosexuales.

PAG. A6

MEXICO

Joel Martínez/The Monitor

ANGELA CAMACHO **subió ayer al estrado y relató los asesinatos.**

CASO RUBIO

Testifica Camacho sobre los asesinatos

ILDEFONSO ORTIZ
ElNuevoHeraldo.com

Algunos miembros del jurado entraron en llanto mientras escuchaban el testimonio de Angela Camacho durante el juicio de asesinato capital de John Allen Rubio por las muertes de sus tres hijos. Camacho ya ha sido convicta de los asesinatos, mientras Rubio, su esposo por ley común, está siendo enjuiciado de nueva cuenta en el caso.

Camacho le dijo al jurado

> Permanecen vigentes las evacuaciones mandatorias para Peñitas, Granjeno y Los Ebanos

PATRICIA LOPEZ
ElNuevoHeraldo.com

Los oficiales del Manejo de Emergencias del Condado Hidalgo continúan monitoreando los niveles de agua por todos los puntos a lo largo del Río Grande.

Ayer a la 1:30 p.m. se giró una advertencia de evacuación voluntaria ordenada por esta dependencia de gobierno, que pide a los residentes que viven en un área de 15 casas localizadas al sur de la Military Highway y la calle "I" Rd, con vuelta en la calle Doffing Rd., su cooperación para la evacuación de manera voluntaria.

Dijeron que siguen vigentes todas las evacuaciones mandatorias para Los Ebanos, Peñitas. La

AREAS INUNDADAS O EN PELIGRO:

PRESA FALCÓN
Ahora: La presa se encuentra en un récord de 308.27 pies. Esto está causando inundaciones en parte del Condado Zapata.
Cambios: Se espera que continúen los desfogues hasta nuevo aviso. No se esperan cambios.

RIO GRANDE CITY/CONDADO STARR
Ahora: El río se encuentra en un estado de inundación de 56.3 pies. El último registro fue de 57.6 pies el fin de semana pasado.
Cambios: El río está pronosticado

produciendo áreas de inundación a lo largo del río desde la Presa Anzaldúas hasta la Presa Retamal en Donna. Zonas de inundación más significativas están afectando varias comunidades desde la línea del Condado Starr hasta la Presa Anzaldúas
Cambios: Se esperan muy pocos cambios. Se espera que el de agua se mantenga dentro del nivel de los muros de contención.

CONDADO CAMERON
Ahora: Se observa una bajada gradual en el río. Brownsville se

Overall Excellence Awards

Outstanding Spanish Language Weekly, Under 30,000

GOLD AWARD

Hola Noticias
Charlotte, NC

HOLA

Overall Excellence Awards

Outstanding Spanish Language Weekly, Under 30,000

Overall Awards

SILVER AWARD

Qué Pasa
Raleigh, NC

BUSCA ADENTRO:

REVEN
Daddy Yankee sigue triunfando. ¿Cuál es su secreto? Le decimos como moldear su sonrisa y actuar positivamente.

LOS RIVALES
El Tri jugará doce partidos amistosos antes del Mundial. Uno de ellos se disputará en Charlotte en marzo, como lo anticipó Qué Pasa. DEPORTES C1

AYUDA A HAITÍ
Envíe la palabra "Haiti" al 90999 desde su celular para donar $10, llame al 1-800-733-2767 ó visite www.cruzrojaamericana.org

QUÉ PASA MUNDIAL
Espere el suplemento con la historia, las figuras, el calendario, y la chica del Mundial.

QuéPasa
NOTICIAS CON ACENTO LATINO
Año 16 No. 13
Febrero 4 - 10 de 2010
RALEIGH/DURHAM
GRATIS
www.quepasamedia.com

¿Qué pasó manito?
¿Que casi ni nos mencionaste en tu discurso anual?
INMIGRACIÓN B1

Benito Escobedo vive así p

BRONZE AWARD

La Conexión
Raleigh, NC

® 1995-2010
La voz de la comunidad
La Conexión
15 Aniversario
Volumen 16 Edición 50
Gratis
12.22.2

Decepción
El proyecto Dream Act fue sepultado en el Senado. Cincuenta mil jóvenes de Carolina del Norte pierden la batalla.
PÁGINAS 3, 16, 17 Y 21
Foto AP

LOCALES
Acusan a hermanos mexicanos de tráfico de indocumentados
PÁGINA 4

Pasaportes esperan ser reclamados
PÁGINA 4

BRONZE AWARD

Mi Gente
Charlotte, NC

Mi GENTE

"MÁS CORAJE"

Overall Excellence Awards

Outstanding Spanish Language Weekly, 30,000+

El Tiempo Latino
Washington, DC

El Tiempo Latino

Año 19, N. 36 UNA PUBLICACIÓN DE The Washington Post 10 DE SEPTIEMBRE DE 2010 ELTIEMPOLATINO.COM

26 Vida La historia de José Benítez, un inmigrante nacido para el fútbol

29 Show Nuevo ciclo infantil busca educar con juegos y aventuras

33 Deportes Guatemala derrota a El Salvador, en amistoso en el RFK

■ El DMV no acepta permisos de trabajo como prueba de estatus legal. Alarma para los del TPS

Por Milagros Meléndez-Vela
EL TIEMPO LATINO

> Ver Pág. A7

HERENCIA HISPANA

AFROLATINOS. El Tiempo Latino inicia el Mes de la Herencia Hispana con un especial sobre los afrolatinos. En el país, los hispanos con raíces africanas representan el 3,8 por ciento de la población total. En esta edición, una afromexicana, María Cristina Campos Clark (foto), una afrocolombiana, un afrocubano y un afronicaragüense cuentan los desafíos para ser reconocidos y aceptados, en sus países de origen y aquí.

> Ver Págs. A9-A20

ESTA SEMANA

- VA: trabajadores en universidad, de huelga.
- Condenada a muerte recibirá inyección letal.
- MD: arrestan a policía que amenaza con arma.

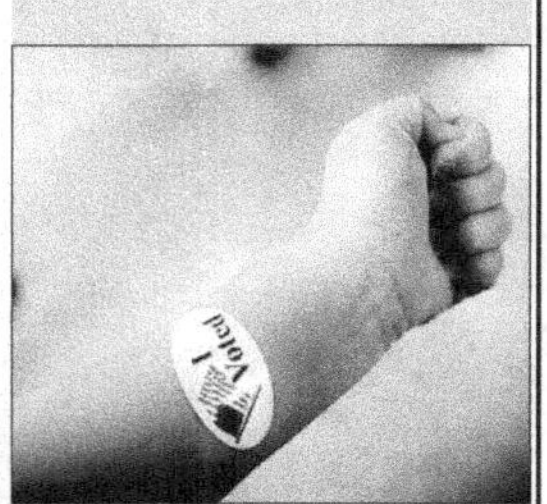

La calcomanía simbólica luego de votar.

Traslado de una columna de las Torres Gemelas.

LÍDERES. Walter Tejada (de pie), Jaime Contreras y Gustavo Torres, el 7.

■ Grupos del área llaman

■ La ex empresaria de MD fue arrestada en México, a un año de haberse fugado

Por M. Meléndez-Vela
EL TIEMPO LATINO

Alma Preciado.

Outstanding Spanish Language Weekly, 30,000+

Llegan menos indocumentados

La educación es la llave

Hallan compuestos orgánicos en Marte

NUEVA YORK (AP)

>PAG 5A

Quema del Corán podría poner en peligro a tropas

Entender para negociar

El Mundo
Seattle, WA

SILVER AWARD

El Mundo
Las Vegas, NV

BRONZE AWARD

El Tiempo
Las Vegas, NV

BRONZE AWARD

El Observador de Utah
Salt Lake City, UT

OUTSTANDING BILINGUAL WEEKLY NEWSPAPER

Hispano de Tulsa
Tulsa, OK

HISPANO DE TULSA

A-5 A-6 A-7

Outstanding Bilingual Weekly Newspaper

Golden years

Ernest Gurulé

Ever since they came of age advertisers have catered more heavily to one group of Americans than almost any other. 'You've come a long way, baby!' 'You're not getting older; you're getting better!' 'The Pepsi generation!' And, now perhaps in an effort to stave off reality, a new ad campaign: "Sixty the new forty!'

For the past fifty years, every one selling soap, cars, appliances or the next new toy, has catered to the Baby Boomer generation—until now. While the boom has not gone bust, the bloom is certainly off the rose. For boomers, it is time to step off center stage and let the understudy take over the show. It is time to seek out the 'character' roles. The days of the leading man or leading lady roles are, sadly over—or soon to be.

Continued on page 18 >>

Edad dorada

Desde que envejecieron, los publicistas han buscado con más ahínco a un grupo de americanos más que a otros. 'Tu has pasado por mucho, baby!' 'No te estas envejeciendo; ¡te estás mejorando!' 'La generación Pepsi!' y ahora quizás con el esfuerzo de esconder la realidad, una nueva campaña: "Sesenta, ¡los nuevos cuarenta!'

En los últimos cuarenta años todos los que venden jabones, carros, electrodomésticos, o un juguete nuevo, ha buscado a la Generación del 45 — hasta ahora. Aun cuando la bonanza no ha desaparecido, el botón ya no es rosado. Para los de

Overall Excellence Awards

Outstanding Less Than Weekly Newspaper

Vida Nueva (The Tidings Corporation) 3424 Wilshire Blvd., Los Angeles, California 90010

VidaNueva

"AL IGUAL QUE CRISTO TAMBIEN NOSOTROS CAMINEMOS EN UNA VIDA NUEVA" (ROM 6:4)

Medio informativo al servicio de la comunidad latinoamericana, publicado por la Arquidiócesis de Los Angeles.
MARZO - 2010
www.vida-nueva.com

PRST STD
U.S. POSTAGE
PAID
Permit # 1902
Los Angeles, Ca.

GRATIS

Empleos del futuro

¿Quién era César Chávez?

Congreso de Educación Religiosa

Mensaje de Cuaresma del Cardenal Rogelio Mahony

GOLD AWARD
Vida Nueva
Los Angeles, CA

Overall Excellence Awards

Outstanding Less Than Weekly Newspaper

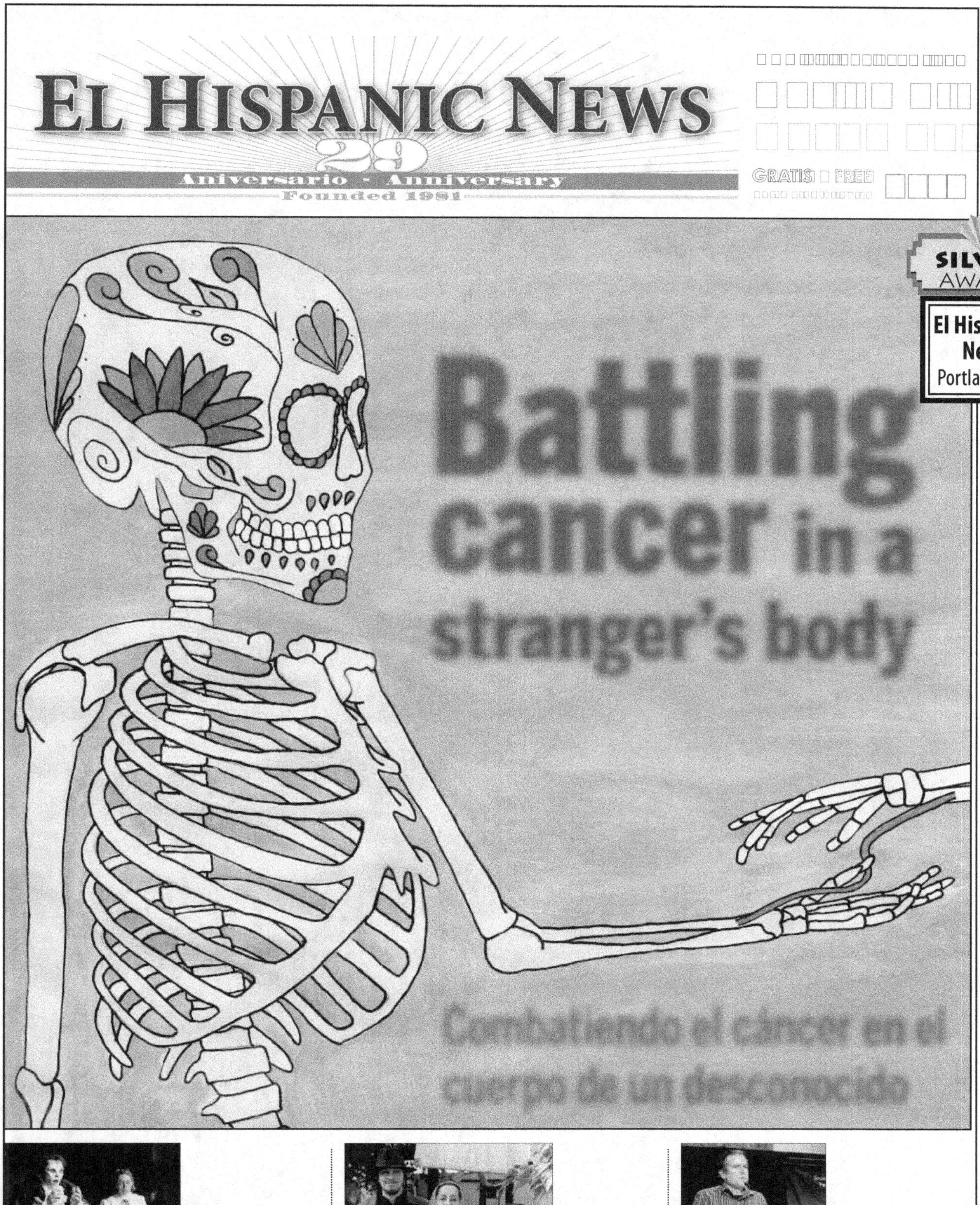

EL HISPANIC NEWS
29
Aniversario - Anniversary
Founded 1981
GRATIS FREE

Battling cancer in a stranger's body

Combatiendo el cáncer en el cuerpo de un desconocido

SILVER AWARD

El Hispanic New
Portland, OR

Overall Awards

Overall Excellence Awards

Outstanding Glossy Spanish Language Magazine

Padres & Hijos
Atlanta

Abril 2010 • N° 11 • Un producto de MundoHispánico

Deporte y diversión en los campamentos

Niños de paladar exigente

8 mitos sobre el autismo

Salud en familia

Acabe con los malos hábitos

GOLD AWARD

Mundo Hispánico
Atlanta, GA

OVERALL EXCELLENCE AWARDS

OUTSTANDING GLOSSY BILINGUAL MAGAZINE

JOSE MARTI PUBLISHING AWARDS
The National Association of Hispanic Publications

OVERALL AWARDS

GOLD AWARD

Un Buen Doctor
Chicago, IL

UnBuen Doctor Magazine

GRATIS COMPLIMENTARY

Año III - N. XXVIII- September 2010
www.UnBuenDoctor.com

SALUD | HEALTH
Hispanos en Riesgo: Celebre con Moderación
Hispanics at Risk: Celebrate with Moderation

BELLEZA | BEAUTY
Uñas y Manos Divinas
Beautiful Nails and Hands

NUTRICIÓN | NUTRITION
Estudio: Niños y Jóvenes No Toman Desayuno
Study: Children and Teens Don't Eat Breakfast

Celebrando 200 Años de Independencia

Celebrating 200 Years of Independence

Overall Excellence Awards

Outstanding Newsprint Magazine

GOLD AWARD

El Aviso Magazine
Los Angeles, CA

Año 23 • No. 28 • Julio 10, 2010

TOME UNA, ES GRATIS!

El Aviso.com
LOS ANGELES 2
Magazine
Yo Lo Quiero!

Exitos 93.9 FM

Seguros
aquí es más barato
1-866-827-2239

Betty Monroe

Una Conductora de TV y Actriz de las más Guapas, Sensibles y Divertidas

OCFAIR
THE BEAT GOES ON
Jul. 16 - Ago. 15 | ocfair.com
Abierto de Miércoles a Domingo

LA PAPA
Saludable y Vital para el cuerpo

RESTAURANTE
IMPIDE ENTRADA A INVIDENTE
Por llevar perro 'Gay'

ELEFANTA AHORCADA
EL NIVEL DE CRUELDAD AL QUE LLEGA EL HUMANO

OUTSTANDING NEWSPRINT MAGAZINE

Tele Guía
De Chicago

RUMBO AL MUNDIAL

¡El 11 de junio inicia la fiebre del futbol!

- Calendario de partidos coleccionable
- Significado del Jabulani

En el video oficial:

Leo Messi Rafael Márquez Dani Alves Carlos Kameni Gerard Pique

- ¿Cuál es el equipo favorito para ganar la copa?

SOUTH AFRICA 2010

Une Shakira

Fútbol+Música+Educación: ¡por un Gol!

"¡Somos Todos África! ¡Waka Waka!"

PROPERTY OF TELEGUIA, INC.

La dieta del Tri
23 Seleccionados Mexicanos

USA 35¢ Año XXV #1300 Junio 6 - 12, 2010 · www.teleguia.us

GOLD AWARD

Tele Guía de Chicago
Chicago, IL

Outstanding ePublication, Under 30,000

Outstanding ePublication, 30,000+

GOLD
AWARD

El Clasificado
Los Angeles, CA

Overall Excellence Awards

Outstanding Publication Website, Under 30,000

GOLD AWARD

La Raza del Noroeste
Seattle, WA

nuestro noroeste.com

ROCK THE BULB™ THE RE-ENERGIZE TOUR 8 ciudades 16 días 10 focos CFL gratis

Traiga hasta 10 focos incandescentes y cámbielos por focos CFL gratuitos de PSE en cualquiera de los eventos de Rock the Bulb. Debe ser un consumidor de electricidad residencial de PSE. PSE.com/ROCKtheBULB PUGET SOUND ENERGY

NOTICIAS NEWS | DEPORTES SPORTS | ENTRETENIMIENTO ENTERTAINMENT | BUSCAR

ESTE MIÉRCOLES EN SEATTLE
SOUNDERS VS MANCHESTER

Guía De Pachanga

Katy Perry en Seattle
La cantante presenta su gira 2011 "California Dreams" 20 de julio 2011. Katheryn Elizabeth Hudson mejor conocida como Katy Perry nació un 25 de ... MAS

Los Enanitos Verdes en Seattle
Los Enanitos Verdes es una banda de rock argentina compuesta por Marci ... MAS

Jamie Foxx en el anfiteatro de Tulalip
Eric Bishop o Jamie Foxx como se le conoce es un actor y cantante nort ... MAS

MAS EVENTOS

LO MAS RECIENTE

Jennifer López y Marc Anthony planean separa...
July 15, 3:41 pm
La pareja anunció en un comunicado entregado por su representante a The... MAS

¡Se viene Manchester!
July 15, 3:34 pm

Boleta de medio año
July 15, 2:02 pm

Ahorre más dinero y energía
July 15, 2:01 pm

Almuerzos de verano
July 15, 2:00 pm

Recibe una vez por semana las noticias más importantes, en tu idioma. (Click...)

VEA FOTOS DE

Lo que paso esta semana

LOS MAS LEIDOS

- Mila Kunis acepta pedido de salida de sargento de Marines
- Valiosa Victoria de Seattle Sounders en Starfire
- Schwarzenegger regresará a la actuación con "Last Stand"
- Ordenan extradición de productor de TV a México
- Destacan mexicanos en 15to Festival de Cine Latino en Los Angeles
- ONU admite a Sudán del Sur como su 193e miembro
- Crecen las recriminaciones y la tensión por la deuda de EEUU
- Suspenden cuenta de Lady Gaga en YouTube
- Nominados a los Emmy en las principales categorías

Publicidad

ROCK THE BULB™ THE RE-ENERGIZE TOUR
8 ciudades 16 días 10 focos CFL gratis
Traiga hasta 10 focos incandescentes y cámbielos por focos CFL gratuitos de PSE en cualquiera de los eventos de Rock the Bulb. Debe ser un consumidor de electricidad residencial de PSE.
PSE.com/ROCKtheBULB PUGET SOUND ENERGY

#1 2010 2011 HealthGrades Valley Medical Center The Joint Center

RAZA DEPORTIVA

¡Niños Héroes!
July 15, 11:54 am
Después de que la Selección... MAS

BLOG

Por qué ir a ver al "Manchester"
July 15, 3:24 pm
Hablemos Fútbol ...MAS

NFL cerca de un arreglo
July 15, 11:50 am

Esperando a Chile
July 15, 11:44 am

El que pierde va a casa
July 15, 11:43 am

El baloncesto Latino en postem...
July 15, 11:29 am

El "otro" equipo i...
July 15, 11:27 am

MEDIO TIEMPO

ENTRETENIMIENTO

La actriz uruguaya Natalia Oreiro esp...
July 15, 10:48 am

Publicidad

#1 NUEVAMENTE EN WASHINGTON EN REEMPLAZO ARTICULAR

REFLEXIONES

Una epifanía en Arizona
ESTHER CEPEDA COLUMNISTA
CHICAGO – Acabo de visitar al que llaman el estado más demente de la unión. Estoy... MAS

Hambre de verano
REFLEXIONES LA RAZA DEL NOROESTE
Incluso dentro de un oficio que se espera sea objetivo y desapasionado como el de relatar... MAS

HOGARES HISPANOS

Despedidas de soltero: mitos y...
July 14/11

Tía remedios
July 14/11

Tía remedios
July 8/11

Vinculan temas violentos de TV...
July 8/11

Fotos

Lo Que Paso Esta Semana

Final Copa De Oro

Lo Que Paso Esta Semana

MAS FOTOS

El Mundo
Seattle, WA

www.elmundous.com

La Voz Bilingüe
Denver, CO

www.lavozcolorado.com

Outstanding Publication Website, 30,000+

*Ahorre $489 en
cambiándos

Sitio Archivos Buscar

Portada | Dallas/Fort Worth | México | Inmigración | Deportes | Entretenimiento | Noticias | Vivir

El Clima de Hoy: Scattered Clouds, 78° F ▸ Radar ▸ Pronóstico

Gold Award
Al Día
Dallas, TX

Perfect the Art of Refreshment with Mighty Leaf Iced Tea

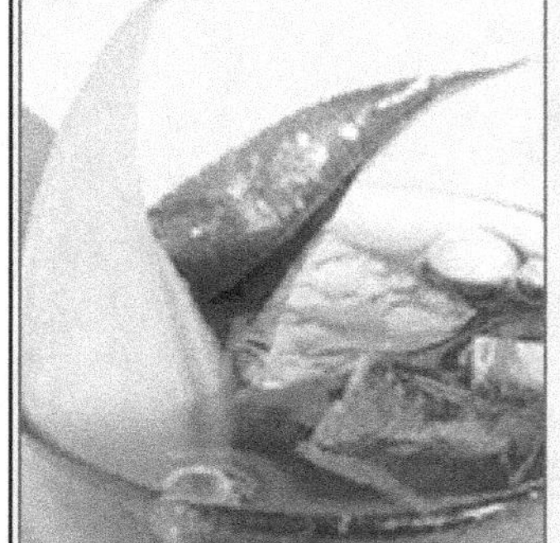

Planea DISD bono de renuncia

Los maestros de las escuelas públicas de Dallas recibirán hasta $10,000 por renunciar, según una propuesta que discutirá la mesa directiva del DISD el jueves.

- **MÉXICO:** Identifican a presunto asesino de agente de ICE en México
- **LOCALES:** Alcalde de Dallas dejará el puesto el viernes
- **INMIGRACIÓN:** Miles protestan propuestas antiinmigración en Austin
- **EDUCACIÓN:** Planea DISD bono de renuncia de hasta $10,000
- **NBA:** Los Mavericks ¡a otro nivel!
- **FUTBOL:** Echa Santos a Rubén Omar Romano por lépero
- **TU SABOR:** Un risotto integral
- **ENTRETENIMIENTO:** Cerati en terapia intensiva por neumonía

- Guía de la comunidad
- Calendario de salud

Hoy Chicago
Chicago, IL

www.vivalohoy.com

El Clasificado
Los Angeles, CA

www.elclasificado.com

Outstanding Spanish Language Yellow Pages

GOLD AWARD

Guía Telefónica
Chicago, IL

Overall Excellence Awards

Most Improved Publication of the Year

Gold Award

Viva Colorado
Denver, CO

¿EL SECRETO DE UBALDO JIMÉNEZ? SU MAMA PÁG. 14

VIVA Colorado

A MediaNews Group NEWSPAPER THE DENVER POST 05/13/10 Año 3 No. 187

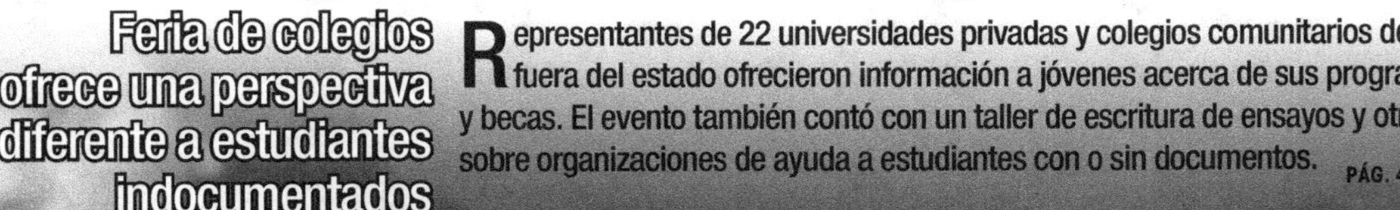
Un rayo de esperanza

Feria de colegios ofrece una perspectiva diferente a estudiantes indocumentados

Representantes de 22 universidades privadas y colegios comunitarios dentro y fuera del estado ofrecieron información a jóvenes acerca de sus programas y becas. El evento también contó con un taller de escritura de ensayos y otro sobre organizaciones de ayuda a estudiantes con o sin documentos. PÁG. 4

ños prueban un co de la vida de pioneros

Al invertir, deje de lado los temores

2010

BUENOS DÍAS | AÑO 2 No. 116 JUEVES 1 DE ENERO DE 2009

EJEMPLAR GRATUITO

¡VIVA! Colorado
THE DENVER POST

Mi Pueblo Market

MADAME MYSTIC

2009 REVELADO

PARA CADA SIGNO LOS ASTROS SE CONFIGURAN DE DIFERENTE FORMA. ENTÉRATE DE LO QUE TE DEPARAN LOS SIGUIENTES DOCE MESES, PUES SERÁ UNA ÉPOCA DE MUCHOS CAMBIOS.

EDICIÓN ESPECIAL

SE SOLICITAN PROFESORES

Denver construye el camino para traer profesionales a los salones de clase (de preferencia bilingues)

2009

Most Improved Publication of the Year

Del 23 al 29 de octubre de 2010

SILVER AWARD

Enlace
San Diego, CA

TIJUANA

P GINA A2

5 toneladas ... en Tijuana

Beb de seis semanas muere de tosferina

PAT FLYNN UT

2010

2009

Most Improved Publication of the Year

SUPLEMENTO ESPECIAL SUDAFRICA 2010

ARGENTINA VS. MÉXICO

LUCHA POR LA REVANCHA

El Tri choca contra la albiceleste este domingo por un puesto en los cuartos de final. *Páginas 36-37*

2010

BRONZE AWARD

Hoy Chicago
Chicago, IL

2009

Autoridades buscan a supuesto homicida en Aurora.

Hoy

NO. 737 : SEMANA DEL 10 AL 16 DE DICIEMBRE DE 2010

LA VACACI N DE JOHNNY DEPP P g. 10 TEXANS, EN LA TABLITA P g. 23

RUMBO
www.rumbotx.com HOUSTON

Piensa Digital
De compras en internet
P g. 15

ENTREVISTA EXCLUSIVA

Juanes vuelve a la infancia

El cantautor colombiano habla de P.A.R.C.E., su nuevo disco, y de la inspiraci n que lo llev a componerlo
P g. 8

FUTBOL MLS
Cu ndo empezar a renovarse el Dynamo?
P g. 20

Houston festeja a la Virgen de Guadalupe
P g. 5

2010

BRONZE AWARD

Rumbo de Houston
Houston, TX

2009

MEJORAR EN EL BARRIO TASFIELD
Un 'Día de la limpieza'

SIEMBRAN VERDE ESPERANZA PARA EL FIFTH WARD
Estudiantes ayudan a construir un jardín comunitario para beneficio de la zona

SELENA TODAVÍA CONMUEVE, VIBRA Y DUELE

RUMBO
HOUSTON

EL RETOR DE R MYSTE

EDITORIAL SECTION AWARDS

Editorial sections have really expanded within Hispanic dailies and weeklies. Quality Hispanic weeklies now have far more than a dozen different editorial sections. These 39 winners show how comprehensive Hispanic Print has become.

"I've had the honor of participating as a judge in the José Martí Publishing Awards for several years now and the quality of the entries never ceases to amaze me. This year the caliber of entries was once again stellar, making it hard to select the finalists. But winners were selected despite the fact that all were worthy of recognition. It does my heart good to know that we have such great talent out there." **Robert Alaniz, Milagro Communications Group**

"Congratulations to the winners and participants of this year's NAHP José Martí Awards. It was an honor to judge such superb entries that reflect the passion, energy, and abiding commitment of Latino publications and journalists throughout the nation. Over the last 24 years of this competition, there is no doubt that the quality of Latino publications continues to rise." **Guillermo Meneses**

"Each year the submissions and the process gets better. I found myself reading with gusto and appreciation the articles describing camping, travel, sports (especially the World Cup) and on the more serious side education, immigration, entrepreneurship and the economy, to name a few." **Nora de Hoyos Comstock, Las Comadres**

Editorial Section Awards

Outstanding Business Section

Al Día
Dallas, TX

2A - AL DÍA SÁBADO 28 DE AGOSTO DEL 2010 aldiatx.com

Bajan saldos de tarjetas de crédito

ASSOCIATED PRESS

El monto que los consumidores debían a sus tarjetas de crédito en el segundo trimestre de este año cayó a su nivel más bajo en más de ocho años, toda vez que siguieron pagando sus saldos debido a lo incierto de la economía.

La deuda promedio combinada por tarjetas de crédito bancarias — como las que traen logo de MasterCard o Visa — se redujo a $4,951 en el periodo de tres meses que terminó el 30 de junio, más de 13% menos que los $5,719 del mismo periodo del año pasado, de acuerdo con TransUnion.

El organismo de reportes de crédito indicó que este fue el primer trimestre en que la deuda por tarjetas de crédito cayó abajo de los $5,000 desde el primer trimestre de 2002.

La deuda por tarjetas de crédito en Alaska siguió siendo la más alta del país, pero en ese estado disminuyó 7% a $7,148.

Un total de 22 estados registraron un promedio de deuda mayor al promedio nacional.

Los habitantes de Alabama fueron los que pagaron el mayor monto de deuda, logrando reducir su saldo promedio un 27% a $4,753.

Asimismo más prestatarios hicieron pagos a tiempo. El promedio de tarjetahabientes con retrasos de 90 días o más se contrajo a 0.92% en el segundo trimestre del 1.17% el año pasado.

Esta es la primera vez que el índice de impago ha caído abajo del 1% desde el segundo trimestre de 2007, antes de la recesión, señaló Ezra Becker, director de consultoría y estrategias de la unidad de servicios financieros de TransUnion.

El promedio fluctúa durante el año, dijo, pero el avance es un indicador de que los consumidores se están esforzando por que sus tarjetas de crédito permanezcan en buen estado.

Esa preocupación refleja varios factores económicos, como el miedo a quedar desempleado o el hecho de que el colapso del mercado inmobiliario hace más difícil aprovechar el valor real de la propiedad cuando el dinero escasea.

Publicado miércoles y sábado por
The Dallas Morning News
Una filial de A.H. Belo

508 Young Street (segundo piso),
Dallas, TX 75202

Información general 469-977-3600
Publicidad........................469-977-3720
Clasificados......................469-977-3700
Suscripciones 469-977-3740
Director General..........**Alejandro Sánchez**
asanchez@aldiatx.com
Editor en Jefe................**Alfredo Carbajal**
acarbajal@aldiatx.com

Si no desea recibir Al Día en su domicilio cada miércoles y sábado, llame a la línea de atención al cliente de Al Día al (469) 977- 3747 o mande un correo electrónico a: nomas@dallasnews.com

If you don't want to receive home delivery of Al Día on Wednesdays and Saturdays, call the Al Día customer care hotline at: (469) 977-3747 or send an e-mail to: nomas@dallasnews.com

SERVICIO DE ENTREGA A DOMICILIO
No se entregan ejemplares de Al Día los domingos. Para reportar problemas: Comuníquese con Servicio al Cliente al 469-977-3740. Horario de servicio: De lunes a viernes de 6 a.m. a 5 p.m. Sábados y domingos de 6 a.m. a 1 p.m. Para recibir un nuevo ejemplar del diario el mismo día, llame antes de las 10 a.m. de lunes a viernes; 11 a.m. los sábados.

Edición de hoy:
Vol. 7, No. 85, 3 secciones

Audit Bureau of Circulations
ABC audited

TU DINERO

COURTNEY PERRY/DMN

Jacqui Payne, residente de Arlington, buscó asesoría financiera luego que acumuló miles de dólares en deuda en sus tarjetas de crédito.

Falta disciplina con dinero plástico

Consumidores del norte de Texas tienen, en promedio, una calificación crediticia más baja que el resto de la nación

Por PAMELA YIP/DMN

Jacqui Payne sólo quería ser como sus amigas, y las tarjetas de crédito eran la forma de lograrlo.

"Tenía la impresión de que la gente que tiene tarjeta de crédito era alguien, así que me propuse tener muchas tarjetas de crédito", dijo. "Siempre quise que mis amigas me vieran de igual a igual. Ellas tenían tarjetas de crédito, y por lo tanto yo debía tenerlas también".

Pero había un problema, dice Payne: "Ellas tenían dinero para pagarlas. Yo no".

La mujer de 65 años, residente de Arlington, acumuló una deuda de unos $15,000 de entre "13 ó 14" tarjetas de crédito hasta que salió a buscar asesoría.

Sus problemas de endeudamiento difícilmente son únicos en Dallas, donde la deuda de consumo por hogar permanece arriba de la media nacional y las notas de crédito son menores al promedio.

En marzo los consumidores del área de Dallas cargaban una deuda promedio de $26,599, una cifra que abarca préstamos para compra de auto sin contar hipotecas. Esta cifra es 7.4% mayor al promedio nacional. La calificación crediticia promedio en esta región fue de 719, es decir 30 puntos menos que el promedio nacional.

Ciertamente muchos consumidores se hallan sumidos en deuda por circunstancias que escapan a su control.

Muchos perdieron su empleo y han estado batallando para pagar sus facturas, o bien tuvieron gastos médicos inesperados que extenuaron su presupuesto.

Pero los expertos en finanzas personales estiman que al menos 10% de los problemas de deuda son resultado directo del gasto excesivo: simple falta de disciplina.

cómo administrar tu crédito

Cómo saber si está en problemas
Los expertos en crédito afirman que hay señales de advertencia claras de que su deuda es demasiada:

- No sabe con certeza cuánto debe.
- Los saldos de sus tarjetas de crédito aumentan cada mes, en lugar de bajar.
- Está en el límite o casi en todas sus tarjetas de crédito.
- Con frecuencia carga artículos por los que antes pagaba en efectivo, como gasolina o comestibles.
- Deja de pagar sus facturas en algunos meses, o paga tarde.
- Pide prestado para pagar sus facturas.

Soluciones

- Haga un inventario de deudas
- Forme un presupuesto mensual en el que gaste menos de lo que gana
- Destine todo el dinero que sobre a pagar sus deudas
- Vaya con un consejero financiero o únase a un grupo de apoyo para compradores compulsivos
- Si continúa usando sus tarjetas de crédito, pague sin falta todas las nuevas compras a fin de mes.

En personas como Payne, el sobregasto y acumulación de deuda son una manifestación de profundos problemas emocionales no resueltos y necesidades no satisfechas.

Salir de compras es como una droga, así como el trabajo lo es para los adictos al trabajo, y les da un escape temporal a sus preocupaciones y ansiedades.

"Es una epidemia en nuestro país", dijo Brad Klontz, psicólogo financiero y coautor de Mind Over Money. "He visto que las personas que acumulan deuda asocian el dinero y las cosas materiales con poder, status y felicidad, y eso los hace gastar de más".

Los expertos señalan varias motivaciones psicológicas detrás de la necesidad de gastar.

A veces los consumidores gastan de más sólo para cambiar su forma de sentirse.

Karen Kelley, consejera y terapeuta familiar en Dallas, recuerda una cliente que estaba desempleada a causa de una enfermedad, y que sin embargo continuaba gastando y endeudándose.

"Compraba ropa nueva y joyas; la interrogaba y se enojaba conmigo. Finalmente nos dimos cuenta de que se sentía sola y que por eso salía de compras; y, por supuesto, los vendedores eran muy amigables con ella", dijo Kelley.

Payne necesitó cinco años para poner bajo control su deuda con tarjetas de crédito.

"Estaba aprendiendo a presupuestar", dijo Payne, quien aplicó un plan de manejo de deuda establecido por el Servicio de Asesoría de Crédito al Consumo de Dallas.

En dicho plan, el deudor hace pagos regulares a la agencia, y ésta desembolsa el dinero entre los acreedores.

Payne todavía no está libre de deudas, pero ha mejorado en administrar su deuda.

Usa una tarjeta de crédito para comprar gasolina y la paga cada mes.

Otra tarjeta tiene un saldo de $4,000, producto de un viaje con el grupo de canto. Payne dice que acabará de pagar esa suma a finales de verano.

"Cada centavo que me sobra lo destino a esa tarjeta", dijo.

Payne aconseja a aquellas personas que estén muy endeudadas y que gastan sin control que busquen dentro de sí mismos.

"Tardé hasta que casi tenía 60 años para entender que el crédito tiene su utilidad, pero que no se puede usar como muleta", dijo.

Boricuas: La Asociación Boricua de Dallas y Latin Mix Danza tendrán un festival de música, bailes e historia de Puerto Rico a las 7 p.m. el sábado 28 de agosto en el Centro Cultural Latino, 2600 Live Oak St. en Dallas. La admisión es de $10. Información: 682-367-0369.

Niños: La primaria Ignacio Zaragoza tendrá un festival infantil de regreso a clases de 9 a.m. a 12 p.m. el sábado 28 de agosto en el 4550 Worth Street en Dallas. Habrá música, juegos, pintado de caritas, vacunas para los menores e información sobre salud para los adultos. Información: 214-887-0700.

Escuelas: El distrito escolar de Dallas ha programado juntas para que la comunidad opine sobre cómo mejorar los planteles que recibieron la calificación de "no aceptable" por parte del estado. Las juntas son de 6:30 a 8:30 p.m.:

- Martes 31 de agosto, primaria Runyon, 10750 Cradlerock Drive
- Jueves 2 de septiembre, primaria Blanton, 8915 Greenmound Ave.
- Jueves 2 de septiembre, preparatoria North Dallas, 3120 N. Haskell Ave.
- Martes 7 de septiembre, primaria Titche, 9560 Highfield Drive

Clases de inglés: El distrito escolar de Mesquite ofrece clases gratuitas de inglés como segundo idioma para padres en las escuelas:

- Hanby Elementary del 912 Cascade, Mesquite, a partir del 7 de septiembre.
- A.C. New Middle School del 3700 S. Beltline, Mesquite, a partir del 9 de septiembre
- MaDonald Middle School del 2930 Town East Blvd., Mesquite, a partir del 14 de septiembre

Derechos: El sindicato laboral UFCW, Local 540, y el consulado mexicano en Dallas ofrecerán pláticas sobre derechos laborales del lunes 30 de agosto al viernes 3 de septiembre en el 1210 River Bend Drive. Las pláticas son a las 9:30, 10:30 y 11:30 a.m. y abordarán cobro de salarios atrasados, seguridad y derechos laborales, y la función de los sindicatos. Información: proteccion@consulmexdallas.com

Chilangos: Casa Ciudad de México invita al público al convivio Chilango's Night a partir de las 6 p.m. el miércoles 1 de septiembre en el restaurante Tino's Too, 2205 Avenue K, en Plano. Hay una cuota de $5 y especiales de comida y bebida. Información: 214-432-2894 o casaciudaddemexico@sbcglobal.net

Empleos: El colegio comunitario Brookhaven tendrá una feria de trabajo de 10 a.m. a 2 p.m. el jueves 9 de septiembre en el Edificio S, 3939 Valley View Lane en Dallas. Representantes de hoteles, tiendas, bancos, aseguradoras y empresas de servicios técnicos enviarán reclutadores. Información: 972-860-4700.

Envíe sus preguntas y sugerencias a **noticias@aldiatx.com.**
Para comunicarse con la redacción:

Editor de Locales
.................................**Julián Reséndiz**
jresendiz@aldiatx.com 469-977-3653

Escríbanos a:
P.O. Box 655237
Dallas, Texas 75265
Llámenos (libre de cargos) al:
1-866-933-1313

AA ofrece más beneficios, pero hay que pagar por ellos

Por TERRY MAXON/DMN

American Airlines Inc. está ofreciendo a sus pasajeros la oportunidad de viajar en los asientos delanteros del área de coach y la posibilidad de abordar primero.

Según ejemplos dados por American, los precios van de $19 a $39 de ida, dependiendo de la distancia: $19 de St. Louis a Chicago, $29 de Dallas/Fort Worth a San Francisco, y $39 en vuelos transcontinentales o a Hawaii.

El viajero podrá comprar la

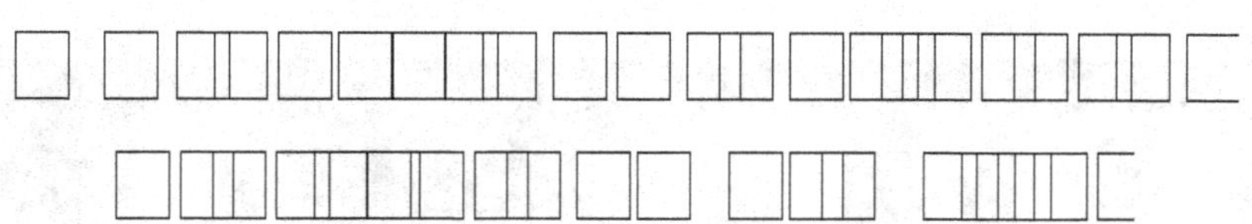

Negocios Now
Chicago, IL

Por Clemente Nicado
Fotos Brian Morowczynski

Alberto González suele comparar el destino de los negocios con un juego de ajedrez y para demostrarlo pone a su propia vida.

Con 12 años, poco después de llegar de Cuba por mar, vendió pescado y langosta en semáforos de Miami; de joven trabajó en Wall Street, luego consiguió empleo como vendedor de autos en Chicago y progresó hasta convertirse en gerente general de una concesionaria.

Allí mismo fue contratado como vendedor de equipos industriales para América Latina y antes de fundar su primer restaurante "90 miles Cuban Café" y colarse a todo color en la CNN, incursionó con suerte en el mercado hipotecario.

"Antes de lanzarse a algo (un negocio) hay que estudiar bien el campo y tomar decisiones como si fuera un juego de ajedrez. Todos los movimientos tienen consecuencias. Si puedes hacer varias jugadas para anticipar el problema, eso estaría bien", aconseja.

El primero de los dos restaurantes que abrió, en el 3101 North Clybourn Ave., lo hizo tras viajar a Europa con su esposa Christina, una cubanomexicana que conoció en Miami en el 1991 y lo trajo a su ciudad natal, Chicago.

"En España entramos a un restaurante pequeño y nos sentíamos como en casa. Allá mismo surgió el sueño de 90 miles", dijo.

El nombre se refiere a la distancia que separa a Cuba de los Estados Unidos.

De regreso a la Ciudad de los Vientos, González y Christina iniciaron el juego de ajedrez a dos manos. Comenzó a navegar, pero no en las aguas del Estrecho de la Florida, sino en la Internet.

"Revisé lo que ofrecían otros restaurantes cubanos en todo los Estados Unidos. El propósito era crear algo simple, accesible en el costo y un concepto de servicio rápido y económico", dijo.

La irrupción en el 2008 del minirestaurante de Clybourn llamó de inmediato la atención de la CNN que en un reportaje ilustró a "90 miles" como un ejemplo de negocio latino de éxito en medio de la recesión.

"El primer día hubo tanta cola que no me alcanzó la comida para ofrecerles a los amigos que invité", recuerda.

Algunos meses después, el Chicago Tribune lo mencionó entre los Top Ten restaurantes BYOB de la ciudad (Traer su propia botella)

Aprovechando esta y otra publicidad, González no vaciló en hacer una rápida movida en el tablero empresarial y abrió un segundo restaurante en el 2540 W. de Armitage Ave. que, como el anterior, lo decoró con nostalgia.

Las paredes llenas de fotos y artículos de la Cuba de los años 50 y objetos dignos de museos, pero que dibujan la mente del propietario.

"El piso me recuerda cuando yo entraba en una bodega en La Habana, el viejo quinqué (farol), la máquina de coser Stringer a mi abuela y aquellos remos, la travesía por mar", dijo.

Con un son cubano como música de fondo, González descarga algunos detalles de su azarosa vida. Contó que al llegar de Cuba se puso a vender pescado para ayudar a su padre, y que en los 90 trabajó a Wall Street para una compañía financiera llamada entonces Chatfield Dean que lo trasladó al corazón de Manhattan para contratar a prospectos en inversiones bancarias.

Dijo además que cuando fungía como dealer de autos, un cliente quedó impresionado con su habilidad para vender y le propuso un puesto de vendedor internacional de maquinarias industriales para América Latina.

Cansado de viajar de un país a otro, González vio la oportunidad en la venta de viviendas y en el 2001 abrió Smart Mortgage, una empresa que instaló en un mercado latino de Chicago. "El negocio prosperó rápido, e incluso llegué a construir varias casas como Desarrollador y no me fue nada mal", dijo.

Cuando la compañía fue vapuleada por la crisis hipotecaria, González ya había logrado los recursos suficientes para embarcarse en otro negocio. Ahora sueña con convertir "90 miles Cuban Café" en una cadena por todos Estados Unidos. Para eso cuenta con toda la energía de sus 41 años y lo aprendido en la "universidad de la vida".

OUTSTANDING ENTERTAINMENT SECTION

La Raza del Noroeste
Seattle, WA

Q'Orda?

TU GUIA DE DIVERSIÓN Y FARANDÚLA

LOS OSCARS
La película "The King's Speech" es una de las favoritas
P15

JAIME CAMIL
Se compromete
P15

SHAKIRA
¿ Anda o no anda con Piqué?
P19

Kate
DEL CASTILLO

Es:
La Reina del Sur
PRÓXIMAMENTE POR TELEMUNDO

LA RAZA DEL NOROESTE • 25 DE FEBRERO DEL 2011 1

OUTSTANDING ENTERTAINMENT SECTION

SILVER AWARD

Qué Pasa Raleigh
Raleigh, NC

QuéPasa / Noticias con acento latino • Raleigh/Durham • Año 8 • No. 28 • Marzo 11 - 17 de 2010

Revista semanal de entretenimiento

Reven

EXCLUSIVA

MIGUEL BOSÉ

Un "buen rollo"

PÁGINA 6

Moda: los colores de la primavera

Dra. Amparo: ¿quién manda?

SILVER AWARD

Al Día
Dallas, TX

aldiatx.com — SÁBADO 6 DE MARZO DEL 2010 AL DÍA - 5B

lo+caliente

supiste que...

chismes + farándula + cumpleañeros + cotorreo

¿Noche de Avatar?

Cinta de James Cameron es la favorita para la noche del Oscar este domingo

10 nominadas a mejor película

Por JUAN F. JARAMILLO/Al Día

La entrega del Oscar será el domingo y a esta altura la pregunta no es si va a ganar *Avatar*, sino cuántos premios se va a llevar.

La fantasía de ciencia ficción es la gran favorita de la velada, que ABC transmitirá a partir de las 7 p.m y tendrá por primera vez a dos animadores: Steve Martin y Alec Baldwin.

También por primera vez habrá 10 cintas nominadas a mejor película y será interesante observar si la votación altera las expectativas.

A continuación una mirada a los posibles ganadores, junto a los que realmente merecen ganar y aquellos que pueden arruinar la fiesta.

MEJOR PELÍCULA: "Avatar"

La película de James Cameron obedece a una fórmula: fantasía épica mezclada con historia de amor. Nada del otro mundo —bueno, la historia ocurre en el planeta Pandora— excepto que está supremamente ejecutada.

Avatar no tiene rival, pero si hay algún filme que puede amargarle la noche es *The Hurt Locker*, un *thriller* de guerra que tiene a un desactivador de bombas en Irak como protagonista.

El premio a la mejor película, sin embargo, no lo merece ninguna de las anteriores, sino *Inglorious Basterds* de Quentin Tarantino. En este filme, Tarantino reinventa la historia, inyecta suspenso a los momentos más banales y en el camino deja guiños a los westerns de Sergio Leone y a clásicos del cine alemán. Para parafrasear al filme: esta podría ser la obra maestra de Tarantino.

MEJOR ACTOR: Jeff Bridges, "Crazy Heart"

Pocos actores son tan queridos y, al mismo tiempo tan poco reconocidos como Jeff Brid-

"Avatar" dominará las categorías técnicas como efectos visuales y de sonido. También puede ganar a mejor edición y banda sonora.

"The Blind Side" podría dar un Oscar a Sandra Bullock.

"District 9" aborda la discriminación c

recuerdos que conmueven en el Oscar

Los Ángeles — El Teatro Kodak hace absoluto silencio cuando la gran pantalla en el centro del escenario comienza a mostrar imágenes de actores y cineastas que han muerto. Una foto de Heath Ledger o Paul Newman lleva al público a aplaudir espontáneamente. Otras arrancan profundos suspiros de espectadores que reflexionan sobre aquellos artistas que han afectado nuestras vidas.

OSCAR
Cuándo: Domingo, 7 pm.
Dónde: ABC

El segmento "In Memoriam" (En memoria) puede ser la parte más conmovedora de la ceremonia de los Oscar. También es la más difícil de producir.

"Es el elemento más problemático del espectáculo cada año", dice Bruce Davis, director de la Academia de las Artes y Ciencias Cinematográficas. "Porque cada año muere más gente de la que podemos incluir".

BRONZE AWARD

Rumbo de Houston
Houston, TX

4 | Houston, Texas | del 2 al 8 de abril de 2010 — RUMBO • www.rumbonet.com

ESPECIALES EN LÍNEA
EN IMPRE.COM
Infórmate con nosotros en internet:
Educación: impre.com/educación
Salud: impre.com/salud

NOTICIAS AL INSTANTE
¡Farándula!
ENTRE a 44636

La vibra

LA VÍBORA

Ricky Martin

Génesis Rodríguez

En el 'planeta cómic'

Ilustradores hispanos de Houston se abren camino en la industria de la ilustración y los superhéroes

GUSTAVO RANGEL
RUMBO

Editorial Section Awards

Outstanding Food Section

Al Día
Dallas, TX

LO+CALIENTE
Gael García actuará con Kate Hudson
■ PÁGINA 2C

tu sabor

ESTILOS
Semana de la Moda en Nueva York
■ PÁGINA 4C

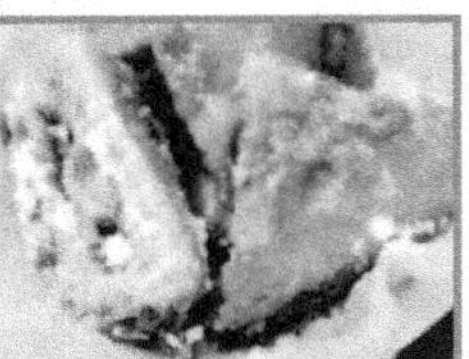

DMN
Sándwich frito de crema de cacahuate, plátano y mermelada, platillo triunfador en el 2005.

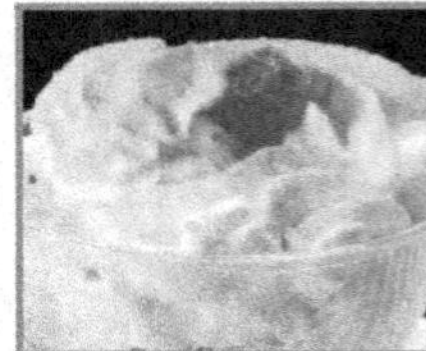

DMN
Coca Cola frita, el más creativo del 2006

DMN
Mantequilla frita, con el que ganó el Big Tex Choice en el 2009.

DMN
El chocolate frito fue la creación con la que Abel Gonzales Jr. concursó este año.

El rey de las frituras

BEN TORRES/ESPECIAL PARA AL DÍA
Abel Gonzales Jr. posa en Fair Park con sus cuatro trofeos Big Tex Choice.

Abel Gonzales Jr. es una de las figuras más reconocidas de la Feria Estatal de Texas

Por PAULINA MAGDALENO/Al Día

Para los que asisten año con año a la Feria Estatal de Texas, el nombre de Abel Gonzales Jr. es tan familiar como el de Big Tex.

Y los que no se pierden la oportunidad de probar la fritura ganadora del premio Big Tex Choice, saben que es a Gonzales Jr. a quien hay que agradecerle platillos triunfadores como el sándwich frito de crema de cacahuate, mermelada y plátano, masa de galleta frita, Coca Cola frita y por supuesto la mantequilla frita, triunfadora el año pasado.

Este año, el nacido en Dallas compitió con Chocolate frito, creación que fue superada por la Cerveza frita y el Frito pie frito, que se llevaron los premios al más creativo y mejor sabor, respectivamente.

A dos días del inicio de la Feria Estatal de Texas, Gonzáles Jr. habla sobre lo que más le gusta de la feria, su platillo frito favorito y qué siente cuando le piden un autógrafo.

¿Cuál es tu recuerdo favorito de la feria?

Asistir con mi papá y mi mamá... he de haber tenido 2 ó 3 años, porque recuerdo que mi papá tenía que cargarme para que me pudiera subir a los juegos.

¿Qué es lo que más recuerdas, culinariamente hablando?

Bueno no podían faltar las banderillas y las papas fritas, o las muestras que nos daban de salchichas y biscuits. Pero mi recuerdo favorito no tiene qué ver con comida de la feria, más bien es el pollo frito que nos llevaba mi abuela para hacer un picnic. Pollo con pepinillos y pan.

¿De dónde salió el interés por cocinar comida frita para la feria?

Bueno, el primer concurso no decía que tenía que ser comida frita, simplemente el tema era Elvis Presley. Lo lógico para mí fue hacer lo que a él le gustaba: los sándwiches de plátano con crema de cacahuate y mermelada.

La idea de que sea frito tiene qué ver con el espacio de los puestos: no hay lugar para un horno u otro accesorio, así que lo mejor es tener una freidora, es más práctico y funcional.

¿Cuál es tu platillo frito favorito, de todos los que has creado?

Definitivamente los sándwiches de plátano con crema de cacahuate y mermelada fritos. Es un buen producto y además tiene el valor sentimental por ser el que me dio mi primer premio Big Tex Choice.

PLATILLOS GANADORES

Los premios Big Tex Choice comenzaron en el 2005. Aquí un recuento de los platillos fritos de Abel Gonzales Jr. y el año en el que ganaron.

- 2005, mejor sabor: Sándwich frito de plátano, crema de cacahuate y mermelada
- 2006, más creativo: Coca Cola frita
- 2007, mejor sabor: Masa de galleta frita
- 2009, más creativo: Mantequilla frita

Muchos te consideran una celebridad de la feria. ¿Cómo te sientes tú al respecto?

Es extraño... yo no lo pienso así. Cuando estoy en la feria hago lo mío, pero sí es extraño cuando me paran, me reconocen y me piden un autógrafo o me hacen comentarios sobre la feria, sobre mi comida... Me gusta, pero no es algo a lo que esté acostumbrado o me sienta cómodo.

pmagdaleno@aldiatx.com
469-977-3631

hasta la cocina

Por PAULINA MAGDALENO/Al Día

- **Algo que la gente no sepa de ti**: Que soy un obsesionado de la cocina
- **Deporte y jugador favorito**: Futbol. Mi jugador es Ronaldinho, por ser uno de los mejores jugadores de su generación, especialista en tiro libre y *dribbling*
- **Grupos favoritos y estación de radio que escuchas**: Tool,

SILVER AWARD

El Mundo
Austin, TX

MUNDO DEL SABOR

La leche de mis amores

Julio 16 al 22 de 2010 — El Latino, publicación semanal

El Latino
San Diego, CA

Champiñones Rellenos

INGREDIENTES

- •10-8 Champiñones (hongos grandes) cortados, lavados y secos
- •150 gramos de jamón serrano picado
- •1 Cabeza de ajo picado
- •1 Ramas perejil picado
- •1 Cucharada aceite de oliva virgen
- •Sal y pimienta la gusto

PREPARACIÓN

Pica el jamón serrano, el ajo y el perejil, y los troncos de los champiñones a la mezcla pon en la sartén a freír con el aceite de oliva virgen. Coloca la mezcla en los champiñones que ya deben de estar lavados y cortados. Coloca el relleno y pon los champiñones rellenos en el sartén hasta que se cuezan, no les de vueltas para que no se caiga el relleno. Dejalos unos 5 minutos. Sírvelos con ensalada, arroz o pasta.

Batido de Fresa

INGREDIENTES

- •250 gr. de fresas
- •leche
- •azúcar

PREPARACIÓN

Lavamos bien las fresas y las troceamos en trozos no muy grandes. Añadimos azúcar en una fuente y las dejamos en su jugo un rato (15min-30min).

Batimos bien la leche con las fresas azucaradas hasta lograr una mezcla deseada.

Metemos en la nevera la mezcla durante 1-2h hasta que esté fresquito.

Cabe la posibilidad de congelar un poco el batido y machacarlo luego para espolvorear sobre el batido líquido como si fuese un granizado, o bien dejar un par de fresas apartadas para picarlas y echarlas por encima en el momento de servir.

Nota: la cantidad de leche y azúcar variará en función del batido deseado.

OUTSTANDING HEALTH SECTION

UNA PUBLICACION DEL Daily Herald

20 Aniversario Reflejos

BILINGUAL PUBLICATION

Salud & BIENESTAR

HEALTH & WELLNESS

EDICIÓN ESPECIAL PARA HOMBRES

3

14

19

OUTSTANDING HEALTH SECTION

SILVER AWARD

La Raza del Noroeste
Seattle, WA

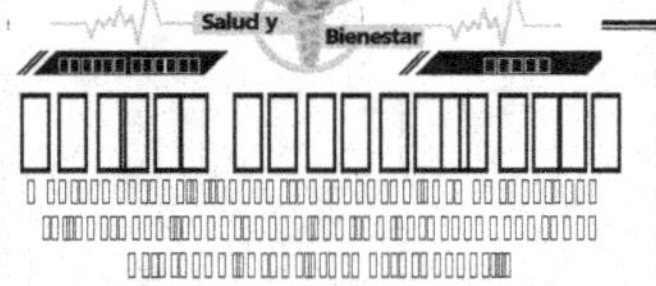

BRONZE AWARD

El Aviso
Los Angeles, CA

OUTSTANDING SPORTS SECTION, 30,000+

GOLD AWARD

El Tiempo
Las Vegas, NV

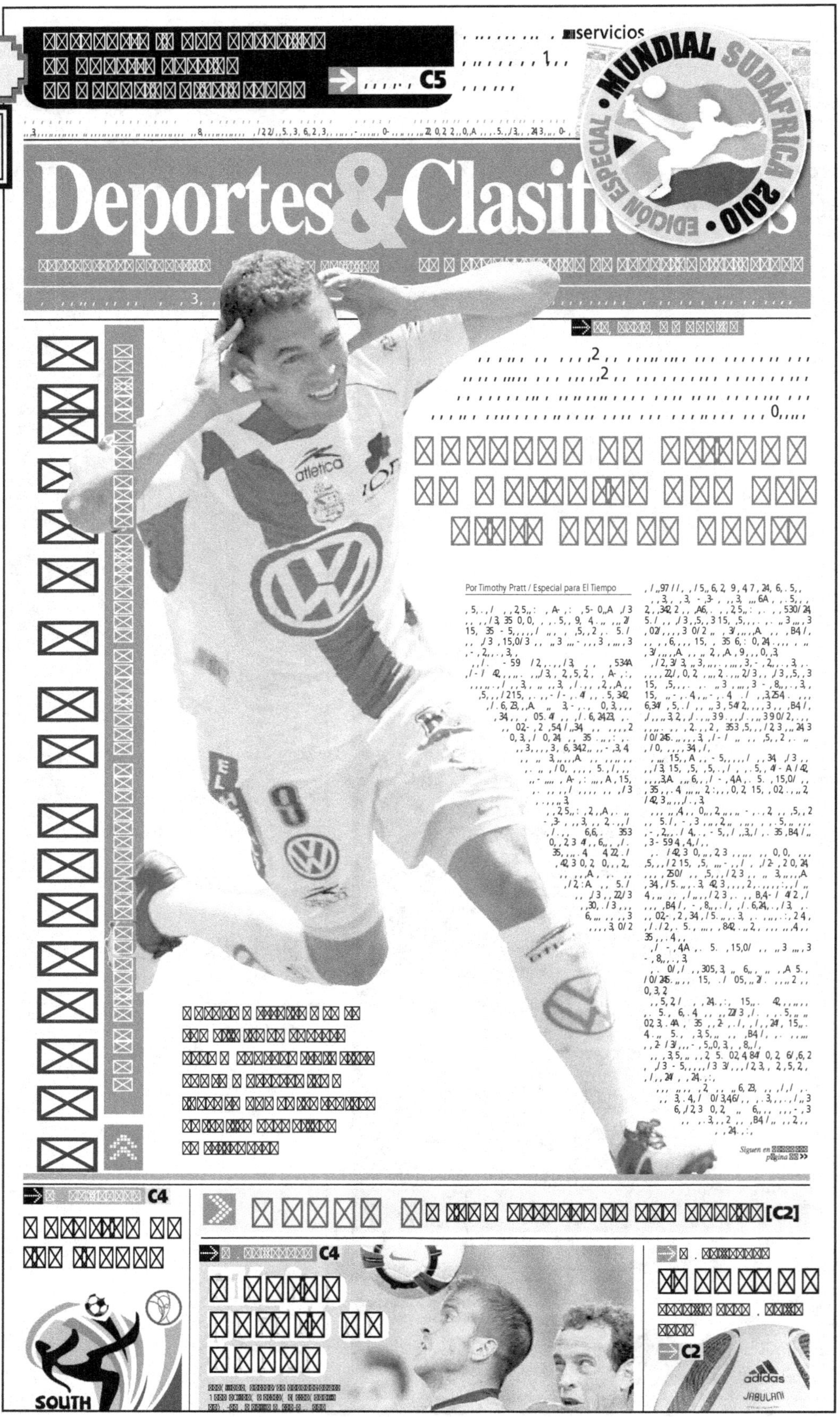

servicios

C5

MUNDIAL SUDÁFRICA · EDICIÓN ESPECIAL · 2010 ·

Deportes&Clasificados

Por Timothy Pratt / Especial para El Tiempo

C4

[C2]

C4

C2

Outstanding Sports Section, 30,000+

SILVER AWARD

Al Día
Dallas, TX

aldiatx.com — MIÉRCOLES 6 DE OCTUBRE DEL 2010 AL DÍA · 1B

deportes

COWBOYS
Recupera Dallas a sus lastimados
PÁGINA 4B

FUTBOL
Motiva a celestes ganar el Clásico
PÁGINA 5B

cancha

AUTOS

Sube mexicano a la Fórmula 1

Sergio Pérez

FUTBOL

Vinculan al Tri con Vucetich

CICLISMO

Crecen sospechas contra Contador

GOLF

MLS

Cumple Texas

Por STEVE HUNT

BRONZE AWARD

El Mensajero
San Francisco, CA

www.elmensajero.com — SEMANA DEL 15 AL 21 DE AGOSTO DE 2010 | PASIÓN DEPORTIVA | 15 EL MENSAJERO

UN PANDA MUY QUERIDO

Edgar Rentería

Andrés Torres

EL QUE PERSEVERA ALCANZA

BRONZE AWARD

Rumbo de Houston
Houston, TX

14 | Houston, Texas | del 26 de febrero al 4 de marzo de 2010 — RUMBO • www.rumbonet.com

ESPECIALES EN LÍNEA

EN IMPRE.COM
Infórmate con nosotros en internet:
Autos: impre.com/autos
Inmigración: impre.com/inmigracion

NOTICIAS AL INSTANTE

Futbol mexicano

FUTMEX . 44636

Ovación

Visítanos en RUMBONET.COM

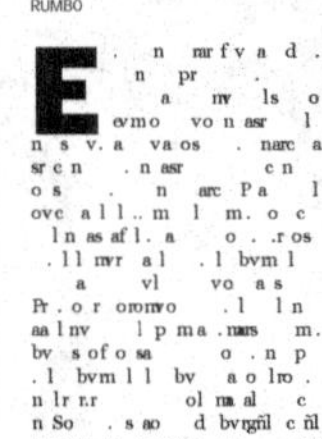

En Blanco y Negro

CUAUHTÉMOC BLANCO
Columnista de RUMBO

La violencia se llevó la Primavera

Una riña en la tribuna forzó la cancelación de la final y no hubo campeón de este torneo amateur

GUSTAVO RANGEL
RUMBO

Elementos de seguridad tuvieron que intervenir en la riña que se dio entre los seguidores de los equipos de futbol Ziricicuaro y Topo Chico.

RUMBO VIDEO

Conoce a los mejores futbolistas de los torneos amateur de paga de Houston.
En exclusiva en: rumbonet.com

Editorial Section Awards

Outstanding Sports Section, Under 30,000

La Raza del Noroeste
Seattle, WA

La Raza Deportiva

"Champions" Se ponen buenas P37

LE CUMPLIÓ A MÉXICO

Con dos goles el sábado contra Paraguay, Javier "Chicharito" Hernández guió a la selección de México a uno sólida victoria 3-1 sobre Paraguay; el ídolo mexicano dijo "presente" en esta convocatoria para los amistosos internacionales P. 20

17

Outstanding Sports Section, Under 30,000

Qué Pasa Raleigh
Raleigh, NC

Toros indomables

El equipo de Toros Altamirano venció por penales a Real Celaya en la gran final de la RSC.

FUTBOL LOCAL C5

Fiesta inolvidable

La Liga Capula de Baloncesto llegó a su fin con una jornada llena de emoción y alegría

DEPORTE LOCAL C4

DEPORTES

www.quepasamedia.com

Panorama Latin News
Scranton, PA

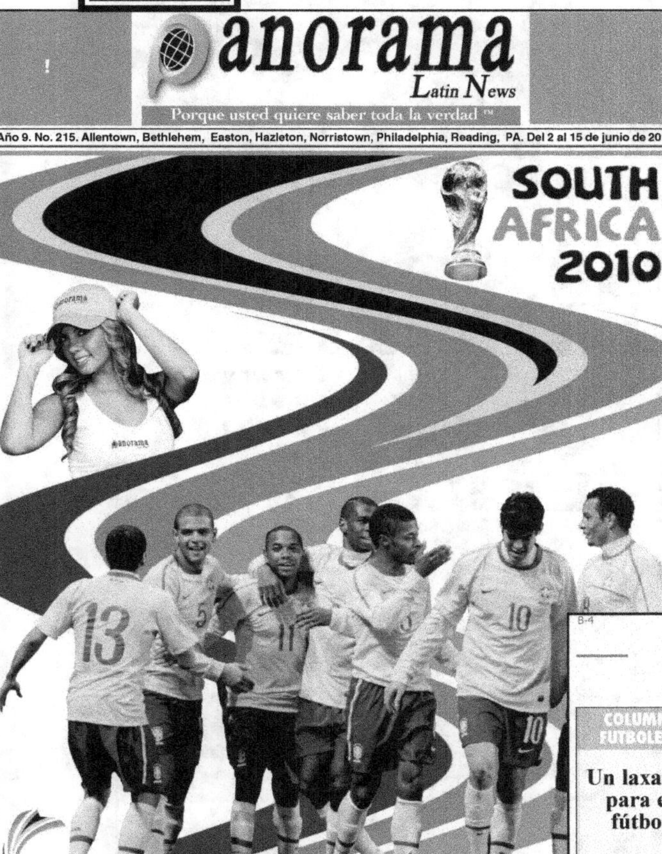

BRONZE AWARD

Hispano de Tulsa
Tulsa, OK

B-4

COLUMNA FUTBOLERA

Un laxante para el fútbol

Hace solo un par de días la Comisión de Historia y Estadística dio la lista de las mejores ligas de fútbol alrededor del mundo en la ultima década. Como era de esperarse Inglaterra, España e Italia ocuparon los primeros tres puestos respectivamente. Por su parte México fue electo como la décima liga más competitiva de la orbe, solo por debajo de países como Francia, Alemania y Holanda, lo cual incita la siguiente pregunta:

¿Qué ha hecho la liga mexicana para estar entre las diez mejores ligas en el mundo?: Las posibles respuestas son: que es económicamente solvente; que tiene estadios relativamente grandes y/o modernos; que cuando los equipos mexicanos participan en torneos de Sudamérica tienen actuaciones destacadas sin llegar a la excelencia, y tal vez otro par de atributos que pasan desapercibidos. Sin embargo, es importante analizar el otro lado de la moneda, México tiene un montón de defectos que no son tomados en cuenta cuando se hacen este tipo de listas .

Los mexicanos tienen un fútbol que no es independiente, vive para servir los intereses de un par de televisoras

Tiger Woods asegura que va por el camino correcto

MELBOURNE, Australia (AP) – Tiger Woods se enfrenta a la posibilidad de cerrar su primer año completo sin una sola victoria, si no logra defender su campeonato en el Masters de Australia.

Sin embargo, pase lo que pase, no tiene dudas de que su desempeño va por el camino correcto.

"Si llega a pasar, pasará", dijo Woods después de entrenarse en el Club de Golf Victoria por primera vez. "Voy a dar mi mejor esfuerzo, pero esto no cambiará mi compromiso de mejorar", agregó.

El estadounidense ganó el año pasado el torneo de Kingston Heath para coronar una semana como ninguna otra en Melbourne, que observó multitudes sin precedente, de más de 100.000 aficionados en las cuatro rondas. Fue la 82da victoria en la carrera de Woods, quien era el primer lugar indiscutible.

Sin embargo, casi una semana después, Woods estrelló su camioneta con un hidrante y surgieron revelaciones sobre sus aventuras extramaritales, que despedazaron su imagen pública y sacudieron su mundo tanto dentro como fuera de los campos de golf.

Woods no prevé un regreso en Australia como una oportunidad de completar su recuperación tras aquel escándalo, que acabó con su matrimonio.

Fue precisamente en Australia donde un tabloide ligó por primera vez al primer golfista del mundo con una mesera de un club nocturno de Nueva York. Además fue en Australia la última vez donde se mostró como el golfista más dominante.

"Vine a defender el título. Estoy jugando en un gran campo de golf y ante estupendos rivales. Es como yo lo veo" agregó.

Al preguntarle si no tenía sentimientos encontrados, Woods meneó su cabeza.

"Quise regresar. Me encanta jugar acá", agregó.

También participan el español Sergio García, el colombiano Camilo Villegas, Robert Allenby y Stuart Appleby.

En México la memoria es corta: Aguirre

CIUDAD DE MEXICO, México (AP) – Tras meses de silencio, Javier Aguirre, ex técnico de la selección mexicana, afirmó que en México la "memoria es corta", ya que la actuación que tuvo el equipo en la Copa del Mundo Sudáfrica 2010 fue mejor a la de Alemania 2006, y en ese momento las críticas fueron menores.

Tras la eliminación sufrida en octavos de final ante Argentina, las críticas fueron muy grandes hacia el "Vasco", por sus diferentes decisiones que tomó en las alineaciones.

"En Alemania 2006 no fuimos a más y nunca se generó tal frustración, ahora estuvimos en el lugar 14 y dio la sensación que ni calificamos al Mundial, somos de memoria corta y eso es parte de nuestra chamba, peor así lo debes entender", indicó.

Admitió que los números son fríos y que lo único que queda en la memoria son los resultados, y que respeta los diferentes puntos de vista.

"Es ley de vida del técnico nacional, al final de la jornada lo que queda es la estadística, si juegas bien, mal, bonito o feo eso es absolutamente relativo, si juegas bien estarás más cerca del éxito que si juegas mal, pero hay equipos que jugando mal ganan y eso es lo que cuenta", dijo a una televisora local.

Finalmente, sobre la designación de José Manuel de la Torre como técnico nacional, aseguró que cumple con el "perfil ideal, tiene todo lo que necesita un técnico nacional, está

México: Cañeros alcanzan a Algodoneros en la punta

OUTSTANDING CLASSIFIED SECTION

Al Día
Dallas, TX

Clasificados

aldiatx.com

Teléfono: 469-977-3700 Fax:469-977-3601

McDavid
HONDA of IRVING

Certified Used Cars

- 7 Year/100,000 Mile Powertrain Warranty
- Voted best Certified Program 5 years in a row
- Garantía completa por 12 meses
- 7 Year/100,000 Millas de garantía en el Tren Motriz
- 150 Puntos de inspección
- Elegido Mejor Programa Certificado por 5 corridos

Ivan · Hector · Mario

DAVID McDAVID AUTO GROUP

New! • ¡Nuevo! 36 mo. Lease $0 Down	New! • ¡Nuevo! 36 mo. Lease $0 Down	New! • ¡Nuevo! 36 mo. Lease $0 Down	New! • ¡Nuevo! 36 mo. Lease $0 Down
2011 HONDA CIVIC	2011 HONDA ACCORD	2011 HONDA ODYSSEY	2011 HONDA PILOT
$189/MO.	$249/MO.	$319/MO.	$359/MO.

- $5,988 — 98 CHRYSLER TOWN & COUNTRY. Automatic/Automático. Alloy Wheels/Rines de Aleación. Good Buy/Buena Compra. #H46343A
- $6,988 — 99 JEEP GRAND CHEROKEE. Automatic/Automático. Alloy Wheels/Rines de Aleación. Won't Last/Se Venderá Rápido. #H44507A
- $11,983 — 08 MAZDA 3. 4 Puertas. Auto, A/C, CD. V6. #H45686B
- $6,988 — 05 CHEVY COBALT. Auto, A/C, CD. 4 Door/4 Puertas. Super Cheap/Baratísimo. #P1612A
- $18,994 — 08 FORD F-150 SUPERCREW. Rines Cromados. Garantía. Protector de Cama. #H46119A
- $8,988 — 02 NISSAN XTERRA. Automatic/Automático. Alloy Wheels/Rines de Aleación. Roofrack/Portaequipajes. #T7513B
- $10,988 — 09 FORD FOCUS. Gas Saver/Ahorra Gasolina. 4 Door/4 Puertas. Auto, A/C, CD. #P7576
- $18,488 — 07 FORD F-150 SUPERCREW. Protector de Cama. Rines de Aleación. 1 Dueño, Texas Edition. #P7522A
- $7,988 — 98 LINCOLN TOWN CAR. Piel. Rines de Aleación. En excelente estado. #H45797B
- $10,988 — 06 HONDA CIVIC. Gas Saver/Ahorra Gasolina. Auto, A/C, CD. Won't last/Se Venderá Rápido. #H43142A
- $10,988 — 08 HONDA CIVIC. Moonroof/Luneta. Alloy Wheels/Rines de Aleación. Must See/Hay que verlo. #H44415A
- $13,983 — 09 PONTIAC G6. 4 Puertas. Auto, A/C, CD. Apresúrese. #T7540A
- $12,988 — 04 HONDA PILOT. 4x4, Leather/Piel. Won't last/Se Venderá Rápido. #H46323A
- $12,988 — 07 GMC SIERRA EXT. CAB. Alloy Wheels/Rines de Aleación. Auto, A/C, CD. V8. #T7560A
- $13,988 — 07 NISSAN ALTIMA. Good Buy/Buena Compra. 4 Door/4 Puertas. Auto, A/C, CD. #T7604
- $12,988 — 08 FORD FUSION. Rines de Aleación. 4 Puertas. Auto, A/C, CD. #H46204A

Compre un auto y reciba una TV de 32"

APROBAMOS SU PRÉSTAMO POR TELÉFONO • WE APPROVE YOUR LOAN BY PHONE

1-877-399-0323

*New vehicle lease payments for 36 months with $0 Down, pre-owned vehicles payments with approved credit, 72 mo, $1,000 Down plus TT&L.

¡OFRECEMOS FINANCIAMIENTO ESPECIAL • WE OFFER SPECIAL FINANCING • NO SOCIAL OK • TAX ID OK!

3700 West Airport Frwy. • Irving, TX 75062 • www.hondairving.com

Educación e instrucción miscelánea

Educación e instrucción miscelánea

Educación e instrucción miscelánea

877-399-4298

ACCSC

Vatterott Education Center

AUTOMOTRIZ

Acura

01 MDX Nav 82k mi Carfax cert Touring $11,950 972-243-3400 Texascarsdirect.com

2005 Acura LT loaded only 44k mls wont last $15990 888-387-8153

2005 Acura MDX 4WD fully loaded, red w/tan leather, excellent condition, 87k mi, $9,900 972-898-2029

2005 Acura TSX auto leather sunroof 1 owner nice car $10,991 972-242-4000

2008 Acura TL #17142A $23,983 877-591-0102 McDavid L-M

2009 Acura TSX 18k like new! $23,996 1-800-870-3758 Rusty Wallis Honda

Autos antiguos, clásicos y especiales

1989 Cadillac Fleetwood Brougham. title clean, driven regularly, mechanically good, tires good. $3000 OBO. 903-731-9131

2002 Ford T-Bird, yellow, like new, 20k mi, I have two--One Must Go!! Like new, Immaculate. $19000 OBO. (214) 578-7597

CAR STORAGE Secure Inside Heated Dallas 214-239-1018

GM Muscle Cars Everything for all makes of GM Classics, Muscle Cars & Corvettes. Repairs, A/C, Overdrive Trans, Steering & Disc Brake Conversions. Concours to Resto-Mod. We Do It All! CarrsCorvettesAnd Customs.com - 214-632-2270

Bentley

2008 Continental GTC MULLIINER, blk/cream, 19kmi, ONE OF A KIND COLOR COMBO- CALL NOW! 214-549-0139

Buick

1994 Olds Cutlass Sierra 4dr, 3100 V6 engine, all access. 73k extra nice, $2750 214-995-2306

2003 Century 4 dr 50k auto nice 1 owner only $5991 972-242-4000

2010 LaCrosse CXS 7k leather chrome whls nice $27,994 972-242-4000

Cadillac

1999 Cadillac STS Seville Minor repairs needed, good cond, $1000 worth of Vogue tire almost new, $3000 OBO. 214-477-2713

2002 Cadillac DeVille, Sedan $6,999, OBO, 76k mi, Great Car, Excellent Condition, Pictures on Cars.com, 972-407-9990

2002 Sedan DeVille, 59k mi, OnStar, all power, Htd seats, Cd, lthr int, immaculate cond, always garaged. $7600. 469-222-8045

2003 DeVille, silver, 118k mi, leather, CD, alloy wheels, good condition, $4950. (214) 924-1706

2004 Seville SLS, only 35k, loaded, pwr sunrf, heated seats, nav, chrome whls, woodgrain, cln, northstar, $10500. (214) 244-6039

2004 SRX, only 47k mi, V6, blk w/tan heated lthr, pwr sunroof, premium alloy wheels, extra cln, $15300. (214) 244-6039

2006 Deville DTS, black w/tan leather, heated cooled memory seats, park assist, chromes, ex cln, $15900. 214 244-6039

2007 Caddy CTS only 33k super clean $17980 888-387-8153

2007 Cadillac CTS black beauty 34k miles $16,900 Stonebriar Chevrolet

2008 Cadillac CTS #17099A $25,982 877-591-0102 McDavid L-M

Camaro

2010 Chevy Camaro 1LT roof alloys stk #6633 $24,995 RELIABLECHEVROLET.COM

2010 Chevy Camaro LT roof wheels! must see! $22,997 1-800-870-3758 Rusty Wallis Honda

Chevrolet

1983 Chevrolet C10/K10, Regular Cab $3,500, 139,000 mi, blue ext, blue int, 2 doors, automanual, 8 cyl, 2WD, good condition, A/C-Front, cruise, power steering, CD player, tow package Runs great and reliable on long trips This truck is in real good condition 214-502-3773

2006 Chevrolet Malibu $8981 877-591-0102 McDavid L-M

2006 Chevy Impala great mpg pw pl #1020 $9995 RELIABLECHEVROLET.COM

2007 Chevy Impala LT clean $10990 888-387-8153

2008 Chevy Cobalt LT 2dr must go $9990 888-387-8153

2008 Chevy Malibu GM certified 35k miles $10,900 Stonebriar Chevrolet

2009 Chevy Aveo great mpg 100k wrnty #6344 $9495 RELIABLECHEVROLET.COM

2009 Chevy Impala LT alloys all pwr #2131 $11,995 RELIABLECHEVROLET.COM

2010 Chevy Cobalt LT 4dr low mls $12990 888-387-8153

2010 Chevy Impala GM certified 26k miles $13,500 Stonebriar Chevrolet

2010 Chevy Malibu LS all pwr stk #6656 $13,995 RELIABLECHEVROLET.COM

Open Sunday

Corvette

1999 Chevy 'Vette clear top only 65k stk #0322 $14,995 RELIABLECHEVROLET.COM

2006 Corvette blk LS2 convt showrm cond fast #28730B $37,995 800-358-0169 randallnoe.com

CORVETTES C1-C5 Specialists. Repairs, Performance, A/C, Overdrive Trans, Steering & Brake Conversions. From NCRS to Resto-Mods we do it all! (214) 632-2270 or CarrsCorvettesAnd Customs.com

Dodge

2009 Challenger SRT8 man trans low mi showrm cond #80383A $35,991 800-358-0169 randallnoe.com

2009 Dodge Caliber Black, 40K, 5spd, AC, good cond, priced to sell $7900 972-288-1542

2010 B-5 blue Challenger nav roof manny tranny #80923A $38,641 800-358-0169 randallnoe.com

2010 Dodge Charger SXT super clean $17488 888-387-8153

Open Sunday We Buy Cars Trucks SUVs Stonebriar Chevrolet

Ferrari

1989 Ferrari Mondial T Cabriolet, V8, 5 spd, 4 seat convertible, red w/blk, 12k mi. Perfect cond, $36,500 817-312-9900

Ford

1999 Ford Taurus SE orginal 70K mi, 4dr, auto, ac, cd, spoiler, loaded, owned by elderly couple, ex cond, 1 ownr 214 340-5838

1999 Mustang Convertible, Fully loaded, Good condition. $3500 972-317-9138

2010 Ford Fusion SE clean Carfax! come see! $14,977 1-800-870-3758 Rusty Wallis Honda

Open Sunday We Buy Cars Trucks SUVs Stonebriar Chevrolet

Honda

1998 Accord EX, 4dr, auto, ac, cd, loaded, owner by elderly couple, excellent condition, 1 owner. (214) 340-5838

2003 Accord EX auto sunroof runs & drives great only $8750 972-242-4000

2003 Civic LX, auto, 4dr, one owner, all service records, all power, great condition, 62k, $7500. 214-924-1706

2004 Honda Civic Hybrid, 4dr, pwr doors & locks, great gas mileage, 48mpg, extra clean, $6500 214 773-3508 214 405-8793

2004 Honda Civic Hybrid Sedan $7,999, Or Best Offer 96,000 mi, white ext, tan int, 4 doors, Excellent condition. 214-560-8196.

2005 Civic coupe 69k runs & looks great only $7450 972-242-4000

2006 Honda Civic EX $5950 auto, 2dr, pwr windows & locks, 77K, 214-773-3508, 214-405-8793

2006 Honda Civic EX auto, pwr windows/locks, sunroof, cd, new body style, $6950 214-773-3508, 214-405-8793

2006 Honda EX Civic Coupe $13,500, 38,000 miles, blue, automatic, excellent condition, One owner vehicle very well taken care of. 214-850-8778

2008 Accord EX-L auto lthr runs & drives great only $17,994 972-242-4000

2008 Honda Civic 4dr, 1 owner, 30,905 mi, warranty, auto, cd, 38mpg, blue, excellent condition, $15,995 OBO. 214-697-8841

2008 Honda Civic Hybrid certified 100k warranty! $16,977 1-800-870-3758 Rusty Wallis Honda

2009 Accord low miles auto all pwr stk #8744 $14,995 RELIABLECHEVROLET.COM

Open Sunday We Buy Cars Trucks SUVs Stonebriar Chevrolet

Hummer

2006 Hummer H3 4x4 reduced price $14,900 Stonebriar Chevrolet

Infiniti

2006 G35 all pwr alloys blowout stk #63261 $15,995 RELIABLECHEVROLET.COM

Jaguar

1988 XJS convertible, white w/red leather, 45k ORIG mi, mint cond, only 2 owners, reasonable, Senior Citizen. 210 885-5550

Jeep

1982 CJ8 Scrambler 4X4, Lockers, lift & wench, new 33" tires, 80k, Hard Top & doors, nearly all original, $10,500. Call 903-539-9697

2003 Jeep Wrangler X ac alloy 22k mi #5189 $12,461 RELIABLECHEVROLET.COM

2005 Wrangler Rubicon dual top long whl base lo mi #29222B $20,381 800-358-0169 randallnoe.com

2006 Jeep Wrangler Unlimited $21900, 16k mi, white ext, gray int, auto, Alpine/JL Audio sound, BF Goodrich AT - Alloy. One owner 972-816-0807

2007 Jeep Grand Cherokee Laredo nice #403 $18,995 RELIABLECHEVROLET.COM

2007 Wrangler auto v6 nice 1 owner wont last only $17,991 972-242-4000

2008 Jeep Rubicon unlimited like new $23990 888-387-8153

COLLINS BROS. JEEP BUY & SELL CJ's & Wranglers New & Used Parts Service & Restoration 972-442-6189 www.collinsbrosjeep.com

Kia

2010 Kia Soul white factory warranty is yours! $13,997 1-800-870-3758 Rusty Wallis Honda

Lincoln

98 TownCar 22k mi Carfax cert Signature 1 own $7,950 972-243-3400 Texascarsdirect.com

2006 Lincoln Zephyr loaded roof lthr nice #9898 $11,995 RELIABLECHEVROLET.COM

2007 Lincoln Town Car #17058A $17,981 877-591-0102 McDavid L-M

2008 Lincoln Town Car #17103A $23,882 877-591-0102 McDavid L-M

2010 Lincoln Town Car certified #P7062 $27,983 877-591-0102 McDavid L-M

Mazda

1994 Mazda 626 $695.00 OBO 159000 gold 4 dr auto manual Mechanic special also have Nissan & Jeep 214-328-9064

1999 Mazda Mellinum Hunter Green. 4dr/auto leather all pwr. New Inspect/tune up Super clean Must see $2,400 469-438-9054

2009 Mazda MX-5 sporty fun roadster $10,995 RELIABLECHEVROLET.COM

Mercedes Benz

1996 E320, champange/tan, 143k, runs & drives perfect $4450 obo. 972-342-4218

02 G500 $21,950 Carfax cert nav nice 972-243-3400 Texascarsdirect.com

2002 Mercedes CLK320 low miles, Coupe, leather, sunroof, non smoker,

OUTSTANDING CLASSIFIED SECTION

SILVER AWARD

El Clasificado
Los Angeles, CA

QUINTANILLA'S INSURANCE BROKERS
SEGUROS ECONÓMICOS
*Restricciones Aplican
(323) 249-8888
17 AL MES

2011
¡El Clasificado les desea un próspero Año Nuevo!

Sorprenda a sus invitados con un festón
Visite Servicios de ...

El Clasificado®

GRATIS
29 de diciembre de 2010 / Vol. 23 #35 / elclasificado.com

¡Tu segunda oportunidad!

NUEVAS CARRERAS EN DEMANDA EN SOLO MESES
MEDICAL BILLING
(Administración de Oficina Médica o Dental)

- No se requiere High School*
- Instructores bilingües*
- Asistencia de empleo disponible
- Clases de día y de noche

*Algunos programas

- Técnico en Ultrasonido
- Asistente Dental
- Contabilidad Computarizada
- Justicia Criminal (Homeland Security)
- Asistente Médico
- Masaje Terapéutico

Trabajamos con programas EDD, RH, VA, WIA
**Para los que califican

¡Inscríbete ya!

¡LLÁMANOS HOY PARA UNA CONSULTA GRATIS!
1-888-379-7951
6630 Telegraph Road, Commerce, CA 90040-3210

npcollege
National Polytechnic College
www.npcollege.edu

facebook. twitter ACCSC

El gran año de España
2010 será recordado por el Mundial de Sudáfrica
DEPORTES

"Biutiful", una mirada migratoria
González Iñárritu estrena su cinta en EEUU
CULTURA

Cinco consejos financieros para 2011
DIRECTO AL BOLSILLO

Medidas contra accidentes navideños
AL VOLANTE

Todos los artículos los encuentra en ElClasificado.com

El Clasificado
1125 Goodrich Blvd.
Los Angeles CA 90022

Para Clasificados (800) 242-2527
Para Desplegados (888) 219-4503

CIRCULATION VERIFICATION COUNCIL

SECTION AWARDS

El Diario La Prensa
New York

HONDA

Interior del renovado Honda Insight, el híbrido más barato del mercado.

HONDA

Panel del Honda Insight.

Insight pisa los talones al Prius

Toyota entre los candidatos a mejor auto del año

LUIS F. CAÑARTE/EDLP

NUEVA YORK — La Gran Manzana puede convertirse en el renacer o la tumba para el fabricante japonés Toyota.

Durante el Auto Show de Nueva York se premiará a los mejores vehículos del año y el **híbrido Prius** se encuentra entre los finalistas para la categoría Auto Verde del 2010.

Toyota una vez más sorprende a todos al ubicar su modelo Prius como uno de los opcionados para llevarse el galardón. En la otra esquina se encuentran serios contendientes como el **Honda Insight** y el **Blue Motion** de Volkswagen.

Hace unas semanas atrás seguimos de cerca la odisea de un propietario al mando de un Prius, que se negaba a disminuir la velocidad en una carretera en California. La historia tuvo un final feliz luego de la intervención de la policía al lograr parar el auto de James Sikes, pero el cuento tiene para largo.

Luego de exhaustivas investigaciones por parte de los ingenieros de Toyota llegaron a la conclusión que se debió a un excesivo uso de los frenos por parte de Sikes. "No tenemos opinión sobre su narración, sobre lo que ha dicho, fuera de que el escenario no concuerda con los hallazgos técnicos", indicó el vocero de Toyota, Mike Michels.

Con la grave crisis de varios modelos Toyota, el Honda Insight se presentó como la mejor opción para llevarse el título del mejor híbrido del año. Con un precio inicial de **$19,800** hasta **$23,100** en el modelo EX con Sistema de Navegación Satelital, este nuevo híbrido rinde 40 mpg en la ciudad y 43 mpg en la carretera. En comparación con el Prius —el modelo híbrido de mayor venta en el mundo— el Insight llega con un precio más económico.

Un pionero entre los híbridos

El Honda Insight original, presentado en 1999, fue un precursor al transformarse en el primer automóvil híbrido comercializado en los Estados Unidos que combinaba gasolina y electricidad. Con un modelo nada atractivo, parecía un bote perdido en medio de la carretera, su evolución al modelo actual ha generado dudas por cuanto tiene ciertos rasgos parecidos al Prius de Toyota. No obstante busca establecer su propia identidad con un precio atractivo en el difícil mercado de los híbridos.

Aerodinámico e innovador, el Insight introdujo un nuevo concepto en vehículos con mejor rendimiento de combustible. La pieza central de este automóvil revolucionario fue el compacto y eficiente tren de potencia híbrido del motor de asistencia integrada IMA.

En cuanto a su estilo, conserva un parecido con el vehículo con célula de combustible FCX Clarity. Se mejoró el diseño del modelo original con una cabina más amplia y con capacidad para cinco pasajeros. Viene con un motor de 4 cilindros y un tren de válvulas SOHC i-VTEC de 8 válvulas.Utiliza el sistema de transmisión variable continua (CTV) y batería de níquel-hidruro de metal (Ni-MH).

Los otros candidatos al Auto Verde son: **Volkswagen BlueMotion** (que incluye al **Golf**, **Passat** y **Polo**).

En lo que respecta a los Mejores Diseños, los candidatos son: **Chevrolet Camaro**, **Citroën Picasso C3** y **Kia Soul.**

Otros competidores

Los otros finalistas para el Auto del Año son: **Mercedes-Benz Clase E** y **Volkswagen Polo**. Los candidatos al premio para el Mejor Desempeño fueron: **Audi R8 V10**, **Ferrari California** y **Porsche 911 GT3.**

AP

El Chevrolet Camaro se llevó el título del Mejor Diseño del Año.

HONDA

El Honda Insight, candidato al Auto Verde del Año y sería competencia para el Toyota Prius.

VW Y CHEVROLET LOS MEJORES

El **Volkswagen Polo** fue nombrado ayer **Auto Mundial del Año 2010** en la apertura del Salón Internacional del Automóvil de Nueva York tras derrotar al Toyota Prius y el Mercedes Benz Clase E. Es el segundo año consecutivo que el fabricante alemán de automóviles se hace con el premio después de que en el 2009 el veterano Golf fue también reconocido como Auto Mundial del Año. Para el premio **Mundial al Diseño** el título recayó en el Chevrolet Camaro.

Al Día
Dallas, TX

December/December 25 - Decem

Autos al día

WEEKLY - SEMANAL

To advertise call/Para anunciarse llame al 1.866.340.6493

Explorer se transforma

FORD

Por ANN M. JOB/AP

Por primera vez en sus 20 años de historia, el vehículo deportivo utilitario Ford Explorer se está transformando en una SUV más templada con una plataforma de coche para lograr un desplazamiento más suave.

Siendo uno de los vehículos más populares de Ford Motor Co., la Explorer además se ve menos troca para 2011, con un nuevo estilo que parece más de SUV crossover que una mera camioneta cuadrada.

Probablemente lo más notable en la nueva Explorer es su motor V-6, que viene así por regla y que genera una potencia de 290 caballos, sólo dos menos de los que generaba un V-8 de una Explorer anterior.

El precio inicial sugerido por el fabricante, mas cargo de envío, aumentó sólo $595 con respecto a la Explorer 2010: $28,995 la Explorer 2011 sencilla con motor V-6 y tracción en dos ruedas.

La Explorer, que debutó en 1991, cambia a una plataforma tipo coche y a una construcción monocasco para atraer a los consumidores que se han estado inclinando por las llamadas SUV crossover y alejándose de las SUVs con desplazamiento de pickup y buscando un mejor rendimiento de gasolina.

A las mamás les va a gustar que la segunda fila de asientos de la Explorer se pueden deslizar muy cerca del respaldo de los asientos delanteros, lo que les facilitará alcanzar a sus bebés.

El piso de carga es plano y tiene un total de 80.7 pies cúbicos de capacidad con los asientos de segunda y tercera fila plegados.

Ahora Sí
Austin, TX

REPORTAJE

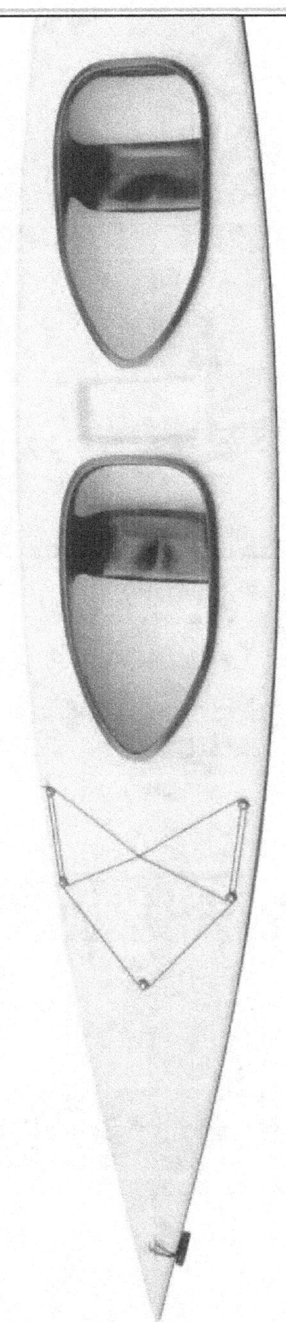

Programa sumerge a las familias en la belleza de los parques estatales

MARAVILLAS AL AIRE

Por **Josefina Villicaña Casati**
¡ahora sí

A pesar de la insistencia de mi marido, por años me negué a acampar. Aunque sí veía las ventajas de exponer a los niños a nuevas experiencias, el pasar incomodidades lejos de mi colchón cómodo y duchas de agua caliente no me atraía.

Hasta que un comunicado de prensa sobre el programa del Departamento de Parques y Vida Silvestre de Texas, *Texas Outdoor Family* (o "Actividades al Aire Libre para Familias"), me hizo cambiar de opinión. Este prometía facilitar la experiencia a novatos y enfocarse en las necesidades de la familia. Por el bien de la investigación, y ante la sorpresa de Kit, mi marido, decidí intentarlo.

Y qué bueno que cambié de opinión. El fin de semana que pasamos en el Parque Estatal Inks Lake en Burnet no sólo me expuso a la majestuosa belleza que nos rodea, sino que ayudó a mis dos niños, Iliana y Enzo, a explorar y experimentar muchas novedades.

"Este es un programa muy importante porque expone a las familias que se sienten intimidadas y no cuentan con el equipo necesario para salir de pesca, kayak, y acampar", explica Jayson May, uno de los asistentes durante nuestro taller. "Texas tiene algunos de los paisajes más bellos", dice.

Desde que el programa T*exas Outdoor Family* comenzó en julio de 2008 han participado más de 3,500 personas en los 52 talleres que se han ofrecido en los parques estatales a lo largo de todo Texas. Cada taller busca desmitificar los retos de acampar y facilitar cada paso para las familias novatas en grupos pequeños.

"Un promedio de 14 a 16 familias participa en cada taller", explicó Carlee Klattenhoff, especialista en educación al aire libre que ha trabajado con el programa desde que se inció.

En total 723 familias han participado, aunque algunas se han entusiasmado tanto con el programa que "tuvimos que poner un límite de la cantidad de veces que podía participar la misma familia a sólo tres veces" dice Chris Holmes, coordinador de Educación al Aire Libre de Parques Estatales de Texas. Claro que el objetivo principal es motivar a los participantes a que continúen explorando y disfrutando de los parques en excursiones, pero independientemente.

Mi hijo Enzo, de 4 años, ayudó a levantar la tienda de campaña, prendió fuego con leña con la ayuda de su padre y luego asó malvaviscos. Después ayudó remando en el kayak y se enorgulleció de ser el único niño que pudo pescar. También se hizo amigo del primer tocayo que ha conocido, Enzo Marcella, de 5 años, que junto con sus padres y hermano también acampaban por primera vez.

Aunque accidentalmente se salpicó de lodo y después pisó sobre un nopal al estar descalzo, lo que más le impresionó a Enzo fue "dormir en la tienda y escuchar todos los sonidos de la noche", dice. "Me gustó escuchar a todos los animales, los tecolotes, grillos y ranas". Lo ideal para su tocayo fue "dirigir el kayak" en el que remó con

Kit Casati apoya a su hijo Enzo, de 4 años, a escalar en su excursión al parque estatal Inks Lake en octubre de 2009.

10 ¡ahora sí! 7 al 13 de enero de 2010

Outstanding Lifestyle Section

SILVER AWARD

El Mensajero
San Francisco, CA

4 | EL MENSAJERO | **ENLABAHÍA** | SEMANA DEL 20 AL 26 DE JUNIO DE 2010 | www.elmensajero.com

Un beso sella la relación entre padre e hijo, como lo muestra esta imagen de Diego y su bebé Andrés (Foto: cortesía Diego Román).

El papá Eulalio Ontiveros en su trabajo de jardinería, dice que esta fiesta "es un achaque para tomar vino" (Foto: Fabiola Puerta).

CELEBRACIÓN

Feliz día, ¡señores!

¿SERÁ QUE LOS HOMBRES 'SON DE MARTE' O TAMBIÉN LES GUSTAN LAS SORPRESAS? EN EL ÁREA DE LA BAHÍA, ELLOS FESTEJAN LA PATERNIDAD

FABIOLA PUERTA
ESPECIAL PARA EL MENSAJERO

BRONZE AWARD

La Isla Magazine
Savannah, GA

Superación Personal

Por: Claudia P. Padilla

El enamoramiento es un sentimiento, sin embargo el amor es una decisión. De hecho, cuando estamos enamorados no podemos decidir una conducta sana porque intervienen sustancias químicas y hormonales que no nos permiten pensar claramente. Debemos esperar hasta que pase el enamoramiento (la sensación de mariposas en el estómago) para poder determinar si trabajamos o no en una relación para hacerla satisfactoria, funcional y permanente.

Nadie puede controlar qué o cómo sentir pues los sentimientos son algo natural en todo ser humano. Tan normal es sentirse enamorado como sentirse enojado, triste o desilusionado. No podemos elegir de quien nos enamoramos pero si podemos elegir qué hacer con eso que sentimos.

Los adolescentes tienen un mundo de oportunidades para practicar con sus sentimientos. Desafortunadamente son pocos los buenos ejemplos que los adolescentes reciben. Cuando lo que ven en su vida diaria y en los medios de comunicación muestran infidelidad, gritos, abandono, venganza, sufrimiento, enfermedades, etc. y eso es lo que "aprenden" sobre el amor. Como dice la Dra. Nancy Álvarez en su programa ¿Quién tiene la razón? "Para que el amor funcione, amarse no es suficiente" además debemos aprender a ser responsables, leales, considerados y atentos.

BRONZE AWARD

El Mundo
Austin, TX

ESPECIAL

8 ESPECIAL | www.elmundonewspaper.com | noviembre 11 -

GOLD AWARD

El Mundo
Austin, TX

Austin, la joya de Texas

Carlos H. Lozano

Amable, bonita, saludable, intelectual y amorosa. Estos calificativos pueden ser los de una mujer ideal. La gente que vive, hace poco o mucho tiempo en esta ciudad, se los atribuyen a Austin, la Capital de Texas.

Las respuestas varían en el pensamiento de las personas cuando se les confronta sobre qué es lo que hace a esta ciudad tan especial y apetecida. No es rara la vez que a nivel nacional se le designe a Austin como la 'número uno' o esté entre las primeras ciudades del país. Pero, ¿primera en qué?

La fortaleza económica y el capital humano

Hace poco, Austin resultó ser la primera ciudad en recuperación económica entre todas las áreas metropolitanas de la Unión Americana. La capital texana es la que mejor ha sabido superar la recesión. Su economía ha crecido los últimos trimestres, por lo que el producto interno metropolitano se ha recuperado completamente.

Además, el precio de las casas se ha mantenido relativamente estable desde el 2007. Cifras muy positivas para una economía local que, a nivel nacional, son muy pocas o contadas, especialmente después de la crisis económica. Austin salió bien librada. La gente opina que es el resultado de una ciudad muy bien administrada. Es decir, el Alcalde Lee Leffingwell y su equipo de gobierno hacen
bien su trabajo.

Mientras muchas ciudades se dan topes
salir adelante en el tema económico, Austin viv
ambiente de recuperación e inversión permane
No se detiene y la gente concluye que hay mu
posibilidades de desarrollo debido a la llegad
grandes corporaciones –a esta ciudad y al Ce
de Texas– lo que hace de esta región una pri
giada por su crecimiento imponente y soste
con una población joven bien preparada y de
nivel profesional. A lo anterior se suma que Au
ostenta buen liderazgo, innovación permanen
creatividad.

Amigable, romántica y saludable

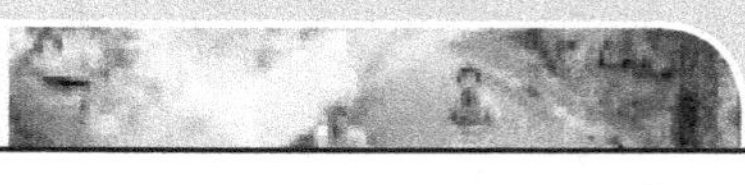

Trabajo y

OUTSTANDING TRAVEL SECTION

SILVER AWARD

Hola Noticias
Charlotte, NC

OUTSTANDING SPECIAL SECTION, 30,000+

El Tiempo Latino
Washington, DC

Sudáfrica

Copa Mundial FIFA 2010

▶ Suplemento de El Tiempo Latino | Una publicación de The Washington Post | 4 de junio de 2010

Sociedad.

>Ver Pág. 6

Jugadores.

>Ver Pág. 10

Opinión.

>Ver Pág. 76

OUTSTANDING SPECIAL SECTION, 30,000+

CELEBRATING 30 YEARS
GRATIS FREE
Suplemento Especial
extra
Two Languages Una Voz
MÉXICO 2010
COMMEMORATING MEXICAN HISTORY

SILVER AWARD

Extra Bilingual
Chicago, IL

SILVER AWARD

El Diario La Prensa
New York

EMENTO DESFILE NACIONAL PUERTOR
EL DIARIO
LA PRENSA
Pioneras
jeres puertorriqueñas en EE. UU.

DEL 7 AL 13 DE ENERO DE 2010 AÑO 31 Nº 967
EDICIÓN ESPECIAL COLECCIONABLE
MundoHispánico
EL VOCERO DE LA COMUNIDAD HISPANA DE GEORGIA DESDE 1979 WWW.MUNDOHISPANICO.COM
CONEXIÓN 2010 ATLANTA
LA GUÍA ANUAL DE LOS LATINOS

SILVER AWARD

Mundo Hispánico
Atlanta, GA

Outstanding Special Section, 30,000+

BRONZE AWARD

Vida en el Valle
Fresno, CA

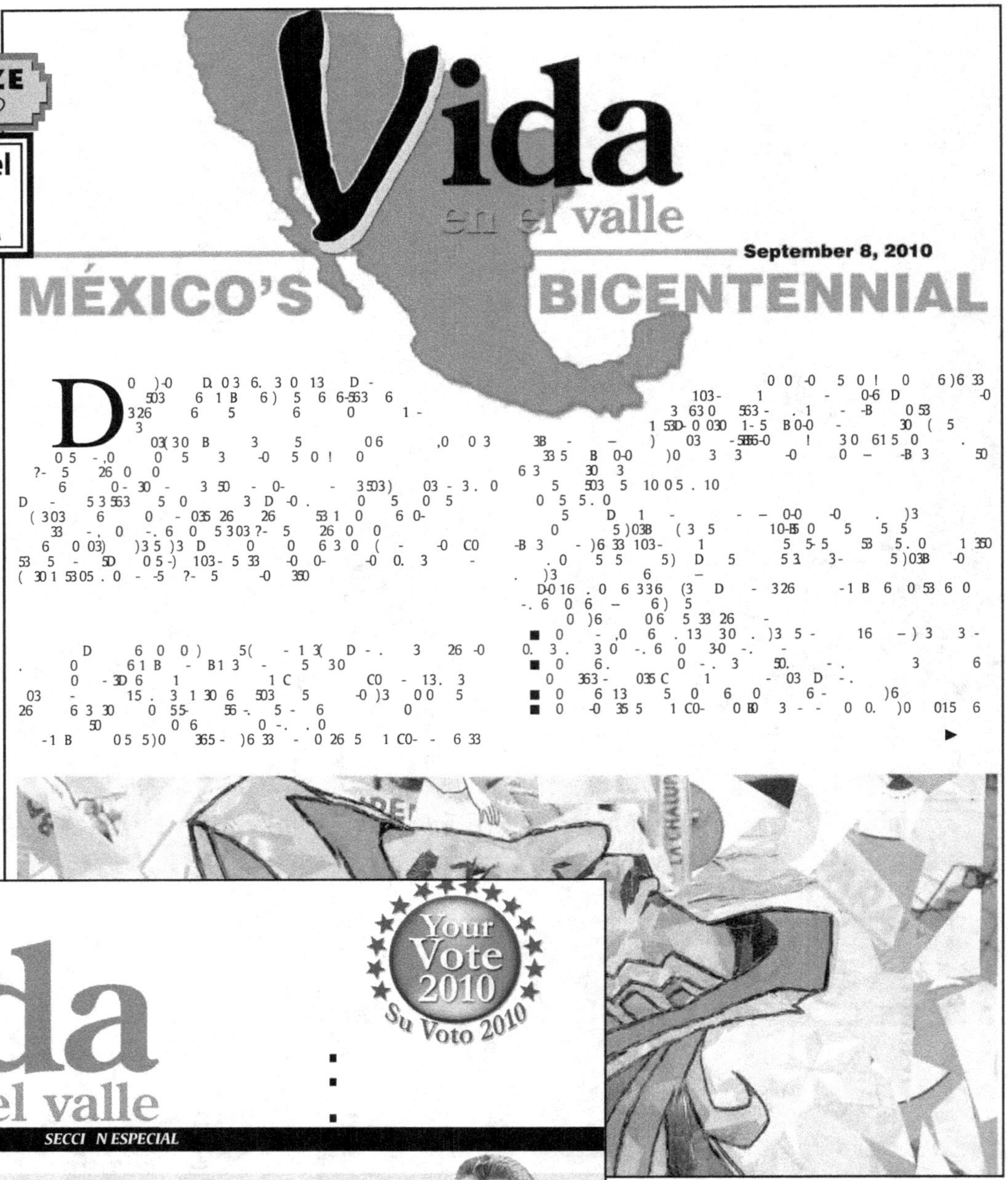

Vida en el valle

September 8, 2010

MÉXICO'S BICENTENNIAL

Vida en el valle

SECCI N ESPECIAL

Your Vote 2010
Su Voto 2010

BRONZE AWARD

Vida en el Valle
Fresno, CA

Outstanding Special Section, Under 30,000

GOLD AWARD

El Hispanic News
Portland, OR

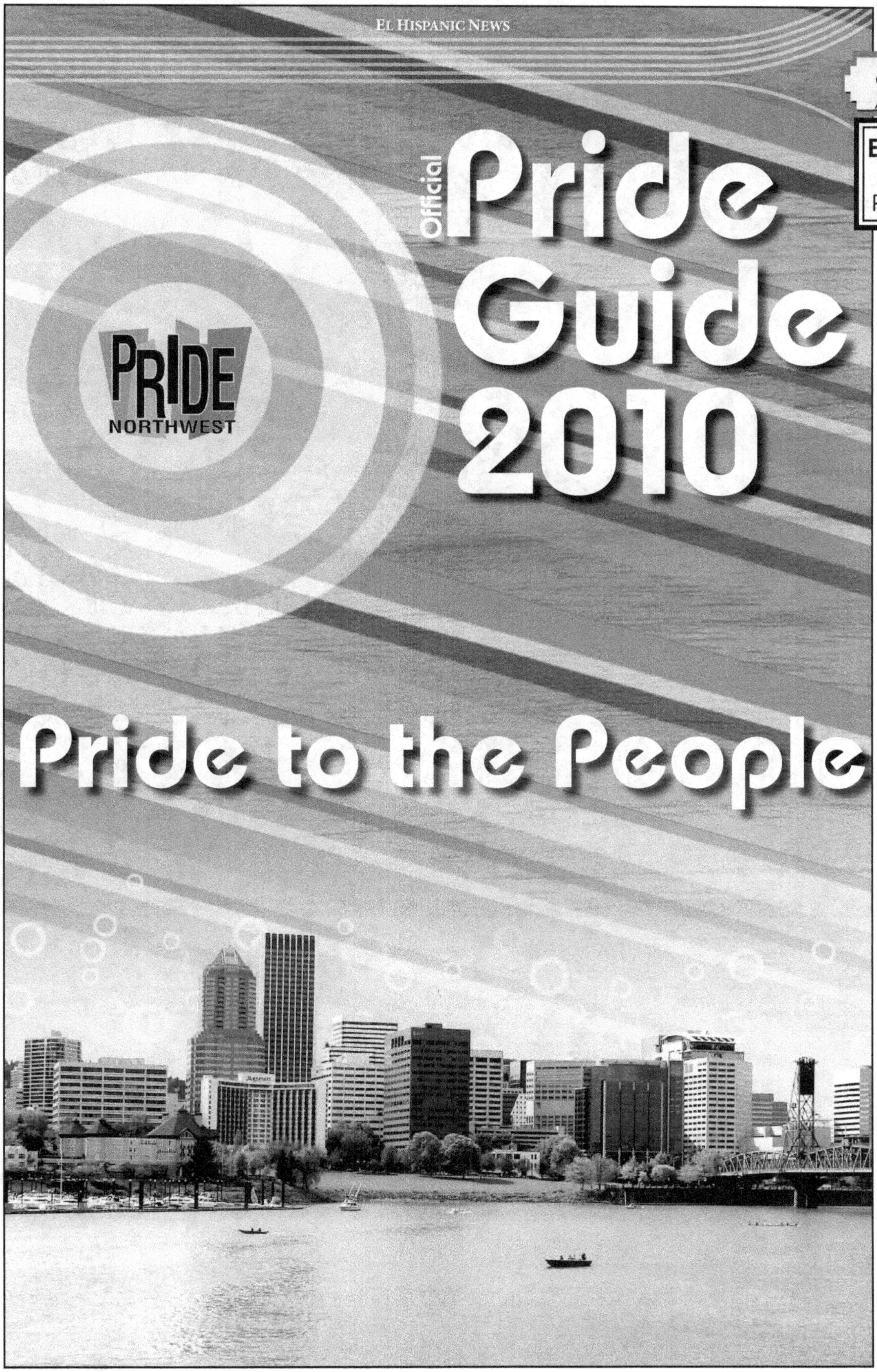

El Hispanic News

Official Pride Guide 2010

PRIDE NORTHWEST

Pride to the People

Editorial Section Awards

Outstanding Special Section, Under 30,000

SILVER AWARD

La Raza del Noroeste
Seattle, WA

SOUNDERS 2011

BAJO LA LUPA P22

PLANTEL

SERVANDO

BRONZE AWARD

La Isla Magazine
Savannah, GA

Sus Derech

True
Verdadero
False
Falso

SOUTH CAROLINA TOURS

¿Es cierto que enviar mensajes de texto con la palabra justicia o *justice* al
Control de Aduanas e Inmigración (ICE) localice indocumentados?
Falso

Enviar un mensaje de texto con la palabra JUSTICIA o *JUSTICE* al 69866 es para recibir alertas y noticias sobre la lucha por la reforma migratoria. Es un proyecto de la Campaña Reforma Pro-Migratoria Pro-América, que se trata de una iniciativa nacional que combina los esfuerzos de individuos y organizaciones comunitarias para luchar por una reforma migratoria integral viable. Esta campaña es, en parte, un proyecto del *Tides Advocacy Fund*. Para más información visite http://www.reformamigratoriaproamerica.org.

¿Hubo una redada el sábado 20 de marzo en Wal-Mart?
Falso

Ese sábado, en el parqueo de los Wal-Mart, se reunieron las personas que salieron hacia la marcha a favor de la Reforma Migratoria en Washington el 21 de marzo. "Espero que nuestros valientes amigos que marcharon el pasado 21 de Marzo compartan esta experiencia, que contagien de energía y valor al resto de la comunidad y que JUNTOS logremos acabar con este MIEDO, que no nos permite unirnos y salir a participar con el resto de la comunidad," dijo Mario Martínez, coordinador local de la Coalición Mexicana Americana Pro Reforma Migratoria.

¿Es peligroso ir al restaurante chino Jade Garden después de los arrestos del 23 del marzo?
Falso

Los empleados arrestados estuvieron en el lugar equivocado a una hora equivocada. El dueño sigue siendo investigado. Arrestaron empleados y no a los clientes. *Jade Garden* sigue abierto y sigue siendo un excelente lugar para comer.

¿Van a haber una serie de redadas

el gobernador Mark Sanford en junio del 2008, la División de Licencias y Regulaciones del Departamento del Trabajo de Carolina del Sur empezará este mes de julio a revisar al azar

Is it true that sending text messages with the word *justice* to the number 69866 is a way that Immigration and Customs Enforcement (ICE) locates undocumented citizens?
False

Sending a message with the
JUSTICE or JUSTICIA to the
69866 is to receive alerts an
is a project of the Pro-Immig
America Reform Campaign,
initiative that combines the e
dividuals and community org
reform. This campaign is, in
project of the Tides Advocac
For more information visit htt
reformamigratoriaproamerica

Was there a raid at Wal-Mart on Saturday, March 20th?
False

That Saturday, people that were
to the Immigration Reform marc
Washington this past March 21
up at several Wal-Mart parking
"I hope that our brave friends th
marched on March 21st share t
experience, and that they sprea
energy and courage to the rest
community. I hope that TOGET
can stop with this FEAR that do
let us get together and go out t
ticipate with the rest of the com
said Mario Martinez, local coord
of the Mexican American Coalit
Immigration Reform.

Is it dangerous to go to the Chinese restaurant Jade Garden after March 23 arrests?
False

The employees that were arrested we
in the wrong place at the wrong time.
owner is still being investigated. Emp
not clients, were arrested. Jade Gard
still open and a great place to eat.

Will there be a series of raids

According to the state "immigration reform"

Editorial Writing Awards

These are the real meat of the awards with 43% of all the awards being presented in this important category. Here we share 98 articles for your enjoyment and education.

"The 2011 NAHP José Martí Awards has given plenty of insights about the increasing quality of Hispanic journalism in the United States. This year the topical breadth of the winning entries provided ample evidence on how accurately newspapers report and present the social issues that affect Hispanic communities. The diversity of issues reflected on the pages of NAHP publications took us from human--interest stories of families affected by new immigration laws, to the plight of thousands of Hispanics that are denied access to the educational and health--care systems. Overall, an outstanding job in covering the communities they serve." ***Francisco Vásquez***

"I was impressed by the level of high--quality Spanish writing as I judged all categories. Pictures help tell a compelling story to the public, and certainly most of the ones I judged had plenty of pictures." ***Martin Castro, Mexican American Opportunities Foundation***

"This year's submissions and their quality far surpassed all expectations. It was phenomenal, top notch stuff, but what made it extremely difficult when it came time to select a winner was the relevance and importance of the topics and subjects discussed. Whether it was Arizona's controversial immigration bill S.B.1070, the rupture of migrant families, or the plight of a battered wife, the stories were gripping, compelling and all too real. Hats off and Felicidades to all the Publisher participants! Keep telling our stories, keep breaking ground and keep up the good work." ***Carlos Cisneros, Attorney and author***

"In general, I found 'good writing' techniques. The Spanish-language conventions – punctuation, spelling, grammar, etc. – were properly used, and "Spanglish" was generally avoided. In some of the pieces submitted, the writing was engaging, forceful and, occasionally, memorable." Saludos, ***Myriam Grajles Hall, University of California, Riverside***

As a judge, I was impressed by how each of the writers dug deep into their stories, relying to their audience that their subjects held valuable and important insights. Also the language was graceful and provoking, urgent and remarkable. I wish all of the winners of the Jose Marti Award great success in the future." ***Jen Cullerton Johnson, LinkGua USA***

"Brilliant, insightful, and in depth articles that leave the reader informed, touched and wanting more! I commend all the publications for continuing to push the envelop and for their work to bring the Latino community to the forefront of American society." ***Mario Cobian, Pochteca Media***

Negar la ciudadanía no es la solución

Al Día
Dallas, TX

NUESTRA VOZ

Esta semana el debate sobre la inmigración ilegal tocó un nuevo fondo con la propuesta de varios legisladores republicanos, algunos de ellos texanos, de reconsiderar el derecho que da ciudadanía automática a los bebés nacidos en Estados Unidos de padres indocumentados.

Los republicanos plantean modificar la Decimocuarta Enmienda a la Constitución, cuya sección 1 dice: "Todas las personas nacidas o naturalizadas en los Estados Unidos, y sujetas a su jurisdicción, son ciudadanos de los Estados Unidos y del estado donde residen".

Para algunos detractores de la inmigración, el otorgar la ciudadanía automática a los hijos de indocumentados equivale a una especie de premio que debe ser anulado. Incluso se refieren a estos vástagos con el término peyorativo de "bebés anclas", implicando que pueden servir para ayudarlos a regularizar su estatus migratorio.

Esto implica no sólo una visión incompleta fenómeno migratorio, sino también un desconocimiento de las leyes de inmigración, pues para que un hijo patrocine a sus padres tendrían que pasar 21 años, una espera que obviamente no es práctica.

La idea de negarles la ciudadanía a los bebés de indocumentados no es nueva, ya ha sido planteada antes por la extrema derecha, pero pocas veces se habían visto a tantos políticos establecidos respaldando la propuesta. Los senadores John Cornyn, de Texas, John Kyl y John McCain, de Arizona, Lindsey Graham, de North Carolina, Chuck Grassley, de Iowa y Mitch McConnell, de Kentucky, han pedido un discusión en el Congreso. Al parecer los políticos, ávidos por despertar el apoyo de sus bases más preocupadas por la inmigración ilegal de cara a las elecciones de noviembre, no ven la incongruencia con las ideas republicanas, el riesgo y costo a largo plazo para la sociedad, y el peligro político de alienar por generaciones a los hispanos.

Vamos por partes:

• Negarle la ciudadanía a cientos de miles de recién nacidos crearía una subclase de personas destinadas por siempre a vivir marginadas de la sociedad. Sin derecho a un trabajo formal, con educación limitada, y sin acceso a servicios de salud, sus únicas opciones de empleo serían trabajos de sueldos bajos que poco harían por impulsar al país a la economía del futuro.

El éxito de este país, a diferencia de varias naciones europeas que se han desintegrado a lo largo de la historia, ha sido saber integrar diferentes grupos étnicos y convertirlos en estadounidenses. La asimilación es un valor poderoso que los inmigrantes aprecian. El negarle la ciudadanía a sus hijos podría crear generaciones de jóvenes resentidos con un país que les niega la posibilidad de superarse, además de que los convertiría en indocumentados a pesar de nacer aquí.

• La carga en el sistema de salud implicaría serias trabas burocráticas para trabajadores de hospitales y padres.

¿Se imaginan a enfermeras y obstetras revisando documentos con agentes migratorios después de cada parto? ¿No eran acaso los republicanos los que denunciaron la reforma de salud como una intromisión del gobierno entre pacientes y médicos?

El llamado partido de la vida, el que defiende a capa y espada los derechos de los nonatos, debería pensarlo dos veces antes de considerar la deportación de bebés una vez que nazcan, en caso que los padres no muestran una tarjeta de residencia o pruebas de ciudadanía.

• Castigar a los hijos por las faltas de los padres podría ser calificado como un castigo cruel e inusual, que además va en contra de los ideales que representa Estados Unidos. Frases como "que todos los hombres son creados iguales; que son dotados por su creador de ciertos derechos inalienables; que entre estos están la vida, la libertad y la búsqueda de la felicidad" sonarían a palabras huecas en un país que por más de 100 años ha dado a los nacidos en el país la oportunidad de lograr el sueño americano si se educan y se esfuerzan.

• La estrategia podría proporcionar encabezados y encender a los partidarios de restringir la inmigración. Pero en el actual polarizado panorama político es más factible una reforma migratoria que negarle la ciudadanía a estos recién nacidos.

Para modificar la enmienda es necesario, primero, que las dos cámaras del Congreso aprueben la propuesta por dos terceras partes (ningún partido está cerca de tal mayoría), y luego tres cuartos de los estados deben ratificar los cambios (38 estados). La segunda opción es tan difícil que nunca se ha intentado: dos tercios de los estados convocan a una convención para hacer las enmiendas, que luego deben ser ratificados por 38 legislaturas estatales.

• La propuesta podría animar a las bases conservadoras, pero tiene el potencial de alejar por décadas a minorías e hispanos del Partido Republicano. Según el Pew Hispanic Center, hay 3.8 millones de indocumentados con hijos nacidos en Estados Unidos. Si los conservadores siguen con su plan de negarle la ciudadanía a estos niños, pueden asegurarse de que votarán por el partido de enfrente.

Pese a todo esto, el argumento para eliminar la ciudadanía automática es que desalentaría la inmigración, algo que no se sustenta en los hechos ni ataca el problema de raíz, sino que crearía más indocumentados. Además de los padres que llegaron sin papeles, se sumarán sus hijos nacidos aquí.

Al Día cree que esta es una idea errada que distrae de la verdadera necesidad: una reforma migratoria que repare el descompuesto sistema migratorio, que reunifique familias, que controle las porosas fronteras, y que otorgue una vía para que los 10.8 millones de indocumentados que viven en el país obtengan un estatus legal, así como un programa de trabajadores invitados que ayude a las empresas estadounidenses cuando no encuentran mano de obra suficiente en este país.

OUTSTANDING EDITORIAL COLUMN - SPANISH 30,000+

La reforma de detención

El sistema de inmigración de EE.UU. lanza una innecesaria red para capturar inmigrantes que no son un riesgo para la seguridad pública. El gobierno de Obama y el Congreso tienen que tomar una acción decisiva y rápida para reformar profundamente el desastre contra los derechos humanos que causa la detención.

El Subsecretario de Agencia de Inmigración y Aduanas (ICE) , John Morton, ha dicho que está haciendo de la reforma una prioridad. Este es un refrescante cambio de actitud comparado con la del gobierno anterior. Las reformas incluyen pilotos de programas de detención, el despliegue de 50 observadores federales a los centros de detención y la creación de una base de datos que le permita a familias buscar y seguir a un detenido.

Pero hay muchos más actores, subagendas y otros temas que le dan forma a la detención. Entre esos temas está un estatuto de detención obligatoria. Promulgado en 1996, este estatuto excesivamente punitivo y represivo a veces se interpreta en un sentido muy amplio. Por ejemplo, inmigrantes que han estado aquí por años, que forman parte de comunidades, que cometieron infracciones menores por las que pagaron su deuda a la sociedad, su pasado judicial ahora se vuelve en su contra y los conduce a la detención. El Congreso tiene que reformar este estatuto para evitar la avalancha de detenciones y también proveer el derecho a audiencias para fijar fianzas.

ICE está en proceso de la elaboración de un instrumento de evaluación de riesgos el cual debe disminuir las detenciones innecesarias. Sin embargo, la oportunidad reciente que se presentó con el cierre del centro de detención Varick, en Nueva York, pone de manifiesto la falla de ICE para utilizar discreción. Cuando se le ofreció a ICE ayuda por parte de centros de asistencia jurídica para hacer una evaluación de los detenidos en Varick, para determinar si calificaban o no para alternativas a la detención, como la vigilancia intensiva, ICE procedió a trasladar a los detenidos al centro de detención en Hudson NJ.

Sobre el tema de quien asume responsabilidad, el mismo no debe simplemente sobrecaer en capas internas de control federal. Las normas de detención tienen que ser aplicables de forma independiente. Ya sea por legislación, o administrativamente, la aplicación independiente tiene que ser promulgada para darle credibilidad a la rendición de cuentas.

En sus recomendaciones para la reforma que presentó hace varios meses, la Dra. Dora Schriro declaró que "la rendición de cuentas es la piedra angular de la reforma de detención". Estamos muy de acuerdo con ella. Sin embargo, en casos como el de Francisco Castañeda, un detenido que terminó muriendo debido a negligencia médica, el gobierno sostiene que la familia de Castañeda no debería poder demandar a los propios empleados que ignoraron las súplicas de ayuda de su pariente. Esto manda un mensaje equivocado.

Poco después que el presidente Obama asumiera el cargo, destacó la importancia de la transparencia. El gobierno debe abrir los registros de los centros de detención que están a cargo de contratistas particulares, y el Congreso debe aprobar la Ley de Información sobre Prisiones Privadas.

En comparación con otras áreas del gobierno, la detención de inmigrantes tiene menos rendición de cuentas y de transparencia. Esto es inaceptable para una democracia. Por esta razón, apoyamos una propuesta de dos proyecto de ley presentada por los senadores Kirsten Gillibrand y Robert Menéndez para establecer normas mínimas para la detención.

El movimiento obrero

El Aviso
Los Angeles,

Allá en mis tiempos, cuando los presidentes de los pueblos eran gente como tú y como yo: don José -el de la botica-, Olegario -el de la granja-, Enrique -el de las bodegas-; gente del pueblo, porque no había de otra, y cuando había pocos políticos profesionales... En esos tiempos, un amigo mío fue candidato a la presidencia del pueblo, y en uno de los pocos discursos, porque entonces tampoco se usaban mucho los discursos, ya que la gente creía más en las obras que en las palabras, hasta que, a fuerza de tanto insistir, nos han acostumbrado a creer más en las palabras que en los hechos... como nos han hecho creer muchas otras cosas.

El caso es que este amigo dijo en su discurso, que dotaría al pueblo de luz potable y agua mercurial. La gente era más sensata para saber cuáles promesas creer y cuáles no. Ya había habido un presidente que había prometido meter la luz "léctrica" y lo único que puso fueron unos postes en las esquinas. Luego el siguiente presidente prometió que al fin de su mandato no iba a haber un solo poste que no tuviera un foco...

Y ese sí cumplió: no hubo un solo poste sin foco en el pueblo, porque se los llevó a su rancho para hacer cercas de alambre. Mi amigo también cumplió, y metió luz y agua al pueblo, aunque la luz no era potable ni el agua era mercurial, pero dejó el dicho para el floklor, porque los pueblos no olvidan los errores...y como ya afilé, aquí les voy con mi hacha. Eso de decir unas costras porosas, lo recordé, porque quiero platicarte de aquel líder sindical que, en una de sus arengas, decía: "Compañeros, el movimiento obrero está tomando excremento y es necesario que todos tomen su parte con seriedad para poder llegar a ser la fuerza que..."

Es evidente que el pobre hombre quiso decir incremento, aunque es posible que haya creído que aquella era la palabra correcta... pero no cabe duda que ese fulano era un profeta, porque es evidente que en estos tiempos el movimiento obrero está valiendo mierda -disculpe usted la palabra y dele vuelta para que no la vaya a pisar, o se embarre, pero es la realidad-... y en casi todo el mundo, para que no haya discriminación. La culpa de la crisis financiera actual se les ha echado a los pobres, pero los pobres creemos y sospechamos que la crisis fue planeada, porque los ricos no perdieron y muchos salieron ganando. Hasta pusieron en las noticias, casi como burla, que los banqueros seguían cobrando bonos millonarios, mientras los pobres, con el cinturón bien apretado y haciendo viles y pagando "biles", pagábamos el pato a través de cuantiosos préstamos, casi donaciones, de nuestro buen gobierno a bancos que "no podían quebrar". ¡¿?! (Algunas cosas sospechamos, pero no entendemos del todo). Esta crisis durará mientras sea benéfica y necesaria. Y sí ha traído beneficios. Para los ricos el beneficio mayor ha sido que han doblegado al movimiento obrero; lo han puesto de rodillas y contra la pared. Usted, como yo, habrá sabido de paisas que han tendido que aceptar reducción en sus salarios o en sus beneficios o en los dos, con tal de no perder sus trabajos y la cosa ha llegado al grado de que el que conserva su trabajo está más agradecido que nunca y hace hasta lo imposible por no perderlo... Hasta algunos de esos que nomás ponchaban tarjeta y hacían que trabajaban, pero no hacían nada, ya empezaron a trabajar de verdad. Mucho ganó el capital. Pero también los obreros ganamos con la crisis. Aprendimos que podemos vivir bien, gastando menos, que desperdiciábamos mucho en comida, en ropa, en lujos. Hasta vendiste la televisión de pantalla gigante porque, para verla bien tenias que estás muy lejos, casi afuera, o necesitabas hacer el cuarto más grande, la compraste nomás porque tu compadre compró una y tenías el cheque de esa semana libre. Aprendiste que ahora que te recogieron el carro lujoso que no pudiste pagar y andas en un carro modesto, hasta andas más cómodo, con menos temores, sin que te lleguen los pagos cada fin de mes, y las composturas no son tan caras. Hoy comes mejor y las comidas son más baratas, comes menos en la calle. Mucho hemos aprendido, pero nos falta todavía más.

Nos falta aprender que no es cierto que los ricos muevan al mundo, eso nos han hecho creer, ellos ponen la zanahoria que nos hace jalar pa'lante..., no son banqueros ni el dinero los que mueven el mundo, somos los trabajadores los que puchamos y empujamos, nos falta aprender que somos igual de importantes y que nos complementamos y debemos de trabajar juntos, sin ventajas...Si eso aprendiéramos de esta crisis, no volveríamos a pasar por lo mismo, pero somos tercos y lo más seguro es que caeremos en las mismas trampas una y otra vez... y eso, más que terquedad, es taruguez, idiotez, pendejez..., ¿Cómo ves?, porque si el movimiento obrero toma "excremento", los patrones saldrán embarrados..., navegamos en el mismo barco... no hay otro. Nosotros hacemos el dinero y ellos nos lo prestan.

Outstanding Editorial Column - Spanish 30,000+

Por la boca cae el pez

By Rodrigo

Mundo Hispánico
Atlanta, GA

Se necesita tener 'de esos' para decirle al presidente que le faltan 'aquellos'. Así lo hizo Sarah Palin, la controversial ex candidata republicana a la vicepresidencia, quien nuevamente sorprendió al abrir la boca. Palin dijo la semana pasada que la gobernadora Jan Brewer de Arizona tenía algo que Obama carecía para resolver el problema migratorio. Y no se refería a la ley SB1070, ¡sino a las gónadas! De hecho, en su discurso en inglés, Palin usó la expresión en español que empieza con "co" y termina con "jones".

En otras palabras –más refinadas, esperla ex gobernadora de Alaska nuevamente se mostró a favor de que existan medidas como la 'Ley Arizona' y criticó la falta de carácter de Barack Obama para enfrentar y solucionar la situación migratoria en el país. No es la primera vez que Palin luce sus 'habilidades lingüísticas' en un contexto controversial. Semanas atrás, por ejemplo, inventó la palabra refudiate (se asume que quería decir refute, refutar) en un mensaje de Twitter. Ahí les pedía a los "buenos musulmanes" que rechazaran el plan de construir un edificio religioso cerca del sitio donde estuvieron las Torres Gemelas de Nueva York. Evidentemente, Sarah Palin se cree especial y superior. No solo puede inventar palabras para hacerle peticiones al Islam, sino que también se atreve a decirle a Obama que no tiene bien puestos los que necesita para gobernar. Por si fuera poco, con su lenguaje torcido, la aspirante a la presidencia alimenta un discurso de odio en el país, particularmente en contra de los musulmanes y los inmigrantes indocumentados.

Palin me recuerda a tantos políticos improvisados que se pavonean por el mundo buscando votos con verborrea y populismo. Son de una calaña especial, porque, por desgracia, su carisma y el uso inapropiado del lenguaje atrae la simpatía de muchos, principalmente de los ignorantes y los rencorosos.

Aristóteles los llamaba demagogos (quizá Palin tiene otra palabra para los de sus especie). Los demagogos son casi por regla oportunistas y Palin no es la excepción. En el caso reciente aprovechó el acalorado debate en Arizona para darle un empujón a su popularidad y, asimismo, marcar su postura en contra de Obama al cuestionarle la "virilidad".

Si bien es una pena la tibieza con la que la actual administración federal toca el tema migratorio, más lamentable resulta ver a políticos como Palin que, lejos de tratar de comprender el tema y de respetar al contrario, simplemente le arrojan leña al fuego con insultos y se unen en cruzadas xenofóbicas contra personas que, por desgracia, no tienen el poder del voto para poderlos echar.

Sarah Palin, como otros entristecedores políticos, apoya la ley Arizona porque supone que es una medida para salvar a su país. Cree que a la gente se le puede juzgar por su apariencia y que ello está bien y se justifica. Además, no acepta que detrás del trabajo indocumentado hay un gran alivio económico para su nación. Qué pena. Pero la sabiduría popular no miente y dice que el pez por la boca caey la señora Palin la tiene muy grande. Por ello, Sarah Palin y otros políticos de su línea deberán de aprender el valor de la prudencia y del entendimiento para perdurar en el ruedo político. En cuanto al uso del lenguaje, más allá de inventarse las palabras o de robárselas del castellano, ellos deberán demostrar que saben usarlas, evitando las ofensas y, si no es mucho pedir, tratando de emplearlas con inteligencia.

Racismo en las universidades

El Aviso
Los Angeles

El racismo en nuestro país no termina. Cuando se le da una oportunidad, los filósofos y seguidores de la supremacía racista utilizan las debilidades del sistema político, económico, educativo, etc., para amedrentar y violar los derechos civiles de los grupos sociales más "pequeños". Lo anterior sucedió durante la colonia, luego continuó con la era republicana. Parecía que la diversidad estaba aniquilando al racismo poco a poco, a través de leyes preactivas y una fuerza masiva de protesta por parte de

los grupos minoritarios, pero hoy nos damos cuenta que las actitudes racistas vuelven con firmeza y sin vergüenza a nuestra sociedad, tal como renace el muñeco espeluznante de las películas de terror.

El racismo tuvo sus momentos álgidos a fines del Siglo XIX e inicios del Siglo XX, cuando la filosofía Social Darvinista y racista de Hebert Spencer se impuso en el confín norteamericano.

Spencer cimentó el camino a la racialización norteamericana previo a la Segunda Guerra Mundial y contribuyó ostensiblemente a un movimiento social intolerante que culminó con la segregación institucional del sector público y privado, como en las escuelas, centros comerciales, restaurantes, buses, lugares de trabajo, etc.

En el mundo jerarquizado de Spencer, los blancos se ubicaban en la cima de la varilla social, mientras que los negros en la parte de abajo, y el resto de las "razas" en el medio. Fue una época de miedo y de desesperación para personas que no pertenecían a la "raza" blanca.

Los visos de racismo que se divisaban abiertamente durante ese periodo, recientemente se hicieron presentes en algunos centros de estudios universitarios, específicamente en la Universidad de California San Diego.

Miembros de la fraternidad estudiantil Pi Kappa Alpha organizó una fiesta para supuestamente conmemorar las festividades de la Historia de los Afro-americanos. Los organizadores exigieron a los participantes a disfrazarse con una vestimenta viciada y estereotipada de los negros. Aparentemente algunos estudiantes llegaron como gangsters y otros como pandilleros, con los pantalones anchos, la gorra y los calzados tenis extra largos.

Los estudiantes y el plantel de la comunidad negra reaccionaron por el aflore racial de esa fiesta. Dos días después del evento, el editor de una revista de esa universidad, el cual normalmente ridiculiza de los negros, latinos e islámicos, no solamente defendió a los organizadores de la fiesta, sino que hizo comentarios incendiarios contra la comunidad afroamericana. "Negros ingratos", dijo.

Luego, una estudiante tuvo la vergüenza de dejar una soga de ahorca en los recintos de la biblioteca principal. La soga de ahorca es un símbolo maléfico de la supremacía blanca sobre los negros.

Recientemente, en las afueras de la universidad, se descubrió una estatua cubierta con una sábana de dormir, el cual hace reminiscencia a los miembros del grupo racista de los Ku Klux Klan.

Algunos defensores del odio y del racismo seguramente defenderán estos actos irracionales y despreciables como parte de la libertad de expresión. Por el contrario, son actos delictivos que deben ser sancionados y prohibidos porque claramente afectan los derechos civiles de otras personas.

Aquí los culpables no solamente son los estudiantes, sino también las autoridades de la Universidad de California San Diego. El peso del castigo deberá ser impuesto sobre ellos y sobre los estudiantes.

Los centros universitarios son espacios para la reflexión, la libertad del pensamiento y el descubrimiento científico, no es la cuna de la intolerancia.

OUTSTANDING EDITORIAL COLUMN - SPANISH, UNDER 30,000

Un aleteo hasta Haití

Por Josefina Villicaña Casati, Editora de ¡ahora sí!

Ahora Sí
Austin, TX

"El aleteo de una mariposa se puede sentir al otro lado del mundo", es un un concepto de la teoría del caos.

La idea es que la más mínima variación en un lado del mundo, como el aleteo de una mariposa, mediante un proceso de amplificación podrá generar un efecto en otra parte del mundo.

No sé si esto explique porqué me he sentido con el estómago hecho nudos desde el martes 12, cuando la terrible noticia de la tragedia en Haití se dio a conocer. Pero, si la mariposa provoca cambios, es justo decir que el resto del mundo está, hasta cierto nivel, sintiendo el dolor y el sufrimiento causado por esta catástrofe.

Innumerables organismos, gobiernos e individuos han respondido con la movilización de equipos de rescate y mandando cargas de alimentos y medicinas a la isla devastada. Con la magnitud de esta tragedia, donde miles de vidas se han perdido (la última proyección era de 200,000 muertes), y millones de personas afectadas ya sea con la lesiones que necesitan cuidados médicos, porque perdieron sus casas o necesitan alimentos y agua, la ayuda de cada individuo, por pequeña que sea, es esencial.

Los contribuyentes que hagan donaciones para las víctimas del terremoto en Haití podrán solicitar deducciones de sus impuestos al presentar sus declaraciones de 2009 en abril, de acuerdo con un proyecto aprobado por la Cámara de Representantes el miércoles 20 de enero. El proyecto permitiría deducir las donaciones hechas hasta el final de febrero.

Las organizaciones más grandes, tales como la Cruz Roja, están aceptando contribuciones monetarias a través de sus sitios web, por correo electrónico e incluso mediante el uso del teléfono.

Es lamentable que la tragedia no trae lo mejor de todos, y que tenemos que ser conscientes de quienes se aprovechen de esta situación para llenarse los bolsillos. Individuos sin escrúpulos empiezan a pedir donaciones afirmando que son en beneficio de las víctimas del sismo.

La Oficina Federal de Investigaciones (FBI) advierte que la gente sea muy escéptica cuando alguien solicita donaciones por teléfono, correo electrónico o en internet, pues un mes después del huracán Katrina, más de 4,600 sitios web sospechosos solicitaban dinero en nombre de esas víctimas.

Si te piden dinero en efectivo, niégate. También si te piden información personal como números de tarjetas de crédito, números de seguro social y números de cuentas bancarias. Lo ideal es hacer donaciones a organizaciones que sabes que van a utilizar los fondos para ayudar.

Otra manera que puedes ayudar fácilmente es mandando un mensaje de texto. En tu celular envía la palabra "HAITI" al número 90999 para una donación automática de $10 a la Crus Roja. La cantidad aparecerá en tu factura telefónica. Los invito a que tomen un momento para donar cualquier cantidad.

Estos son los momentos que debemos reflexionar sobre lo que tenemos, de sentir gratitud por nuestros seres queridos, nuestros hijos, nuestra salud y nuestro entorno.

Por último, los invito a decir una oración por aquellos que están en momentos difíciles. Si el aleteo de una mariposa se siente al otro lado del mundo, nuestra preocupación colectiva y oraciones son la energía positiva que, esperemos, llegará a ellos.

El Instituto Americano de Filantropía indica que es mejor que confirmes tus sospechas, y sugiere que:

- Preguntes por el nombre, número de teléfono y dirección de la organización, y les pidas esta información por escrito.
- No des tu información personal o financiera, ya que puedes ser víctima del robo de identidad.
- Confirma el nombre de la organización aún si te parece conocida. Los estafadores pueden cambiar una palabra en el título para engañarte.
- Pregunta si la organización está registrada y obtén el número de registro. Confirma si la organización es legítima en www.charitynavigator.org o en el Business Bureau Wise Giving Alliance en www.bbb.org/us/charity/

Casati es editora de ¡ahora sí! y www.ahorasi.com

Editorial Writing Awards

Outstanding Editorial Column - Spanish, Under 30,000

BOLITA POR FAVOR: Un caso de 'esclavitud moderna'

Columna de Opinión, Japhet Nieto

El Nuevo Heraldo
Brownsville, TX

"La situación en la cual un individuo está bajo el dominio de otro, perdiendo la capacidad de disponer libremente de sí mismo", es una definición que encontré para el término "esclavitud".

El particular caso del futbolista Salvador Luna con el equipo RGV Bravos FC, llama la atención debido a que algunas de sus frases pueden tener cierta relación con la definición mencionada, empero todo ha sido por la vía legal.

La última entrevista que tuve con "Chava" (hace una semana) estaba pendiente la firma de su baja con Bravos, para que pudiera ser alineado con la flamante plantilla del Heat de Laredo.

"El punto de ellos (Bravos) es sacar dinero, me quisieron vender y no se pudo, ahora yo no quise jugar con ellos porque no me estaban dando de comer, no me estaban dando dónde vivir y aquí (en el Heat) sí me lo ofrecieron, simplemente pedí mi baja allá para jugar acá, no porque no quiera a Bravos, sino porque yo necesito ver por mi bienestar", fueron las palabras del jugador.

Sin embargo, lo anterior no me sorprendió tanto como lo siguiente.

"No nos dan agua durante los entrenamientos, bueno, nos dan agua pero de la llave, luego por ahí escuché al alguien decir que 'es un gasto el agua'. ¡Oye!, ¿cómo va a ser un gasto el agua?".

Asimismo, el joven de 21 años de edad expresó una frase que tiene que ver con obligaciones sin recibir nada a cambio.

"Obligan (a los jugadores) a no asistir a los juegos de la liga MASA, BRASA o indoor. Nos dicen: 'el que vaya a jugar a la MASA o a indoor queda fuera del equipo', y muchos de mis compañeros se preguntan ¿por qué?, si ni siquiera nos están dando nada, no nos pagan".

La manipulación de lo que deben y no deben hacer también era característico en los tiempos de la esclavitud.

"En mi caso, Ed Salas (directivo de Bravos) me dijo que mintiera a los medios (de comunicación), por ejemplo, que dijera que a Brasil no fui a probarme, sino que Bravos me mandó a entrenar para que el equipo se viera mejor... Igual, cuando viajé a Austin que dijera que Bravos me mandó a entrenar, yo mentí porque eso me lo pidió Ed, y yo dije que para hacerle un bien al equipo está bien, pero la verdad yo fui a probarme a Brasil con la intención de quedarme".

Sorpresa que me llevé el día de ayer, cuando al llamar a la directiva del Heat de Laredo con el propósito de conocer acerca del traspaso, me dijeron que no se pudo concretar debido a que "Chava" tiene un contrato firmado con los Bravos, mismo que no quieren abolir, al menos "que paguen por él".

¿A esto se le puede llamar "esclavitud moderna"?.

No lo sé, quizá soy el único que le encuentra cierta relación, o quizá no.

Hispanos de otro planeta

JUAN MIRET

Hispano de Tulsa
Tulsa, OK

TULSA, Oklahoma – De vez en cuando, se me aparece un astronauta hispano. Ojalá vinieran de la NASA, sin embargo llegan del planeta de la estupidez, totalmente desconectados de la realidad. Y no se trata de hispanos recién llegados de Europa o Australia, sino de aquellos que han vivido toda su vida en Tulsa; razón por la cual estoy casi seguro que han permanecido aislado en una cápsula espacial: claro, muy bien decoradita, con tulipanes, agua de los alpes suizos, galletitas británicas y unas cómodas pantuflas holandesas; en fin, algo muy, pero muy hispano. Para ellos el saber que hay otros hispanos en la ciudad es una total novedad, ¡no puede ser!, dicen algunos en el más fino de los acentos americanos. Otros ni saben de la existencia de medios de comunicación en español: ¿verdad? ... no lo sabía; dicen sin vacilación.

Pero lo más inaudito de los hispanos planetarios es un grupito que proviene de la academia, y por cuestiones del destino de su trabajo astronáutico, se enteran que existe una ley llamada la 1804, "pero claro yo no conozco a ilegales, porque yo soy legal ... ¿podrías ayudarme a conseguir ilegales? ... es que los quiero entrevistar". Esta joyita –digna candidata al Nobel de la desubicación- proviene de una de las universidades con mayor prestigio de la ciudad; y ojo, no es una recién llegada de Austria, es tan hispana como una tortilla de maíz. Pero la cereza al tope del pastel la puso el capitán del trasbordador planetario de hispanos, un alto ejecutivo de una empresa local, con más postgrados que un científico nuclear y que dudó por largos segundos su respuesta, ante una pregunta sencillita: ¿eres hispano?. Respondió finalmente –mientras sostenía mi quijada, que se me había caído al suelo-: "hispano america-nizado".

Hispanos de la vía Láctea: ¡despierten!.

OUTSTANDING EDITORIAL COLUMN - SPANISH, UNDER 30,000

El "rechazo selectivo"

Por Virginia Esteban

Hoy en Delaware
Salisbury, MD

Antes de que comenzase el primer fenómeno migratorio hacia lo que se llamó "el Nuevo Continente", la superficie que hoy constituyen los Estados Unidos estaba poblada por indios nativos.

Una de esas innumerables tribus indias (la de los indios algonquinos), dió su nombre a Manhattan (Manna-hatta "lugar de innumerables alturas"). La isla fue para los futuros inmigrantes la puerta a un "Nuevo Mundo" de libertad, esperanza y fe en un futuro mejor: los Estados Unidos.

Las sucesivas oleadas de inmigrantes han ido viviendo el rechazo de los llegados inmediatamente antes, pero que ya se sentían "consolidados y miembros de pleno derecho" de este país.

Por tanto, la situación de negación hacia "los recién llegados" no es nueva. Lo que sí es una novedad es que en la actualidad ese rechazo sea "selectivo".

En esa "selección" la peor parte se la ha llevado la comunidad hispana. Para algunos ciudadanos nacidos en este país -no así sus antepasados-, está de moda arremeter contra nuestra comunidad. Consideran que hay que desconfiar de ella, que todos sus integrantes son inmigrantes ilegales y que, han venido a quitar el trabajo a la gente nacida en este país.

Los medios de comunicación tenemos el deber moral de informar y aclarar, no de exacerbar los ánimos, tal y como se viene observando, por ejemplo, en famosos "talk-show" radiofónicos.

La Ley de Reforma Migratoria va a llegar. Debemos esperarla y evitar encrespamientos que sólo están acarreando muertes absurdas, tales como la de Sergio, un niño mexicano de apenas catorce años abatido en El Paso por agentes fronterizos o de Anastasio, un obrero con más de veinte años de estancia en los Estados Unidos y padre de cinco niños norteamericanos, abatido en la frontera al ser devuelto a México.

Poco importa que estado por estado de este país informe periódicamente de la riqueza generada por los inmigrantes, especialmente hispanos, y poco parece importar también que sean miembros de otras comunidades los que puedan ser ilegales, hostiles o hasta beligerantes con el espíritu y el sentir americanos.

Los que defienden leyes discriminatorias como las de Arizona, son los mismos que, cierran los ojos a barbaries y atropellos que causan personas que consideran "libres de toda sospecha". Bien por ser ciudadanos, nacidos en su suelo o por pertenecer a minorías étnicas o religiosas cuya crítica no estaría exenta de la consiguiente demanda y tacha de racismo.

La grandeza de este país radica en aprender de sus errores y no repetirlos. No repitamos situaciones injustas amparándonos en razas o credos. Hagamos que los Estados Unidos sea "un lugar de infranqueables barreras y alturas" para todo aquel que quiera delinquir, o atentar contra sus semejantes y hagamos que sea una llanura para todo aquel que es respetuoso con las normas, el trabajo, la familia y tantos otros valores que identifican un país en el que excepto los descendientes directos y no mezclados de aquellos indios todos los demás somos hijos adoptivos.

The keystone to detention reform

El Diario La Prensa
New York

The U.S. immigration system casts an unnecessarily wide net over immigrants who pose no risk to public safety. The Obama administration, specifically the Department of Homeland Security (DHS), and Congress must act more aggressively to fundamentally reform the human rights nightmare of detention.

Within DHS, Immigration and Customs Enforcement (ICE) oversees the detention system. ICE's Assistant Secretary Joe Morton has said that he is making reform a signature priority. This is a refreshing attitude shift from the prior administration. The reforms include pilot alternative to detention programs, dispersing 50 federal monitors to detention facilities, and the creation of a detainee locator database.

But there are other actors, underlying agendas and issues that shape detention, much of which El Diario-La Prensa outlined in a series of editorials this week.

A mandatory detention statute is among these issues. Enacted in 1996 as a short-sighted, get-tough measure, this overly harsh statute is applied aggressively. For example, immigrants raising families here for years have minor, nonviolent offenses come back to haunt them and shuttle them into detention. Congress must reform this statute and prevent the broad sweep policies that are swelling detention. Congress must also provide the right to a bond hearing for detainees.

ICE is developing a risk assessment instrument that could decrease unnecessary detention. But the opportunity recently presented by the closing of the Varick detention facility in New York highlights the failure of ICE to use its discretion in evaluating whether detainees posed a threat. When legal clinics offered to do a case-by-case assessment of detainees to determine possible eligibility to alternatives such as intensive supervision, ICE proceeded with transferring detainees to a Hudson, NJ facility. Like Varick, the Hudson center has fallen short of meeting federal detention standards.

On the question of accountability, this must not rest with layers of internal, federal checks. Detention standards have to be independently enforceable. "A violation of detention standards does not give rise to a cause of action in court," said David Fathi of the National Prison Project of the American Civil Liberties Union. "You [a detainee] can't go to court to force ICE to comply with those standards." Whether by legislation, or administratively, independent enforcement must be enacted to put real teeth into accountability.

In recommendations for reform, former ICE official Dr. Dora Schriro stated that "accountability is the keystone to detention reform." We could not agree more. Yet, in cases such as that of Francisco Castañeda, a detainee who ultimately died because of medical neglect, the administration argues that Castaneda's family should not be able to sue the very employees who ignored his pleas for help. This sends the wrong message.

Shortly after President Obama took office, he emphasized the importance of transparency. In that spirit, the administration should also open the records of detention centers that are run by private contractors. Currently, they are not subject to the Freedom of Information Law. Towards this transparency, Congress should pass the Private Prison Information Act.

In comparison to other areas of government, immigrant detention has far less oversight, accountability and transparency. This is unacceptable for a democracy. For this reason, we also support a two-bill proposal by Senators Kirsten Gillibrand and Robert Menendez to protect people from unlawful detention and set minimum standards for detention.

Can You Answer the ?s

By JUAN ESPARZA LOERA

Vida en el Valle
Fresno, CA

If 2010 was the year of the tea party, thank god it's finally almost over!

I prefer the original tea party, when people weren't asked for their legal status, political discourse was more civil, and, idiots didn't rule the airwaves.

Of course, could we have survived without Facebook, text messaging, 3-D movies and Sofía Vergara? Doubt it.

As we take down the old wall calendar and look for a new one to take its place, we often take time to reflect on a year gone by. We list the highlights -- and lowlights -- of a year that seemed to have many more of one and not enough of the other.

Our reporters and photographers have done that in this issue.

My job here -- other than earn a paycheck to pay for the Christmas tamales -- is different. I'm asking the questions today, lots of them.

In journalism, we are taught not to put questions in print to keep numbskulls and know-it-alls from responding. Today, that rule gets thrown out the window ... along with

the 2010 calendar and 2011 resolutions!

Here we go!

If the Latino vote is so critical for Democrats, why did five of them not support the DREAM Act?

If the Latino vote is so crucial for Republican survival, why did 36 of them not support the DREAM Act?

Did Meg Whitman hire a housekeeper with blue eyes and blonde hair?

Would you rather have Víctor Pérez run to your rescue, or one of those law-and-order politicians? I thought so. Go Víctor!

After devastating earthquakes in Haiti and Chile, why do we not hear much about the rebuilding process in the South American country? Go Chile!

Are Brian Sandoval (Nevada's new governor), Susana Martínez (New México's new governor) and Marco Rubio (Florida's new U.S. Senator) -- all Republicans -- the new face of the Republican Party?

Why was Abel Maldonado unable to get more Latino support against San Francisco Mayor Gavin Newsome in the lieutenant governor's race?

If the 20th Congressional District is the worst in the nation when it comes to poverty, poor health and school dropouts, why were these issues never brought up the campaign between incumbent Jim Costa, a Democrat, and his Republican challenger Andy Vidak?

If that district is 63.1 percent Latino, why were their concerns (outside the water issue) not addressed in the campaign?

Will the San Joaquín Valley ever get a Latino in Congress?

Will astronaut José Hernández run for Congress in the Stockton area?

Will Phil Serna be as politically successful as Sacramento County supervisor as his late father, Joe, was as Sacramento mayor?

What do you think about Los Ángeles Mayor Antonio Villaraigosa running for Dianne Feinstein's seat should she decide not to run in 2012?

Did you ever think we'd get to the day when you'd feel safer in Colombia than in México?

With the DREAM Act busted, will AgJOBS even be considered by the 112th Congress?

In a 2004 interview, actress Eva Longoria described her ideal man as "a Latino." Will she live up to her word after dumping Tony Parker?

Was it just me or did radio stations not play José Feliciano's 'Feliz Navidad' as much this year? Could it be that the song, celebrating its 40th anniversary, is too old for us?

What cuts can we expect from Sacramento? Education? Health? Public safety?

When did Eddie Sotelo, 'Piolín por la Mañana,' become influential enough to get President Barack Obama and the First Lady on his radio program? Not even George López has been able to accomplish that in his late night talk show!

Did 'Ugly Betty' get too stale?

Is 'Desperate Housewives' getting stale?

How will the 'American Idol' audience welcome Jennifer López?

Whatever happened to Andrew García?

How many more states will adopt a law similar to Arizona's SB 1070? Is that why Bristol Palin has bought a house in Arizona?

How do you know when you're addicted to Facebook? When you don't know many of your friends? When you name your first child after the social network?

Will Latinos in the Fresno Catholic Diocese have a better friend than the late Bishop John T. Steinbock?

Who will win a Super Bowl first: Mark Sánchez or Tony Romo?

What? Raiders' legendary quarterback Jim Plunkett is not in the NFL Hall of Fame?

Will sports ever have a classier act than Lorena Ochoa?

Why do people not want to correctly write and pronounce the city of Los Baños?

Did 2010 go too quickly for you?

If you have to ask for the definition of lol, lmao and tmi, should you even be texting?

Send e-mail to: jesparza@vidaenelvalle.com

Record High Deportations and "Twisted Justice"

Al Día
Philadelphia, PA

Undocumented immigrants are caught between Pilate and the mob calling for their crucifixion, justice or fairness does not even enter the picture. The Obama administration boasts record high deportations resulting, by its own admission, from "tough law enforcement" as stated by DHS Secretary Janet Napolitano. Fair enforcement of law is not a matter of "toughness" or "laxity". Touting 392,000 removals for the fiscal year the DHS claims this figure includes "unprecedented numbers of convicted criminal aliens" (nearly 50 percent or 195,000). The fact is that only 7,000 or 1.7 percent of those "convicted criminal aliens" had actually committed violent crimes. The bulk of the deported were "convicted" for the sole act of entering, re-entering, or even overstaying in the U.S. without a proper visa. The U.S. Supreme Court already expressed feeling wary of a government incapable of distinguishing a petty offense from aggravated felony and slammed it for its "unorthodox" and "counterintuitive" interpretation of the law. This travesty of justice became apparent thanks to detention and deportation databases as well as internal communications within Homeland Security urging field officers to increase deportation quotas, all made public thanks to the Freedom of Information Act. Now the Obama administration, breaking its own promise of "openness in Government", will deny access to detailed information –including specific criminal charges. This denial affects educational institutions such as Syracuse University. Topping abuse of authority with cynicism the government offered Syracuse University to disclose some information in exchange for $450,000 dollars. The mounting evidence of the distorted portrayal of immigrants as violent criminals is met with indifference by mainstream media. The converse is also true. Should an immigrant be murdered, little is said and much is justified. Take for example the murder of Luis Ramirez in Shenandoah Pa. While the Department of Justice is attempting to set the record straight by leveling charges for crimes against Ramirez' civil rights, Elmer Smith, a Daily News columnist in Philadelphia, calls it "twisted justice". Mr. Smith's disclaimer is that he has "never been a fan of hate-crime prosecutions". Interestingly this defiant columnist states: "even the fact that these two men might get away with murder is not enough to change my mind". Such a gratuitous tirade cannot be dignified as if it were principled; here we have a columnist resenting the very notion that a "Mexican immigrant" could invoke any civil rights whatsoever. "Twisted justice" in the eyes of a prophet of old is to call "evil good, and good evil", and to the disgruntled columnist's chagrin "twisted" is his delusion that civil rights are meant to protect one race or ethnic group but not the other.

LAS GRACIAS DE MAGAÑA

IVONNE MALAVER

Al Día
Philadelphia, PA

La presión de un padre mexicano y un abogado hondureño, que no se dejaron intimidar por tres departamentos de policía y una fi scalía en Nueva Jersey, terminó con una victoria en una demanda por narcotráfi co, y una contrademanda por 10 millones de dólares, que ahora enfrentan estas instituciones.

Para aquellos que no han visto Erin Brockovich, hay una película mejor.

Ésta no ha ganado un Oscar, como se lo mereció Julia Roberts, porque apenas terminó en la vida real el pasado 19 de octubre en la Corte Superior del Condado Ocean, en Nueva Jersey. "Ya estoy cansado papá, me quiero ir a casa, acepta la oferta", le dijo Julio Magaña a su padre el 14 de octubre pasado con el peso de llevar dos años encarcelado, asustado, intimidado y humillado.

A las pocas semanas de haber llegado a estudiar a Estados Unidos, en septiembre del 2008, lo empezó a perseguir la sombra del "declárate culpable". Desde que Magaña fue acusado de narcotráfi co, la insistencia vino del informante, del juez y del fi scal Joseph Mackolin, tanto, que horas previas al juicio, el joven de 20 años ya quería desistir para reunirse con su familia en Guadalajara.

"¿Qué te parece si hacemos un trato: Tú te echas la culpa y tu papá no muere?", lo amenazaron en una ocasión en una carta hecha con recortes de periódicos que le llegó a la cárcel. "Era terrorífi ca, yo la había visto en las películas... de veras me van a matar... la vi como de psicópatas".

El último intento de persuasión fue el de una intérprete de la corte que el día del juicio se acercó a su madre, Patricia Magaña, quien recién había llegado de México para acompañar a su esposo Francisco en la estocada fi nal. "¿Por qué no aceptaron la oferta?", le dijo con asombro la intérprete.

"Un cargo de posesión y distribución de un kilo de cocaína" era la culpa que Julio debía echarse a sus hombros junto con la mancha criminal, para quedar libre.

Las presiones del fiscal Mackolin –que Julio, Francisco y Patricia Magaña sentían como amenazas– eran que si el joven no aceptaba la oferta del fi scal y se iba a juicio, se iba a "tragar veinte años de cárcel".

Julio desfalleció, pero su madre, sin siquiera poder tocarlo, le dijo a través de la ventanilla: "No, no podemos aceptar. Estos dos años merecen el todo por el todo".

"Está bien, vamos a pelear esta guerra", dijo Francisco, de 47 años, mientras pensaba que no se lo iba a perdonar si perdían; pero al mismo tiempo sabía que se había preparado durante casi dos años para dar la batalla.

Francisco cuenta que desde principios del 2009, la insistencia en la inocencia de su hijo y la negativa para que se declarara culpable lo hicieron blanco de hostigamiento y vigilancia por parte de policías. "Nos estaban oyendo", dice.

Alguien le advirtió que había una especie de hermandad, de pacto de corrupción institucional, que no solo involucraba a policías.

"Es difícil que quiebre el honor de ellos, pero por lo menos, lo voy a intentar", pensó en ese momento Francisco, un fabricante de lámparas de cristal de selenita en México.

Lo primero fue establecer claves secretas para comunicarse con su hijo y su abogado, David Alcántara, pues se trataba del caso de un "f... mexican" (como está grabado dicho por un policía) peleando contra agentes de varias policías locales de Nueva Jersey.

"Hitler" se llamaría el expediente, "trapero" cuando hubiera peligro, "paloma" la grabación, "tequila" el informante... y un sinnúmero de claves fueron creadas a partir de experiencias personales de los Magaña. La conexión era, por ejemplo, traperoentonces alacrán-entonces peligro. De pequeño Julio encontró en el trapero un alacrán que lo picó.

"En el cielo donde vamos va a haber una taberna y la piscina quiere decir que no hay que ahogar a la lagartija", dice Alcántara y suelta la carcajada al recordar las conversaciones telefónicas entre ellos. "Nos estaban grabando, estoy casi seguro".

Y así, sin las minifaldas ni los escotes de Julia Roberts en la película, comenzó la guerra de este minero mexicano que prácticamente se mudó a Estados Unidos para defender a su hijo, y que

hizo equipo con un abogadofi lósofo que habla ruso, francés, italiano inglés y español.

"Hasta que han cumplido los 15 ó 16 años cada uno de nuestros hijos se ha ido de noche a la cama a dormir con nosotros", dice Francisco.

Y el encarcelamiento los unió más que nunca a pesar de la prohibición de darle siquiera un abrazo para consolarlo, o tomarlo de la mano.

Julio fue arrestado el 18 de noviembre del 2008 en Lakewood (NJ) junto con el mexicano Maximino Madrigada como parte de una operación encubierta antidrogas guiada por un informante. Pero a Francisco le bastó la palabra de su hijo para comenzar su propia investigación. "Creo en mis hijos, él me dijo: 'Yo no fui'".

En noviembre del 2009, Alcántara le devolvió a Magaña la fe en los abogados. Con el primero, Paul Begrin, perdió 12.500 dólares, pues al poco tiempo éste fue a prisión por "matar a testigos en otros casos"; con una abogada de ofi cio no perdió dinero pero sí tiempo, porque lo único que le recomendó fue que su hijo se declarara culpable. Con otro

perdió tiempo y dinero: 5.000 dólares y también la "insistencia" de culpabilidad a cambio de "sólo" 12 años de prisión.

"Somos usted y yo contra el destino", recuerda Magaña que un día le dijo Alcántara, un hondureño con problemas de colesterol, poca habilidad con las computadoras y un caso "más difícil de lo que se esperaba". Pero como abogado, lo que él llama su "sexto sentido", nunca lo abandonó. A medida que la investigación de ambos proseguía, la oferta del fi scal mejoraba. Enero del 2010: "26 días de cárcel. Tienen 24 horas para aceptar".

"Esto está raro, raro, raro...", pensaba Alcántara. "Cualquier abogado lo acepta. Me dicen que estoy loco si no lo acepto".

"Rechazamos", recuerda Francisco.

Y de la nada, apareció una copia en video de una "confesión" de Julio por parte de la Fiscalía.

"Gracias a Dios el papá de mi cliente es muy bueno con los computadores... yo sabía lo básico, (ahora) soy adecuado", se defi ende con gracia Alcántara, al recordar que el video enrarecía aún más la investigación.

Un dinero bien invertido fueron los 8.500 dólares que Francisco pagó a un forense de Nueva York que él buscó por internet, y que determinó, en últimas, la imposibilidad técnica de hacerle la prueba de autenticidad al video, especialmente porque la policía había borrado el original, lo cual no es normal en los procedimientos policiales, según Alcantara.

"El del video no era mi hijo", dice su madre Patricia. Y aquí aparece en escena 'el de la calva', un personaje que no sólo está en el video "representando" a Julio aceptando la culpabilidad, sino en por lo menos otro video de otro caso, según Magaña y Alcántara.

"Esto no puede ser negligencia", se olía Alcántara. "Apesta a corrupción".

Hubo muchos "traperos" o alacranes en la vía. Algunos, vestidos de policía, pararon a Magaña en la autopista, y nunca hubo reporte de ello.

Con el pasar de los meses, "Hitler" fue creciendo hasta llegar a cuatro cajas de archivos, más de tres mil páginas. Magaña se dedicó tiempo completo a pescar incoherencias, inconsistencias, y testimonios y hechos contradictorios, como la cantidad de droga, la estatura de su hijo, algunas fechas, algunos nombres... e incluso un vehículo que no existe, el Toyota S-10.

Se armó con impresora, grabadoras y cámaras, y un programa de traducción al inglés, pues no lo habla.

Logró establecer quién era "tequila", el informante, y lo fue a visitar con una grabadora oculta para sacarle información. El informante había sido detenido un día antes de la captura de Julio y liberado en pocas horas. Él, dice Magaña, fue el que metió a su hijo en el lío, no obstante se ganó su confianza para sacarle información, alguna, que ni quería saber, como los detalles para empacar la cocaína.

Escribió cartas al gobernador de Nueva Jersey, Chris Christie, denunciando las inconsistencias; acordó con su abogado no enviar nunca detalles de "Hitler" por correo electrónico, le instaló, además, programas en su computador para avanzar en un caso que parecía fabricado.

Incluso, en las últimas semanas, Patricia pensó en prepararle una "bomba" para bajarle el colesterol al abogado Alcántara, a quien la presión estaba enfermando justo durante los días previos al juicio. "Piña, toronja, apio perejil y nopal..."

"Dos veces casi me desmayo", recuerda Alcántara.

"Lo voy a cuidar como si fuera mi esposo", pensó Patricia. "Somos católicos pero no rezamos mucho"

El pasado jueves 14 de octubre empezó la selección del jurado para el juicio. Otra vez, ese día, la defensa rechazó la oferta del fi scal y la impertinencia de la intérprete.

"Me sentí desgraciado, no dormí todo el fi n de semana. Si lo sentencian a 20 años me voy a sentir un hombre muerto", pensaba Magaña.

El domingo siguiente durante la visita a la cárcel de Francisco, Patricia y Fernanda, la menor de los Magaña, Julio contó que una Biblia le cayó en la cabeza y que quedó abierta en el salmo 140. "Líbrame, Señor, del hombre malvado, defi éndeme de la gente violenta, de los que en su corazón maquinan males y que provocan riñas cada día; que cual serpientes afi lan sus lenguas y veneno de víbora hay en sus labios...".

"Voy a ser escéptico, me voy a las pruebas", pensó Francisco. "Sí, nosotros somos católicos, pero no rezamos mucho", reconoce Patricia.

Así, el martes 19 de octubre comenzó un juicio que no duró ni una hora luego de que el juez, inesperadamente determinara, luego de un también inesperado nuevo testimonio de un policía, que la evidencia fue obtenida de forma ilegal sin una orden judicial.

En la corte, Alcántara miró a Patricia y levantó el dedo pulgar; ella no entiende inglés, pero desde antes, cuando Julio se había volteado y le había sonreído, supo que algo bueno había pasado. Las intérpretes le decían "felicidades".

Francisco se perdió todo. Esperaba afuera, pues por su condición de testigo, no podía entrar.

"I am sorry", dice Patricia que le entendió al juez, pero aún no podía abrazar a su hijo, pues la cárcel le duró unos días más mientras superaba el tema migratorio, pese a que llegó al país con visa de estudiante.

Francisco, listo para el juicio, se quedó con toda la investigación de cuatro cajas, que había resumido en un documento de 15 páginas. Al mejor estilo de Erin Brockovich –o Julia Roberts en la película– memorizó fechas, nombres, detalles, circunstancias, y las recitaba con indignación y asombro. Estaba listo para la guerra: "Este documento en manos del fi scal lo hace pedazos".

Pero el resultado fue el mismo. El juez desechó los cargos y fi rmó la libertad de su hijo.

"Creemos que tocamos algo sensible del fi scal", dice Magaña, al referirse a la presión que como defensa ejercieron.

Alcántara salió de la corte y dice que algunos de los policías lo miraron con respeto. "Que tenga un buen día señor", le dijo uno de ellos. "Como que los mismos policías quieren que esto pare", reflexionó el abogado, quien cargaba sus cajas de archivos listas para presentar la contra-demanda (ver recuadro).

El 26 de octubre a las 5 de la tarde lo primero que hizo Francisco cuando Julio salió de la cárcel fue revisarle la cabeza para comprobar que no tenía una calva. "No es que dudaba sino que estaba reafi rmando", dice riéndose y le vuelve a pasar la mano por la cabeza como quien revisa si un perro tiene pulgas.

Mis padres "me regresaron mi vida me la dieron de chiquito y otra vez me la dieron", dice Julio, quien coincide

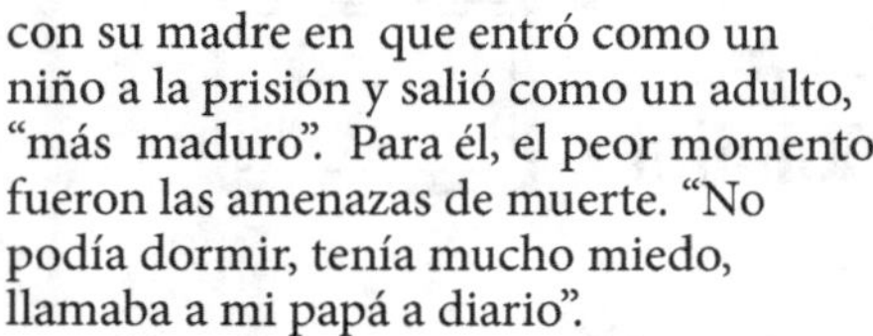

con su madre en que entró como un niño a la prisión y salió como un adulto, "más maduro". Para él, el peor momento fueron las amenazas de muerte. "No podía dormir, tenía mucho miedo, llamaba a mi papá a diario".

Ya libre, cuenta cómo sucedieron los hechos: Conoció en un restaurante de un amigo a otro mexicano que a los pocos días lo invitó a ver carros de carreras en un taller. A eso de las 9 de la mañana de ese 18 de noviembre lo recogió, ambos llegaron al taller, el conductor le dijo a Julio que se bajara y tocara la puerta y salieron por todas partes hombres armados que no se identifi caron como policías. Lo siguiente fueron groserías, maltrato, incertidumbre y la búsqueda desesperada de la droga por parte de los hombres armados en la camioneta en que llegaron los dos mexicanos.

Julio narra que un hombre alto con una cola de caballo lo levantó y lo tiró al suelo, hiriendo su rodilla. Dice que al mismo tiempo que le aplastaba el rostro contra el suelo, le gritaba "%&/ Mexican". Pasaron los minutos y llegó la Policía de Lakewood y fue arrestado, junto con el otro mexicano.

"No te metas a un carro a menos que sepas con quién estás y a dónde vas y por qué", es la lección que el abogado Alcántara dice que Julio ya aprendió. Algo insólito fue el traductor que Julio tuvo en la enfermería cuando le practicaban unos exámenes de rutina para ingresar como reo. "¿Dónde está la droga, dónde está la droga...?", le preguntaba delante de la enfermera el que después resultó ser el informante y el dueño del taller. Lo que siguió fueron casi 23 meses de angustia y de incertidumbre que terminaron el 26 de octubre pasado. Ese día, cuando salió libre, uno de los guardias –a quienes no les permiten hablar con los reclusos– le dijo: "Nunca había visto que le quitaran los cargos a un mexicano". Para el día que Magaña salió, quedaron 99 mexicanos más en la prisión del Condado Ocean.

De campesino a astronauta, La educación es un factor clave para el desarrollo, consideró José Hernández

El Latino
San Diego, CA

Horacio Renteria

TIJUANA.- "Cuando trabajaba en los campos (de California) veía las estrellas, sin la contaminación visual y soñaba que las veía en las tres dimensiones, y entonces, pensé que podría ser astronauta", relató el mexicano José Hernández, uno de los miembros de la tripulación especial Discovery.

El astronauta nacido en Stockton, California, pero hijo de padres y hermanos michoacanos migrantes, acudió como invitado especial del evento Tijuana Innovadora, promovido por los organizadores en busca de mejorar la imagen de la fronteriza ciudad, asolada por la violencia.

En la conferencia de prensa previa a la conferencia magistral, Hernández consideró que uno de los principales problemas que han estancado al desarrollo educativo, científico y tecnológico de México ha sido la fuerte fuga de cerebros que se sigue dando en ese país.

Indicó en este sentido que es evidente la diferencia de salarios que se pagan en México respecto a los que se ofrecen en Estados Unidos siguen dando lugar a que muchos talentos salgan del país azteca y se pierda la posibilidad de su desarrollo.

Al preguntarle si creía que él pudiera convertirse en un líder de los mexicanos en California, respondió que por el contrario su deseo es poder ayudar desde Estados Unidos a promover un mayor desarrollo educativo de México. "Otra gente agarra las ideas, las usa y México se queda sin nada", afirmó "Estoy convencido que la educación es un factor determinante para que lo logre", dijo el padre de cinco hijos y quien se hizo popular como "el twittero Astro Jose", por su experiencia como ingeniero y ser el encargado de la información estratégica durante el recorrido de la nave especial durante el espacio.

José Hernández durante su exposición magistral en el teatro del Centro Cultural Tijuana.

Hernández, como se recuerda, cumplió una misión en el espacio de 14 días, donde dio la vuelta a la tierra durante más 217 veces, orbitando cada 90 minutos, a una velocidad de 27,000 kilómetros por hora.

"Yo me considero un campesino que llegó a ser astronauta y que sueñan con darles licencia para los que sueñan", dijo.

Esta expresión ofrecida por José Hernández ante los periodistas mexicanos parece reforzar una declaración que hizo cuando mantuvo contacto con los medios de comunicación durante su estadía en la nave especial discovery: "espero que la cosecha de mi sueño sirva como inspiración a todos. Acabo de configurar las computadoras".

En un dato anecdótico de la vida de la astronauta recordó el tiempo en que su padre lo puso a detener la antena de la televisión, en blanco y negro, mientras la familia Hernández observaba la llega de la nave Apolo 11 a la luna. También como tuvo que aplicar en ocho ocasiones y ser descartado de una larguísima lista de candidatos, para cumplir su sueño de ser considerado en el lugar de los privilegiados que fueron contemplados para la más reciente misión especial. Recordó por último que en los próximos 25 años, los científicos de la NASA buscarán llegar a Marte, otro de los sueños más anhelados por los terrícolas.

Entrevista exclusiva con Hérculez Gómez "Tengo lo necesario para estar en el Mundial"

Por Josimar CÓRDOBA

Hérculez Gómez, el campeón de goleo -título compartido- de la liga mexicana fue nominado a formar parte de la selección de fútbol de los Estados Unidos para el Mundial de Sudáfrica 2010. Días antes de esta noticia concedió una entrevista exclusiva a El Mundo.

Según reportes difundidos el miércoles 12 Gómez fue convocado para empezar a entrenar con la selección estadounidense el lunes 17, con una plantilla de 30 jugadores.

El Mundo sostuvo la entrevista exclusiva con Gómez, a pocos días de haber terminado su participación con el equipo Puebla en la Liga Mexicana donde logró el campeonato de goleo compartido con otros dos jugadores.

JC: ¿Dónde te ves el 12 de junio? (fecha del juego entre USA y Eslovenia en el Mundial de Sudáfrica 2010)

HG: Espero estar entre los jugadores presentes en Sudáfrica, pero primero tengo que formar parte de la lista de 30 jugadores que después será recortada a 23.

JC: ¿Cómo te recibió la gente de Puebla?

HG: Me recibió de maravilla. Estoy muy agradecido con la manera que me han tratado.

JC: Sabemos que te vas a Chivas USA a entrenar para estar en forma en caso de ser convocado ¿Crees que te alcance el tiempo?

HG: La verdad ya no depende de mí, sino del entrenador. Yo seguiré trabajando duro para poder estar en el Mundial... En caso de que no sea convocado, la vida no termina y continuaré entrenando fuerte para seguir logrando mis metas.

JC: ¿Qué tan difícil es ser convocado al equipo de las barras y las estrellas para este Mundial?

HG: "Es muy difícil, en especial cuando tienes a jugadores como Landon Donovan, Freddy Adu y otros más. Pero sé que he dado lo mejor de mí este año y que eso me ayudará mucho para estar ahí. Pero primero debo ser convocado a la lista pre-mundialista y de ahí trabajar para llegar a Sudáfrica. Sé que tengo lo necesario para llegar al Mundial.

JC: ¿Cuál fue tu sensación al vestir la camiseta de los Estados Unidos en la Copa América del 2007?

HG: Fue una sentimiento inolvidable. Estaba muy orgulloso de lo que había logrado ya que nunca pude participar con las selecciones menores y mi debut fue contra Argentina ¿te imaginas lo difícil que fue mi debut?

JC: Sí, debe haber sido una gran prueba para ti, ¿cuáles han sido los defensas más difíciles que has tenido que enfrentar?

HG: Iván Helguera, del Real Madrid, es un defensa que sabe leer bien las jugadas. Tácticamente es un hombre que sabe pararse en la cancha. De la liga mexicana, Darío Verón es una pared, es un jugador que se desempeña con ganas de principio a fin.

JC: Tu contrato con Puebla terminó ¿Jugarás el siguiente torneo en México o te ves de regreso en la MLS?

HG: No sé, he tenido contactos con varios equipos pero no hay nada concreto. La verdad me gustaría seguir en Puebla, la gente me ha mostrado un gran cariño y me siento muy bien.

JC: ¿Qué tanto te afectó no jugar el último partido del torneo Bicentenario en tus posibilidades de anotar el gol número 11?

HG: Mucho. Sin embargo me siento tranquilo, porque supe aprovechar las oportunidades y los pocos minutos al principio del torneo. Creo que me faltó un poco más de tiempo pero también compartir el título con "Chicharito" y Johan Fano es un gran honor. "Chicharito" es un gran jugador y por eso está ahora con el Manchester y Fano ha ganado varias veces el campeón de goleo en su país. Son tremendos delanteros.

JC: ¿Cuál es tu mensaje para los jóvenes que quieren ser los siguientes Hérculez Gómez?

HG: No dejen de soñar, trabajen duro para conseguir sus metas. El sacrificio es grande pero al final cuando lo logras serás muy feliz.

El pasado martes 12 fue dada a conocer la lista de jugadores convocados para integrar el equipo de Estados Unidos al Mundial de Sudáfrica, y Hérculez Gómez aparece en el grupo. Ojalá pueda hacer realidad sus sueños: Jugar en la cita del orbe.

Pies de foto

El jugador observó un vídeo de los 10 goles que anotó con el equipo mexicano Puebla.

OUTSTANDING HISPANIC SUCCESS STORY, 30,000+

Las muchas luchas de Olga

Erika Cebreros / Especial para El Mensajero

BURLINGAME.— El encierro en una cárcel extranjera y la tortura no fueron impedimento para que Olga Talamante siguiera luchando por lo que considera injusto. En su época de estudiante universitaria participó en actividades en contra de la guerra de Vietnam, se sumó al movimiento chicano, que entre sus propósitos tenía mejorar la situación de estudiantes y campesinos latinos en este país.

Recientemente fue una de las líderes del grupo que luchó por derrocar la proposición 8 de California, la cual eliminó el derecho de las parejas del mismo sexo a contraer matrimonio. Y hoy, en el día a día trabaja por mejorar la educación de niños y jóvenes latinos a través de la Fundación Chicana/Latina (www.chicanalatina.org), donde es directora ejecutiva desde 2003.

Dicha organización sin fines de lucro, ubicada en Burlingame, provee, entre otros servicios, becas y cursos de liderazgo a estudiantes latinas que cursan estudios de licenciatura o posgrado en el Norte de California. Además de un programa que ofrece actividades extracurriculares (After School Program) a alumnos de primaria que viven en el área de Redwood City.

Talamante se define entre risas como "pura cachanilla", como se le conoce popularmente a los nativos de Mexicali, ciudad capital del estado mexicano de Baja California. Su familia emigró a los Estados Unidos en 1961 y encontraron trabajo en el campo. Llegaron a Gilroy, donde tanto sus padres como ella y sus tres hermanos pizcaron ajo, ciruela, pepino y fresas.

"Fue muy difícil llegar un mundo extraño", recuerda la activista chicana sobre su arribo a este país; tenía 11 años de edad. Cuenta que uno de sus más grandes anhelos de niña era llegar a sexto grado de primaria y convertirse en abanderada de su escuela. Ese deseo no fue posible porque cuando su familia decidió dejar México, ella cursaba quinto grado. "Cuando te vas de tu país se truncan muchos sueños", dice.

Talamante, quien cuando no trabaja disfruta de "las pachangas con buena música y comida", admite que el adaptarse a una nueva cultura no fue nada fácil. No obstante siempre tuvo claro que debía estudiar para salir adelante.

"Mis padres tenían poca educación formal pero eran bien educados. Apreciaban mucho el valor de la educación", dice sonriendo Olga.

Recuerda que un consejero estudiantil de Gilroy High School no le auguró un buen futuro. Le recomendó que una vez que terminara la secundaria se olvidara de la universidad y se dedicara a trabajos de limpieza o secretariales. Años más tarde, se graduaría de la Universidad de California en Santa Cruz, con una licenciatura en estudios latinoamericanos.

Atrapada en Argentina

Recién graduada de la universidad y con un gran entusiasmo, Talamante decidió explorar el mundo. Llegó a Argentina en 1973, tras la invitación que le hicieron unos amigos que eran de ese país.

Tenía 24 años de edad y le encantaba la idea de ser testigo de los cambios políticos por los que pasaba el país sudamericano. Después de 18 años de una dictadura militar, Héctor Cámpora, un peronista, había llegado a la presidencia.

Su destino fue Azul, ciudad en la provincia de Buenos Aires. Allí se unió al grupo de izquierda, Juventud Peronista; trabajó para mejorar la situación de los habitantes de esa región que vivían en la pobreza. Una tarde, cuando ella y algunos de sus compañeros de esa organización discutían futuras actividades, fueron arrestados.

El gobierno, que después pasaría a manos de María Eva Duarte de Perón, esposa del entonces recién fallecido Juan Domingo Perón, había impuesto ley marcial y se les acusó de haberla violado.

"Fue muy duro", menciona Talamante sobre los casi dos años que fue presa política en Argentina. La tortura incluyó choques eléctricos y abuso físico y sicológico. Eran los inicios de la llamada "Guerra sucia" de Argentina, en la que cientos de miles de personas fueron secuestradas, torturadas, asesinadas y desaparecidas.

Talamante relata que sus familiares y amigos en Estados Unidos formaron un comité, bajo el nombre de "Olga Talamante Defense Committee", que luchó incansablemente por su liberación. Presionaron al gobierno federal y finalmente Talamante salió de la cárcel el 27 de marzo de 1976. Varios de sus compañeros no corrieron con la misma suerte; algunos permanecieron en la cárcel por muchos años y de otros jamás se supo nada.

Una vez libre trabajó en Washigton D.C., por los derechos humanos en Argentina.

Otras luchas

"Vamos a triunfar", pronostica Talamante, cuando se le cuestiona sobre el futuro de Proposición 8. Insiste en que la batalla seguirá hasta que esa medida, que define al matrimonio entre un hombre y una mujer en California, se anule. "Es una lucha más", menciona. Y dice que aunque ella no tiene planes de casarse, le gustaría contar con esa opción si algún día decide hacerlo.

Ahora una de las metas de Talamante es que más latinas se conviertan en líderes. Sin embargo reconoce que muchas jóvenes hispanas carecen de autoestima ya que "se ven menos con respecto al resto de la sociedad". Tiene un consejo para ellas: "que no se avergüencen de su propia historia, ya que de ahí pueden sacar la fortaleza para salir adelante". Si descubren sus propios desafíos y por los que pasaron sus familias, agrega, pueden "reconocer lo que se debe hacer a nivel colectivo para ayudar a los demás".

"Tenemos que aprender a compartir nuestra historia", concluye.

De la sombra a la luz

LINDA CAROLINA PÉREZ

Mundo Hispánico
Atlanta, GA

A los ocho años y sin hablar una palabra de inglés, la mexicana Laura Murvartian llegó a Estados Unidos. Vino obligada, se sentía infeliz y no veía cómo este país se podía convertir en su hogar. En ese entonces, en Minnesota no existían las clases de inglés para alumnos que hablan otros idiomas (ESOL, por sus siglas en inglés), ni ayuda para las familias hispanas. Sin embargo, había algo que para Murvartian hoy hace falta: disposición para ayudar a los recién llegados. "Imagínate que era un pueblo de 4,200 personas. ¡Eramos la novedad! No había más niños latinos y mi hermana y yo éramos las únicas de la escuela que no hablábamos inglés", recordó Murvartian. Con el tiempo aprendió inglés y en menos de tres meses ya llevaba la vida de cualquier niño del pueblo. Pero no todo era felicidad. En el fondo Laura y su familia vivían con temor de que las autoridades descubrieran que eran indocumentados. "Yo no podía vivir en paz. Siempre tenía miedo de las redadas, de que se llevaran a mis papás", relató la mujer. "Teníamos un gran secreto y era que mi papá se había cambiado el nombre. Me acuerdo que aun siendo niña sentía una gran responsabilidad de no decir nada mal, de no cometer un error que me hiciera perder todo lo que habíamos ganado", señaló. La oportunidad En medio de esa mezcla de sentimientos creció Laura Murvartian. Hasta que en 1986 llegó la solución a sus problemas. Ese año, bajo el gobierno del presidente Ronald Reagan, se aprobó la Ley de Reforma y Control de la Inmigración (IRCA, por sus siglas en inglés), que dio la posibilidad a millones de indocumentados de legalizar su estatus y aspirar a la ciudadanía estadounidense.

En ese momento, la familia Murvartian pudo acogerse a legalización, pero no fue un proceso fácil. Así como las propuestas actuales que plantean un cambio de estatus para los estimados 11 millones de indocumentados que viven en el país, en ese entonces había ciertas restricciones y requisitos. "Tuvimos que presentarnos al gobierno y comprobar que no habíamos recibido beneficios públicos y que no teníamos antecedentes criminales ni problemas de salud. Mejor dicho, teníamos que demostrar que no éramos una carga para el gobierno", contó Murvartian. "Fue muy estresante porque no sabíamos si nos iban a aprobar o no , pero igual ya habíamos salido a la luz, ya el gobierno sabía dónde estábamos", indicó la mujer. Luego de unos meses recibieron una noticia que los dejó fríos: toda la familia, con excepción de Laura, había sido aprobada. Ella había sido rechazada porque no cumplía con el requisito de haber vivido continuamente en EE.UU. desde su ingreso, pues había ido a México un tiempo cuando estaba en la secundaria. Laura enfrentaba la posibilidad de ser deportada a su país, en donde no tenía a nadie. Sin embargo, con la ayuda de un abogado pudieron apelar y le entregaron su residencia al poco tiempo. "En ese momento sentí una paz y un alivio increíbles", rememoró la mujer.

Family bond

By REBECCA PLEVIN

Vida en el Valle
Fresno, CA

Heaven and Allen Vallejos each grasped their cane in one hand as they burst through the door of their father's apartment one afternoon last week.

The 6-year-old twins, who are both blind, giggled and burbled with excitement as they greeted their father, Frank Vallejos, a 2010 Fresno City College dean's medallion winner.

Heaven, a kindergarten student with two, long blonde braids down her back, then planted herself next to her father. She grinned as she said she is very proud of her father for working so hard and graduating from college.

Heaven, who is learning to read Braille, said she hopes to follow in her father's foot steps and attend college -- "when I'm bigger."

Heaven and Allen were born premature Dec. 4, 2003, at 24 weeks gestation, to Vallejos' two older sons' mother, who was incarcerated at a women's prison in Chowchilla.

It was the birth of the twins -- "The Babies," as he affectionately calls them -- that inspired Vallejos, 49, to return to Fresno City College for the fourth time in 31 years to study to become a social worker.

"I feel blessed to have gotten these kids," Vallejos said. "I just felt like the luckiest man to get these kids."

Vallejos was not always so lucky, and not always an example of the redemptive power of education.

Vallejos' father, a member of the Air Force, always emphasized the importance of education to Vallejos and his three siblings. But Vallejos ignored that advice, and dropped out of Fresno's Hoover High School in 1978, after his junior year, to obtain a job as a tile setter.

Over the next 30-odd years, he enrolled in school numerous times, only to drop out and take on another manual labor job. During that period, he held at least 10 jobs, ranging from a landscaper, to an auto shop mechanic, to a parking lot sweeper, and also served

a brief prison sentence (drug-related conviction.)

Vallejos was working as the head driller on a drill rig in late 2003 when a phone call from the mother of his two older sons, Joseph and Joel, altered the course of his life. She was pregnant in prison, he said, and asked him to take care of her babies until she was released.

Vallejos said he was shocked by the request from the boys' mother, who had only contacted Vallejos and his sons intermittently for years. But after mulling over the issue with his sons, the family agreed.

"We have big hearts, you know, we are generous people," Vallejos said. "It took me a few weeks to finally say, 'I don't know how I'm going to do it, but we'll do it."

The babies were born premature, and spent three months on oxygen in the hospital. The twins lived at Vallejos' apartment, still on oxygen, for about a month before their mother showed up to retrieve them.

When the woman showed up at his door, Vallejos said he was hesitant to hand over the twins. She appeared more interested in partying with her friends than being a mother, he said.

"I thought she was going to come and get her babies and just be ready to be a mother, but I could see that that wasn't the case," Vallejos said. "She ended up going to the store and didn't come back."

Vallejos said he reported her abandonment of the children, and then made the decision to adopt the children.

He couldn't bear the thought of splitting the twins up and putting them into the county's foster care system. Plus, he said, he and his sons had come to adore the babies.

"We were all in love with those babies," he said. "I really fell in love with them, because they reminded me of mine."

The adoption process went remarkably smoothly, Vallejos said, thanks to the help and empathy of many social workers and public and private agencies. Vallejos' prison sentence was overlooked during the adoption process because the twins were biologically related to his older sons, he said.

About a year after the twins' birth, Vallejos injured his back when an 18-wheel truck rear-ended his drill rig. He was left unable to perform the manual labor jobs he had held all his life.

"Man, what do I do now?" he wondered at the time.

He realized it was time to return to school once more. This time, he said, he was determined to study social work, so he could help families the way others had helped him.

"I knew instantly what I was going to do," Vallejos said. "I knew when I went back to school that I can do that, and I want to be a part of that."

Vallejos enrolled in Fresno City College -- for the fourth time -- in 2006, to study general education and major in social work.

He struggled, especially with his math courses, but was determined not to give up this time. He said he didn't what to let down his father -- who for decades, had encouraged him to get an education -- and wanted to show his children that achieving a college diploma is possible, even later in life.

As he worked toward his degree, he also served as a teaching assistant in an independent living skills course offered through Fresno City College's Disabled Students Program and Services.

Vallejos received his A.S. degree in social work last year, and his general education degree and a teaching certificate last weekend. He was also honored as a recipient of Fresno City College Dean's Medallion on May 15.

"This right here," he said motioning to the medallion laying on his table, "that rewarded me right there for everything."

He plans to obtain his bachelor's degree in social work at Fresno State, and continue on to his masters.

Joseph Vallejos, 22, said his father's educational success has encouraged him to finally complete his degree at Fresno City College.

"I'm very proud of my dad," Joseph said. "It's also made me feel like I need to buckle down now, too, and finish school."

Joseph, too, said the twins have influenced his career goals. He hopes to earn a bachelors' degree in psychology from Fresno State, and then obtain a masters degree in Orientation and Moblility, which would allow him to work with blind students.

As they chatted, Frank and Joseph kept an eye on the window, looking for the school bus that would bring home Heaven and Allen.

"The babies just led me the way back to school, and made me a happy man," Vallejos said.

Send e-mail to: rplevin@vidaenelvalle.com

OUTSTANDING HISPANIC SUCCESS STORY, UNDER 30,000

Ha sido un privilegio

JUAN CARLOS SANCHEZ

El Nuevo Heraldo
Brownsville, TX

El ciclo de Víctor Manuel Treviño como cónsul de México en Brownsville ha concluido. No así su labor dentro del Servicio Exterior Mexicano por medio del que fue designado como titular de una sede diplomática enclavada en una tierra en la que los temas de la inmigración y las leyes queman más que el sol mismo.

Phoenix, Arizona, envuelta en manifestaciones contrarias y a favor de leyes como la SB 1070, ha recibido ya al servidor público que tuvo que dejar atrás la buena vecindad y cooperación de dos pueblos en las fiestas y durante las desgracias.

"Quiero agradecer tanto a la comunidad de esta frontera, que he considerado, quizá, el punto de mayor encuentro entre dos pueblos", dijo Treviño.

Para el ahora cónsul de México en Phoenix hay temas que no se olvidan después de haber dado un paso de cinco años por los condados Cameron, Willacy y Kenedy.

Las fiestas de Charro Days y Mr. Amigo grabaron, en Treviño, el sabor del Sur de Texas.

"Estas fiestas, que tienen décadas, de Charro Days, de Mr. Amigo, no son más que una cereza de ese pastel que se ha conformado en una relación donde hay lazos familiares, de amistad, de negocios y donde hay respeto mutuo", dijo.

"Aquí no hay que convencer a nadie de la importancia de la relación entre Estados Unidos y México, México y estados Unidos… de la vecindad entre Brownsville y Matamoros", agregó.

Pero no fue precisamente el ambiente de fiesta el que le dio la "bienvenida" a Brownsville en mayo del 2005.

Fue el huracán "Manny" el que le puso al descubierto los lazos de cooperación que se extienden hacia ambos lados de la frontera.

Aquellos eran días en los que los empleados del Consulado de México en Brownsville trabajaban en la mudanza del edificio de las calles 7th y Elizabeth St. para luego ocupar su actual recinto en el interior del Centro Internacional de Educación, Tecnología y Comercio (ITEC) de la Universidad de Texas en Brownsville/Texas Southmost College (UTB/TSC).

"A mi llegada lo primero que hice fue reunirme con los diferentes actores sociales. Estábamos en el proceso de mudanza al centro ITEC", recordó Treviño.

"Había incertidumbre sobre un posible aislamiento o alejamiento. Sin embargo ofrecimos las jornadas sabatinas además de consulados móviles en los tres condados de Cameron, Willacy y Kenedy", dijo.

"Nos dimos a la tarea de fortalecer las plazas comunitarias, saber las necesidades. Trabajamos en estudios en el área de Cameron Park y Southmost.

Acercan el arte mexicano

"Igualmente detecté que en Brownsville tenemos muchos museos y que no estaba reflejada, debidamente, la presencia de México. Se nos abrieron todas las puertas de los museos, desde el Stillman hasta el de Fine Arts", mencionó Treviño.

"Hemos traído exposiciones y obras o manifestaciones del arte popular mexicano", agregó.

Treviño explicó que esta labor provocó que cambiara la percepción de la gente sobre la tarea del consulado como una oficina donde se expiden pasaportes y matrículas a ser una parte activa de la comunidad.

"Hemos alentado a la gente a que se integre a la sociedad estadounidense, a que hagan su GED, que tengan un mejor empleo, que vayan a la universidad, que se hagan ciudadanos", dijo.

"Aquí jugamos un partido de fútbol por los damnificados de las inundaciones de Tabasco y Chiapas. Organizamos aquellas jornadas por los niños con síndrome de autismo. Hicimos que el Consulado fuera un referente de la comunidad", mencionó.

"Para mí ha sido un privilegio (trabajar en Brownsville)", reconoció Treviño.

"Creo que esto también me va a servir para la nueva encomienda que tengo en Arizona".

Allá lo esperan

Sobre lo que le aguarda en su nueva posición como cónsul en Phoenix, Treviño acepta que los retos serán grandes.

"Me voy con el compromiso de tender puentes. No voy a agitar las aguas pero sí voy a defender la dignidad de mi gente y la comunidad mexicana", anticipó.

Treviño tajantemente se pronunció en desacuerdo a la ley SB 1070.

"No queremos que se vea al migrante como un criminal. Eso es algo que no podemos nosotros aceptar", dijo.

Sobre lo que será su relación de trabajo con el sheriff Joe Arpaio, Treviño anticipó que buscará el acercamiento y un constante diálogo en materia de respeto y el cumplimiento de las leyes internacionales.

"Me voy a acercar al Sheriff. Y o no pienso mantener una distancia con el Sheriff. Al contrario, yo también me voy a acercar para decirle: 'bueno, usted tiene su visión de la ley pero también le pido que cumpla con la ley internacional", dijo.

"Que cumpla con los derechos humanos. Que cumpla con las convenciones de Viena, con la convención consular entre México y Estados Unidos además de que quiero tener acceso a las cárceles para asesorar a nuestra gente", agregó Treviño.

Antes de terminar sus funciones en Brownsville, Treviño se despidió manifestando su aprecio por este país y esta región.

"Tengo hijos nacidos en Estados Unidos y quiero a este país. Soy mexicano pero también aprecio lo que he aprendido de esta sociedad desde el punto de vista positivo. Yo sé que el día de mañana voy a regresar aquí (a Brownsville) de una u otra manera".

Tejano a mucha honra: A los 83 años, Manuel Donley conserva su influyente estilo musical

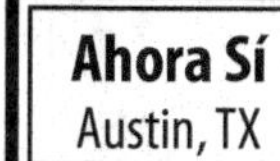

Ahora Sí
Austin, TX

Por Juan Castillo

Para la portada de su denominado Álbum de regreso en 1997, Manuel "Cowboy" Donley, miraba con atención a lo lejos detrás de unas gafas oscuras, apoyado contra la pared de una cafetería al oriente de la Calle Sexta y tocando su guitarra en el pecho. Llevaba un traje oscuro, una corbata tejana y una camisa almidonada blanca.

En una ciudad inundada de músicos estelares, Donley podría ser el más 'cool' de todos, y uno de los más perdurables e influyentes. En una extraordinaria carrera que se disparó a finales de 1940, en las cantinas al este de Austin y los salones de baile del Centro de Texas, donde Donley forjó un nuevo sonido tejano que sigue interpretando. De hecho, él dice que nunca tuvo que llamar para ofrecer un concierto.

Abandonó la escuela en el séptimo grado pero aprendió solo a tocar la guitarra, leer música y escribir complejos arreglos musicales. Donley fusionó guitarras eléctricas y rock 'n' roll en los repertorios de rancheras de los grupos méxico-americanos a finales de 1950, sentando las bases para el nuevo conjunto tejano. "Fue un pionero y visionario", apunta Luis Zapata, un veterano productor musical.

"La escena de la música latina es actualmente reconocida a nivel mundial. Manuel Donley tuvo una enorme influencia en eso", comenta Michael Ramos, músico y productor establecido en Austin.

Jóvenes músicos como Ramos buscan a Donley y lo consideran un héroe, particularmente por su dominio de los boleros, famosos a finales de 1940 por tríos como Los Panchos. Sin embargo Donley puede cantar y tocar de todo: Elvis y Little Richard, wop-bop-a-loo y Bach.

A principios de este año, una exhibición del Centro de Historia de Austin denominada Donley un pionero méxico-americano por sus innovadoras contribuciones musicales, se añadió a su extensa lista de reconocimientos y logros. A pesar de ello, Donley es tan modesto que es encantador, dice Ramos.

"Él es probablemente una de las personas más dulces que he conocido en mi vida", apunta Zapata.

Donley es un dador, también, dice Marcelo Tafoya, otro influyente locutor durante el auge de Donley. Tafoya cuenta que 28 jóvenes —incluyendo algunas de las más brillantes estrellas de la música de la Preparatoria Johnston— quienes tocaron con Donley y se convirtieron en líderes de sus propias bandas en Austin fueron los que encendieron la escena musical tejana.

"Manuel es uno de esos raros individuos, un creador e innovador que está dispuesto a compartir y no a mantenerlo en secreto", señala Tafoya.

La música es su vida

Donley se mantiene en forma y tiene unos ojos azules que son cálidos y expresivos. Nació en Durango, durante uno de los viajes periódicos de su familia a México desde Austin. Su padre, Ramón Donley, de ascendencia mexicana e irlandesa, fue un violinista de la Sinfónica Municipal de Durango, y su madre, Dolores Quiñones, amante de la ópera. La familia se estableció al este de Austin cuando Manuel tenía 7 años. Ramón y Dolores tuvieron nueve hijos.

Los Donley eran pobres. Ramón se ganaba la vida como barbero y músico. Manuel se conformó con un par de overoles para el verano y uno para invierno. "Si tenías una olla de frijoles cada día, eras afortunado", afirma. "Pero nunca hemos pedido ayuda". Donley tampoco dejó el barrio. Con su segunda esposa, Herminia, no vive lejos de donde se crió en una modesta casa rodeada por un alambrado sencillo cerca del bulevar Martin Luther King.

Manuel luchó poderosamente en el aula. No sabía inglés y era tímido. "Yo me consideraba casi retrasado", cuenta. A los 13 años, Donley abandonó la escuela y alrededor de la misma época se enamoró de la guitarra que había oído en la radio. Consiguió un trabajo lavando platos en el restaurante El Toro, le daba su salario a su madre y usaba algo para poner una guitarra destartalada en plan de apartado. "Y el resto es historia," agrega.

Donley aprendió a tocar por sí mismo y pronto fue perfeccionando sus habilidades como pudo. Donley y sus amigos mantuvieron el esfuerzo por las propinas en los bares. En un sombrío refugio llamado Green Room, Donley cantó para una camarera melancólica que inevitablemente lloraba cuando él terminaba de tocar.

Para cuando tenía 18 años, Donley había aprendido lo suficiente para montar su primera banda, Los Heartbreakers, un grupo que generalmente tocaba solo instrumental.

En 1949, en una presentación en el Parque Zaragoza, la banda se quedó perpleja cuando la gran multitud implacable clamaba por la "La Múcura", una cumbia tradicional.

Nadie sabía la letra. O al menos eso pensaban. Luego Donley, que había rechazado un lugar destacado, a regañadientes, cantó. "Allí me hice famoso", dice. "Pero nunca he querido ser cantante. La guitarra, era mi pasión".

Del parque a la tarima

Después del avance en el Parque Zaragoza, las bandas se acercaban a Donley, y felizmente tocó con tantas como pudo sin dejar a Los Heartbreakers. "Yo tocaba en las cantinas todas las noches", cuenta.

En 1950, Los Heartbreakers lograron una reserva regular para una presentación frente a estudiantes de la Universidad de Texas, en el Grill Varsity on the Drag, era un acontecimiento poco frecuente porque expuso a músicos chicanos al público blanco en Austin. Los miembros de la banda estaban encima de la barra en forma de U, cautivando el baile de los estudiantes con una mezcla de jitterbug, bebop, rhythm and blues y la samba. "Los bailarines saltaban por todas partes", relata Donley con una sonrisa. La actuación fue también memorable para la época. En este momento los méxico-americanos sufrían de discriminación en Austin, comenta Donley, y no se consideraba seguro para ellos que se

aventuraran fuera de sus vecindarios.

En 1955, Donley fundó un nuevo grupo, Las Estrellas, y empujó de nuevo los límites, sumándole rock 'n' roll, boogie-woogie y rhythm and blues. Donley vertió todo ello, todos los géneros y dos idiomas, en un tazón grande y los sacudió, manteniendo todavía los clásicos mexicanos, pero arreglándolos para las orquestas "entonces no sonaron solamente mexicanos", y le adicionó cancioncillas como "Rock Around the Clock" y "Tutti Frutti".

Entonces el líder de la banda cambió las reglas en la forma en que iba a ser presentado, de estar detrás de la tarima fue instalado al centro del escenario, conectó su guitarra a un amplificador, sustituyó el contrabajo por un bajo eléctrico y las escobillas de batería con baquetas. (Donley obtuvo su apodo, "Cowboy", recordando un promotor musical, cantante y guitarrista del country de la época).

Su núcleo de fans chicanos de Donley aceptaron el nuevo sonido fuerte y moderno, y pronto Donley y Las Estrellas tuvieron demanda en los salones de baile en el Centro de Texas. Los aficionados viajaban desde San Antonio y Houston para verlos, y como se corrió la voz, también lo hicieron directores de orquestas de todo el estado que querían saber cuál era el alboroto. En la cresta de su fama, la banda comenzó una gira por todo el estado.

Donley se mantuvo presionando los límites, agregando más trompetas —una firma tejana— escribiendo más complejo y superponiendo arreglos. Donley calcula que grabó más de un centenar de sencillos. Zapata tropezó con algunos de esos viejos discos de 45 en una máquina de discos en el viejo Café Hernández al este de la Calle Sexta a mediados de los 90. "Estamos hablando de 16 músicos de trompetas en sus bandas y este hombre surgiendo con esa increíble voz y entregando un sonido que usted no puede encontrar en cualquier lugar", relata.

En 1965, Donley grabó su mayor éxito, "Flor del Río". Fue tan popular, que los padres nombraban Flor a sus hijas por la canción, y Donley recibió llamadas de promotores que querían presentarlo en Chicago, Albuquerque y otros lugares.

Con Las Estrellas, Donley ardió durante dos décadas. Alrededor de 1975, "el buen dinero dejó de venir", y la crisis de la gasolina hizo las giras demasiado costosas —Donley dice que de todas formas él nunca fue muy aficionado a ellas.

Los conciertos se hicieron más pequeños y menos frecuentados, y los locales se hicieron más pequeños, pero Donley manifiesta que él nunca dejó de tocar. Tafoya, el locutor que llegó a poseer cinco estaciones de radio y un experto en la música tejana, considera sorprendente que Donley haya mantenido su reputación tanto tiempo sin viajar. Tafoya todavía recibe llamadas de personas de todo el país que preguntan sobre Donley y cómo conseguir su música.

En 1986, Donley fue incluido en el Salón de la Fama de la Música Tejana porque es considerado por algunos como el Padrino del "sonido marrón", y en 1997, con el apoyo de Las Estrellas, grabó su disco Adiós, chiquita — éxitos de ayer y hoy. El álbum surgió después de que Zapata escuchó esos viejos sencillos en la máquina de discos, localizaron a Donley y lo convencieron de llevarlo al estudio.

Algunas cosas permanecen constantes: el dominio de Donley de la guitarra, su firma en alza, la conmovedora voz y su amor por los boleros. Esas canciones queridas de amor celebrado, el amor no correspondido y el amor perdido son rasgos de un nuevo disco que acaba de grabar y que se estrenará probablemente en la primavera.

Ramos, quien lo produjo, se emociona describiendo la experiencia. Donley, un perfeccionista, se disculpaba efusivamente cada vez que se quedaban cortos. "Desde mi punto de vista, escucharlo fue un momento profundo", dice Ramos.

La edad puede hacer cosas crueles a la voz de los cantantes, la erosión de la elasticidad, la claridad y suavidad de los bordes. Donley se esfuerza mucho, pero suena muy bien, dijo Ramos. "Hay este dolor y adversidad, y todavía tiene esa cualidad de júbilo total en su voz."

La próxima generación

En la cocina, rodeado de fotos de su familia —tiene siete hijos, cuatro de ellos con su primera esposa, Julia— Donley dice que la música ha sido su vida. "No puedo imaginarme sin ella", dice pensativo.

A principios de este año en un concierto semi-regular en El Gallo en la avenida South Congress, Donley alimentó su alma musical mientras una multitud diversa —blancos y chicanos, jóvenes y ancianos— alimentaban sus ansias de Tex-Mex. Sobre el ruido de los cubiertos, tintineo de platos y las conversaciones en voz alta, Donley presentó algunos de los clásicos que han proporcionado a la banda sonora de varias generaciones de méxico-americanos. Joyas como "Poquita fe", " El reloj", " Sin ti", "Sabor a mi" y " Contigo". Presentarlas es el arte de morir, dice Ramos. Donley las ha tocado miles de veces.

Con el socio musical más joven, Jorge Tamayo, Donley se movió con fluidez desde el tenor mayor al menor y su voz fue llenando el cuarto sin un micrófono.

El público de un restaurante no es el más atento. Muchas canciones terminaron sin aplausos, aunque algunas personas les entregaron propinas a los músicos u ofrecieron calurosos agradecimientos al salir. Donley parecía elevarse solo por estar tocando. Terminó un segundo conjunto de 12 canciones —la muestra de un artesano — con una despedida rápida y amable.

Más tarde, dijo que se le hizo cosquillas que en las más recientes actuaciones haya sido abordado por jóvenes —intérpretes, supone él— que elogiaron su toque de guitarra. "Estoy agradecido por la oportunidad de seguir tocando, por seguir tratando de hacerlo bien", dijo.

A los 83 años, Manuel Donley, siempre humilde, todavía el tipo 'cool', dice que es un trabajo en progreso.

OUTSTANDING HISPANIC SUCCESS STORY, UNDER 30,000

Podemos ser ciudadanos

Por: Joseph Zambrano

El Mundo
Seattle, WA

WENaTCHEE—La agencia de servicios de Ciudadanía e inmigración de los Estados Unidos (UsCis por su sigla en inglés), tiene alrededor de 165.000 vacantes en el estado de Washington para quienes quieran hacerse ciudadanos de Los Estados Unidos, aseguró Roy Davis, agente del servicio de inmigración de Yakima, durante una entrevista exclusiva con El Mundo.

A partir del 1 de enero de este año, La agencia de servicios de Ciudadanía e inmigración de Yakima, comenzó en varios condados (Yakima, Chelan, Douglas, grant y Kittitas) un programa de impartir clases de ciudadanía a la comunidad a través de agencias comunitarias. "Nuestra meta es poder ir a todos los lugares que cubre nuestra agencia. sin embargo decidimos ir a Wenatchee porque es una de las ciudades más remotas de nuestra área, pero una de las ciudades donde nuestro programa está teniendo muy buenos resultados", afirmó el agente. Davis quiere dejar bien claro que ellos no son la oficina de servicio de inmigración y Control de aduanas (iCE) y que la misión de La agencia de servicios de Ciudadanía e inmigración no es ir a la caza de inmigrantes.

"Lastimosamente muchos inmigrantes confunden nuestra oficina. Queremos que sientan confianza con nosotros. Estamos para ayudarlos. algunos piensan que si entran por la puerta principal, van a salir por la puerta trasera. si alguien no se siente cómodo hablando inglés, tenemos personal bilingüe en nuestras oficinas", recalcó. De acuerdo a Davis, existen cuatro maneras para hacerse ciudadano de Los Estados Unidos.

1.- Ha sido residente permanente legal durante los últimos 5 años.

2.- Ha estado casado con un ciudadano de Los Estados Unidos durante esos 3 años, y continúa casado con ese ciudadano estadounidense.

3.- Es un residente permanente legal y sus padres son ciudadanos estadounidenses.

4.- Tiene un historial de servicio militar que lo califica para volverse ciudadano. agregó que el examen oral no es para ponerlos bajo estrés o para engañarlos con preguntas capciosas, el fin es el de revisar la solicitud con el entrevistado, para que pasen el examen de comprensión de inglés.

"Les damos el examen. si pasan seis de las diez preguntas, de lectura y la otra de escribir, ya acabaron. se convertirán en ciudadanos de Los Estados Unidos, a menos que tengan problemas criminales", dijo "Conocí el caso de un hombre de Wenatchee, quien había cometido una infracción hace mas de siete años. Este ciudadano pensaba que por este error no tenía posibilidades para hacerse ciudadano. Personalmente le aclaré que él era elegible para obtener la ciudadanía. Esto fue una sorpresa para este hombre. Háganos sus preguntas, no tengan miedo", enfatizó Davis. si una persona saca seis preguntas correctas de entre diez, automáticamente pasa el examen. La parte de leer y escribir está basada en preguntas de cívica. Davis dice que su oficina busca trabajar con centros y oficinas comunitarias, con el fin de ofrecer las clases de ciudadanía a los prospectos.

Y con esto buscan despejar errores que se han difundido sobre el proceso, para que así más personas que puedan convertirse en ciudadanas.

Desde el comienzo del programa, el incremento en las aplicaciones ha sido del 35 y 45%, en todos los condados, dijo el agente. Para ayudar a los aplicantes,

La agencia de servicios de Ciudadanía e inmigración ha puesto las preguntas más repetidas durante la entrevista, en internet, para que las personas tengan acceso a información que les pueda ayudar. "También tenemos boletines electrónicos en donde ponemos el tiempo que toma el proceso de las aplicaciones, para que las familiares y los aplicantes sepan información general del estado de sus solicitudes.

Claro hay números a donde pueden llamar para hacer preguntas más específicas", dijo Davis. algunas personas que buscan la ciudadanía a menudo recurren a un abogado, para ver si pueden beneficiarse de solicitar la ciudadanía. sin embargo Davis recalca que en este caso, no es necesario recurrir a uno, ya que las solicitudes no tienen ningún costo.

Latina de Charlotte nombrada entre los 12 mejores soldados de la Fuerza Aérea

La Noticia
Charlotte, NC

Diego Barahona A.

La Sargento Johanna Leasiolagi recibió el prestigiosos reconocimiento "12 Outstanding Airmen of the Year" (Los 12 destacados del año de la aviación) de la Fuerza Aérea de Estados Unidos, superando a más de 400,000 de sus compañeros en todo el país. Johanna llegó a Charlotte desde El Salvador cuando tenía 14 años de edad, sin conocimientos de inglés, y hoy luego de superar varios obstáculos, es una especialista en computadoras que trabaja con aviones espía.

Días difíciles

Johana es la mayor de cuatro hermanos, ella se mudó a Charlotte junto con su familia en busca de un futuro mejor. "Desde que mi mamá conoció Charlotte, le encantó, así que nos mudamos y aquí nos quedamos", recuerda.

Asistió a tres diferentes escuelas, asegura que le fue duro adaptarse al sistema escolar, tanto por su bajo nivel de inglés, como por el hecho de sufrir abusos de parte de sus compañeras.

"Conocí el racismo en la primera escuela a la que asistí. A una amiga y a mi nos pegan algunas compañeras en el bus escolar simplemente por ser latinas. Fue muy duro", comenta.

Una vez que se graduó de la secundaria, ingresó al CPCC a estudiar ingeniería en computación, y paralelamente obtuvo un trabajo en el banco Wachovia, debido a sus buenas calificaciones en matemáticas. No obstante la madre de Johana, Lucía Avilez, le motivó a que ingrese a la vida militar, pues de esta forma ella podría recibir ayuda para estudiar en la universidad, y así con apenas 17 años de edad, ingresó a la Fuerza Aérea.

Vida militar

"Cuando llegué a la Fuerza Aérea, algunas de las personas que tenían que ayudarme con los trámites para ingresar estaban preocupadas, pues mi nivel de inglés era malo. Di mis exámenes y no tuve buenas notas en lenguaje, pero si muy buenas calificaciones en matemáticas", dice la sargento.

Sus sueños de superación la llevaron a esforzarse el doble, y superar los obstáculos. "Alquilaba muchas películas y las veía con sub-títulos en inglés y eso me ayudó con el idioma", afirma.

El arduo trabajo rindió frutos, Johanna lleva cerca de siete años en la vida militar. Hoy es técnica en el área de computación, se especializa en máquinas que trabajan con aviones espías y ha formado parte de varias misiones.

La sargento estudia en un instituto universitario de la Fuerza Aérea, adicionalmente tiene varias actividades de voluntariado. "Siempre estoy buscando la forma de ayudar a las personas", comenta.

Premio

Para obtener el reconocimiento "12 Outstanding Airmen of the Year" se requiere pasar por un riguroso proceso de selección.

"Mis supervisores valoraron mi trabajo, pues yo era la que siempre se queda hasta el final, muchas veces en jornadas de 12 horas al día, luego tengo que ir a la universidad en las noches", dice.

Los 12 ganadores son embajadores de la excelencia en el trabajo ante sus compañeros, y están encargados de impartir un mensaje positivo de esfuerzo y optimismo.

"A los jóvenes les digo siempre que no se den por vencidos, podemos tener muchas desventajas, pero si tienen un sueño, eso nos hace únicos, uno debe escuchar la voz de su corazón y seguir adelante", asegura Johanna.

Pie de foto: La Sargento Johanna Leasiolagi.

"Renaissance man" leaves CU

La Voz Bilingüe
Denver, CO

BERTHA VELASQUEZ

The soft, humble yet sage voice of Dr. Lorenzo Trujillo is very descriptive of a man that has worked toward his life goals that transcended the borders of a legal career.

Trujillo announced his retirement as the Assistant Dean of Students and Professional Programs at the University of Colorado School of Law after six years there. A graduate of Boulder himself, he spoke candidly about his experience at the university and how his education has shaped the person he is today.

Trujillo said that, "seeing the focus in diversity in the law school and the increase in diverse students," is one of his most notable experiences in his current position at CU. He also spoke about the policy areas that he had a hand in influencing such as when he chaired the Trujillo Commission on Online Education, his work on a study on truancy in K-12 schools, and the relationship between law schools and the rate of law students successfully passing the bar exam.

Policy alone is not definitive of Trujillo's contributions. Trujillo has helped put into place programs from which many law students have benefited.

With his help, the Loan Repayment Assistance Program (LRAP) was established to provide monetary awards to law students pursuing a career in public interest or with non-profit organizations.

Trujillo also worked with the externship program that allows students to provide legal support to organizations, courts and government agencies. Because of this, law students "better understand the practical aspect of the practice of law," he said.

OUTSTANDING HISPANIC SUCCESS STORY, UNDER 30,000

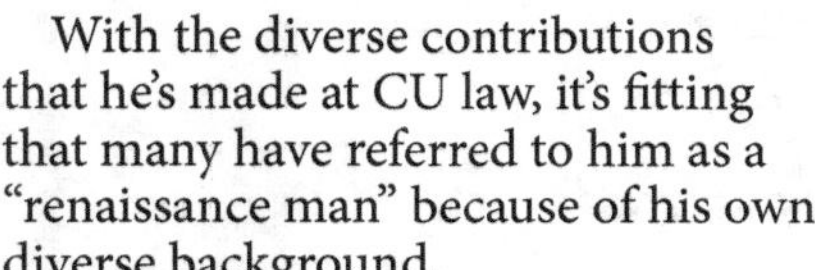

With the diverse contributions that he's made at CU law, it's fitting that many have referred to him as a "renaissance man" because of his own diverse background.

Not only does he hold a Bachelors of Arts, Master of Arts and a Juris Doctor--all from CU Boulder--but he also earned a Doctor of Education from the University of San Francisco. Asked about his decision to pursue these different avenues, Trujillo said, "I like to have a broad understanding of life. I think life is not one area of study."

For Trujillo, whose roots come from Southern Colorado and Northern New Mexico, music is a true devotion. He is the director of the Southwest Musicians, a family troupe made up of several generations that began performing in 1976. A talented musician (guitarist, violinist, vocalist and overall artist), he has received numerous awards and recognitions such as the 1996 Governor's Award for Excellence in the Arts, the Hilos Culturales Distinguished Traditional Folk Artists Premio and has released CD's "Southwest Musicians" and "A Musical Banquet: From Santa Fe to Denver."

Though his love of music is evident, Trujillo insists that law is his first passion saying, "law has given me a voice in places where I would otherwise not have a voice to bring out change for the good of people I work with and to be helpful in a meaningful way."

As for Latinos looking forward to a law school education, Trujillo said, "Law school is like no other education experience a person has ever had or even imagined. It's like marine boot camp for the mind, it is extremely demanding, rigorous and reshapes the way a person thinks and behaves."

He had some kind words to say about La Voz saying it "represents a unique perspective and presents information in news of interest to the Latino community."

Trujillo has forged a path from which many have gained inspiration from because of his many achievements. Although he is retiring from CU, he will still work as a practicing attorney with Sherman and Howard, LLC. With his estimable demeanor, Trujillo said, "I plan to continue my commitment to the ideals of the legal profession that I've adhered to all my life."

Bertha Velasquez is editorial assistant for La Voz and can be reached at bvelasquez@lavozcolorado.com

"Hombre del renacimiento" deja CU

La suave, humilde y sabia voz del Dr. Lorenzo Trujillo es muy descriptiva de un hombre que ha trabajado para cumplir sus objetivos de vida que trasciende las fronteras de una carrera legal.

Trujillo anunció su retiro como el Vicedecano de Estudiantes y Programas Profesionales en la Escuela de Leyes de la Universidad de Colorado después de seis años allí. Un graduado de Boulder, habló con franqueza sobre su experiencia en la universidad y cómo su educación ha dado forma a la persona que es hoy en día.

Trujillo dijo que, "ver el enfoque en la diversidad en la escuela de Leyes y el aumento de la diversidad de estudiantes," es una de sus experiencias más notables en su posición actual en CU. Habló también de los ámbitos de la política en los que ha influído por ejemplo, cuando presidió la Comisión de Educación en Línea de Trujillo, su trabajo en un estudio sobre absentismo escolar en escuelas K-12, y la relación entre las escuelas de Leyes y la tasa de estudiantes de Leyes que aprueban satisfactoriamente el examen profesional.

Política por sí sola no es definitiva de las contribuciones de Trujillo. Trujillo ha ayudado a poner en marcha programas de los que muchos estudiantes de Leyes se han beneficiado.

Con su ayuda, el Programa de Asistencia de Pago de Préstamos (LRAP) fue establecido para proveer recompensas monetarias para los estudiantes de Leyes que sigan una carrera en interés público o con organizaciones sin fines de lucro.

Trujillo también trabajó con el programa externado que permite a los estudiantes prestar apoyo legal a organizaciones, tribunales y agencias gubernamentales. Debido a esto, los estudiantes de Leyes "entendienden mejor el aspecto práctico en el ejercicio de la ley", dijo.

Con las diversas contribuciones que él ha hecho en la escuela de leyes de CU, es lógico que muchos se han referido a él como un "hombre del renacimiento" debido a su diversa experiencia.

No sólo tienen una Licenciatura en Artes, Maestria en Artes y un Juris Doctor - todos obtenidos en CU Boulder - también obtuvo un doctorado en Educación de la Universidad de San Francisco. Cuestionado sobre su decisión de continuar en diferentes vías, Trujillo dijo: "Me gusta tener una amplia comprensión de la vida. Creo que la vida no es un área de estudio."

Para Trujillo, cuyas raíces vienen desde el sur de Colorado y el norte de Nuevo México, la música es una verdadera devoción. Él es el director de Southwest Musicians, un grupo familiar formado por varias generaciones que comenzó a formarse en 1976. Un talentoso músico (guitarrista, violinista, cantante y artista en general), ha recibido numerosos premios y reconocimientos tales como el Premio del Gobernador a la Excelencia en las Artes en 1996, el premio Hilos Culturales Distinguished Traditional Folk Artists, ha lanzado discos como "Southwest Musicians" y "A Musical Banquet: From Santa Fe to Denver."

Aunque su amor por la música es evidente, Trujillo insiste en que la Ley es su primera pasión, diciendo, "la Ley me ha dado una voz en los lugares donde de otra manera no tendria voz para llevar a cabo el cambio por el bien de la gente con la que trabajo y ser útil de una manera significativa."

En cuanto a los latinos que buscan una educación en la escuela de leyes, Trujillo dijo: "La escuela de leyes es una experencia educativa que una persona no ha tenido ni imaginado alguna vez. Es como campo de entrenamiento de un Marine para la mente, es muy exigente, rigurosa y remodela la forma en que una persona piensa y se comporta ".

El tuvo algunas palabras amables acerca de La Voz diciendo que, "representa una perspectiva única y presenta la información de noticias de interés para la comunidad latina."

Trujillo ha forjado un camino que a inspirado a muchos a causa de sus muchos logros. A pesar de que se retira de CU, seguirá trabajando como abogado en ejercicio con Sherman y Howard, LLC. Con su conducta intachable, Trujillo dijo: "Tengo la intención de continuar mi compromiso con los ideales de la profesión jurídica que he adherido a toda mi vida."

Suman adeptos latinos

POR JULIÁN RESÉNDIZ/AL DÍA

Al Día
Dallas, TX

En un elegante restaurante del norte de Dallas, Mark Davis, conductor de un programa sindicado de radio, explicaba su postura hacia la inmigración indocumentada.

"Quiero hacer imposible que las personas entren ilegalmente a este país, pero saludo a los que inmigran legalmente", dijo ante un grupo de hombres trajeados y mujeres profesionistas que escuchaban con interés y aplaudían de vez en cuando.

"¿Es esto una contradicción? No. Yo respeto a quienes respetan nuestras leyes y le vuelvo la espalda a los que no. ¿Me convierte esto en un racista? Claro que no", expuso. El mensaje de Davis halló eco entre las 40 ó 50 personas que asistieron a la más reciente reunión del capítulo de Dallas de la Asamblea Nacional Hispana Republicana. "Si estás aquí ilegalmente, este país no te puede dar un regalo y decirte 'gracias por estar aquí' ", afirmó Franklin Reynoso, originario de República Dominicana. "Yo pagué mis cuotas, yo esperé cinco años para traer aquí a mi familia. Como yo hay gente de (muchos países), pero también hay otros que decidieron cruzar la frontera ilegalmente ayer y hoy exigen un camino a la ciudadanía. Eso está mal". A pesar de su línea dura en contra de la inmigración indocumentada, el Partido Republicano ha logrado atraer adeptos latinos como Reynoso.

El partido confían en sumar a más antes de las elecciones generales de noviembre. "No espero que la mayoría de los hispanos voten a favor de los conservadores en el 2010, pero muchos más lo van a hacer que en el 2008 porque ya tuvieron la oportunidad de ver cómo opera el otro bando con (Barack) Obama en la presidencia y no pueden estar muy contentos", dijo Davis. Según el Pew Hispanic Center, un gran porcentaje de votantes latinos rechazó al Partido Republicano en el 2008. Sólo el 31% de los electores latinos en el país votaron por John McCain para presidente en el 2008, siendo que el 40% lo había hecho por George W. Bush cuatro años antes. Pero en Texas las cosas son más complicadas. El 49% de los latinos votó por el republicano Bush en el 2004 y un 35% a favor de McCain en el 2008, según el Pew. "Los hispanos, aún los inmigrantes, son conservadores por naturaleza", afirmó Davis. "¿Cuántos no son católicos devotos? Yo le aseguro que no están a favor del aborto. También le apuesto que creen que el matrimonio debe ser entre un hombre y una mujer, no entre dos hombres o dos mujeres". Latinos y republicanos Cuando el presidente Ronald Reagan decidió apoyar la ley de Control y Reforma Migratoria (IRCA) en 1986, los padres de Manuel Valles Téllez se convirtieron en republicanos de por vida.

KYE R. LEE/DMN

El gobernador Rick Perry se toma una foto con Frances Rodríguez durante la convencion estatal republicana de junio.

"Ellos son de Zacatecas, México y Reagan fue quien los ayudó a quedarse aquí legalmente. Ellos trabajaron duro, se hicieron residentes legales permamentes y se sentían agradecidos con los republicanos", dijo Valles Téllez, gerente de mercadotecnia de la Cámara de Comercio de Richardson. Adryana Boyne, originaria de Puebla, México, milita en el Partido Republicano por convicción moral. "Yo no estoy de acuerdo con el aborto y me dí cuenta que casi todos los legisladores demócratas, incluyendo el presidente Obama, sí están de acuerdo con eso", dijo Boyne, directora del grupo Voces Acción, que promueve valores conservadores entre los latinos. "Los republicamos protegemos el derecho de la vida dentro del vientre. Los demócratas no. Son proaborto, y creo que mucha de nuestra gente no está consciente de esto", dijo Boyne, que inmigró a Estados Unidos hace 25 años y está casada con un pastor protestante.

Daniela Santoni, portavoz del Partido Demócrata de Texas, negó que ellos sean "proaborto" y afirmó que los latinos continúan favoreciendo a su partido.

"Estamos completamente comprometidos a disminuir la cantidad de abortos en Texas y sabemos que la única manera de lograrlo es con la educación y la prevención{ellipsis} no podemos ponerle fin a estos problemas si sólo enseñamos abstinencia, hemos visto que no funciona. Tenemos que enseñar la importancia de la abstinencia y también el sexo seguro", dijo.

Agregó que todos los legisladores latinos de Texas son demócratas, al igual que 24 de los 28 congresistas federales hispanos.

Boyne relató que se involucró con el Partido Republicano a partir del 2006, promoviendo el voto y ayudando en las campañas locales. Dos años después los republicanos de Dallas la nombraron delegada a la convención nacional de su partido. Luego ocupó la dirección de Voces Action y la presidencia del comité hispano de la campaña presidencial del pastor bautista y ex gobernador de Arkansas Mike Huckabee. Boyne afirmó que el Partido Republicano ofrece a los latinos más que defensa de valores morales.

"Nosotros trabajamos con la gente desde abajo, nosotros les decimos a nuestros líderes qué temas apoyen, nosotros no esperamos que Washington

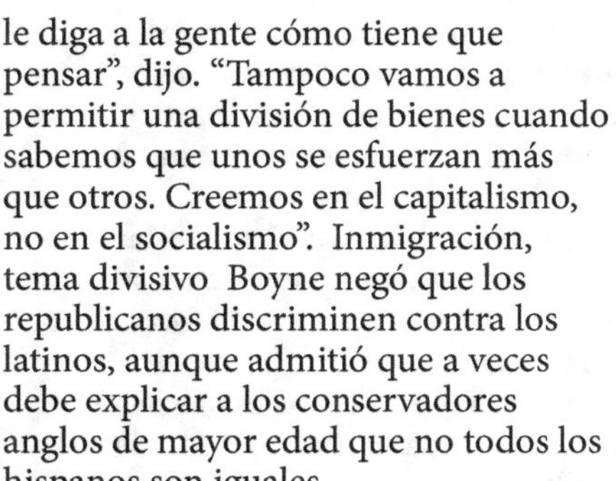

le diga a la gente cómo tiene que pensar", dijo. "Tampoco vamos a permitir una división de bienes cuando sabemos que unos se esfuerzan más que otros. Creemos en el capitalismo, no en el socialismo". Inmigración, tema divisivo Boyne negó que los republicanos discriminen contra los latinos, aunque admitió que a veces debe explicar a los conservadores anglos de mayor edad que no todos los hispanos son iguales.

"Tengo que ayudarles a entender que no todos los hispanos quieren recibir beneficios gratis{ellipsis} que somos trabajadores y que el hecho de cruzar la frontera ilegalmente no es porque sean criminales", dijo. "Generalmente la gente más mayor es la que tiene problemas, pero las nuevas generaciones ya están aprendiendo sobre nuestra diversidad". Jason Villalba, presidente de los republicanos hispanos en Dallas, coincidió en que la inmigración es un tema divisivo dentro del partido.

"Tenemos a algunos personajes que dicen representar el partido y dicen cosas para provocar que la gente se indigne. Como hispano reconozco que existen esas voces y estamos haciendo nuestra parte para que estén mejor informados", dijo Villalba, abogado de profesión. "Por otro lado, creo que tenemos la razón en cuanto a la inmigración. Debe haber una reforma, pero empieza con asegurar las fronteras". Los militantes republicanos se mostraron renuentes a permitir lo que ellos llaman una "amnistía" y los líderes latinos llaman legalización.

"Yo pienso que hay que aplicar las leyes existentes, pero también acelerar la inmigración legal porque el sistema que tenemos está quebrantado", explicó Boyne. "No creemos en una amnistía (a los indocumentados), pero tampoco en sacar a tanta gente. Se tiene que evaluar cada caso individualmente". Pero enfatizaron que la última legalización se dio durante la administración de Reagan, un republicano. "Si los demócratas en verdad quisieran la reforma migratoria, la hubieran pasado sin un solo voto, como lo hicieron con la reforma de salud", dijo Boyne.

El movimiento laboral en el Día del Trabajo

Por ALICIA MORANDI

Vida Nueva
Los Angeles, CA

La unión sindical es la mejor amiga de los trabajadores. Eso es al menos lo que sostiene María Elena Durazo, una de las figuras más conocidas del movimiento laboral en este país. Ella dirige a la Federación Laboral del Condado de Los Angeles, AFL-CIO (Los Angeles County Federation of Labor, AFL-CIO), que agrupa a unos 345 sindicatos con alrededor de 850 mil trabajadores. Recientemente fue nombrada a integrar al Concejo Nacional Ejecutivo del AFL-CIO, y es la primera latina en ocupar un puesto tan relevante en la central de todos los sindicatos de la nación. Desde su nueva responsabilidad buscará exponer más al movimiento laboral de Los Angeles a nivel nacional.

Hija de inmigrantes mexicanos, Durazo sabe bien lo que significa trabajar en labores mal pagados y sin ningún tipo de beneficio. Sus padres, originarios de México, migraban de cosecha en cosecha en los campos agrícolas californianos junto a sus once hijos, en busca del sustento diario. Sencillos y con una fe religiosa a prueba de todo obstáculo, protegían a sus hijos de los abusos que suelen sufrir los campesinos.

"Desde chiquitos todos teníamos nuestro papel; trabajábamos en grupo y mi papá protegía al máximo a la familia, porque había muchos abusos, en especial contra las mujeres, a quienes los capataces exigían favores sexuales", comenta Durazo, quien aprendió el lenguaje de la tierra durante la pizca de la uva en los veranos.

'...formamos asociaciones estudiantiles para luchar a favor de los inmigrantes...'

La enseñanza de valorar la solidaridad humana le llegó de pequeñita cuando falleció un hermano recién nacido debido a que sus padres no tuvieron rápido acceso a un hospital. "Vivíamos en tiendas de campaña y estábamos en un pueblo desconocido, y en una iglesia de allí, los vecinos hicieron una colecta para darle una sepultura digna a mi hermanito. Recibimos el apoyo de esta gente que ni siquiera nos conocía, y nunca se me ha olvidado este acto de solidaridad. Y esto es lo que siempre nuestros padres nos enseñaron. Por más pobres que éramos, nunca dejaban de buscar la forma de ayudar a otros. Incluso, siempre después de Misa iban a visitar a los enfermos en otras aéreas, ¡y lo hacían con tanto entusiasmo! Eso es algo que aprendí de ellos y que aplico en este trabajo que realizo con los sindicatos".

Cuando termina la secundaria en Fresno, Durazo ingresa a la universidad católica Saint Mary' College en Moraga, donde estudia historia y ciencias políticas, el primer paso hacia una vasta carrera orientada a la justicia social. Fue la primera de su familia en obtener un título universitario.

"Durante esos años existía un movimiento estudiantil general con los pocos latinos que allí había. Así nos conocimos con el alcalde Villaraigosa, entre otros futuros líderes. El tema de inmigración era muy importante para todos nosotros como hijos de inmigrantes. Entonces formamos asociaciones estudiantiles para luchar a favor de los inmigrantes, y también por nuestras propias necesidades. En esa época no reconocían la historia de los mexicanos o afroamericanos en Estados Unidos. No reconocían que las escuelas de donde habíamos salido no nos preparaban para tener éxito en la universidad. Ni había la ayuda financiera necesaria, así que había mucho trabajo por hacer", dice la entrevistada.

'...Ahora mi reto es expandir este movimiento a nivel estatal y nacional...'

A principios de los setenta ya se había fortalecido el movimiento estudiantil, y coincidía con la consolidación de la Unión de Campesinos liderada por César Chávez. En este ambiente, Durazo sigue trabajando por los derechos de los inmigrantes, se gradúa y se viene a Los Angeles con su hijo mayor.

"Mi enfoque principal era el movimiento de los inmigrantes. Entonces trabajé con Bert Corona, y luego decidí entrar más al movimiento sindical. Ahí es cuando conocí a algunos organizadores del sindicato de la costura, y esa fue mi primera experiencia como organizadora sindical".

En Los Angeles conoce a su segundo esposo, Miguel Contreras, un prominente líder sindical, quien fallece en 2005 a consecuencia de un ataque cardíaco.

El matrimonio dirigió el Local 11, Sindicato de Trabajadores de Hoteles y Restaurantes en Los Angeles. "Éramos compañeros tanto en el movimiento laboral como en la vida personal. Lo que más extraño al levantarme en la mañana es hablar con mi esposo de temas del trabajo mezclados con asuntos de la familia. Para nosotros este movimiento ha sido una manera de vivir. Él lo aprendió al trabajar directamente con César Chávez y Dolores Huerta, y yo compartí ese entusiasmo. Ahora mi reto es expandir este movimiento a nivel estatal y nacional".

Y esto es lo que se propone hacer desde su nuevo puesto en el Concilio Ejecutivo Nacional del AFL-CIO. Es la primera vez que una central local es nombrada a este Concilio Nacional, el cual anteriormente se había reservado sólo para presidentes nacionales de cada sindicato.

"Creo que todavía no se entiende el impacto del movimiento sindical que existe en Los Angeles, que para mí es un modelo a seguir en otras partes del país. Aquí siempre tratamos de buscar cómo resolver los problemas laborales no únicamente de los trabajadores sindicalizados, sino también de aquéllos que no lo están. Además, continuamente los sindicatos presionamos a que pasen leyes laborales que favorezcan a los trabajadores del país".

Actualmente, al menos una parte de todos los sectores importantes de la economía de Los Angeles, están representados por sindicatos. Sin embargo, hay trabajadores que aún no lo están, como los lavacarros, quienes son miles en Los Angeles, la "capital de los autos". "Todos ellos (lavacarros) son inmigrantes latinos, una gran parte indocumentada, y en muchos lugares no ganan ni siquiera el sueldo mínimo. Nosotros los apoyamos con los políticos al pedir que pasen una ley que les ayude, y varias veces tenemos éxito. Por ejemplo, Rocky Delgadillo, ex city attorney de Los Angeles, impuso cargos criminales contra dueños de lugares donde se lavan autos, y recientemente la corte decidió enviar a la cárcel a varios de ellos; es algo sin precedente que manden a la cárcel por abusar de los trabajadores".

La entrevistada sostiene que la mejor manera de luchar por lo que es justo es en el mismo lugar de trabajo, aunque también los sindicatos usan su poder para luchar fuera de esta área. "Por ejemplo, pusimos presión en el Congreso para extender los beneficios del programa de desempleo, y lo logramos. No fue la Cámara de Comercio ni los empleadores que lo hicieron. Otro ejemplo es el caso de inmigración. Los sindicatos estamos al frente unidos con todos los grupos a favor de una legalización. Nosotros usamos el poder del movimiento sindical para poner presión", señala.

'...La seguridad en el sitio de trabajo ha empeorado...'

Según Durazo, la recesión no ha debilitado al movimiento sindical a pesar que ha provocado un desempleo del 14% sin incluir a quienes no reciben el beneficio, lo que en realidad lo eleva a cerca del 30%.

"En estos momentos, en vez de luchar por algo mejor, los trabajadores están luchando por defender lo que ya tienen, reconociendo la realidad de la economía. Algunos empleadores cometen abusos porque piensan que hay mucho miedo e inseguridad entre sus trabajadores. La función de los sindicatos es protegerlos lo más que se pueda dentro de este ambiente".

Lo preocupante es, de acuerdo a Durazo, que durante esta recesión han aumentado los accidentes y muertes de trabajadores debido a condiciones laborales deficientes, especialmente entre los trabajadores latinos.

"La seguridad en el sitio de trabajo ha empeorado. Por ejemplo en la construcción, cuando el estado recorta personal, despide a inspectores. Entonces los empleadores saben que es mínima la probabilidad de que llegue uno a observar en qué condiciones trabajan sus empleados y se aprovechan".

Otro ejemplo es en algunos hoteles donde según Durazo, las recamareras están haciendo su labor sin el equipo adecuado para evitar lastimarse. "Además las presionan a que no vayan a reportar los accidentes porque si lo hacen, oficialmente a ese empleador se le sube el costo de su aseguranza. Pero no deben sentirse intimidados de reportar estos abusos, aunque deben hacerlo unidos. También lo deben hacer individualmente porque existe confidencialidad a través del California State Labor Commission, y no toman en cuenta su estado migratorio. A pesar de esto muchos trabajadores tienen miedo y no lo hacen", dice.

"La justicia que buscamos requiere insistencia y no podemos darnos por vencidos en el primer intento. El porcentaje de la población que más sale a votar son los blancos con dinero. Los más negativamente afectados son los latinos pobres, que son los que menos salen a votar. Esto no tiene sentido. Quien va a ser el próximo gobernador, como aquel que va a tomar decisiones de alto nivel, está en manos de los votantes latinos de Los Angeles. Todas las injusticias laborales pueden cambiar dramáticamente si utilizamos el poder del voto", este es el mensaje que Durazo quiere dejar a los latinos de este país en el Día del Trabajo. VN

Para más información acerca de la Federación Laboral del Condado de Los Angeles, llamar al número de teléfono: 213/381-5611.

OUTSTANDING POLITICAL ARTICLE, 30,000+

Abel Maldonado

El Aviso Magazine
Los Angeles, CA

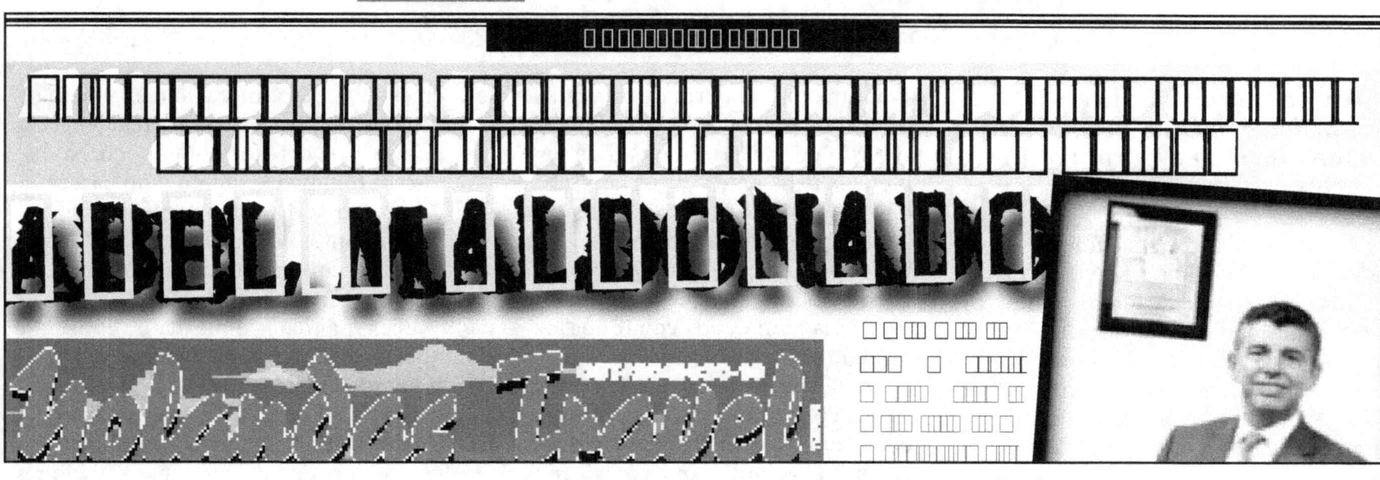

Sería un honor ser el primer presidente latino

Pablo Scarpellini

El Clasificado
Los Angeles, CA

LATINOS AL PODER

El Clasificado

"Sería un honor ser el primer presidente latino"

El nombre de Antonio Villaraigosa sigue sonando para la Casa Blanca mientras la crisis en Los Angeles no le deja pensar en otra cosa: el déficit más importante de la historia, un desempleo del 14% y una fuga de rodajes en Hollywood hacia otros estados

PABLO SCARPELLINI. LOS ANGELES

Hispanos y elecciones 2010

Jesús del Toro

Rumbo de Houston
Houston, TX

Hispanos y elecciones 2010:

Un an lisis de Impremedia cuantifica el financiamiento de las campa as de los congresistas y aspirantes hispanos e identifica

$1,792,377, Loretta Sánchez (D, distrito 47 de California) con $1,768,065, Xavier Becerra (D, distrito 31 de California) con $1,615,161, Ileana Ros-Lehtinen (R, distrito 18 de Florida) con $1,494,585, Ciro Rodríguez (D, distrito 23 de Texas) con $1,486,586, Henry Cuéllar (D, distrito 28 de Texas) con $1,116,064, Ben Luján (D, distrito 3 de Nuevo México) con $1,093,070, Silvestre Reyes (D, distrito

llones de dólares, cifra récord. Los 23 congresistas hispanos que buscan retener su escaño recaudaron en total $23,102,981, un monto abultado pero inferior a los $29,010,980 que esos mismos políticos recibieron en la elección de 2008 y similar y quizá inferior si se considera la inflación a los $22,121,238 de 2006. Retener su escaño en 2010 ha implicado una recaudación promedio para ellos de $1 millón,

EL MENSAJE DE VICENTE FOX AL GOBIERNO DE OBAMA 'EU le debe a inmigrantes'

Qué Pasa Raleigh
Raleigh, NC

HERNANDO RAMÍREZ-SANTOS

El ex presidente habló en exclusiva con Qué Pasa en una visita que hizo a Carolina del Norte

Charlotte.- El ex presidente de México, Vicente Fox, visitó la Ciudad Reina el pasado 28 de enero, donde tuvo la oportunidad de dirigirse a un selecto grupo de miembros del Museo de Historia de Charlotte, a quienes cautivó con una contundente presentación sobre México y la necesidad de que Estados Unidos fortalezca las relaciones con su vecino país.

"Deberíamos estar construyendo puentes en vez de muros", dijo Fox refiriéndose a las

barreras que el gobierno estadounidense levanta en varias zonas de la frontera para impedir el paso ilegal de inmigrantes desde México. Resaltó que la presencia de sus paisanos en este país es centenaria y sus contribuciones son incontables.

"Quiero dirigirme a mis paisanos y paisanas que viven en esta gran nación", dijo Fox. "Yo los amo, los respeto, son mis heroes porque nací y crecí al lado de ellos en el rancho San Cristóbal. Yo los vi partir, con lágrimas en sus ojos al despedirse de sus familias,

para lanzarse a una peligrosa aventura en esta tierra de esperanza y de oportunidades en

busca de trabajo, en busca de ser mejores para ayudar a sus familias que dejaron en México, por esos los admiro".

El ex presidente, hablando en buen inglés pero con su fuerte acento mexicano, expresó que "esta nación tiene una gran deuda con todos los inmigrantes".

En una entrevista exclusive con Qué Pasa, al término de su presentación, Fox habló sobre la difícil situación que están viviendo los inmigrantes mexicanos en EU.

"Lo que veo es que septiembre 11 y que fue muy desafortunado ese día, dejó miedo a esta nación y que por miedo se han tomado decisiones que son poco visionarias y equivocadas, y se ha construido una cortina de protección. Y lo que se ha perdido es la compresión real del tema de inmigración y lo ventajoso que es para las dos naciones", dijo.

Fox además expresó su decepción por lo que él considera el poco interés que ha mostrado el presidente Barack Obama para hacer realidad una reforma migratoria y el fortalecimiento de las relaciones económicas con México.

"Desgraciadamente, sus promesas no están siendo cumplidas, especialmente en el tema de la migración, en el tema de NAFTA [Tratado de Libre Comercio de América del Norte] tampoco. No ha puesto ninguna atención y no parece darse cuenta del importantísimo instrumento que puede ser NAFTA para la recuperación de la economía de Estados Unidos", afirmó.

El ex mandatario mexicano considera que en el gobierno de Obama "están tomando decisiones muy chileras, como decimos en México, muy poco importantes. Están perdidos en una gran diversidad de pequeñas soluciones que ninguna va a resolver el problema de la economía de Estados Unidos".

Y para sus paisanos mexicanos que viven en Carolina del Norte, el ex presidente Fox, quien gobernó a México del año 2000 al 2006, les mandó un mensaje "de esperanza, de paciencia, que vendrán tiempos mejores, que yo entiendo lo difícil que están las cosas, que estoy al lado de ellos incondicionalmente, trabajando junto con ellos para que

la opinión pública americana, el Gobierno, el Congreso Americano entiendan mejor el tema de la inmigración, sean más solidarios con los migrantes y sean menos agresivos, menos violentos como lo están siendo".

OUTSTANDING POLITICAL ARTICLE, UNDER 30,000

Coalition breaks ground for CAPACES Leadership Institute in Woodburn

Richard Jones

El Hispanic News
Portland, OR

Woodburn, OR — Sunday afternoon under a portable shelter next to PCUN's Union Hall, 100 supporters gathered in Woodburn to launch CAPACES Leadership Institute.

Standing at the microphone, Arturo Rodríguez recounted the birth of Oregon's farm worker union 25 years ago. On that faraway day in 1985, Rodríguez and the legendary César Chávez had come to celebrate the birth of an agricultural labor union in the Pacific Northwest— PCUN. From the caliber of PCUN's leaders, Rodríguez said, "We knew that something [big] was going to happen in Oregon." They were right. The late Cipriano Ferrel was then president of PCUN — Pineros y Campesinos Unidos del Noroeste. At that time, PCUN numbered a mere 80 organizing members. Two and a half decades later, PCUN boasts enrolling more than 5,000.

"Cipriano had the same commitment that César did," Rodríguez told the group"Cipriano and César left us a vision we need to complete. The legacy of César and Ciprianois in the work that we do here every day," said Rodríguez, currently president of the United Farm Workers of America (UFW). Among other goals, the CAPACES Leadership Institute will educate and train the sons and daughters of farm workers to work for the civil rights and better living conditions for the next generation of agricultural workers.

Rodríguez pointed out that veterans — such as Ramírez, with 25 years experience, and himself with 36 years in union work — "have learned from many important leaders — such as Fred Ross and César Chávez — and can pass that information on to young people." Nine organizations are sponsoring CAPACES: PCUN, Farmworker Housing Development Corporation, CAUSA, Mano a Mano Family Center, Salem-Keizer Coalition for Equality, Oregon Farm Worker Ministry, Voz Hispano Causa Chavista, Mujeres Luchadores Progresistas, and Latinos Unidos Siempre.

A pamphlet printed for the occasion noted that, "The Institute's home will be financed with no debt, thanks to a combination of fundraising, volunteer labor, donated or discounted professional services and materials … ."

The building will use reclaimed lumber and employ passive heating and cooling techniques as well as a green roof. The actual construction of the building will also provide hands-on knowledge of how projects can be developed elsewhere. "The institute will raise our sights, our profile, and our expectations by accomplishing the extraordinary in an improbable way," the pamphlet stated.

After reports from a number of speakers, the ground-breaking ceremonies began. Key personnel faced the happy duty of turning a shovel-full of tenderized turf, symbolizing that the construction phase of the CAPACES building had now begun.

The pamphlet summarized, "When the Institute opens in May 2011, the CAPACES network of nine community-based organizations, rooted in the Farmworker and Latino immigrant communities of the Northern Willamette Valley, will have a dedicated place and a systematic process to introduce new and prospective leaders to the ideals, values, and history

that have guided our movement."

MORE THAN JUST A UNION

The traditional union negotiates wages, hours, benefits, working conditions, and retirement packages. Some do more. "The farm workers union is not just a union," Rodríguez said. The UFW has addressed the problem of finding sufficient affordable housing for its members.

On another front, UFW now has a network of radio stations, with nine stations in

California, Oregon, Washington, and Arizona. UFW broadcasts can inform adults about local issues and provide educational programs for children in poor communities.

The UFW represents workers and sees that they get respect they deserve.

And, he added, "Mushroom growers in California get the best wages of any agricultural workers in the United States, plus a medical plan and eight paid vacation days," Rodríguez said.

"We now have the largest winery — [E. and J.] Gallo — under contract," Rodríguez said. "I used to not drink Gallo," he said with a wry smile," but now it's the best wine in the country. "Pointing out that the interests of Senate President

Harry Reid (D-NV) and Speaker of the House Nancy Pelosi (D-CA) are not necessarily the community's interests, Rodríguez said, "It is very important that anyone here today help PCUN. We cannot depend on anyone else to help us."

MEETING THE PRESS

Earlier in the day, Rodríguez met with a dozen members of the Oregon press

corps. In introducing Rodríguez to the press, PCUN President Ramón Ramírez noted that Rodríguez was actively fighting the new immigration law in Arizona. Ramírez pointed out that this is a critical time for reforming immigration laws.

Rodríguez stressed the difficulty of getting a favorable bill passed. "We cannot succeed without help from both Republicans and Democrats," he said. He cited U.S. Representatives Howard Berman (DCA) and Adam Putnam (RFL) as being very helpful. Rodríguez pointed out that immigration reform must deal with more than eliminating arrests of innocent people. "It's needed to improve safety and health of the people," he said.

He cited U.S. Representatives Howard Berman (DCA) and Adam Putnam (RFL) as being very helpful. Rodríguez pointed out that immigration reform must deal with more than eliminating arrests of innocent people. "It's needed to improve safety and health of the people," he said.

"We need to work on reducing cancer-causing pesticides in the United States and other countries," Rodríguez said. This would not only help agricultural workers, but consumers as well.

A reporter asked what would happen if immigration reform legislation is not enacted.

"I don't think about failing," Rodríguez replied. "I think about succeeding."

Futuro en veremos

Por Paola Jaramillo

El Nuevo Heraldo
Brownsville, TX

Por primera vez en 112 años el control de la Asamblea General estará en manos de los republicanos. Las elecciones legislativas de medio término del pasado martes 2 de noviembre le pasaron la factura al gobierno de Obama, no sólo a nivel nacional donde perdieron el control de la Casa de Representantes y cedieron espacio en el Senado, sino a nivel estatal, donde a partir de enero próximo, la Cámara Alta de Carolina del Norte quedará compuesta por 28 republicanos y 22 demócratas; mientras que en la Casa Legislativa 62 lugares serán para los rojos y 58 para los azules. ALIADOS Actualmente y gracias a que el manejo de ambas Cámaras en la Asamblea General estaban en manos demócratas; según los cabilderos, medidas anti-inmigrantes no prosperaron. Hasta la fecha el líder de la mayoría en el Senado, Marc Basnight, tenía conocimiento de los problemas de nuestra comunidad y era el único presidente de un Senado estatal en todo el país, con una asesora de asuntos Hispanos/Latinos como lo es el caso de la peruana, Matty Lazo-Chadderton, quien por años ha acompañado a Basnight, trabajando tras bambalinas junto al Senador y entidades pro latinas, con el fin que medidas negativas para nuestra comunidad fueran bloqueadas.

LIDER REPUBLICANO Y PROPUESAS NEGATIVAS Al ganar los republicanos el poder en ambas cámaras, el liderato del Senado pasará a manos de Phil Berger, quien en materia de inmigración ha sido el autor y/o copatrocinador de 3 de los 9 proyectos de ley que se presentaron en el Senado en el período legislativo 2009-2010. El S155, el cual solicitó a legislatura impedir definitivamente la entrada de los estudiantes indocumentados a los colegios comunitarios estatales; el S398, proyecto que obligaba a las empresas a usar sistemas de verificación de empleo y aplicar las leyes de inmigraciones federales, y por último, la perla, el S1349, una petición a los miembros de la Asamblea para debatir una ley similar a la que ahora funciona en Arizona, la SB1070. Medida que en síntesis, criminaliza la estadía indocumentada, además de otorgar poderes a la policía local para actuar como agentes de inmigración. En cuanto a la Casa Legislativa, el actual líder demócrata Joe Hackney, representante de Chapel Hill, cederá su lugar a Paul "Skip" Stand de Apex. Cabe recordar que el período pasado en esta Cámara se presentaron 12 proyectos anti-inmigrantes, aunque ninguno prosperó.

¿FUTUO NEGRO O NUEVA? Bajo este panorama, ¿qué podemos esperar como comunidad latina? Los nuevos miembros de la Asamblea General tomarán sus asientos el miércoles 26 de enero, por tanto desde ya líderes comunitarios invitan a las organizaciones hispanas a prepararse antes de que proyectos anti-inmigrantes sean presentados. "Hay una fuerte preocupación" indicó a La Conexión, Olma Echeverri, presidente de Hispanos Americanos Demócratas de Carolina del Norte. "Creemos que habrá un intento de traer una ley parecida a la de Arizona y con la mayoría republicana lo pueden pasar", anotó. "El dilema sería para la gobernadora Perdue", demócrata, con poder de vetar propuestas de ley, "pero en política todo se puede esperar", anotó Echeverri. Asimismo Olma adelantó que probablemente tratarán de pasar un proyecto que bloquee definitivamente la entrada de estudiantes indocumentados a los colegios comunitario además de cosas fuertes que afectarán a toda la comunidad, como recortes de presupuestos y de gastos, lo que llevará a despidos y desaparición de posiciones que probablemente tienen que ver con la comunidad latina y minorías. Para Matty Lazo aún es muy temprano para determinar qué puede pasar, aunque sí es cierto que toda la comunidad, incluida la latina tiene que esperar cambios. "Vamos a ver incrementos en las matrículas para los estudiantes, recortes para empleados del estado, reducción en los servicios y un gobierno más pequeño. Sin embargo, en otras materias no sabemos qué van a presentar, pero hay que estar preparados".

FRENTE DE UNIDAD Es por ello que ambas líderes hacen un llamado a la comunidad para que se involucre en los procesos cívicos y para que junto con las organizaciones preparen estrategias para contrarrestar, la presentación de proyectos anti-inmigrantes, si llegara el caso. "Debemos ser creativos", mencionó Lazo; "nuestra comunidad es muy diversa y éste es el momento de actuar como una gran familia. No mañana sino hoy. Hay que empezar con una comunicación directa, persona a persona, creando grupos de enfoque para crear tácticas". Para Lazo éste es el momento de demostrar de qué estamos hechos como latinos. "Son momentos fuertes", dijo, "pero tenemos que educarnos acerca de los procesos legislativos, llamar a nuestros representantes, y como comunidad, dejar nuestras diferencias, porque en la unión está la fuerza", concluyó.

EL NUEVO EXILIO VOTA COMO LOS VIEJITOS DE LA CALLE 8

Libre
Miami, FL

Al adoptarla ciudadanía americana, lo primero que hice fue inscribirme en el Partido Republicano. Por eso ahora estoy feliz. Feliz como una lombriz, suponiendo que sea cierto lo de la perenne felicidad que se les atribuye a las lombrices. Aunque el exilio ha cambiado, ya no es el de antes, ya no apoya las actitudes intransigentes contra Cuba (o sea, contra la tiranía que la ha destruido) porque ese tema no les interesa a los jóvenes, sucede que, cuando llegan las elecciones, el nuevo exilio vota como los viejitos de la calle 8, mientras Ileana Ros apenas hace campaña y se limita a sonreír, Mario Díaz-Balart semuda al distrito que fue de su hermano provisto de una penca para echarse fresco, y David Rivera, el único que podía perder, no pierde, y le pisa la cabeza, ya sin bucles, a Joe García. Otro que me preocupaba era el controversial Rick Scott, esa especie de jirafa calva y sonriente: perotambién ganó. And last, but not least, Marco Rubio.

José Canseco y Rafael Palmeiro, dos personalidades disímiles tenían en común el jamás haberatacado a un pitcher después de recibirun deadball ni protestado las malas decisiones de los umpires, y, lo más significativo: cuando bateaban un homerun, en vez de los brincos, aletazos, palmoteos y murumacas que escenifican los otros "latinos", se limitaban a seguirla trayectoria de la bola hasta que sobrevolaba la cerca para luego, sin siquiera una sonrisa, iniciarel recorrido de las bases. "Be cool, man": tal era la consigna de los jazzistas a pricipios de los años 50'. Nuestros dos superstars, ambos sacrificados en el altarde la hijeputez, la hicieron suya. Marco Rubio también es cool. En lo que dice y en la forma de decirlo. Su respuesta a las especulaciones que lo mencionan como "presidenciable" no pudo ser más razonable, una muestra acabada de eso que llaman "tenerlos pies en la tierra". En el estilo de Rubio quizás haya influido Ileana Ros, en cuya oficina trabajó de interno después de graduarse; Ileana siempre habla como si estuviera sentada en la sala de su casa. Donde hay cubanos no puede faltarla irracionalidad, y aquí hay muchos cubanos, como diría Rosendo Rosell. Muestra de ella han sido los rezongos porque el joven senadorhizo su primerdiscurso como tal en inglés. Maurice Ferré, que no es cubano pero a veces lo parece, le reprochó que no dijera ni gracias en español. En el Senado, Marco Rubio representará al Estado de La Florida, cuya población es, mayoritariamente, de habla inglesa. Porotra parte, en su agenda está el proponerque el inglés sea declarado de una puñetera vez el idioma oficial de los Estados Unidos de América. Siempre ha sido el idioma de este país, que, increíblemente, carece de idioma oficial.

Este joven político es tan prometedor que me preocupa. Cualquier día me acercaré a él con el cuento de que somos parientes. Le hablaría de mi abuelo Millo Escalona Rubio, de mi bisabuela Cástula Rubio, de mi tatarabuelo Francisco Rubio, que desapareció sin dejarrastros el 10 de octubre de 1868 cuando iba a reunirse con Manuel de Jesús Calvar; le hablaría también de su compañero del highschool AlexSarmiento, hijo de mi primo Alejandro Sarmiento, llamado el Rey de Macedonia, y nieto de Lidia Sera Luque. Luego, después de todas esas historias, le diría sólo cinco palabras: "Porfavor, no la jodas". *Esteban, caramba. No creo que te quede mucho tiempo para recordar.Poco o mucho, as time goes by ,no podrás evitar el recuerdo de este Noviembre Negro. Como si fuera poco la derrota de Joe García, en cuya campaña invirtieron tanto dinero tus cachanchanes, los mercachifles de la viajadera, ahora todo parece indicar que Ileana Ros, laLobaFeroz, después de ganar en su distrito sin siquiera despeinarse, parece que será nombrada para presidir la Comisión de Relaciones Exteriores del Congreso, lo que hará más difícil aún el vuelo de tus enredadas avispas. No somos nada, Estebita. Polvo y ceniza.

* La todavía Speaker del Congreso lleva un apellido italiano porsu esposo, Mr. Pelosi. Pero su apellido de soltera también es italiano: D'Alessandro. Por eso, si pudiera, le daría una serenata ante las ventanas de su casa en San Francisco. Acompañado pormandolinas y acordeones, le cantaría una canción inmortal de Domenico Modugno: Ciao, ciao, bambina. *Al cumplirse cincuenta años de su llegada a la Presidencia, no podían faltar las trovas sobre John Kennedy. Respondo con dos versos de Hound Dog, uno de los primeros éxitos de Elvis Presley: "Yeah they said you was high-classed Well, that was just a lie *Antes que el rescate de los mineros chilenos pase al olvido, quiero hablarun poco de Chile, un país que dejó atrás al Tercer Mundo bajo el gobierno de un dictadorde derechas; que retornó a la democracia después que el susodicho dictadorcelebró un plebiscito, obtuvo sólo el 45% de los votos y entregó el poder; en el que se erigen estatuas al político que quiso convertirlo en socialista contando sólo con el 35% de los votos; cuyo Presidente Patricio Elwyn restableció relaciones con la tiranía estebánica mientras yo, estúpido de mi, llevaba a cabo una huelga de hambre para llamarsu atención y la de los otros mandatarios que participaban en una Cumbre Iberoamericana acerca del caráctercriminal de Esteban Dido; cuya popular Presidente Michelle Bachelet se echó a correrconno una pepilla enamorada cuando le anunciaron que un déspota totalitario la esperaba; que tiene como ídolo literario a quien fuera un tipejo despreciable. No, señor. No confío en Chile. Menos ahora, luego de la tibieza, mejordecirla ingratitud con que el gobierno y el pueblo de ese país recibieron la ayuda americana en el salvamento de los mineros. Esos hombres hubiesen muerto a no serporla intervención de las empresas y los técnicos americanos. ¿No les gusta? Pues jo jo jo, dijo Santa Claus.

* Ahora quiero hablarles de dos jóvenes, un cubano y un Cubanamerican. En realidad, el cubano ya no es joven; si está vivo, debe tener alrededor de 65 años. Altamente dotados para la política, sus vidas han sido muy diferentes, tan diferentes como los países en que les tocó nacer y vivir. El Cubanamerican es Marco Rubio. No les diré el nombre del cubano; de todos modos, no significaría nada

EDITORIAL AWARDS

para ustedes. Lo llamaré el Rubio, porque rubio era. Un día de mediados de los 50'encendí el televisor y en la pantalla apareció un muchacho de unos diez años, rubio y carirredondo, vestido con un smoking cortado a su medida. Era el programa para niños de Armando Bringuier, el Viejito Chichí. Iba a cambiar de canal cuando algo llamó mi atención: aquel niño, que se desempeñaba como conductor del programa junto a Bringuier, lo hacía con una soltura, una naturalidad que me sorprendieron. Parecía haber estado ante las cámaras desde que aprendió a hablar. Poco duró. Si mal no recuerdo, Ramón Vasconcelos, Ministro de Comunicaciones, dictó un decreto prohibiendo el trabajo de niños en la televisión. Años después, ya con los jinetes bárbaros en el poder, se celebró un campeonato nacional juvenil de ajedrez, para menores de dieciocho.

En la sección deportiva del Granma aparecía una foto del joven campeón. Lo reconocí: la misma cara redonda, el mismo pelo rubio. Ysu nombre. En el verano de 1965 terminé la carrera de Ciencias Políticas, si es que eso es una carrera, y pedí traslado del batallón universitario, de infantería, para una unidad de artillería antiaérea; mi fervor revolucionario iba en picada y no tenía ningunas ganas de enfrentarme a los broncos guajiros del Escambray. Ese día nos habían concentrado en el terreno del Estadio Caribe para presentar al nuevo jefe del batallón, que no sería mi jefe porque ese era mi último día en la milicia universitaria. Al frente de los batallones de milicias siempre había un teniente de la Escuela Militar de Matanzas fundada por el Gallego Fernández, todos ellos veteranos de los combates contra la Brigada 2506. Para mi sorpresa, el nuevo jefe no era un oficial, sino un estudiante de Ingeniería de primer año, o sea, un adolescente:

"El compañero…". Antes que dijeran su nombre ya lo había reconocido. Era el Rubio, el niño de la televisión, el campeón juvenil de ajedrez. Un año después, el Rubio fue elegido Presidente de la Federación Estudiantil Universitaria (FEU). Fue entonces cuando le dediqué la brevísima letra de un mambo de Bebo Valdés: "Güempa No te lo lleves todo Ydéjame un poco, Güempa" También le otorgué el título con que se designa en Estados Unidos a los jóvenes particularmente exitosos: Golden Boy. Al año siguiente asistí a la conmemoración del asalto al Palacio Presidencial. El acto se celebraba en la escalinata de la Universidad y entre los oradores estaba, como es natural, el Presidente de la FEU. La sorpresa llegó cuando lo anunciaron: aunque no se habían celebrado nuevas elecciones en la FEU, el que la presidía ya no era el Rubio, el Golden Boy. Pregunté por él y me dijeron que lo habían "tronado". ¿Por qué? Nadie sabía. Hasta que alguien me contó, a título de rumor, que había sido enviado a Vietnam, no en misión de combate, sino de solidaridad. Andaba en Jeep por una trocha en la selva en compañía de un estudiante de no sé qué país suramericano. Conducía el Jeep un joven vietcong. Iban rumbo a no sé donde cuando los atacó un helicóptero artillado. El vietcong detuvo el Jeep, les dijo que se bajaran y corrieran a esconderse en la selva. Eso hizo el Rubio…, pero no el suramericano, que, sin bajarse, comenzó a darle vivas al heroico pueblo vietnamita y al compañero Ho-Chi-Minh, y mueras al imperialismo yanki. En eso estuvo el maldito imbécil hasta que el helicóptero lo hizo polvo junto con el vietcong. El Rubio fue acusado de mostrarse cobarde ante el enemigo. No supe más de él.

Nunca volví a escuchar su nombre. Ignoro si al menos lo dejaron continuar sus estudios de Ingeniería, si está vivo o muerto. Los cubanos exiliados a menudo se quejan de haber perdido su patria. Imaginen que el pinareño Mario Rubio y su esposa hubieran decidido quedarse en Cuba, y que su hijo Marco hubiese nacido, crecido y permanecido allá como aquel niño que animaba un programa de televisión, como aquel joven que ganaba campeonatos de ajedrez y elecciones estudiantiles. Muy distinta hubiera sido su vida. Aveces es cierto eso de que "no hay mal que por bien no venga".

Hispanos y elecciones 2010

Jesús del Toro

La Conexión
Raleigh, NC

Asamblea General/ Conformación actual

Senado	Casa Legislativa
50 miembros.	120 miembros.
Demócratas: 30.	Demócratas: 68.
Republicanos: 20	Republicanos: 52.

Nueva Conformación

Modifican el paisaje urbano en el barrio latino

Por Francisco ALEJANDRE

Contribuyen "loncheras" al crecimiento económico
• Abundan en las intersecciones de mayor tráfico vehicular

Las unidades que proveían servicio alimenticio, mayormente en las áreas de construcción, se han instalado en algunas intersecciones del barrio latino, donde ofrecen comida y antojitos preparados al gusto de la clientela, no sólo hispana, sino de todas las etnias del valle.

"Decidí dedicarme a esto porque me encanta cocinar, además de que todo lo que hago trato de hacerlo de la mejor manera posible", señaló Juan Gabriel Gil, que atiende la lonchera ubicada en la intersección formada por Lamb y Bonanza y la que se denomina Mi Ranchito.

A diferencia de México, aquí este tipo de negocio es mucho más lucrativo.

Los tacos callejeros son populares en algunas partes de México, la gente a menudo bromea diciendo que el polvo, el humo de los automóviles y los canes que merodean en busca de sobras, les dan un sabor auténtico. "En Las Vegas el reglamento de salud es muy estricto, los inspectores realizan recorridos frecuentes para verifi car las condiciones de los alimentos que se venden, lo que garantiza la higiene de todos los productos. En México, por otro lado, las autoridades sanitarias son más fl exibles y cualquier persona puede sacar su comal y vender tacos en la puerta de su casa, claro mientras no le caigan", expresó Gil Maldonado, que inició su negocio allende la frontera y conoce los reglamentos de salubridad en ambos países.

El propietario de Mi Ranchito es un joven originario de Culiacán Sinaloa, México, pero crecido en San Luis Río Colorado, Sonora. Llegó a Las Vegas hace seis años y desde entonces se dedica al negocio.

Gabriel es hijo de los señores Jesús Gil y Ernestina Maldonado, sus hermanos son Isidro, José, María Dolores y María. Dado que Gabriel se inició en el negocio a los 14 años de edad, ha infl uido de manera positiva en sus hermanos y en la actualidad casi todos ellos tienen una lonchera en Las Vegas.

Una diferencia notable en las loncheras locales es que los cocineros trabajan dentro de la unidad, lo que permite ofrecer mayor higiene en el servicio.

Con el notable incremento en este tipo de unidades, las que se instalan generalmente por las tardes y se retiran aproximadamente a la una de la mañana, el paisaje urbano se ha modifi cado en el barrio latino. Es fácil hallar una lonchera en muchas esquinas sobre la avenida Eastern, Stewart, Bonanza, Lamb, Nellis y Washington, entre otras arterias viales.

Además de la "raza" latina, en Mi Ranchito es común encontrar gente de todas las etnias y nacionalidades, "aquí llegan a comprar tacos gente de Filipinas, anglosajones, morenos y, por supuesto, latinos", agregó Gabriel Gil.

La especialidad en Mi Ranchito es el California Taco Supreme, que se prepara sobre una tortilla hecha al instante, con carne al gusto y acompañado de crema, guacamole y salsa al gusto.

Para obtener la licencia hay que cumplir con ciertos requisitos entre los que destaca la tarjeta de salud, pero las autoridades son muy accesibles y no es muy engorroso el trámite, dijo Gil, agregando que "tengo la licencia para este lugar -Bonanza y Lamb-, pero si quisiera mover la lonchera tendría que adquirir otro tipo de permiso".

Las loncheras contribuyen al crecimiento de la economía local, "yo tengo siete empleados y creo que en tiempos de crisis hay que luchar y diversifi car los ingresos para salir adelante", puntualizó Gil.

A la gente latina quiero invitarla a que pruebe nuestra comida, les aseguro que no se arrepentirá, terminó diciendo Juan Gabriel Gil, quien comparte su hogar con la señora Micaela Gutiérrez y tiene tres hijos: Giovanni, Edwin y Yareli.

Pies de foto

En Mi Ranchito también venden los populares "Hot Dogs", la señora Silvia Hernández señaló que tienen el mejor pan del rumbo.

Emilio Mejía, uno de los clientes que disfrutan la ía, comida elaborada en Mi Ranchito.

Adriana Pérez, de Hidalgo, México, hace tortillas y asiste con las órdenes en la caja.

(Fotos Francisco ALEJANDRE)

DICIEMBRE 11 DEL 2010

OUTSTANDING BUSINESS ARTICLE, 30,000+

Vienen cambios a calle Davis

Algunos anticipan el progreso, otros ven cierres de negocios latinos

Al Día
Dallas, TX

POR JULIÁN RESÉNDIZ

Amanda Moreno Cross y Luis Vega tienen una visión muy diferente de lo que va a ocurrir en la calle Davis en los próximos años.

Cross, propietaria del restaurante Casa Blanca Tex-Mex, ve modernos centros comerciales en lugar de decrépitos edificios vacíos; calles adoquinadas para peatones y ciclistas; cafés, galerías de arte y un tranvía que trae compradores a hermosos negocios recién remodelados. Vega, propietario de Vega Tire Co. en la misma avenida, ve el cierre de decenas de tienditas y talleres operados por inmigrantes mexicanos y la zona norte de Oak Cliff invadida por cientos de vehículos conducidos por jóvenes anglosajones que acuden a divertirse. "A este barrio nosotros lo hemos levantado y no es justo que de repente nos quieran hacer a un lado{ellipsis} quieren hacer muchos negocios y va a pasar el mismo problema de la Greenville Avenue: mucho tráfico, mucho ruido y poco estacionamiento", dijo Vega, originario de Tamaulipas, mientras reparaba una llanta usada.

Los sentimientos encontrados se manifestaron luego que una comisión del ayuntamiento diera luz verde la semana pasada a un plan que facilitaría la apertura de nuevos comercios a lo largo de la calle Davis, una de las principales arterias del norte de Oak Cliff. El cabildo todavía no ha aprobado los cambios. El reglamento de uso de suelo del municipio de Dallas restringe para qué se puede utilizar cada estructura y requiere un número mínimo de estacionamientos a cada negocio. Cientos de detalles incomodan a los comerciantes. "

Los negocios que han cerrado siguen vacíos por lo estricto del reglamento. No podemos poner plantas o sillas afuera porque está prohibido. No puedo poner adoquín porque la banqueta es de la ciudad. Si quisiera poner un anuncio (luminoso) tendría que pagar por 'espacio aéreo'. Son cosas que detienen el crecimiento económico", dijo Cross. Cross y otros comerciantes llevan años trabajando con un comité asesor del ayuntamiento que busca relajar los códigos a lo largo de la Davis, desde la intersección con Zang en el este hasta la esquina con Plymouth en el oeste. Para conocer detalles del plan, visite http://thinkdavis.wordpress.com. Ha sido un reto por la cercanía de distritos históricos y de conservación que exigen preservar edificios antiguos.

La oposición de los vecinos había sido otro impedimento. Vecinos, divididos " La gente está a favor del progreso en la calle Davis, pero hay que ver cómo se va a dar. Hay preocupación por la densidad del tráfico y no veo cómo construir departamentos de cuatro pisos cerca de Van Buren va a mejorar mi vecindario", dijo Justin Epker, vecino y ex candidato al cabildo de Dallas. Joanne Carroll, presidenta de la Asociación del Vecindario L.O. Daniel, dijo no tener objeción a que halla más peatones en la calle Davis, pero señaló que el último autobús pasa a las 9:17 p.m.

" La gente que venga (de noche) lo va a hacer en auto. Urge un estudio de tráfico antes de hacer esto", dijo. Mauricio Martínez, presidente de la asociación del vecindario Kid Springs, se preocupa por el tráfico, la perdida de privacidad para los vecinos y el futuro de los negocios mexicanos, particularmente los 30 talleres y lotes de autos en la zona afectada. "Lo que va a pasar es que esto se va a convertir en otro McKinney Avenue, y ya tenemos un McKinney", dijo Martínez, refiriéndose al popular distrito de entretenimiento del centro de Dallas.

"Las rentas se van a ir para arriba y muchos lotes van a cerrar. No vas a estar vendiendo piñatas cuando al lado hay restaurantes que venden comida a $20 el plato, va a cambiar la gente que viene para acá", agregó. "Mucha gente compró aquí en Oak Cliff porque les recordó su pueblo, su tierra{ellipsis} tenemos mucha cultura que se va a ir". Los miembros del comité asesor y sus simpatizantes afirman que los temores son infundados y que muchos vecinos están a favor del cambio una vez que conocen los detalles. "Nadie propone el dominio eminente{ellipsis} a nadie se le va a expulsar de su propiedad u obligar a vender", afirmó el empresario David Spence.

"Es cierto que ya no se permitirían nuevos talleres automotrices, pero si ya tienes uno, puedes seguir operándolo y se lo puedes traspasar a tu hijo en un futuro. Lo que no se va a permitir es que vendas el terreno y alguien más llegue y quiera operar (un taller)". Aún hay falta de información Los agentes del cambio han llevado a cabo una extensa campaña de información, efectuando 30 reuniones con vecinos, repartiendo 500 volantes, colocando 200 posters y 40 señalamientos en patios. También hubo una reunión exclusivamente en español. En la sesión de la Comisión de Planificación y Zonificación donde se aprobó seguir adelante con el plan, fueron más los que hablaron a favor que en contra.

"No se trata de una gran empresa que quiere apropiarse del vecindario. Se trata de que los pequeños negocios de la zona quieren salir adelante", dijo el ex concejal y candidato a alcalde Ed Oakley. "Queremos desarrollo mixto donde la gente pueda vivir o tener un comercio, ¿Qué tiene de malo eso?", agregó Cross. "Queremos a Oak Cliff y a su diversidad, pero también queremos mejorarlo". A pesar del esfuerzo, hay vecinos que aún no conocen la iniciativa y otros que prefieren la tranquilidad actual de la calle Davis. " La mera verdad, no estoy bien enterado. No sé qué vaya a pasar, si vamos a tener que remodelar o nos van a mover", dijo Luis Rojas, propietario de Luma Auto Sales.

"Obviamente hay negocios nuevos que han puesto, pero son para puros blancos. Los hispanos no van ni se meten ahí porque están más o menos caros. "Yo quisiera que me explicaran cuál es su proyecto, cómo me beneficia a mí. Obviamente traen un negocio para ellos, no creo que lo estén haciendo sin llevarse nada en la bolsa. Esta bien que ganen, pero también que ganemos nosotros", agregó. Vega, el propietario de la llantera, dijo que aunque quisiera remodelar su negocio no puede, y se resigna a que tarde o temprano vendrá la presión para reemplazar los talleres con tiendas de lujo como la que alguien abrió al otro lado de la calle. "Los bancos no me prestan porque dicen que no hay suficiente ganancia", comentó. "Ya han venido los inspectores tres veces a revisar mis permisos, siendo que antes nunca venían". EL PROYECTO DE LA CALLE DAVIS • Un grupo de comerciantes quiere libertad para comprar y remodelar edificios en el norte de Oak Cliff. • Los vecinos se oponen porque traería más tráfico y ruido. •Cientos de pequeños comerciantes latinos no saben cómo se verán afectados. • Una comisión del ayuntamiento aprobó refinar los cambios, pero el Cabildo tendría la última palabra en meses posteriores. • Para conocer detalles del plan, visite http://thinkdavis.wordpress.com

Publication Date: May 29, 2010

BRONZE AWARD

Al Día
Dallas, TX

Venta de licor divde a vecinos

POR JULIÁN RESÉNDIZ

BEN TORRES/ ESPECIAL PARA AL DIA

Una cliente del restaurante Gloria's, que pidió no ser identificada, toma una margarita. Establecimientos de Dallas pugnan por que se permita la venta de bebidas alcohólicas en la ciudad.

Venta de licor divide a vecinos

Referendo para aprobar la venta de licor en Dallas enfrenta a grupos y concejales

Por JULIÁN RESÉNDIZ/Al Día

En el Dallas conservador del siglo pasado, el alcohol era considerado una amenaza a la moral y a las buenas costumbres.

Por eso, aún después que el gobierno federal reautorizó la venta de alcohol con la Enmienda 21 a la Constitución en 1933, funcionarios municipales restringieron las ventas en ciertos vecindarios que designaron como áreas "secas". Desde entonces no se puede vender licor, vino o cerveza en el 60% de la ciudad.

Pero los tiempos cambian, y una amplia coalición de comerciantes afirma que los restaurantes pierden dinero y la comunidad pierde trabajos e impuestos por estas restricciones

La coalición reunió 108,00 de apoyo que convencieron a de Dallas a programar un r para el 2 de noviembre que:

- Permitiría a restaurantes e ciudad vender bebidas alcoh tienen licencia.
- Legalizaría la venta de cerve en expendios por toda la ciuda

El referendo excluye nueva rías.

La campaña Keep the D Dallas (Mantengamos los D Dallas) afirma que estos camb rían una derrama de $33 mil impuestos de ventas al munici nerarían 29,000 empleos.

Pero la decisión que tomó e el 23 de junio indignó a lídere

sos y a concejales disidentes, y propició una demanda civil por parte de un ciudadano y cuatro templos protestantes que buscan impedir la elección.

"Yo estoy en contra de esto porque los votantes nunca fueron consultados

BRONZE AWARD

El Clasificado
Los Angeles, CA

Una de tacos bendecidos por el rabino

Pablo Scarpellini

NEGOCIO DESTACADO — SUSOCIODENEGOCIOS.COM

POR PABLO SCARPELLINI

De la mezcla de culturas, religiones y modos de entender la cocina, ha surgido algo que nunca antes había existido en Estados Unidos: tacos mexicanos con el sello Kosher que deben llevar todas las comidas judías, un producto original que bajo la bandera de "Takosher" lleva tres meses circulando por las calles de Los Angeles.

El camión o lonchera –como se conoce en la cultura popular mexicoamericana– lo comanda Moisés Baqueiro, un ex bajista de bandas como "Bayú" o "Los Abandoned" que ahora se ha vuelto empresario del taco judío.

Algunos lunes se sitúa junto a la entrada de una de las universidades judías más importantes del país, preparando los platillos junto a Pedro Sánchez —su ayudante— para atender a una legión de estudiantes con unas especificaciones que nadie, sino él en Los Angeles, está preparado para cubrir.

Sus tacos no contienen productos lácteos, como marca la Torah, y su carne está bendecida por un rabino, además de añadir recetas propias de la cultura hebrea y que sólo se encuentran en su camión azul, equipado con todo lo necesario para complacer a sus clientes, gente "de otro estilo" al que habitualmente consume tacos tradicionales.

"La idea surgió de un judío, mi socio Lowell Bernstein", explica Baqueiro, que ahora ejerce de encargado del negocio y de asegurarse de que consigue información sobre puntos interesantes hacia dónde dirigirse.

La expectativa es vender unos 700 dólares diarios, algo que algunos días se cubre y otros días no. El mejor día fue el Jewish County Fair, con una asistencia de 3.000 personas y vendieron unos 400 tacos.

Admite que su producto no es de la calle, sino algo un poco más especial por el precio de la comida. "Nuestros tacos cuestan 3.50 dólares porque es mejor carne, que tiene que pasar por un riguroso control de calidad y supervisión".

Su menú tampoco es normal, con tacos como el brisket, con carne tipo barbacoa muy cocinada, y el latke a base de papa frita con una salsa de jalapeños y manzana.

Y la meta final: expandirse después de que se conozca la marca en Los Angeles. ¡Suerte, órale y shalom! EC■

Para más información: www.takosher.com

EDITORIAL AWARDS

A conversation with Henry Cisneros

JOE CONTRERAS

La Voz Bilingüe
Denver, CO

"The first Hispanic president of the United States is among us," declared Henry Cisneros during a recent interview with La Voz. The former secretary of Housing and Urban Development (HUD) under former President Bill Clinton and four term mayor of San Antonio said, "I don't know if that man or woman is in school or already serving in office somewhere, but I am absolutely convinced that person is alive."

He mentioned several names of qualified individuals who could be president including: Los Angeles Mayor Antonio Villaraigosa, Julian Castro, mayor of San Antonio, California House Rep. Loretta Sanchez and Interior Secretary Ken Salazar.

At age 63, Cisneros is as vital, energetic and passionate about community and civic affairs as when he was 33 years old and elected mayor of San Antonio. One of the first Latinos elected mayor of a large U.S. city; he won by unprecedented margins each time including capturing 94 percent of the vote in 1983.

Currently the Executive Chairman of CityView, a billion dollar urban investment firm, Cisneros sat down with La Voz to talk about a variety of issues affecting Latinos and the country as a whole---among them housing, immigration, racism and politics.

"Hispanics in America can no longer be viewed as a side show, something to be dealt with on humanitarian or civil rights instincts," he said. Citing the Census' estimated 50 million Latinos in the U.S., he emphasized that Latinos are fundamental to the future success of United States.

"Without a strong Hispanic middle class there will likely not be an American middle class in the next generation," he said, "It is core nation building strategy. If this nation is to sustain its prosperity, the American Latino community is going to have to be part of that."

For politicians wanting to court the Latino vote this November he said it is important that they speak to those things that will allow Latinos the means to climb the latter of success in America. Early childhood and quality public education with access to higher education, job training, fairness in the workplace, small business programs, housing in order to become home owners, healthcare and noting that Latinos are the most under insured in the U.S., were some the issues he mentioned that must be addressed if candidates hope to receive any support from the Latino population. "We're not asking for special treatment," he said, "we're just asking that the doors for opportunity be kept open."

"Latinos want the same things as main stream Americans for our families and for our business," noting that Latino families are younger and newer to the workforce with high aspirations. "While Americans in the mainstream may feel they have already made it, many Latinos are still in route," he said.

On immigration and racism Cisneros said he is deeply opposed to Arizona's SB1070 and will do whatever he can to help fight the legislation. He said what's needed is comprehensive immigration reform. He warned that the problem would get worse before it gets better. "We're in a 15 round fight," he said. "It's important that we beat back this new racism at its early stages so that the next generation can move forward into the mainstream of American life without the disadvantage of being Latino."

As HUD secretary, Cisneros restructured the agency and presided during the period when home ownership was the highest in U.S. history. In regard to today's housing situation he said we have to work our way through the recession. "It's hard to imagine a robust economic recovery that doesn't include the housing sector," he said. Job creation, low interest rates and stemming the tide of foreclosures are key. "What's needed is not just loan modification but principal modification."

For those who owe more on their mortgages than their home is worth he said, "Those homeowners who can wait it out and view their home as a place to live and not as a financial instrument; home prices will come around." But for those who can't he pointed to the "taking root" program recently announced by Denver Mayor John Hickenlooper. "Denver is one of the few cities in the nation that is using neighborhood stabilization stimulus money to prevent foreclosures," he said.

On the national level he said the administration has created a new program that will allow homeowners who have been unemployed for an extended period of time the means by which they can stay in their homes.

On the bright side, he said, the numbers show that the housing turndown in Colorado is clearly ending. He cited the diversity of the area's economy with technology, telecommunications, health care and higher education as reasons for the state having a stronger economy than much of the rest of the country.

His company, CityView, provided the capital on a just completed 380-home community in Boulder. He has high hopes of investing in downtown Denver and surrounding neighborhoods in the near future. "I like being part of the answer to the problem by providing affordable homes to people." He added, "It's what I plan to do for the rest of my career."

Rompen la Piñata

Por Clemente Nicado

Negocios Now
Chicago, IL

Eduardo Rodríguez y sus gemelos Julio y Eduardo Jr. le pegan a la piñata. Y le están pegando duro, a pesar de que la economía se obstina en frenarlos. Dulcelandia, el negocio fundado por Eduardo en los años 90, se propone expandirse. O dicho de otra manera: repartir dulces mexicanos y piñatas más allá de las fronteras de Chicago y sus estados aledaños. Y este nuevo reto lo están emprendiendo sin perder el tino, poniendo en sintonía dos generaciones de Rodríguez. Por una parte Eduardo padre, aportando su visión y la experiencia que no se enseña en ninguna universidad; y por el otro, sus dos hijos, que nacieron aquí y fueron a una prestigiosa universidad para luego echarle la mano a Papá, llevando la empresa a otros niveles con el uso de herramientas imprescindibles en la vida moderna. Ahora son tres Rodríguez dándole palos a la Piñata. Echando pa´lante el negocio. Y ya hay sitios bien distantes de Chicago donde se rompen piñatas de Dulcelandia al compás del "dale, dale, dale" mexicano.

Aquí no hay un problema de conflicto generacional. Todo lo contrario. Se trata del negocio de Papá, de la familia y con eso no se juega. Y el sentido de la responsabilidad de los gemelos Julio y Eduardo Jr. parece venir desde que eran unos niños de 10 años y ayudaban a su padre en el Supermercado Centro, entonces un negocio familiar. "Trabajábamos acomodando productos en los anaqueles, la carnicería, la caja, en la limpieza y en lo que fuera necesario", recordó Eduardo Jr. Aquellos niños crecieron, se graduaron en la Universidad y hoy, a sus 33 años, son dos figuras claves en las actuales operaciones y estrategia de Dulcelandia, una empresa que vende piñatas y dulces mexicanos o, como gusta decir a su fundador, "un poco de nostalgia". Y nadie mejor que ellos para cargar sobre sus hombros con semejante reto. Los dos fueron testigos del lanzamiento de Importadora San José, la compañía que abrió su padre a principios de los 90 para comprar productos de México, y luego vieron nacer Dulcelandia y subir de estatura hasta tener hoy 8 tiendas en Chicago y suburbios. Ya adultos, los hermanos escogieron sus respectivas carreras en DePaul University pensando en la mejor manera de dar su aporte a lo que tanto sudor ha costado a su padre. Eduardo Jr. se graduó de Mercadotecnia y Negocios Internacionales y Julio, logró una maestría en Administración de Empresa. Luego cada hermano tomó un cuerno del toro: Eduardo Jr. es vicepresidente de Importadora San José que lidia con los agentes aduanales y las empresas transportadoras, mientras Julio es el vicepresidente de Operaciones de Dulcelandia. "Muchos hijos piensan que solo ayudan a sus padres siendo un simple empleado del negocio, en lugar de verlo como propio", dijo Julio.

la expansión

Con el visto bueno de Papá, Eduardo Jr. y Julio buscan conquistar más territorios para la compañía asentada en Chicago. "Una de las formas que estamos ideando es vender los derechos de ser Distribuidor Autorizado de la línea Dulcelandia. Ya tenemos presencia en Indianápolis, Wisconsin, Ohio Pensilvania y Houston", dijo Eduardo Jr. Pero para lograr la expansión era necesario poner en la órbita de los tiempos modernos. Y Julio se tomó este asunto tan en serio que hoy Dulcelandia está en Youtube con un video promocional, en Facebook, rediseña su página y se lanzó otra para la venta al mayoreo. "La tecnología de hoy es una herramienta imprescindible. La ventaja de la juventud es ayudar en esta área a los padres que empezaron el negocio tiempo atrás. Es casi imposible tener éxito sin el uso de los adelantos tecnológicos", apuntó Julio. En un esfuerzo por impulsar las ventas al mayoreo a cadenas nacionales de distribuidores y mercados los jóvenes mandaron a diseñar un nuevo catálogo cambiaron el sistema de distribución de piñatas. "Ahora tienen con embalaje diferente, instructivos en español e inglés y el sello de Dulcelandia en la caja", dijo Eduardo Jr. La ofensiva de expansión ya le arroja los primeros resultados. "Hemos recibido pedidos hasta de Canadá para distribuir nuestros productos en varias ciudades de ese país", dijo Julio.

Una cuestión hereditaria

Los gemelos parecen haber heredado de su padre el pragmatismo y la facultad de adaptarse a las circunstancias del momento. Eduardo Rodríguez fundó Importadora San José, Inc. a la sombra del Tratado de Libre Comercio para distribuir productos al mayoreo de México en Estados Unidos. "Entonces buscamos algo que fuera atractivo. Después de una serie de estudios de mercado, nos percatamos que la industria de confitería era buena para hacer negocio". Sin embargo, una vez que comenzó la operación de México, las cosas no salieron como lo esperaba. "Al principio fue difícil vender al por mayor, (los potenciales compradores) no reconocían el mercado. Nos dimos cuenta que era más fácil el método directo, considerando la sensibilidad del consumidor", recordó. De esta conclusión, surgió entonces la idea de Dulcelandia. La primera tienda fue abierta en la 5221 S. de la Kedzie y en una esquina de su interior puso productos de Halloween a lo mexicano. Luego colocó artículos alusivos al Día de los Muertos y a las Posadas. "Era algo que marcaba el tiempo y los recuerdos… En realidad lo que yo vendo es nostalgia", dijo. Anualmente importa desde México alrededor de 100 camiones cada año con 45,000 libras cada uno. El 85 por ciento de los consumidores son latinos y un 15 por ciento no lo son. Este último grupo va en aumento. En el rosto de Rodríguez se dibuja el orgullo de contar con dos hijos preparados, a quienes no deja de enseñar secretos de los negocios. "Para lograr el éxito deben identificarse los factores que están a favor y tus debilidades. Después de esto trabajar un plan de negocio factible", comentó. Luego remata con una frase aprendida en su natal Durango, pero que quizás resulte la envidia de un académico de Harvard por su elocuencia: "A veces nos queremos comer el venado antes de matarlo", resumió.

Editorial Writing Awards

Outstanding Business Article, Under 30,000

Mercado Comunitario de la Misión

Rosalina Contreras-Rosado

El Bohemio
San Francisco, CA

EVENTOS DE LA COMUNIDAD

Mercado Comunitario de la Misión

man y las saboreen al máximo. Usted puede comer allí al aire libre o llevar a casa. Así mismo usted encuentra

cales; Desarrollo económico y acceso al mercado para negocios emergentes y programa comunitario, con un lugar

Los días jueves de las

El Hispanic News
Portland, OR

Oregon contractor calls for earthquake resistant housing in Haiti — now!

Richard Jones

Richard Jones
Reportero de El Hispanic News

Sandy, OR — A las 4:53 de la tarde del 12 de enero de 2010, la tierra empezó a temblar

terror causado por la naturaleza a un total de 250.000 hogares y 30.000 edificios comerciales seriamente dañados o totalmente destruidos. El número de humanos, aún más horrendo, fue de 200.000 muertos y 330.000 heridos. Para

vez antes. Después del tsunami en Indonesia en el año 2004, Ortíz voló a Tailandia e Indonesia para hablar con los líderes ahí. "Llegamos ahí como seis meses después del tsunami", recuerda él. Otros países habían enviado

Farewell to Pilsen's Hidden Gem

by Deysi Cuevas

Extra Bilingual
Chicago, IL

Buried among numerous local businesses and cafés is one of Pilsen's most beloved hidden treasures, La Décima Musa. Visitors to this family restaurant and bar have included former Chicago Mayor Harold Washington, prominent political figures from Russia and your everyday customer. Despite serving the community for 28 years, this gem is set to close its doors for the final time next week. Co-owners, Rosario Rabiela and Carmen Velásquez came up with the concept of the Décima Musa after a trip to México. "Rosario and I have always loved the music, the history and the culture of México so we thought it would be great if we had something that reflected that in Chicago," said Velásquez. La Décima Musa was named after Sor Juana Inés de la Cruz, a 17th century Mexican intellectual whose ideas were often criticized by the Catholic Church. "Sor Juana entered the convent in order to further her education, to have options. That is why we opened La Décima Musa, to give people a place to go and I think over the years, people have embraced that concept," said Rabiela. The restaurant has two rooms, with a bar located in the front and a larger room in the back used for dining, meetings and performances. The walls are lined with cultural figures such as Aristotle, Anne Frank, Marie Curie and, of course, Sor Juana Inés de la Cruz. From the start, Velásquez and Rabiela had a clear idea of what they wanted the business to be. "La Décima was born to be more than a restaurant. It was born to be a place where people could come and have political discussions. It doesn't matter to us what your politics or preferences are, we just wanted people to enjoy a special place in the neighborhood," said Velásquez. That's exactly what the Décima Musa has become for numerous people, including Brenda Medina, a student who describes the restaurant as "a pleasant and comfortable place to hang out." Medina was shocked after hearing the Décima Musa was closing. La Décima Musa, which has been in business since May 7, 1982, has catered to a diverse group of people. "It's sad to see it go," said Jesús Guillén, a regular customer. "Lately I have not gone much but when I was at UIC, I went almost once a week. With its closing, an outlet for the bohemian soul in Latinos disappears." La Décima has featured poetry readings, theater, classical music, as well as performances by local bands. Part of their mission was to create a space where people are encouraged to engage in conversation, which is why you will not find big screen televisions here. "Most places are too noisy. People don't communicate, so this place helps you engage in conversation and interact with different people," said Rabiela. When asked what they would miss most about La Décima Musa, Velásquez paused before answering: "Everything." One of the reasons they decided to close was due to family. Rabiela's mother is at an assisted living home and Rabiela commutes back and forth three times a day, then comes back and attends to the restaurant until 2 a.m. "Physically, the body says 'give me a break,'" said Velásquez. "It was a very emotional decision to make but we need to be able to maintain a healthy lifestyle so that we can do what we need to do for ourselves. We won't be able to help others without helping ourselves," she added. Since La Décima has become such a big part of the Pilsen community, many people were surprised upon hearing the news of the closing. "The Décima Musa has a long history and plays a significant role in the Pilsen community. I am sorry to see the Musa close. It is always sad when a local business, especially in the 25th Ward closes down, but I wish Carmen, Rosario and their families the best of luck," said Ald. Danny Solis. When talking about whether the Musa has become an icon in the Pilsen community, Velásquez said there is only one person to thank. "I have to say that's due in large part to Rosario. She has encouraged and listened to the individuals who have come here." Preparations are underway for Dec. 16, when La Décima will be celebrating the end of an era. Velásquez said there would be special performances and intimate jam sessions as a way of saying thanks and a way to celebrate the two women who had the audacity to conceive a wonderful idea and take it all the way. This is the way they want La Décima Musa to be remembered.

Outstanding Cultural Article, 30,000+

Poco apoyo al arte latino

LOLBÉ CORONA

Rumbo de Houston
Houston, TX

Muchos fueron los llamados, pero pocos los elegidos. Deacuerdo con la National Association ofLatinoArts and Culture(NALAC), sólo14 organizaciones culturales y artísticas latinas en Estados Unidoshabrían recibido fondosde manera directa del National Endowment for the Arts (NEA) conrecursos provenientes de la Ley de Recuperación y Reinversión (ARRA). Los recursos de la ARRA fueron aprobados por el gobierno deBarack Obamaparacrear opreservar empleos en peligro de ser eliminados por efecto de la crisis económica. "Sabemos que fue unproceso bastante competitivo, pero solo14organizaciones latinasentre más de 630 beneficiadas demanera directa por el NEA es apenas el 2%", dijo María López de León, directora ejecutivade NALAC, organización sin finesdelucrodedicada al desarrollodelasartes latinas en el país.

En el casode Texas, de acuerdocon Lópezde León, sólo dos organizaciones latinas habrían recibido fondosdel ARRA porvía directadel NEA: Arte Público Press, en Houston, y la propia NALAC, con base en San Antonio (ver lista anexa). ¿Adónde se fue el dinero? La ARRA incluyó varias iniciativas de estímulo económico. En el caso del sector del arte una de las principales fueun paquete por $50millones distribuidos por el NEA, la mayor entidadgubernamental de apoyo a las artes en el país. 60% de los estímulos de la ARRA a las artes se otorgaron de manera directa por el NEA ($29,925,000) y el otro 40%a través de las agencias locales y estatales. De 2,424 organizaciones que según el NEA solicitaron ayuda directamente-entre ellas museos, orquestassinfónicas, escuelas dearte, academias dedanza y compañías deópera—, sólo 636 instituciones artísticas recibieron ayuda. En sumayoría los fondos recibidospor cada una habrían sido por $25,000 y $50,000.

"No estoy segura de queel número [14 organizaciones latinas beneficiadas, según NALAC] sea preciso. La lectura sobre cómo se otorgaron las donaciones es mucho más comp l e ja ", dijo Sally Gifford, vocera del NEA. Deacuerdocon Gifford, másorganizaciones culturales latinasse habríanvisto beneficiadasa través de agencias artísticas locales, organizaciones regionales y estatales que redistribuyeron fondos dela ARRApara lasartes. Enconjunto, esas entidades habrían dado 63 fondos por $ 1 9 ,7 9 0 , 0 0 0 . "

Muchasde estosapoyos llegarona organizaciones latinas redistribuidos directamente poragencias dearte estatales o regionales", dijo la vocera. "Otro nivel que no se ha considerado es cuántas de las organizaciones beneficiadas apoyan el artelatino o alcanzan audiencias latinas", agregó. No obstante, de acuerdocon López deLeónse considera organización artística latina a aquella cuya misión está enfocada al arte y la cultura latina, cuyos ejecutivoso directoresartísticos son latinos o cuya mesa directiva sea al menos 51% latina.

"Simplemente porque el programa de unaorganización sirvaa latinosno hace a la organización latina. El foco de la misiónartística latina, suestética cultural y el origen latino de sus miembros es lo que la define a una organización comolatina", dijoLópez de León. Según labasededatos de NALAC hay más de 500 organizaciones culturales latinas y más de 5,000 artistas latinos en Estados Unidos. "Sabemos que se distribuyeron fondos a nivel local y estatal, pero lo que notamosesque en la distribución federal [del NEA] faltó representatividad. Además, los fondos federales eran mayores a los que se redistribuyeron a niveles local y estatal", dijo la directora de NALAC. Cuestión de enfoques Sobre si habría poca presencia latina en la repartición del estímulo de la ARRA a las artes, Jim Bob McMillan, subdirector de laTexas Art Commission (TAC), agencia estatal que recibiódel ARRA$427,300 para apoyar a organizaciones artísticas en el estado, dijo quehabría algunas cuestiones aconsiderar.

"Al haber tan poco dinero para elarte huboalgunas limitaciones. Una de ellos fue el criterio para solicitar, que pudo hacerque el margen deayuda se hiciera más estrecho", dijo McMillan. El principal criterio de selección parasolicitar estosestímulosfue quelas instituciones culturales hubieran recibido apoyo financiero del NEA en los últimos cuatro años. "Peroen losresultados tambiéninfluye cuántas de estas organizaciones elegibles respondierona la convocatoria, cuántas presentaron una buena aplicacióny cuántas de las que hicieron un buen proceso recibieron fondos. Es en realidad una respuesta c o m p l e ja ", dice McMillan.

De 300organizaciones que solicitaron fondosdel ARRA víala TAC sólo26recibieron apoyosde$16,000 cada una. Ese monto habría permitido mantener o crear 47 empleos de tiempo completo oparcial de carácterartístico, administrativo, técnico o educativo en el arte en Texas. De acuerdo con McMillan de las 26 cinco habrían sido latinas. Unos sí, otros no "Nuestra misión no es atacar al NEA y usar esto para ver lo que resulta, entendemos que hicieronlo que pudieron, pero debieron ser más incluyentes al repartir fondos federales a las minorías. Sobre todo por los impactos sociales y económicos que puede tener parael arte y para las organizaciones artísticas latinas", dijo López de León.

En 2009 NALAC realizó dos encuestas. Una sobre los efectos de la crisis económica en organizaciones latinas en la que participaron 64 organizaciones y más de 120 artistas. La segunda sobre los estímulos económicos dela ARRAotorgados através del NEA en la que participaron 34 organizaciones latinas. Resultados preliminares de la segunda encuesta, dados a conocer en exclusiva a RUMBO, muestranque 99% de las organizaciones que no recibieron apoyos de la ARRA se vieron forzados a realizar recortes de empleo u otras restricciones. 57.9% de las organizaciones dijeron haber reducido programas, 31.6% despidió personal o recortó el tiempo laboral de su staff, y 36.8% tomó otras medidas.

"El noapoyar aorganizaciones minoritarias trae graves consecuencias para las comunidades, pues al no tener fondos muchas cerrarány no habrá espacios para expresar su cultura. Tambiénse afectará lacreación", finalizó López. NALAC, quien no figuróen las primeras listas de fondos del ARRA a signados por el NEA, recibió

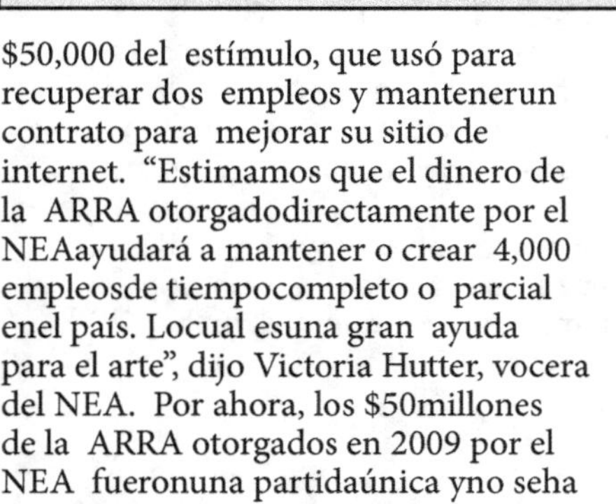

$50,000 del estímulo, que usó para recuperar dos empleos y mantenerun contrato para mejorar su sitio de internet. "Estimamos que el dinero de la ARRA otorgadodirectamente por el NEAayudará a mantener o crear 4,000 empleosde tiempocompleto o parcial enel país. Locual esuna gran ayuda para el arte", dijo Victoria Hutter, vocera del NEA. Por ahora, los $50millones de la ARRA otorgados en 2009 por el NEA fueronuna partidaúnica yno seha definido si habrá más recursos de su tipo en 2010.

Sobre el escritorio de Nicolás Kanellos, director de Arte Público Press, la más grande casa editora de autores hispanos enel país, haypilas ypilas de papeles que cada día se hacenmás altas. Cada una de ellas es una solicitud defondosparaque estaeditorial dela Universidadde Houstonpuedaseguir con su labor. Y esque lacasa editorial de Piñata Books ha sufrido, como muchas otras organizaciones, losduros golpesde la crisis económica.

"Nosotros recibimos subvenciones de fundaciones y del gobierno y cada día esmás difícil obtenerapoyos. Pero más que nadalaeditorial vive delas ventas y los primeros presupuestos que se cortanson de escuelasy bibliotecas, nuestros principalesclientes yfuentes de ingresos", dijo Kanellos. Las ventasde Arte PúblicoPress a nivel nacional bajaron25%el añopasado y California, su principal mercado, ha sido fuertemente afectado por la desaceleración económica. A fin de preservar puestos de empleo de laeditorial, enla quelaboran 40 personas entre ellas diseñadores, traductoresy estudiantes, Kanellosenvía cartas diariamente a fundaciones y empresas para recaudar fondos.

"Estoy pidiendo apenas $5,000o $10,000, cuandoantes yopedía hasta $400,000 para un proyecto. La intención de la Ley de Recuperación Económica era combatir el desempleo y aplicamos para estaayuda. El dinero que nos dieron lo estamos usando para salvar dos posiciones. De haber sabido que nos lo iban a dar hubiera pedido más dinero", cuenta Kanellos. Arte PúblicoPress, queademás se dedica a guardar registro de todos los documentos escritos en Estados Unidos por hispanos desde la colonización hasta 1960, recibió fondos por $25,000 delos estímulos aprobados por laLey deRecuperaciónyReinversión Económica (ARRA por sus siglas en inglés). En apoyo del sector cultural, la ARRAincluyó variasiniciativas: una de ellasun paquetede $50millones para el National Endowment for the Arts (NEA), que destinó de modo directo $29,925,000 en fondos a organizaciones artísticas no lucrativas paraque crearáno preservarán trabajos en peligro de ser eliminados por efectos de la crisis económica. En su mayoría, cada uno de estos apoyos fue de $25,000 o $50,000. De un total de 2,424 organizaciones -entre ellas museos, orquestas sinfónicas, escuelas de arte, academias de danza y compañías de ópera—que solicitaronfondos del estímulodela ARRA vía el NEA, solo 636 instituciones artísticas recibieron ayuda en todo el país. Veinte de ellasse ubican en Texas. ARRA y las artes en Texas Texas recibió pocosfondos del ARRA para las artes vía el NEA: apenas $825,000, cantidadmenor ala que recibieron otros estados conmenor peso económico y poblacional como Washington, con $1,225,000; Massachusetts, con$1,025,000; Luisiana, con $1,175,000; o Minnesota, con $1,025,000. Los estadosque más recibieron fondos fueron Nueva York ($5,750,000), California ($4,475,000) y Pennsylvania. ($1,500,000).

No obstante, paraorganizacionesy artistas texanos estos fondos fueron una bendición. "Literalmente estos dólares nos salva r o n", dijo Pat Jasper, directoraartística del Festival Internacional del Acordeón en San Antonio, evento que congrega a acordeonistas del país y del mundo enel mesde octubre, quienes ofrecen presentaciones y talleres sobre este instrumento.

El festival, que es gratuito y registra unaasistencia dehasta 25,000personas, recibió estímulos del ARRA por $25,000. Gracias a este dinero, según Jasper no sólo mantuvieron tres posiciones en riesgo de perderse-entre ellas su coordinador delogística ypromoción y dos coordinadores deprograma—, sino queademás evitaron pedira sus colaboradoresque trabajarandemanera gratuita, pues no teníansuficientes recursos para pagarles. "Nuestros colaboradores noiban a recibirpago, ibanatrabajar gratis, y como cualquier trabajador necesitan un pago razonable por su trabajo", dijo la directora del Festival en el que colaboran 50 personas, de las cuales cerca de la mitad son hispanas. "Vivimos unmomento demucho estrés, pero si no vemos una disminuciónen nuestros recursos, que nuestros principales fundaciones mantengan sus apoyos económicos y que los vendedores se mantengan, el dinero dela ARRAasegurará el festival en 2010", aseguró Jasper. "El arte sufre muchoen una recesión", dijo Paula Owen, presidenta de la Southwest School of Art and Craft (SSAC) en San Antonio, escuela de artes visuales que ofrece anualmente programas de estudio a más de 400 adultos y niños. De acuerdo con la entrevistada, más del 50%de los estudiantes son hispanos y afroamericanos. Los $50,000 de la ARRA que recibió laSSACse usaronparamantenersin cambiosu plantillade profesores: 50 maestros de tiempo completo y alrededor de100 profesores dearte adjuntos y artistas invitados. En la oferta cultural de la escuelaademás de los cursos hay exhibiciones gratuitas y programas sin costo paraniños y familias.

"Al igual queel restodel país, las entidades artísticaso lasllamadas industrias culturales sufrimos de la caída en la economía. Nosotros operamos comocualquier pequeñonegocio, solo que a diferencia deotras industrias, lo que nosotros vendemos es arte y no siempre nuestro producto se valora. Los empleadosdel arteno trabajamos enla construcciónoen unafábrica, pero pagamos renta, compramos comida y pagamos impuestos como todos los demás", dijo Owen.

Dea cuerdo con estudios de Americans for the Arts, organizaciónsin ánimo de lucro dedicada al avance de las artes, las más de 100,000organizaciones no lucrativas en el país y sus audiencias generan $166,000 millones en actividad económica cada año y generan 5.7 millones de empleos y casi $30,000 millones en impuestos.

Tiempos difíciles Asociaciones y artistas latinos están atravesando duros momentos por la crisis. Según resultados preliminares de una encuesta sobre efectos de la economía enorganizaciones culturales latinas, realizadapor la National Association of Latino Arts and Culture (NALAC) en 2009 yrevelada en exclusiva aRUMBO, 58.1% delos 120 artistas latinos entrevistados no esperaba cubrir sus metas de ingreso para este año y 65%de las 64 organizaciones encuestadas tampoco creía alcanzar sus metas de presupuesto. "Hay un efecto de olas que cubre toda la economía, nosotros pagamos regalías a los escritores y si novendemos libros no hay regalías para ellos.

Pero también empleamos a artistas, diseñadores, traductoresasí como empresas que venden papel... es un efecto dominó que afecta a muchas personas. Ala largalafaltade recursosafecta a lo sartistasya la oferta cultural", dijo Kanellos. A nivel laboral, para sortear la crisis un 44% de los artistas optó por realizar trabajo no relacionado conel arte. En loque toca a organizaciones, 27.1% recortó programas, 3.4% staff y 37.3% ambas, según el estudio de NALAC. El arte y las comunidades "El arte es unregalo para la comunidad ylo que nosotrosofrecemos es gratis.

Pero cada vez es más difícil que así se mantenga", dijo Vance Muse, director de Comunicaciónde Menil Foundation, institución encargada de preservar la colección de los filántropos John y Dominique Menil. Este museo gratuito enHouston recibió $25,000 de los estímulos de la ARRA quese usaron paraeI salario anual de uncurador especializadoen arteafricano. Eneste museolaboran 90 personas y recibe unos 100,000 visitantes por año. "Mucha de la oferta cultural es gratuitayde nopoder seguirlaofreciendoel artesólollegaráa un grupo selecto de la población...

El que la ARRAhaya destinado $50 millones parael NEAes bueno, pero es una fracción muy pequeña. Es necesario que el arte tenga más fondos pues nuestra contribucióna lasociedad es hacer una comunidad más vibrante", dijo Owen. Pero además de los efectos culturales, algunos también apuntana loseconómicosy sociales.

"De seguir las cosas así, las organizaciones artísticas y culturales vamos a entrar en el desempleo. Usualmente en las artes los salarios son mal pagados y muy pronto eso tendráaspectos negativos enlosprogramas despuésdeclasesy en centros comunitarios y en otras instituciones medianas y pequeñas cuyo trabajo está más relacionado con poblaciones minoritarias", dijoKanellos.

"La gente vive tiempos difíciles y es cuando el arte cobraaún mayor importancia. En unaépoca enla queel dinero no sobra se necesitan sitios para la contemplación del arte de manera gratuita. Un recinto artístico, una escuela de música, una compañía de danza puede hacer mucha diferencia parauna familia, una comunidad, un barrio", concluyó Muse.

Cajitas llenas de esperanza

ALBERTO BROWN RODRÍGUEZ

Mundo Hispánico
Atlanta, GA

Rogelio Bibiano, María Duarte, Mariano Godinez y María Vicencio no se conocen, pero todos han recurrido recientemente a la solidaridad de la comunidad para resolver problemas de emergencia. Ellos son tan solo ejemplos de las decenas de personas que han tenido que colocar cajitas en tiendas y restaurantes para recaudar fondos que les permitan cubrir necesidades urgentes, como pueden ser los gastos médicos o funerarios de algún familiar o amigo. Según Héctor Fernández L'Hoeste, profesor asociado de Cultura Latinoamericana en la Universidad Estatal de Georgia, el fenómeno de las 'cajitas' en la comunidad latina responde al sentimiento de solidaridad que se genera en momentos de crisis. "Cuando una comunidad inmigrante como la nuestra no cuenta con medidas de apoyo por parte del estado, que generalmente la desconoce, se generan mecanismos de soporte, al aparecer dificultades compartidas", explicó Fernández L'Hoeste. Para el académico colombiano, estas 'cajitas' muestran la necesidad de la comunidad hispana de encontrar soluciones a sus problemas a corto y mediano plazo. Julián García es propietario del Mercado Acapulco, uno de los supermercados en donde esta práctica es común. Según García, auxiliar a la gente en casos de crisis es mucho más que una obligación y no duda en abrirle la puerta de su negocio y hasta sacar dinero de su propio bolsillo para ayudar. "Me gusta ayudar a la gente y mucho más en momentos de desgracia. Así es como debe ser, así me enseñaron mis padres", dijo García, originario de Villa Purificación, Jalisco, y quien ha visto pasar por su negocio a mucha gente que solicita ayuda para sus múltiples necesidades. De acuerdo con García, en estas últimas semanas ha llegado más gente a colocar más de estas urnas. "Vino la familia de una muchacha mexicana que murió a consecuencias de la leucemia y tenían que recolectar dinero para enviar su cuerpo a México. También hay una cajita para recolectar dinero para la fiesta de la Virgen de Guadalupe", dijo.

A mediados de septiembre, una familia mexicana perdió todos sus bienes en un incendio, pero la ayuda económica llegó de una cajita en el Mercado Acapulco, en Atlanta. El dueño de dicho establecimiento la colocó para conseguirle un poco de ayuda económica a esa familia y que pudieran adquirir desde ropa hasta muebles y alimentos. "Estaba bañándome cuando ocurrió el incendio. Cuando quise salir, abrí la puerta y había mucho humo, por lo que aventé a mi hija Mayra por la ventana y después me aventé yo", narró el guerrerense Ernesto Vázquez al recordar el incendio en su antigua vivienda en Lenox View. Del salto, Vázquez se lastimó una pierna. Su hija solo tuvo uno que otro raspón. Al mexicano lo tuvieron que llevar al hospital cuando llegaron los paramédicos y bomberos. El mexicano –quien un mes antes del incendio había perdido su trabajo como cocinero en un restaurante mexicano– estimó que su familia perdió entre cinco y ocho mil dólares en el siniestro. "Lo perdimos todo. Mucha gente nos ayudó, incluyendo la Cruz Roja y en la cajita que el señor Julián, del Mercado Acapulco, puso en la tienda por unos días había unos 100 dólares", indicó Vázquez. Vázquez mencionó que en el pasado había visto las cajitas y que cuando podía y tenía, dejaba algún dinerito. "Nunca me imaginé que un día yo la iba a necesitar. Son buenas esas cajitas porque así nos ayudamos entre los hispanos. Si no nos ayudamos a nosotros mismos, ¿quién nos va a ayudar?. No tiene que ser obligatorio pero se debe hacer con gusto de ayudar", manifestó el mexicano, quien todavía no se recupera de las lesiones.

En muchas ocasiones, Mariano Godinez, residente de Rome, había visto las cajitas e incluso llegó a sacar dinero de su bolsillo para ayudar a los necesitados. Sin embargo, nunca se imaginó que algún día él tendría que recurrir a este recurso para resolver una tragedia propia. Godinez fue uno de los organizadores en la recaudación de fondos para enviar a Guatemala los cadáveres de dos mujeres que fallecieron tras un accidente automovilístico el pasado 15 de septiembre, para lo cual decidieron varias cajitas en diversos establecimientos. "Cuando me avisaron del accidente y de la trágica muerte de Ana y Consuelo me dije: '¡oh, Dios mío! y ahora cómo le vamos a hacer para juntar el dinero para cubrir los gastos y enviar sus restos a Guatemala'", expresó Godinez, cuya esposa es familiar de una de las víctimas. Godinez y un grupo de guatemaltecos recaudaron en dos semanas 12 mil ochocientos dólares para enviar los cuerpos de las fallecidas a Huhuetenango, su pueblo natal. "Colocamos como 30 cajitas, incluso en un buffet chino y en una tienda india. En algunas cajitas encontramos 100 en otras 300 en otras 500. Gracias a que hay un Dios todopoderoso que tocó los corazones de mucha gente recolectamos el dinero", En agosto pasado, Rogelio Bibiano, originario de Acapulco, México, utilizó los dos mil dólares que su familia recaudó en Atlanta para comprar un pasaje a Nueva York, ciudad que le recomendaron para recibir ayuda médica. El Hospital Grady le acababa de suspender un servicio indispensable para vivir al ser inmigrante indocumentado. "Estaba desesperado porque ya no me iban a hacer la diálisis que necesitaba para poder sobrevivir y un amigo me comentó que en Nueva York sí daban estos servicios sin preguntar por documentos", explicó. Bibiano pudo viajar gracias a lo que su familia pudo recolectar en las cajitas y recibir atención médica en Nueva York. Pero, para sus sorpresa, los médicos le dijeron que él no requería de diálisis, pues su problema se podía resolver con medicamentos. "Imagínate mi alegría y sorpresa al pensar que en Atlanta los médicos cometieron un error conmigo y tuvimos que poner las cajitas, que es como pedir limosna, pero no teníamos otra alternativa", recordó el mexicano, quien acaba de regresar a Georgia desde Nueva York para reencontrarse con su familia.

Nueva casa guadalupana

Anna Macias

BEN TORRES/ESPECIAL PARA AL DÍA

El sacerdote Jesús Belmontes oficia una de las nueve misas en honor de la Virgen de Guadalupe en la Misión de San Juan Diego, en Dallas. El templo será designado como la parroquia número 69 de la diócesis de Dallas este domingo.

Nueva casa guadalupana

OUTSTANDING CULTURAL ARTICLE, 30,000+

El Latino, publicación semanal — Septiembre 3 al 9 de 2010

Creando arte

CELEBRATING 25 YEARS
CREATIVE Pozos COMMUNICATIONS
SAN DIEGO • CALIFORNIA

Pozos Creative Communications una empresa de inspiración comunitaria

América Barceló
editor@ellatino.net

SAN DIEGO- Con gran inspiración, arduo trabajo y espíritu de servicio a la comunidad Roberto Pozos celebra 25 aniversario de su empresa de comunicación gráfica en San Diego.

Pozos Creative Communciations llegó a un cuarto de siglo de existencia gracias a la tenacidad de su propietario, quien es el creado de una serie de logotipos, campañas de mercadotecnia, artículos promocionales, emblemas, comerciales de televisión, carteles y diversos materiales gráfico; muchos de ellos distintivos de importantes eventos y orga-

compleme
mensajes u
"Mi traba
nicas y me
y juntos lo
cos import
clientes", a
Roberto
grafica su
nas y cultu
emblema d
rias entre
Concilio N
Raza, Festi

BRONZE AWARD
El Latino
San Diego, CA

Creando Arte
Americá Barceló

JASON JANIK/ESPECIAL PARA AL DÍA

La familia Contreras, residentes de Coppell, se comunica con sus familiares en Pachuca, México, utilizando una conexión de video en vivo por computadora.

Se acortan distancias

Por STELLA M. CHÁVEZ/Especial para Al Día

Tecnologías de comunicación digital ayudan a las familias hispanas a mantener su sentido de familia y de comunidad

A

BRONZE AWARD
Al Día
Dallas, TX

Acostan Distancias
Stella M. Chavez

OUTSTANDING CULTURAL ARTICLE, UNDER 30,000

Mexican Hunting: What would you do?

Joe Contreras

La Voz Bilingúe
Denver, CO

What would you do? You're downtown when you come upon a group of young men beating another man or teen, all the while yelling racial slurs as they pummel him. Suddenly you realize this person is being physically and verbally attacked for no other reason than he is Latino. Would you intervene? Would you call 911? Or would you leave the scene and do nothing? What if you were the victim, do you think others would come to your aid?

That's the scenario ABC news journalist John Quiñones presented in a recent segment on the number one rated program appropriately titled "What would you do?" The program presents viewers with different real life situations to show how others react when they become part of a public display of something that is disturbing all the while challenging their reaction to that situation.

Quiñones, who has won seven national Emmys, a Peabody and many other prestigious wards for his work, was in Denver recently to promote Hispanic Heritage month. He talked with La Voz about his show, his life and how others can pursue their dreams even if like him, they have very little to begin with.

In the scenario presented above he said, "It's called Mexican hunting, the hate act of seeking out Mexicans to assault, and it's happening all around the country as anti-immigration/ Hispanic sentiments get stirred up." In the ABC show, actors were used to play the parts of attackers and victim. But it is a depiction of a real life dilemma that is occurring more and more often and not just to Latinos.

Earlier this year in Newark, N.J., an Ecuadorian man thought to be Mexican was beaten to death just because he spoke Spanish. Passersby including other Latinos watched and did nothing as he lay dying only 50 feet from his home. Just this month in Boulder on Sept. 18, a University of Colorado student from Nigeria was attacked by three men who called him a monkey that should go home to his country. Denver has been plagued with hate crimes on 16th Street Mall over the last year.

John Quiñones

While many people may not help, Quiñones said he is inspired by those who do. "I truly believe there is a lot of good in humanity," he said. He cited that while recording the segment of the Latino being attacked, a Latina, all five feet, two inches and 120 pounds, jumped from the car she was riding in to confront and stop the attackers. Another black man also intervened saying later that he had previously been assaulted simply because of his race and he was not going to allow that to happen to someone else. Sixty-seven of the 99 people recorded did nothing.

Quiñones' award winning work has included reports on homeless children in Bogotá, Colombia, the Congo's virgin rain forest, the search for the Zodiac killer and the kidnapping of Elizabeth Smart. He followed a group of immigrants as they tried to cross into the U.S. via the treacherous "Devil's Highway." He was with a mother and her daughters on Sept. 11, 2001 as they searched for the husband and father thought trapped in one of the fallen World Trade Center towers.

Prior to his current hit show, Quiñones has co-anchored "Primetime" and "20/20." He won an Alma Award from the National Council of La Raza for his ABC News special called "Latin Beat." He reported on the wave of Latin talent in the U.S and the impact of the recent population explosion and how it will affect the nation as a whole.

Quiñones said it has not been easy achieving the success he currently enjoys. He recognizes that he has become a role model and wants Latino youths to know that if someone like him who was a Texas migrant worker, his father a janitor and his mother a house cleaner, could make it to become a network anchorperson, then anything is possible in America.

While in Denver he told a group of students at the Auraria Campus, "If you really want something, you have to go after it and not quit until you get it." He told them: "In today's world no one is going to give you anything. If you want to be successful you have to keep after it. Go get it, don't wait for someone to give it to you and don't stop until you get it."

OUTSTANDING CULTURAL ARTICLE, UNDER 30,000

Mercado Comunitario de la Misión

Rosalina Contreras-Rosado

El Bohemio
San Francisco, CA

Los días jueves de las 4:00 pm a las 8:00 pm, la calle Bartlett, entre la 21 y 22 se convierte en peatonal dando paso a comerciantes y consumidores para un encuentro que trae beneficios mutuos.

Este mercadito semanal celebra de diversidad de la gente del barrio trayendo comidas típicas latinas de diferentes países, preparadas por comedores ya establecidos y que las llevan con todo cuidado para que los compradores las consuman y las saboreen al máximo. Usted puede comer allí al aire libre o llevar a casa. Así mismo usted encuentra productos agrícolas; floresy plantas en macetas; productos de belleza y de uso personal embotellados y confeccionados por manos latinas y de otras etnicidades.

También tienen entretenimiento que alegra el ambiente. Estas son bandas y grupos locales, emergentes músicos que son contratados para el disfrute de todos.

Las metas del Mercado Comunitario de la Misión son presentar productos frescos y comidas de empresarios locales; Desarrollo económico y acceso al mercado para negocios emergentes y programa comunitario, con un lugar para el arte local, la juventud y la actividad física.

El Mercado Comunitario de la Misión es una cooperativa voluntaria entre organizaciones comunitarias, negocios y residentes, y con un estatus de organización sin finesdelucropor mediodel Neighborhood Parks Council (MCM).

El Plan es estar funcionando todos los jueves del año, con sol o lluvia o con neblina, ¡estamos en San Francisco!

EVENTOS DE LA COMUNIDAD

Mercado Comunitario de la Misión

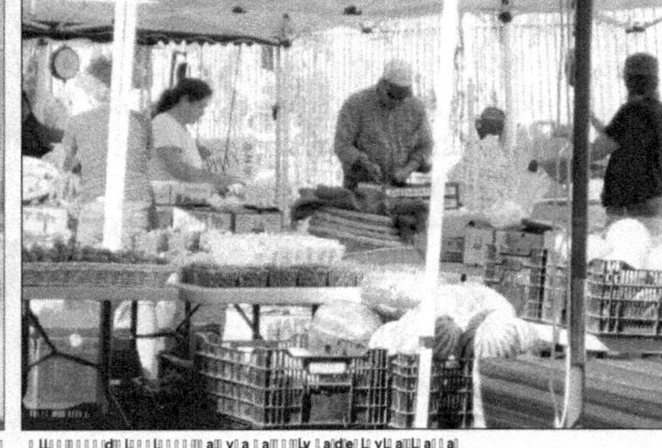

OUTSTANDING CULTURAL ARTICLE, UNDER 30,000

Ahora Sí
Austin, TX

Un Secreto Histórico

Tnaia Lara

Fotos de Christina Murrey y Travis Willmann Cortesía de la Colección Benson

Por su diversidad y extensión, ninguna biblioteca en América Latina contiene tal cantidad de publicaciones y documentos sobre la región que comprenden desde libros de cocina y publicaciones infantiles hasta anuarios estadísticos por provincia de cada país latinoamericano. A la derecha, Margo Gutiérrez, bibliotecaria principal de la Colección Benson.

Un secreto histórico

La Colección Benson resguarda casi un millón de libros sobre México y América Latina que datan desde 1543

Por **Tania Lara**
¡ahora sí!

El doctor Michael Hironymous destapa con cuidado una pequeña caja de cartón. El contenido es un libro con pasta de cuero y hojas ligeramente amarillentas. *Doctrina breve muy provechosa...* son las primeras palabras de un largo título escrito por Juan de Zumárraga, el primer arzobispo de la Ciudad de México en 1527.

Publicado en 1543 es el libro más antiguo que se conoce del continente americano y se encuentra en Austin junto con casi un millón de publicaciones de México y América Latina.

La Colección Latinoamericana Nettie Lee Benson de la Universidad de Texas (UT) resguarda también más de 4,000 pies de longitud en manuscritos, 19,000 mapas, 93,500 fotografías y más de 50,000 videos, dibujos o documentos digitales.

Se trata de una de las colecciones sobre América Latina más grandes del mundo. Por su diversidad y extensión, no existe bi-

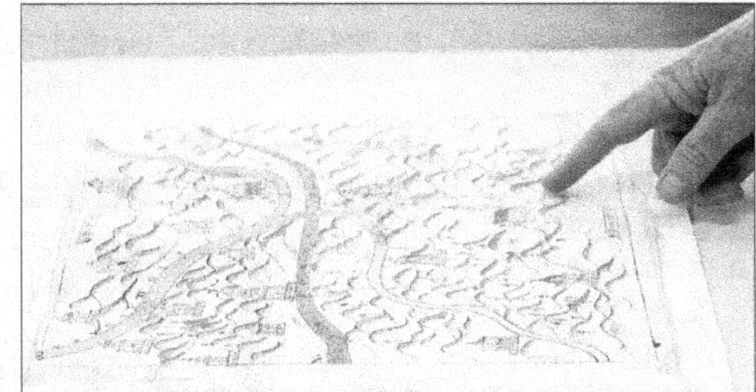

El Dr. Michael Hironymous explica un mapa de Ixcatlán en Oaxaca que elaboraron indígenas de la región y que era enviado al rey de España en el siglo XVI con información sobre los pobladores del lugar, sus costumbres e idioma, minerales de la región, lagos, montañas y templos.

Foto de Travis Willmann
Cortesía de la Colección Benson

la llegada de los españoles). "Son las *Relaciones geográficas de la Nueva España*", explica. Desde la llegada de los españoles en el siglo XVI, el rey de España, Felipe II elaboró un cuestionario de 50 preguntas

Estrella, las iglesias de la zona y el símbolo náhuatl de la palabra Culhuacán.

Hironymus, un experto en documentos antiguos y manuscritos, también muestra los mapas de Oaxtepec, un balneario al sur ... México, así como del pue... n Oaxaca.

...creto mejor guardado de ...argo Gutiérrez, bibliote... de la colección.

...s libros de la Colección ...ujetos a préstamo en for... cepto aquellos que están ...iones o son considerados ...guos. Para tener acceso a ...quiere una identificación con fotografía y consultarlos adentro de la biblioteca.

"Tenemos miles de libros en español que están ansiosos por ser leídos", dice Gutiérrez, quien agrega que poseen libros de todos los autores latinoamericanos.

Una larga historia

¿Cómo llegaron todos estos libros a manos de la Universidad de Texas? "De pura chiripa (casualidad)", dice Gutiérrez.

Fue Henry Lutcher Stark, el primer director del Instituto de Estudios Latinoamericanos (LILAS) de UT, quien fue invitado a la toma de protesta del presidente mexicano Álvaro Obregón en 1920.

EDITORIAL AWARDS

10 • Diciembre 2010 NOTICIAS LOCALES - LOCAL NEWS WWW.ELHISPANICNEWS.COM

Julie Cortez
Reportera de El Hispanic News

Portland, OR — Un objeto de belleza siempre causa alegría, pero las realidades de la vida y la economía significan que a veces los lugares donde encontramos dicha belleza son menos permanentes. La Galería Onda, base de operaciones para artistas latinoamericanos y latinos, así como para sus admiradores en Portland durante 12 años, cerrará sus puertas a principios del año nuevo.

Actualmente lo que se está exhibiendo en Onda son emociones mixtas, junto con el arte que aún adorna sus paredes y estantes. La galería fue muy afectada por la mala economía y por los cambios en la Calle Alberta, la cual ha estado siendo dominada por restaurantes y puestos de comida. Adicionalmente, el otro negocio de su dueño, Pablo Merlo Flores, un negocio de arte de comercio justo llamado Pampeana, ha crecido tanto que él tiene muy poco tiempo que le puede dedicar a Onda. Así que cuando Allan Oliver, dueño fundador y director actual de la galería — el hombre asociado tan íntimamente con la galería que algunas personas creen que su nombre es Allan Onda — empezó a hablar seriamente sobre jubilarse, los días de la Galería Onda en una ubicación de ladrillo y mortero estaban contados.

"¿Quién podría remplazar a Allan?" preguntó Merlo Flores. "Nadie".

Ambos Oliver y Merlo Flores estuvieron de acuerdo que Onda no va a desaparecer por completo. Ya no estará ubicada en 2215 NE Alberta St., pero el profundo amor que Oliver tiene por el arte lo compelerá a continuar la misión de Onda de ofrecer una plataforma para artistas establecidos y emergentes. Él tiene planes

a algunos de los individuos creativos con los cuales él se ha "cariñado mucho", y ayudando a suministrar con arte otros espacios, tal como el Teatro Milagro.

"La Galería Onda no va a desaparecer", insiste Oliver.

"Lo que está cerrando es la porción de regalos de la galería", dijo Merlo Flores. "Uno no necesita el espacio para fomentar el arte. Existen muchas maneras y lugares en que podremos continuar fomentando el arte latinoamericana".

Merlo Flores considera que el conocimiento y experiencia que Oliver adquirió a través de los años es el tipo de recurso que debe ser compartido.

"No se le puede poner precio a eso", insistió Merlo Flores. "No es el tipo de conocimiento que uno puede leer en un libro o asistir a la universidad y aprenderlo".

La primera cosa en la lista de quehaceres de Oliver es un viaje a Cuba en abril que combinará el arte con trabajo humanitario, una aventura que reconectará a Oliver con uno de los países que lo inspiró a abrir la Galería Onda como "un vínculo a cultura vital, a cultura profunda".

El primer período extenso que Oliver pasó en Latinoamérica fue un viaje de dos años a Chile y a Perú en la década de 1960, con un "programa parecido al Cuerpo de Paz" patrocinado por la Iglesia Presbiteriana. Él luego vivió en Perú y Venezuela mientras trabajaba para una agencia internacional de publicidad.

Oliver "verdaderamente sediento por cualquier tipo de cosas culturales que tuvieran que ver con Latinoamérica".

En la primavera de 1998, Oliver tomó su primer viaje a Cuba y fue cautivado por el arte ahí. Fue en ese viaje que él decidió abrir una galería, y así "dedicarse a la idea de ganarse la vida en las bellas artes".

En el otoño de ese mismo año, la Galería Onda fue abierta en la Calle Alberta.

"Yo tenía mucha energía dedicada hacia ella en ese entonces", dijo Oliver, y mucha ayuda y ánimo de su socia de negocios en esa fecha, Deena Newman. "Todo se pudo hacer extraordinariamente bien. Siendo más joven y más estúpido me ayudó".

Riéndose, Merlo Flores interpone, "Pueden cambiar las palabras más estúpido con esperanzado [y] ansioso".

Debido a una necesidad de arreglar una carga financiera — y a que, bromea él, él necesitaba la ayuda de alguien "más joven y más estúpido" — Oliver le vendió la galería a Merlo Flores hace tres años y tomó el papel de director de la galería.

"Al principio todo fue muy, muy bien, hasta que la economía nos cayó de golpe", dijo Merlo Flores.

Su primer año juntos, especialmente la primera temporada navideña, fue enormemente exitosa en términos de ventas y de la energía en la galería.

Un año después la economía se encontraba en una espiral descendiente y esa temporada navideña fue afectada por dos semanas de nieve que mantuvo

destacando piezas del Noroeste Pacífico, Ecuador, y Cuba, fue inaugurada el 20 de noviembre y estará abierta hasta el 31 de diciembre. Merlo Flores y Oliver esperan cerrar la galería de una vez por todas la primera semana de enero. Están planeando ofrecer descuentos del 30 por ciento en compras hechas después de la Navidad, pero ésta no será una venta "de liquidación". Algunas piezas serán regresadas a los artistas para que las puedan exhibir en otros lugares, y algunas serán donadas a organizaciones sin fines de lucro para que sean subastadas.

Oliver parece estar listo de proseguir a una nueva etapa de su vida, pero anhela el sentimiento "emocionante y pionero" que impregnaba la Calle Alberta cuando él abrió Onda en 1998.

"Alberta se está convirtiendo en una enorme zona de restaurantes", dijo Oliver, repitiendo una observación hecha recientemente por uno de sus conocidos.

Diplomáticamente, Merlo Flores dijo que la dinámica cambiante del vecindario es diferente, pero no es mala. "Sólo atrae un sabor distinto", dijo él.

Oliver ve a gente entrar en la galería y curiosear mientras esperan que esté disponible una mesa en uno de los cercanos restaurantes de moda, donde lo más seguro es que paguen por lo menos $100 dólares por su cena.

"Pero gastar $100 dólares en arte sería algo inaceptable para ellos", dijo él. "Es

El Hispanic News
Portland, OR

Onda Gallery to close its doors

Julie Cortez

Editorial Writing Awards

Outstanding Immigration Article, 30,000+

Futuro en Suspenso

Jorge Chávez Ramírez

Al Día
Dallas, TX

GRADUADOS Y SIN PAPELES, ESTUDIANTES SUEÑAN CON LEGALIZARSE

Viridiana toma la toga y el birrete intentando contener la emoción. Habla con prisa, sus manos tiemblan mientras acomoda los listones blanco y guinda que la acreditan como graduada de de la Universidad de Texas en Austin con dos licenciaturas: comunicaciones y literatura en español. En su casa del sureste de Dallas prepara invitaciones para su graduación que enviaría a familiares. Poco a poco comienza a darse cuenta que está a unos días de graduarse y de enfrentarse a un mundo laboral que le exigirá un número de seguro social valido o una visa de trabajo para obtener un empleo. Sólo una cosa le impide a esta estudiante de 22 años disfrutar por completo su logro: su estatus migratorio. El salto de la universidad a la vida real es preocupante para cualquier estudiante, por el apremio de salir a ganarse la vida. Pero para miles de estudiantes sin documentos la graduación es un paso más a la incertidumbre. La falta de papeles los obliga a poner en pausa su futuro porque no pueden ejercer su carrera. Este mayo, mientras decenas de miles de jóvenes se gradúan de las universidades del país, los 65,000 indocumentados que se gradúan cada año de preparatoria en el país, se han convertido en uno de los puntos de presión más incisivos en el debate sobre una reforma migratoria amplia. Y una de las peticiones más insistentes es la aprobación del Dream Act, una propuesta legislativa que proveería un camino a la legalización para quienes llegaron al país siendo menores de edad y asisten a la universidad o sirven en las fuerzas armadas. Quienes apoyan el plan opinan que estos estudiantes no tienen la culpa de que sus padres los hayan traído cuando eran pequeños y sin documentos. Los opositores argumentan que si el Congreso aprueba esta legislación, se premiaría una acción que tuvo como principio el quebrantar la ley y los estudiantes indocumentados tomarían el lugar de ciudadanos o residentes legales en las universidades públicas. En medio del debate, sin voz ni voto y sin la posibilidad de poder trabajar legalmente, están estudiantes como Viridiana, quien como otros estudiantes sin papeles entrevistados por Al Día, pidió se omitiera su nombre completo. "Estoy frustrada, enojada y deprimida, mi estatus es el peor enemigo que he tenido que enfrentar", dice Viridiana, quien nació en México. En su caso, la ironía es cruel: fue aceptada a un programa de maestría en Columbia, una de las escuelas privadas más exclusivas del país con sede en Nueva York. Pero incluso si libra los obstáculos para cursar ahí su maestría, una vez que se gradúe no podría trabajar por la falta de papeles. "Mi opciones son totalmente limitadas por el estatus migratorio. Estoy estancada y lo que no quiero hacer es no hacer nada", dice la estudiante que terminó la escuela con un promedio de 3.6 de un máximo de 4. "No quiero tener una maestría y limpiar mesas para ganarme la vida. Yo quiero ayudar a la comunidad", agrega. La 'Ley Noriega' en Texas Texas es uno de un puñado de estados que permiten a los estudiantes indocumentados asistir a la universidad o colegios comunitarios pagando colegiaturas como si fueran residentes legales, que son mucho más bajas que las pagadas por estudiantes internacionales. En el estado hay 12,138 estudiantes que se benefician de la llamada "ley Noriega" , la cual exige que los beneficiarios asistan a la escuela por al menos tres años antes de graduarse de preparatoria y requiere que los jóvenes firmen un documento comprometiéndose a solicitar la residencia permanente en cuanto sea posible, pese a que hay pocas vías legales de regularizar su situación. Este beneficio ofrece a los inmigrantes la posibilidad de soñar con un futuro mejor, pero se topan con una dura realidad: sin una reforma migratoria o por lo menos la aprobación del Dream Act, no podrán utilizar su diploma universitario, dice Liz Cedillo, abogada de inmigración de Dallas. "Los estudiantes están estresados y no se pueden concentrar", dice Elizabeth Zamora, presidente la Liga de Ciudadanos Latinoamericanos Unidos de la Universidad Metodista del Sur y activista a favor del Dream Act. "Están

Viridiana, del sureste de Dallas, se graduó este viernes con dos licenciaturas de la Universidad de Texas en Austin y planea estudiar una maestría, pero su condición de indocumentada complica sus planes académicos y laborales.

estancados en un pozo del cual no pueden salir". Marco, estudiante de la Universidad de Texas en Dallas y el Colegio Comunitario del Condado de Collin, compartió ese sentimiento durante una reciente reunión para buscar apoyo para el Dream Act. Dice que asistir a la escuela mientras vive en las sombras es estresante, que se siente perseguido por la ansiedad y la depresión. "No sabes qué hacer para seguir en la batalla". El reclamo, agrega, es que él ha seguido las reglas desde que sus padres lo trajeron a este país sin siquiera consultarlo. Y hay muchos como él. "Nosotros no pedimos venir aquí", dice Ileana, otra estudiante sin documentos que asiste al colegio comunitario en Corsicana. Educación los impulsa Tras cinco años de estudios Viridiana se convirtió este viernes en la primera en su familia en graduarse de la universidad. En medio de los preparativos para celebrar por su doble licenciatura, Viridiana y su madre, Socorro, recuerdan la noche del 26 de agosto de hace 11 años, cuando cruzaron a pie la frontera de Arizona. Recuerdan que llegaron a Agua Prieta y fueron llevadas a una casa donde había decenas de hombres esperando para cruzar. Con ellas iba la hermana menor de Viridiana. "Éramos las únicas mujeres, y mis hermanos se pusieron nerviosos", dice Socorro, que ahora está a punto de regularizar su situación migratoria. Luego caminaron casi dos horas por el desierto en una noche lluviosa. La meta era llegar hasta un punto donde serían recogidas por un auto que las llevaría hasta Phoenix. Durante el recorrido cruzaron un arroyo y el agua les llegaba hasta la cintura. La traumatizante travesía parece grabada en la memoria de Socorro. "La más chiquita estaba llorando y decía 'No mamita no mamita'. Se agarraba de mí. No quería caminar". Los otros inmigrantes, dice, la veían con recriminación. Le pedían que callara a su hija de 10 años. A Viridiana el recorrido le pareció eterno. En un punto, escucharon una patrulla y todos en el grupo corrieron para esconderse entre matorrales. Ella y su madre habían sido advertidas que había pandillas en la zona que asaltaban a los inmigrantes y que, ante la oscuridad del desierto, se comunicaban con silbidos. "Sólo quedamos mi mamá, mi hermana, yo y otro señor. Entonces pensamos que estábamos perdidas", recuerda. De repente, comenzaron a escuchar chiflidos. "Fue la primera vez que tuve miedo", dice Viridiana, mientras acomoda su toga sobre un sillón. Desorientadas en medio de la oscuridad, decidieron continuar la caminata, hasta que se reencontraron con el grupo y llegaron hasta su destino. Socorro recuerda que arribaron a Phoenix alrededor de la 1 a.m. "Ahora entiendo el peligro y no puedo creer lo que hicimos{ellipsis} yo estaba tan emocionada porque iba a ver a mi papá", dice Viridiana. Además del reencuentro con el patriarca de la familia, Socorro afirma que el deseo de una educación de calidad para sus hijas los motivó a cruzar. "Por eso nos venimos, para que pudieran ir a la escuela". "Fue difícil, pero valió la pena", agrega la madre. Viridiana lucha por reunir unos $60,000 para asistir a Columbia, una universidad de élite en Nueva York. Como es indocumentada, no puede recibir ningún tipo de ayuda federal y las becas para las que califica son limitadas. Ahora intenta recaudar dinero por medio de donaciones, pero siente que el sueño de ir a Columbia se le va de las manos. Por lo pronto ya formula un plan B: ya fue aceptada para estudiar una maestría en trabajo social en la misma Universidad de Texas. Futuro en suspenso La falta de papeles obliga a muchos estudiantes indocumentados a no ejercer, a prestar sus servicios como voluntarios, o a prolongar sus estudios, donde pueden seguir avanzando en espera de una legalización. "Quiero seguir, pero está esa barrera que me impide lograr lo que quiero hacer", dice María, graduada del Colegio Comunitario Mountain View. Ileana planea transferirse del Colegio Comunitario Navarro, en Corsicana, a la Universidad Estatal Stephen F. Austin en Nacogdoches para continuar sus estudios de mercadotecnia y negocios internacionales en lo que se aprueba el Dream Act. Hace unas semanas recorrió las calles del centro de Dallas durante una marcha que activistas organizaron para exigir una reforma migratoria y mayor acceso a la educación para los indocumentados. "La falta de papeles me impide conseguir mis sueños", dice, mientras marcha por una oportunidad para conseguir un empleo cuando termine sus estudios. Carecer de estatus legal también le complica la vida en la universidad. Ileana no puede conseguir un departamento en la escuela porque no tiene número de seguro social. Lo mismo sucede con otros jóvenes que estudian lejos de casa. Omar, de 20 años y estudiante de ingeniería en UT Arlington, a veces se queda en el dormitorio de un amigo porque él no puede rentar un lugar propio. Eso fue lo que motivó a su hermano Enoc, nacido en Estados Unidos, a salir a las calles a marchar por el Dream Act el 1 de enero. Algunos, como Viridiana y su hermana, que también asiste a UT, se ven obligados a recurrir a terceros para rentar un lugar donde vivir, aunque esto implique riesgos. Un día el subarrendador se quedó con el dinero de la renta. Ese semestre Viridiana tuvo que lidiar con las clases, exámenes, el ajetreo de la vida universitaria, y encima buscar un nuevo lugar donde vivir. En una ocasión anterior, acordó compartir un departamento con una compañera, quien firmó el contrato de renta. Pero cuando la verificación de crédito de Viridiana no fue aprobada por falta de un número de seguro social, la familia de la otra estudiante amenazó con reportar a Viridiana a las autoridades de inmigración si no aportaba dinero para pagar por el lugar. "Pensé que todo estaba en contra mía", dice. Esas vivencias han llevado a los estudiantes a tomar un papel más activo en la lucha por la aprobación de la reforma migratoria y el Dream Act. Viridiana ha ido a Washington siete veces y hablado con los senadores texanos Kay Bailey Hutchison y John Cornyn para pedirles su apoyo a la legislación. "El Dream Act es el punto que necesito para llegar al otro lado y vivir mis sueños, lo que por tanto tiempo he cultivado. Espero que para cuando me gradúe ya sea una realidad" agrega Viridiana. Marco, el estudiante de UTD, expone su historia en eventos a favor del Dream Act. Durante el verano, dice, trabaja de 16 a 18 horas con tal de ahorrar suficiente dinero para pagarse la escuela. "Es muy difícil, pero no es imposible". Su mensaje no es sólo para los políticos que intenta convencer para que apoyen la ley, sino también a los jóvenes como él, para animarlos de seguir adelante. "A veces los sueños se truncan, pero hay que levantarse, porque el camino es muy difícil. Pero no queremos que se pierdan esos sueños", dice. Marco se ve como una especie de pionero que abre camino para las generaciones futuras. "Hay muchas piedras en el camino y las intentamos limpiar", dice sobre su activismo. "El movimiento por el Dream Act es dirigido por los estudiantes que entienden el problema", dice la abogada Cedillo. "Para ellos es incomprensible cómo se les puede negar algo para lo que han trabajado tan duro, que les digan que su título, su pasión, su disposición a servir a Estados Unidos simplemente no importan". Oportunidades perdidas Cifras de la Junta Coordinadora de Educación Superior de Texas indican que para el semestre de otoño del 2009, en el estado había 12,138 estudiantes indocumentados que se beneficiaban pagando colegiatura como residentes del estado, un poco menos del 1% de toda la población estudiantil universitaria. El estado también destinó $33.6 millones del 2004 al 2008 en ayuda financiera para estos estudiantes. Según activistas y estudiantes, el problema es que a no ser que los graduados consigan un permiso para trabajar, este dinero no sería recuperado por el estado. "Sin papeles no pueden trabajar y contribuir a este país a pesar de que los está educando", dice Elizabeth Zamora, de Lulac. La inversion que el estado hace en cada estudiante, no se recupera, sin los estudiantes no consiguen empleo. La estudiante Ileana está consciente que tiene pocas opciones una vez que termine su educación y afirma que el dinero que el estado invierte al educarla podría ser un desperdicio para los contribuyentes si no consigue una forma de trabajar legalmente. "Es dinero perdido, aunque sí me están ayudando a estudiar, no me ayudan a conseguir trabajo", dice. "Tengo las mejores calificaciones en la escuela pero no puedo conseguir trabajo". La estudiante originaria de Coahuila está dispuesta a irse del país si no consigue papeles una vez que obtenga su título en negocios internacionales y mercadotecnia. "Como no puedo conseguir trabajo siento que estoy perdiendo el tiempo en ir a la escuela", dice Ileana. Para la Coalición de Texas para la Reforma Migratoria, el dinero gastado en estos estudiantes contradice la ley federal. El grupo demandó al estado de Texas y al sistema de colegios comunitarios del área de Houston para revertir el beneficio de colegiatura a costo de residente. "El estado de Texas no debería estar dando preferencias a estudiantes ilegales en admisiones, becas o colegiaturas a personas que están ilegalmente en el país, dice David Rogers, el abogado que lleva el caso para la coalición. El grupo argumenta que Texas da beneficios, la colegiatura como residente, a indocumentados que no están disponibles para estudiantes de otros estados del país. Además, dice Rogers, educarlos es irrelevante. "No importa si tienen educación de universidad o de kínder, no tienen permiso para trabajar y es un crimen contratarlos. Sus prospectos de empleo son inexistentes porque son ilegales". La Junta Coordinadora de Educación Superior de Texas afirma que las leyes HB 1403 y SB 1528, que otorgan colegiaturas estatales a indocumentados, también ofrecen requisitos más flexibles a los ciudadanos estadounidenses de otras entidades para obtener la colegiatura a bajo costo. Mientras, Viridiana no está dispuesta a irse a México a trabajar. Sabe que si lo hace, se arriesga a no regresar al país que se ha convertido en su casa. "Lo que yo quiero hacer con mi vida está aquí". También hace lo que pueda para alcanzar su sueño: lava carros, pide donativos en internet, solicita las pocas becas que no le piden un número de seguro social. También cuida a un par de niños en Austin, les enseña español, y es voluntaria en dos organizaciones: un refugio para inmigrantes víctimas de la violencia doméstica y un centro de ayuda para estudiantes. "No me puedo dejar vencer", dice. "Nuestro estatus no debería determinar lo que hacemos en la vida". jhchavez@aldiatx.com 469 977 3646 QUÉ ES EL DREAM ACT La Ley de Desarrollo, Alivio y Educación para Menores Extranjeros (Dream) es una propuesta legislativa que daría estatus legal temporal a los jóvenes que fueron traídos por sus padres antes de los 15 años y se gradúen de una preparatoria. La residencia permanente sería otorgada al cumplir uno de estos requisitos: • Se gradúan de un colegio comunitario de dos años o ciertas escuelas vocacionales. • Estudian por lo menos dos años en una universidad de cuatro años para obtener una licenciatura o posgrado. • Sirven al menos dos años en las fuerzas armadas. COLEGIATURA DE RESIDENTE Los estudiantes indocumentados pueden asistir a las universidades públicas de Texas pagando la colegiatura como si fueran residentes gracias a una ley pasada en el 2001. Estos son los requisitos: • Los estudiantes deben graduarse de una preparatoria texana o recibir un GED en el estado y haber vivido en el estado los tres años anteriores a la recepción de su diploma o GED. • Firmar una declaración prometiendo que solicitará la residencia permanente en cuanto el estudiante califique para hacerlo.

Publication Date: May 22, 2010

Indigna Deportación

Americá Barceló

Causa enojo la forma en que autoridades arrestaron a una menor y su familia

ESCONDIDO- Nadia, una niña de 9 años fue deportada junto con su mamá Minerva Santos y su abuela Alejandrina Santos después de que fueron detenidas en las calles de Escondido por una oficial del alguacil con juridicción en el Norte del Condado. El incidente ocurrió el pasado viernes 5 de noviembre al mediodía cuando Minerva Santos cometió una infracción de tránsito en la intersección de las calles Mission y Fig, al Este de Escondido. Inmediatamente después de que Minerva Santos dio una vuelta sin ceder el paso a los

carros que transitaban de enfrente, la oficial del alguacil la detuvo para infracionarla. "Ella dio una vuelta mal, pero luego la oficial le pidió papeles de inmigración, no sólo a ella sino también a los tripulantes que viajaban con ella, es decir su mamá y su hija, que venía enferma", narró Raquel Barrios, amiga cercana a la familia que acudió al lugar de los hechos y es testigo de lo ocurrido. De acuerdo a un video y fotografías que tomaron las personas que presenciaron el incidente, la menor fue aparentemente esposada y aprehendida junto con su mamá y abuela por oficiales de inmigración, tras la llamada que hizo la oficial del alguacil a estos agentes, ya que 'las tres muejres eran indocumentadas', según le informó la alguacil a Barrios. "Yo me acerque a la oficial para tratar de que me entregaran a la niña, pero no me dejaron. La oficial fue muy déspota en su trato no sólo con ellas sino conmigo,; me dijo que ella era un agente con jurisdicción en todo el condado y que podía hacer ejercer las leyes en cualquier momento, y por eso le habló a inmigración, y que me podría arrestar si seguía interfiriendo en su trabajo", dijo Barrios. Este caso fue dado a conocer a los medios de comunicación, por el malestar que causó entre la comunidad de Escondido, ya que los hechos fueron presenciados por varias personas que transitaban por esas arterias de gran circulación, tanto víal como peatonal. Los hechos han causado enojo ante la forma en que autoridades procedieron en la detención de la menor y su familia. "Cuado pasan estas cosas las autoridades dicen que se llama a la inmigración cuando las personas tienen antecedentes criminales, una orden de deportación o arresto, pero este caso no existía nada de eso, por eso le pregunté a la oficial. Por la manera como estaba tratándolas, decidimos grabar y tomar fotografías para tener pruebas de lo que pasó, que fue inhumano, sobre todo a la menor que fue registrada y esposada como si fuera criminal", afirmó Barrios. Tras ser arrestadas, y su auto incautado, las tres mujeres fueron llevadas a las oficinas de la Patrulla Fronteriza, ahí fueron procesadas, y después de firmar la orden de deportación, el sábado por la mañana salieron del país. Actualmente, se encuentran en Tijuana y están comunicándose con representantes de organizaciones defensoras de Derechos Humanos y el Cónsulado Mexicano les ofreció asesoría legal. Para Barrios la situación es complicada porque Alejandrina (la abuela) tiene otras dos menores de edad, que ella está cuidando, pero no se sabe cómo se va a proceder legalmente. El caso ha indignado a la comunidad latina y ha llamado la atención por la manera de proceder de la agente de la oficina del álguacil, por ello varias organizaciones han ofrecido dar apoyo a esta familia. "Sin duda es un caso especial, siempre que está envuelto un menor requiere mucha atención, por ahora hemos establecido contacto con la familia, y les proporcionaremos asesoría legal, sobre todo porque hay otras dos menores que se quedaron aquí, y tenemos que tener toda la información para poder ser asesorarlas y ayudarlas, por ahora les pedimos un informe a la Patrulla Fronteriza con detalles del incidente, y la Cónsul está en pláticas con la oficina del álguacil", dijo Alberto Díaz, portavoz del Consulado Mexicano en San Diego. Asimismo, el Comité de Amigos Americanos se ha puesto en contacto con Minerva y Alejandrina Santos para poder asesorarlas debido a que en su parecer se trata de un hecho de suma importancia. "Es indignante ver cómo procedieron las autoridades, se pone de manifiesto que estos incidentes dependen de la decisión que tomen los oficiales, que son quienes llaman a inmigración. Por desgracia no es un caso aislado. Con mucha frecuencia nos están reportando este tipo de situaciones que están sucediendo en varias áreas del condado, incluso en ciudades donde las políticas de las agencias policiacas dicen que es restringida la colaboración con agencias de inmigración. Estaremos pendientes de esta familia de Escondido, pues traerá implicaciones por que hay una menor envuelta", dijo Pedro Ríos, director del Comité en San Diego. Al ser cuestionada la Oficina del Alguacil sobre el incidente, los voceros señalaron que la oficial en servicio procedio de acuerdo a la infracción de tránsito cometida, y las decisiones se apegaron a las políticas internas de esa corporación. Por su parte, el teniente Graig Carter, vocero del Departamento de Policía de Escondido confirmó que oficiales del álguacil si tienen poder para ejercer las leyes, incluso sin reportarlo a esa corporación Aunque muchas son las organizaciones que están intentando ayudar, el caso a causado conmoción entre los residentes de Escondido, pues por un lado existe indignación por la forma de proceder de los agentes en el trato a la menor, pero además el hecho ha generado pánico e incertidumbre. "Este caso es de mucho interés, sobre todo por el clima que se vive en esa comunidad, en donde incluso la Cónsul ha estado en pláticas con el jefe de policía sobre los retenes, pero este tipo de hechos se salen de todo lo que ellos dicen, porque está familia no tenía ningún antecedente penal, pero vamos a seguir investigando para tener todos los elementos y ayudar a estas personas", dijo vocero del Consulado. Finalmente, el portavoz dijo que el Consulado lanzará una campaña de información para educar a las personas sobre las leyes y procedimientos en este país, con el afán de evitar que la gente se meta en problemas y se repitan este tipo de casos. "Es importante que las personas conozcan sus derechos y responsabilidades al vivir en este país, queremos ayudarles, que tengan presente que cuando tengan un problema deben de comunicarse con nosotros, así podemos asesorarlos, es importante que antes de firmar algún papel o dar declaración pidan llamarnos, ese es su derecho", puntualizó Alberto Díaz. Para casos de emergencia llame al Consulado de México en San Diego al (619) 231-8414, correo electrónico info@consulmexsd.org, o visite http://portal.sre.gob.mx/sandiego.

OUTSTANDING IMMIGRATION ARTICLE, 30,000+

El costo de una visa de residente

Cecilia Skinner

El Observador de Utah
Salt Lake City, UT

Largas esperas se requieren de aquellas personas que quieren entrar en forma legal

Para la señora R. Ceballos, el derecho de piso lo paga con lágrimas y con la dura decisión de dejar a sus hijos, para lograr el sueño americano.

Llegó a los Estados Unidos en enero del 2008, después de esperar por más de una década la aprobación de su visa.

Su hermana, ciudadana americana, lleva viviendo en este país más de 40 años y es la primera de la familia a quien puede beneficiar, para que entre a los Estados Unidos con una visa de residente.

La hermana de Ceballos solicitó la visa para ella, su esposo y sus tres hijos quienes en ese entonces eran menores de edad. En octubre del 2007 cuando les anunciaron que ya estaba aprobada la visa, les informaron que sus hijos no calificaban, porque ya habían cumplido la mayoría de edad.

En ese momento Ceballos enfrentó un gran dilema: si continuaba con la documentación para obtener la visa por la que había luchado por tanto tiempo o seguir cerca de sus hijos. Decidió viajar y establecerse en el país de las maravillas y cuando fuera el momento y ella calificara solicitar la visa de sus tres hijos que dejaba atrás.

El vía crucis migratorio comenzó en el momento en que junto con su hermana que ya vivía en Estados Unidos, empezaron el proceso, para aplicar por una visa de residente. Papeles que van, papeles que vienen, traducciones, autenticaciones, procesos de formularios, en fin una lista casi interminable de requisitos que cada vez les exigían en la Embajada de los Estados Unidos en su país de origen.

"Nos tocaba colmarnos de paciencia, el trato de inmigración era terrible. Lo que hacía la mano derecha, no lo conocía la izquierda, pero al fin lo logramos", expresa la hermana de Ceballos.

Miles y miles de personas tienen que esperar largos años, para poder entrar legalmente a los Estados Unidos. De hecho el Departamento del Estado de los Estados Unidos reportó que hay algunas categorías de mexicanos inmigrantes quienes actualmente, han tenido que esperar por más de 18 años para obtener su visa y algunos filipinos han esperado hasta 21 años.

De manera, ¿cuánto tiempo tiene que esperar una persona que quiera inmigrar legalmente a Estados Unidos? Depende del familiar que está ya en el país, también la educación y las habilidades de trabajo.

LOS MÁS AFORTUNADOS

Pero el caso de la señora Ceballos no es aislado, Clayton y Silvia Alvey tuvieron que esperar más de un año para que finalmente ella recibiera la visa de residente, a la que tenía derecho al casarse con un ciudadano americano. Según la información emitida por el Departamento de Estado, esta visa es automática.

Cuando decidieron unir sus vidas en matrimonio, empezaron a hacer todas las averiguaciones de las diferentes posibilidades que tenían, para obtener la visa de Silvia. Si la traía como prometida, el trámite duraría cerca de seis meses y luego que se casaran tendrían que comenzar el trámite final, pero corrían con el riesgo que la visa como prometida no fuera aceptada. La otra opción que tenían era la de casarse en el país de origen de Silvia y tramitar la visa de residente desde allí.

Se casaron en Nicaragua, sin la compañía de la familia de Clayton. Inmediatamente comenzaron los trámites para solicitar la visa. Entre solicitudes de expedientes, certificaciones, notarias y llenar los formularios les tomó más de dos meses. Finalmente en mayo, registraron la solicitud de la visa y un año más tarde recibieron su aprobación.

Durante el proceso de obtención de la visa, Layton y Silvia vivieron en Nicaragua. Clayton tuvo que renunciar a su trabajo en Utah y cada tres meses necesitaban salir del país para renovar la visa de Layton. Graduado de la Universidad de Utah y pianista concertista, tenía un pequeño negocio de X-Box, para ayudarse con sus gastos en Nicaragua.

DIFICULTADES

El proceso es mucho más difícil para miembros de familia de ciudadanos americanos, que han entrado al país en forma indocumentada - incluye padres de niños ciudadanos que han permanecido por largo tiempo y que sus hijos han alcanzado una mayoría de edad - o alguien que ha estado indocumentado y se casa con un ciudadano americano.

"Si ha permanecido en los Estados Unidos por más de seis meses sin documentos, hay un castigo de 3 años antes que pueda entrar", dice Roger Tsai, Presidente de "Utah chapter of the American Immigration Lawyers Association" (Asociación de Abogados de Inmigración de Utah). "Si ha estado en el país por más de un año indocumentado…no se le permitirá entrar nuevamente al país por un período de 10 años".

En cuanto a las personas que han entrado documentadas, pero no son residentes (y de pronto han dejado vencer su permiso) y se casan con un ciudadano, entonces es muy posible que puedan obtener una "green card".

VISAS PARA FAMILIARES

Las esperas más largas son frecuentemente en las visas para familiares de los hermanos o hijos, adultos de residentes permanentes que no se han hecho ciudadanos.

El gobierno federal otorga 226,000 visas de este tipo cada año y en noviembre del 2009 el Departamento del Estado, reportó que había una lista de espera de 3.7 millones. En otras palabras, se tardarían 15 años en aprobar todas esas visas si es que no recibieran nuevas peticiones.

VISAS DE TRABAJO

Cada año, 140.000 visas de

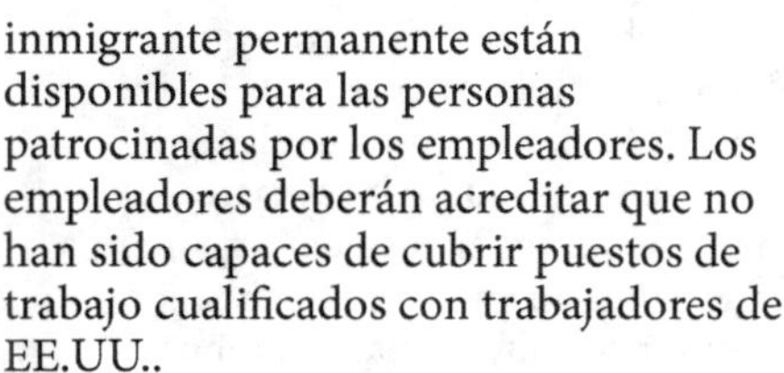

inmigrante permanente están disponibles para las personas patrocinadas por los empleadores. Los empleadores deberán acreditar que no han sido capaces de cubrir puestos de trabajo cualificados con trabajadores de EE.UU..

Tsai, toma nota de que la obtención de dichos visados es más fácil para las personas con grados avanzados o la alta demanda, los campos de alta tecnología - y que la gente con menos habilidades o poca educación, vienen disminuyendo las posibilidades de ellos.

Por ejemplo, boletines de Estado de visado informe del Departamento de ningún retraso en absoluto, para lo que denomina "trabajadores prioritarios" por "habilidad extraordinaria". "Ellos son gente como ganadores del Premio Nobel o los atletas olímpicos," o ejecutivos de empresas multinacionales, dijo Tsai.

Pero incluso, las personas en una categoría inferior - con grados avanzados con "habilidad excepcional" - tienen algún retraso. Por ejemplo, visas están siendo procesadas de China y la India, para personas que la solicitaron en el 2005.

La espera puede ser mucho mayor para los trabajadores regulares.

Por ejemplo, Tsai dijo que 40.000 de los 140.000 visas de trabajo, se reservan para los trabajadores que no tienen por lo menos una licenciatura, pero que tienen al menos dos años de experiencia en alguna profesión. Sin embargo, no más del 7 por ciento de los visados puede ir a ningún país.

En los casos que entrevistamos, ellos sienten que su sacrificio ha valido la pena. .

Triunfo a medias - Ley de Inmigración

Hernando Amaya & Michelle A. Booth

El Tiempo
Las Vegas, NV

Empieza la Ley de Inmigración de Arizona

• El temor a la Ley SB1070 que penaliza la presencia de indocumentados en Arizona, es palpable entre la comunidad hispana
• El Tiempo visitó dos ciudades de Arizona en la frontera con Nevada
• Testimonios de persecusión por perfil racial
• A última hora Juez Federal bloquea partes más polémicas de la Ley original

A escasas doce horas de entrar en vigencia la ley SB1070 en el Estado de Arizona, la Juez Federal Susan Bolton, bloqueó las partes más polémicas de la ley original firmada por la gobernadora Jan Brewer, y que habían originado un gran escándalo a nivel nacional e internacional.

El anuncio causó satisfacción en el gobierno nacional que había presentado una demanda en contra de la ley, así como alegría entre la comunidad hispana que se oponía a su entrada en vigencia. La alegría _aun cuando no de triunfo final_ fue opacada minutos después por el polémico alguacil del condado Maricopa, Joe Arpaio, quien anunció que el dictamen de la Juez no afectará su decisión de continuar con dureza sus operativos en contra la inmigración indocumentada. "Nada ha cambiado en la lucha contra la inmigración ilegal," advirtió.

El periódico El Tiempo visitó el 23 de julio, dos poblaciones cercanas al sur de Nevada, para conocer las reacciones y el sentir de la comunidad y de las autoridades frente al candente tema de la inmigración indocumentada.

Lo que encontramos fue un temor generalizado de la comunidad hispana inmigrante, documentada e indocumentada, ante posibles detenciones arbitrarias por parte de las autoridades. Los testimonios son claros en este sentido.

Por primera vez en Estados Unidos, un estado pone en efecto una ley local que regulariza la inmigración, labor que le compete al gobierno federal.

El hecho de no tener documentos migratorios que prueben la estadía legal de una persona en el Estado de Arizona, sigue poniendo en peligro al individuo y que sea expulsado del país. Como estaba la ley y para evitar este riesgo, los residentes debían llevar en su bolsillo una identificación estatal, la tarjeta de residencia o 'green card' y hasta la tarjeta de su seguro social.

Otro punto que contemplaba la ley original, quizás el más polémico, es que un oficial podía arrestar a una persona por "sospecha razonable" o porque creía ver una probable causa de que estaba cometiendo una ofensa pública que la conllevara a ser removida del país. Sin embargo, la ley no definía lo que entiende por "sospecha razonable", pero los documentos de capacitación policial indican que los motivos pueden incluir hablar un inglés deficiente, viajar en un vehículo atestado de gente y andar por donde acostumbran reunirse inmigrantes indocumentados.

La Jueza Bolton detuvo estas cláusulas indicando que "hay una probabilidad sustancial de que los agentes detendrán erróneamente a inmigrantes legales bajo la nueva ley".

Recoger en la vía pública a un trabajador (labor) conduciría al arresto. Esta parte también quedó en suspenso hasta que tribunales federales se pronuncien sobre su conveniencia jurídica.

Las duras cláusulas estipuladas en la Ley aprobada por la Asamblea de Arizona el 22 de abril de este año y promulgada por la gobernadora Jan Brewer el 27 de abril, habían advertido un clima racista y anti-inmigrante, que fue lo que finalmente frenó la decisión de la juez. De hecho, la ley fue calificada por numerosos activistas, políticos, líderes comunitarios y religiosos, entre otros, a lo largo y ancho del país como inhumana, cruel y degradante que va en contra de los inmigrantes de Estados Unidos.

//El temor de la comunidad//

Las autoridades y quienes defienden la Ley, han afirmado que no se arrestará a ninguna persona por su apariencia física, es decir por perfil racial.

Sin embargo fue algo diferente lo que encontró El Tiempo en Arizona, según las declaraciones de varias personas de la comunidad hispana, tanto en Kingman como en Bullhead City, en el condado de

Mojave.

Kingman está ubicada en el corazón de la histórica ruta 66, a 103 millas de Las Vegas y es una de las últimas ciudades al oeste de Arizona. Es uno de los pasos finales para entrar a Nevada.

Varios comerciantes hispanos se unieron a residentes para expresar su temor por la entrada en vigor de la nueva Ley.

Lucero Acero, de Acapulco, Guerrero y su padre Vicente Prado, de Sinaloa, tienen un negocio de comida familiar en Kingman y otro en el valle de Mojave, cerca de Bullhead City, al otro lado de Laughlin, Nevada, divididos por el río Colorado.

Hace 18 años la familia se instaló en Arizona donde cimentaron su negocio. Lo que nunca pensaron es que por una ley estatal de inmigración, sus negocios fueran a ser afectados y sus ganancias reducidas. Ellos son inmigrantes legales.

"No sé por qué razón, pero en Kingman se ve con frecuencia la inmigración, especialmente en las gasolineras por la autopista 40. He visto a niños en los carros esperando que los oficiales revisen a sus padres," dijo Lucero.

Hace poco más de tres meses a Vicente Prado lo detuvo 'la migra'. Contó que "iba desde Kingman hacia Bullhead City cuando me pararon a la salida y me pidieron mis documentos. Luego se identificaron como agentes de inmigración y dijeron que era una operación de rutina," manifestó.

Sin embargo, Prado afirma que la razón por la que lo pararon era por su apariencia hispana porque no había ninguna otra razón.

Lucero relató a El Tiempo que una cliente de su restaurante en Kingman le dijo a una de sus primas que luce hispana, que "si se estaba escondiendo por aquello de la ley", solo por tener un sombrero que le cubría un poco la frente. "Ese fue un comentario racista," consideró.

"Yo soy legal aquí pero tengo temor de que un día me pare la policía o inmigración solamente por como me veo," aseguró Lucero.

Esta ley se presta a abusos de las autoridades con la gente, eso es racismo, manifestó y contó cómo a ella un día la paró la policía en Bullhead City bajo el argumento de que no había respetado un Stop y le pidieron su seguro social. "No quise ponerme a discutir con el oficial y le entregué mi número, pero sé que es incorrecto."

Lucero dijo que conoce a varias familias hispanas que se han ido de la ciudad para México o para otros estados más hacia el norte porque ven que esa ley los pone en riesgo en cualquier momento. "Esto ha afectado mucho al negocio porque no hay clientes suficientes y se van a seguir saliendo," manifestó.

Por este tipo de actitudes denunciadas por la comunidad es que la ley fue denunciada por el gobierno federal. Quienes defienden la ley aseguran que la inmigración indocumentada ha generado un grave problema de seguridad en Arizona.

//El punto de vista de las autoridades de la ciudad//

El gerente de la ciudad de Kingman, Jack Kramer, dijo en entrevista con El Tiempo que el concejo de la ciudad apoya la Ley pero les preocupa la forma como la comunidad percibe el actuar de la policía.

Agregó que la atención que se le ha dado a la ley a nivel nacional ha generado también mucha confusión y rumores entre la población.

"Tiene validez que la gente tenga miedo por lo que oyen en las noticias pero la ley impide prejuzgar por perfil racial," dijo Kramer.

El alcalde de Bullhead City, Jack Hakim, de igual forma reiteró que aunque la alcaldía apoya la SB1070 está en contra de alguna forma de arrestos por perfil racial. "Fuimos muy claros con nuestro director de policía de que no se tolerarán arrestos por perfil racial y necesitamos que nuestros oficiales comprendan la importancia de esto," afirmó.

El alcalde reconoció la importancia de la comunidad hispana, especialmente para el mercado de Laughlin donde hay muchos hispanos trabajando en los casinos.

"No me he fijado si la gente está preocupada, pero la población hispana aquí es buena gente," dijo Hakim y agregó que no sabe de personas que se estén yendo de la ciudad.

Pero al contarle las reacciones de la gente hispana observadas por El Tiempo se mostró sorprendido. "Ellos sabrán mejor, no creo que alguien sin documentos vaya a venir a nuestras oficinas para decirnos cómo se siente sobre la ley pero yo solo tengo esperanzas que la gente nos tenga confianza y sepan que vamos a asegurarnos que no habrá prejuicio racial," dijo Hakim.

//La Policía//

De los que nunca escuchamos nada fue del sheriff Tom Sheahan de Mojave County, y de la policía local de Kingman. El Tiempo visitó sus oficinas el viernes 23 dos veces sin encontrar respuesta. En la oficina del sheriff se nos dijo primero que estaba en hora de comida y luego al regresar dijeron que no había nadie disponible para entrevistas hasta el lunes. Llamamos lunes y martes pero no obtuvimos respuesta.

Encontramos declaraciones del sheriff Sheahan a periódicos de Bullhead City y de Kingman, en las que dijo que apoya la SB1070 y que no va hacer nada diferente ya que refleja la ley federal.

Actualmente en el condado de Mojave si paran a alguien por quebrar leyes de tráfico y no está documentado, lo arrestan y lo entregan a ICE.

Sheahan ha reiterado a los medios locales que espera que la ley haga que la gente indocumentada sienta suficiente temor para estar en este país.

"Arrestamos a alguien y lo mandamos con Border Patrol y seis meses después, regresan," se quejó Sheahan en declaraciones al periódico Daily Miner.

En medio de este debate, en Arizona sus autoridades y la población se alistan a vivir desde el 29 de julio con la ley SB1070 "Inmigración: fortalecimiento de la ley; vecindarios seguros".

//Una ley costosa//

El congresista Raúl Grijalva, de Arizona, quien asistió en Las Vegas a un evento informativo-educativo el fin de semana pasado, dijo en entrevista exclusiva con El Tiempo que la propuesta SB1070 le ha costado mucho a la economía del Estado.

"El impacto ya se ha visto en la economía, con un descenso de 40 por ciento de impuestos por la caída de ventas de los que vienen a Arizona a comprar," dijo Grijalva.

Aún más, agregó, le ha costado la imagen a Arizona, y al preguntarle si el estado con un gran porcentaje de hispanos es conservador, dilató la

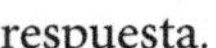

respuesta.

"Iba decir que no, pero en los últimos seis años Arpaio, el Sheriff y la gobernadora han tenido mucho éxito en controlar el estado y en pasar leyes injustas y cuando pasó esta ley no nos sorprendió," admitió Grijalva.

El congresista agregó que el estado está recibiendo una mala reputación y que antes no le gustaban los límites de término para los políticos, pero ahora lo espera con ansia.

//De Arizona a Las Vegas//

Hispanos residentes en Arizona también están llegando a Las Vegas. Así lo confirmó El Tiempo a partir de testimonios de comerciantes y de la comunidad en zonas hispanas de Bullhead City y Kingman, y de residentes de Phoenix que decidieron rehacer su vida en la ciudad de las luces.

"Muchos de mis clientes ya se han ido, unos han regresado a México y otros han preferido estados más hacia el norte," sostuvo Mario Murillo, administrador de la Carnicería El Toro, en Bullhead City, un lugar decorado con artes Mexicanas donde hay un papel puesto en el edificio en el que rechazan la SB1070.

El lugar le pertenece a los hispanos, es donde van y hacen sus compras, la gente calmadamente habla en español y no se ve mucho temor, pero sí viven con miedo y con coraje como María Mejía, residente legal, quien dice no tenerle confianza a la policía.

"Lo que hace esa ley es desacreditar nuestro trabajo, yo tengo aquí desde 1971 y nunca he visto nada como esto," dijo Mejía.

Narró que a su hija una vez la paró la policía saliendo del Estado y la detuvieron con sus hijos por varias horas mientras revisaban su estatus legal.

Su hijo, José Santellano, nacido en California, dice que aunque el nació aquí tiene temor y desde que pasó la ley en Arizona ha empezado a llevar en su bolsillo su acta de nacimiento y tarjeta de seguro social.

"No se si me lo van a pedir pero estoy listo y si me paran un día voy a pensar que es por como me miro," sostuvo Santellano.

Murillo, el administrador de la tienda, confesó sentir temor y no es el único.

"Ha bajado el negocio porque todos se están yendo, la gente viene y nos dice que se van a mover para otro lado, unos a Laughlin otros a Washington State, y a México.

También sabe de familias que se han juntado para mudarse a otra ciudad y apoyarse entre sí.

"Una vez se dijo que hubo una redada en Walmart y ahora la gente ya no quiere ir allí, no se si es cierto pero para que arriesgarnos, dijo Murillo.

En Las Vegas, hablamos con Ismael Esper, originario de Los Mochis, Sinaloa y residente desde 1994 en Estados Unidos. Tras doce años de vivir en Phoenix, tuvo que tomar la difícil decisión de salir de allí, junto a su familia, hace cerca de un mes.

Esper es empresario y logró cimentar con esfuerzo un negocio de limpieza de alfombras y mantenimiento de pisos en Arizona. Era próspero y ya tenía contratos con compañías americanas. Tenía dos 'vans' y un operario-socio, dijo.

Lamentablemente su socio no tenía documentos migratorios pero conocía bien el trabajo.

Con dos casas que perdió y el negocio que se fue a pique, en parte por la recesión económica que afecta a la nación, pero también por la presión con la que se vive en Arizona debido especialmente a las prácticas del sheriff Joe Arpaio del condado Maricopa, a Esper no le quedó otra alternativa que dejar Phoenix, su centro de operaciones por muchos años.

Fue en un punto de chequeo de la policía Arpaio donde su socio fue detenido y deportado. Esper confiesa que personalmente él no sintió el perfil racial pero si vio muchos casos en los que se llevaron varias personas que se veían claramente hispanas.

Sus vans y camisetas de la empresa llevaban impresas la razón social de su negocio 'Camacho's Carpet Cleaning' y un día decidió quitar la palabra Camacho's; fue entonces cuando vio el cambio de actitud de la policía, afirmó.

"El mayor descenso del negocio llegó cuando la presión se hizo más fuerte contra los hispanos, y ellos eran la mayoría de mis clientes, e incluso tenía contratos con departamentos los cuales hoy están vacíos. Otros clientes ya no querían el servicio porque no sabían que iba a pasar y en ese momento no era parte de las prioridades de las familias hispanas," relató Esper. "Muchos de ellos ya se han ido," agregó.

Sus amistades que quedaron en Arizona le han dicho que tomó la mejor decisión al salirse de allí porque ahora hay un caos total.

"Tengo el corazón destrozado, para mí Arizona era mi sueño americano, estaba a tres horas de México, de sus playas, iba los fines de semana, tenía todo y ahora eso se acabo," concluyó Esper con visible nostalgia.

EDITORIAL WRITING AWARDS

OUTSTANDING IMMIGRATION ARTICLE, 30,000+

BRONZE AWARD

Al Día
Philadelphia, PA

¿EL QUE CALLA OTORGA?

EMPEORAN ABUSOS A INMIGRANTES. LOS ATACAN CON INICIATIVAS RETROGRADAS. PERSISTEN LAS INJUSTICIAS. EL SILENCIO DEL PRESIDENTE ES ELOCUENTE.

PORTADA | 1.4

¿El que calla ortoga?
Daniel Maldonado

Entre soledad y solidaridad

Amalia Molina pasó 16 meses en un centro de detención del INS, y ahora dedica su vida a ayudar a las familias de inmigrantes encarcelados

Vida Nueva
Los Angeles, CA

Por ALICIA MORANDI

"La ley de inmigración tiene que darse porque ya es tiempo de que muchos puedan salir de la sombra y recibir un trato justo. Tenemos que darle a los hijos la oportunidad de vivir una niñez sana junto sus padres". -Amalia Molina.

Entre soledad y solidaridad
Alicia Morandi

OUTSTANDING IMMIGRATION ARTICLE, UNDER 30,000

La migra no perdona

Paola Jaramillo y Walter Gómez

La Conexión
Raleigh, NC

Mientras miles de familias se alistaban para recibir juntos el nuevo año, Norma Villeda y su hijo Carlitos de 7 años, abordaban el vuelo de regreso a Querétaro, en México. Allí, su esposo Carlos, los esperaba con los brazos abiertos, pero con el corazón partido, pues en la población de Apex, la tierra que les abrió las puertas hace más de 20 años, y donde nacieron sus dos niños; se quedó su otra mitad, su hija Nancy de 18 años. No valieron las explicaciones, que no fueran criminales, o nunca haber cometido infracciones de tránsito; ni siquiera que tuvieran casa, negocio y hablaran inglés;en un segundoinmigración barrió con todo, obligándolos a separase de Nancy, quien no podrá tomarse la foto familiar el día de su graduación en la escuela Apex High School en junio, ni jugar con su hermano,ya que fueron deportados por inmigración.

FALSA AGILIZACIÓN DE RESIDENCIA El drama de la familia Villeda comenzó cinco meses atrás, cuando la policía de Apex y ICE tocaron la puerta de la casa donde vivieron por nueve años, arrestando a Carlos y entregándole a Norma un orden de deportación casi inmediata. A las 5:00 de la mañana del 10 de julio del 2009, Norma y su familia vieron como el mundo se derrumbaba inexplicablemente. "Nos pidieron que llenáramos unos papeles" dijo Norma a La Conexión, días antes de su partida, "pero no entendíamos por qué. Luego nos explicaron que habíamos llenado una petición de asilo político en Miami en 1994 y había sido negada". Por sus hijos, Norma fue dejada en libertad condicional, sin embargo Carlos fue deportado en octubre. Norma habló con miles de abogados para saber lo que había pasado, descubriendo que el abogado contratado en 1993 para agilizar sus residencias basadas en peticiones familiares era un notario y en cambio habían firmado una petición de asilo político. "En ese entonces pagamos $300 dólares cada uno" comentó, "ambos teníamos aplicaciones de residencia aprobadas, pero como cumplimos la mayoría de edad, faltaban muchos años para que las visas estuvieran disponibles. Sólo queríamos agilizar los trámites de nuestras residencias". Norma aseguró que nunca se dieron por enterados del asilo y mucho menos de las fechas de corte. "Cuando pasaron seis meses, regresamos a Miami y nos dimos cuenta que no era abogado y que estaba preso. –Pensamos, perdimos $300 dólarespero nunca nos imaginamos esto".Al fallar a sus citas de corte, el caso fue negado y sin saberlo se convirtieron en fugitivos.

SIN RECORD CRIMINAL Norma y Carlos cruzaron el Río Bravo a finales de 1980, siendo unos adolescentes. Llegaron a trabajar en los campos de tabaco en Apex. Tiempo después, tuvieron a sus hijos, compraron casa, constituyeron una empresa donde Carlos se dedicó a la instalación de puertas y ventanas, trabajando 16 horas diarias; mientras Norma estudiaba inglés, obtenía su GED y alternaba sus estudios con la limpieza de casas. "Nunca tuvimos ni una multa de tránsito. Lo que nos costóconstruir en 20 años, lo perdimos en cuatro meses. Nos deshicimos de todo, los carros, la casa… todo". Sin embargo, lejos de empacar sus vidas en seis maletas y dormir en la sala de la casa de su cuñada, la prueba másgrandesería decidir qué iba a pasar con el futuro de Nancy. "Uno de los abogados nos dijo que teníamos la opción de quedarnos y perdernos como muchos lo hacían" manifestó Norma, "pero no lo hicimos. No somos delincuentes". Después de meditarlo mucho, la familia tomó la determinación de dejar que Nancy se quedara en casa de la mejor amiga de Norma, ya que los demás familiares también partirán a México en los próximos meses. "Es la decisión más difícil de toda mi vida porque somos muy apegados" dijo a La ConexiónNancy, "pero es lo mejor, además tengo que pensar en Carlitos. Debo permaneceraquí para que él venga algunos meses al año, no olvide el inglés, y luego pueda estudiar cuando sea más grande" dijo.

EXTRAÑOS EN SU TIERRA Mientras tanto, los Villeda son extraños en su propia tierra. "No sabemos cómo vivir en México, cuando nos vinimos a Estados Unidos no teníamos ningúndocumento y mi esposo ha tenido que empezar desde cero, como un extranjero. Ha sido muy difícil. Tenemos miedo y México nos es extraño". Para esta familia, la posibilidad de regresar a Estados Unidos es remota. "Los abogados hicieron todo lo posible para que reabrieran nuestros casos y poder defendernos ante un juez, pero no fue posible. Ahora sólo nos queda esperar a que salga la residencia y pidamos un perdón, porque nosotros no volvemos si tenemos que estar como indocumentados".

ESPERANZA VIVA El sabor amargo de la deportación también ha traído cosas buenas. "Todos nos ayudaron" dijo, "tengo mucho que agradecerles. Esto no nos matará como familia… es muy duro, lo más duro y difícil de nuestras vidas, pero estoy segura que un día no muy lejano, estaremos juntos de nuevo, como la familia que siempre hemos sido".

Editorial Writing Awards

Outstanding Immigration Article, Under 30,000

Demostraciones continúan por ley inmigratoria

Juan Miret

Hispano de Tulsa
Tulsa, OK

PHOENIX, Arizona – Hours before it took effect, U.S. District Judge Susan R. Bolton in Phoenix, Ariz., granted a temporary injunction to halt portions of the law, including the section empowering law enforcement agencies to question the immigration status of people who are suspected of being undocumented immigrants. "The judicial system works," Arizona Attorney General Terry Goddard said at a press conference. "Rather than providing the leadership Arizona needs to solve the immigration problem, (governor) Jan Brewer signed a bill she could not defend in court." Goddard, who is running for governor of Arizona, dodged questions about his political interests and said: "Justice, that's the important thing, not politics." Russell Pearce, author of the law and a Republican senator from Mesa, Ariz., said during a brief telephone conversation on July 29 that despite the legal setback, "today is a glorious day for the state of Arizona." He added: "I am very happy to help fight illegal immigration. It is my duty as a public servant." Benjamin Miranda, a Democratic representative from Phoenix, speaking from his office, said that July 29 was the fortieth anniversary of the "successful completion of the grape boycott led by the United Farm Workers of America, but instead of celebrating, we are dealing with something as devastating, as inhumane as S.B. 1070." He said that "César Chávez would stand up against a law such as this one. He did it many times in his lifetime. That's why it's our turn to follow his legacy and fight for our immigrant community, fight for Arizona against this over-the-top racism." In favor of the law From the day the law was signed by Brewer on April 23 and through July 29, a group of supporters had been gathering at the Arizona legislature. Among them was Lee Earle, communications director for the conservative Tea Party of Arizona."This is very simple to understand: S.B. 1070 is a way to stop illegal immigration," said Earle. "Illegals should leave. They are a very heavy burden for our state, they are criminals and they are breaking the law." With Earle was Hugh Olmsted, a Spanish-speaking member of the Arizona Minuteman group, was walking back and forth from the Senate to the House of Representatives, while waving the Gadsden flag, a yellow standard bearing a coiled snake and the motto "Don't Tread on Me," which he said means, in this particular case, "don't mess with

Arizona." Olmsted, with a pistol tucked in his belt, expressed support for the law. "I'm tired of paying for everything that the illegals use; I'm tired of them taking our jobs, I'm tired of people invading my country." With pepper spray in one hand "because illegals may attack me" and a digital camera in the other "to have the evidence if illegals attack me," John woods walked in the gardens around the legislature. Woods, who wore an unofficial uniform of the Border Patrol said he had never been attacked during any of the walks or vigils, and said his mission is to represent the "American patriots" and to "fight against illegals."

Against the law As of July 29, Josefina Nevarez had spent 102 days in a row attending vigils held around the legislature and organized by groups supporting immigrants. "S.B. 1070 is an immoral act; it destroys people and our immigrant community," Nevarez said. She was holding a banner that labeled the lawmakers who supported the law as Nazis and racists. Troubadours encouraged the protesters through their poems and ballads. One of them, Félix García from California, was representing the May 1 Coalition, which he said is a group "that fights for respect for human and civil rights of laborers and immigrants." Garcia described the law as "a huge demonstration of intolerance," adding that "Arizona is the epicenter of hatred, racism and contempt for Hispanics. But despite all the injustice, I tell my countrymen to not give up; dignity will triumph." Salvador Sosa has lived in Phoenix since 1995. "Yes, I crossed the border without documents many years ago, but I am no longer afraid. I'm tired of living in the dark," Sosa said before singing a ballad he wrote about the law. One verse reads: "If they do not remove this law, tragedies will ensue. Enough of this law. They will gain nothing, and they will run the economy into the ground." Sosa said that after his brother was deported, the result of a raid by Maricopa County Sheriff Joe Arpaio, he has decided to "fight to the end."Irma Soto, who described herself as a goodwill ambassador, is director of the organization Angels Without Borders, whose purpose "is to eliminate so many unnecessary deaths that occur every year along the borders because of a lack of water."Soto said that "our people's need is really great, and if the authorities don't act, then it is the responsibility of civil society to help." She said "high temperatures kill hundreds of migrants who cross the border. It is a terrifying reality, but it is a truth, and laws such as S.B. 1070 make things worse, aggravate them. What we need is a reform, not racist laws like this."

SILVER AWARD

Los puntos malditos

José Cusicanqui

Qué Pasa Raleigh Durham
Raleigh, NC

El temor los ha llevado a ingeniarse alertas contra retenes

Raleigh.- Enrique Hernández no quiere volver a experimentar la angustiante sensación de ver un resplandor azul inundando el camino y no tener escapatoria.

Ser detenido otra vez por una patrulla policial podría significar su deportación a México

y desde hace algún tiempo toma precauciones al máximo para evitar caer en un retén porque no tiene licencia.

Así como Hernández, centenares de latinos del área de Wake y otras partes de Carolina

del Norte, especialmente donde opera el 287(g), han desarrollado un mecanismo de defensa, una suerte de estrategia artesanal de protección, que les permite "cuidarse" de caer en un retén de la policía o en los "puntos malditos", como algunos han empezado a llamar a los controles policiales de este tipo.

"Nunca antes mi auto había sumado tan pocas millas", dice Hernández, quien se dedica a la jardinería. "Yo solo manejo de día y en horas donde hay muchos coches circulando y para evitar que me paren en la carretera. Durante el fin de semana hago mis compras y lavo mi ropa, pero siempre el mismo día".

Pero además de evitar conducir un vehículo por las noches o en un lugar donde normalmente se desarrollan los retenes, la comunidad hispana ha ido incorporando otros elementos de alerta para avisar de que la policía anda dando vueltas o tiene un camino bloqueado.

"Si vemos que suben o bajan las luces altas entonces hay que estar prevenidos", dice María Fernández, quien afirma que en la esquina de Millbrook y Green Hope, en Raleigh, siempre hay controles de tránsito.

"También hay gente que avisa por teléfono. El otro día estaba en la peluquería y alguien llamó para decir que había un retén en la Garner Road y todas las mujeres que estábamos allí empezamos a llamar", dijo.

Las comunicaciones a la radio, para avisar que las patrullas andan desarrollando operativos en zonas consideradas "latinas", también son frecuentes en Qué Pasa Radio.

"Nos llaman de distintos puntos del estado", explica el DJ Negro, una de las voces características de La Rebelde de Qué Pasa Radio. "Nos dicen: no pasen por ahí porque la policía ya ha parado a varios hispanos.

Nosotros alertamos a nuestros oyentes y quiero pensar que la mayoría de veces es verdad". Según Alberto Araneda, el percatarse que varios conductores combinaban sus luces altas y bajas, en un tramo de la Old Stage Road, cerca de Ten Road, en Raleigh, lo ayudó a evitar caer en un retén de la Patrulla de Caminos un viernes a las 10:30 pm.

"Me pareció raro, todos los carros en sentido contrario me hacían señas con las luces", dijo Araneda. "No sé porque pensé que podía ser un retén y decide ir por otro lado a mi casa. Luego me confirmaron que, efectivamente, hubo un retén".

La abogada del Centro de Libertades Civiles de Carolina del Norte (ACLU), Katy Parker, lamentó que la comunidad hispana haya tenido que llegar hasta este punto para evitar ser arrestada y criticó que muchos controles policiales se producen cerca de vecindarios latinos.

"Es triste que ocurra y sabemos que pasa en muchos lugares del estado, muy cerca de vecindarios latinos", dijo Parker.

"Tenemos la información de muchas personas utilizan sus luces para avisar a otras, pero hay que tener mucho cuidado, podrían recibir cargos por entorpecer una investigación", advirtió.

BRONZE AWARD

El Hispanic News
Portland, OR

A justice system tied in knots

Richard Jones

Richard Jones
Reportero de El Hispanic News

Tacoma, WA — El segundo martes de octubre, la familia de Kennedy Velásquez Correa manejó desde Woodburn, Oregón, pera verlo en Tacoma, Washington.

carácter en el tribunal, ubicado dentro de la cárcel.

El viaje y la audiencia marcaban sólo otro paso en la saga de tres años en la cual la visión que Kennedy Correa tenía del sueño estadounidense se había transformado en una extensa pesadilla. Si Kennedy

Los días de visita son del jueves al lunes, sin ninguna visita permitida los martes y miércoles. Aún en los días de visita, no se permite tener contacto físico.

El viaje de Tacoma de regreso a Woodburn no fue callado. Olga Abundez sollozó la mayoría del

Max dijo que Martínez le dio el primer puñetazo a Kennedy y luego le pegó a Max. "En cuanto le dio el primer puñetazo", dijo Max, "se hizo hacia atrás y sacó el garrote. Inmediatamente nos atacó y no [nos] pegó. Nosotros saltamos sobre él. Lo tiramos al [suelo] y le quitamos el garrote de las manos".

Los garrotes de hierro expansibles que usa la policía vienen en modelos de 16, 21, y 31 pulgadas. Están disponibles con facilidad al público a través de comerciantes en la Internet, con precios desde $13 a $180 dólares. La descripción que dio Max sugiere que el garrote en este caso era uno de 21 pulgadas.

En la lucha, los hermanos Correa le dieron algunos puñetazos. "Nosotros no le pegamos lo suficientemente duro para darle un magullón", comentó Max. "Nosotros dejamos el garrote en el parque y uno de sus amigos se lo devolvió".

Ambos el departamento de la policía de Woodburn y la oficina del Fiscal del Distrito del Condado de Marion rehusaron darle una copia

En vez, Kennedy pasó cerca de dos años y medio en la prisión más grande de Oregón, la Institución Correccional de Snake River cerca de Ontario. Esta prisión tiene capacidad para 2.336 personas en seguridad mediana, 154 en seguridad mínima y 510 en "viviendas especiales".

Cuando la instalación de Snake River se atestó de gente, dijo Max, Kennedy fue enviado a la Institución Correccional de Pendleton y luego al centro de detención del Condado de Marion.

De ahí fue enviado a Tacoma en preparación para ser deportado.

Es conocimiento común entre los abogados que un delito grave tal como asalto con intención de crimen resultará en perder su estatus de residente permanente y en ser deportado. Por lo tanto, parece extraño que cualquier abogado le aconsejara a Kennedy a declararse culpable de un delito que causaría que fuera deportado.

Lo que los hermanos Correa no sabían es que Obert había sido sancionado por la Corte Suprema

Jóvenes a la sombra del suicidio

Linda Carolina Pérez

Mundo Hispánico
Atlanta, GA

Casi un cuarto de los adolescentes latinos en middle school han pensado en acabar con su vida.

Miguel Hernández se despertó una mañana deprimido. Había tenido un mal sueño y sintió la necesidad de hablar con alguien. Le habló a su novia, a su hermano y a sus amigos más cercanos y nadie le contestó. "Pensé: 'si a nadie le importo para contestar el teléfono, ¿qué estoy haciendo aquí?'", recordó el joven, que entonces tenía 18 años y hoy tiene 23.

"Me acordé de las pastillas para el dolor que había tomado cuando me hicieron una cirugía en el pie. Me tomé dos pastillas y las pasé con un poco de vino. No me hacían efecto. Me tomé otras dos, con otro un poco de vino... hasta que perdí la cuenta", dijo el mexicano. "Me acosté en el suelo, apagué las luces, cerré la puerta y me quedé ahí. Ya no quería que me molestaran, quería acabar con eso. Perdí la noción del tiempo. Me quedé mirando el techo, esperando a que ya no viera nada", contó. Nadie sabe cuánto tiempo después llegaron a la casa sus padres, con un alboroto porque iban a celebrar los seis meses de su primera nieta.

María de Jesús, la mamá, le pidió a su esposo que fuera a buscar a Miguel. Junior Hernández no supo qué hacer cuando encontró a su hijo tendido en el suelo, inconsciente. Se lo llevaron corriendo a una sala de emergencias sin saber realmente qué había sucedido. "Nos cayó el 20 cuando estábamos en el hospital y nadie nos atendía. No teníamos seguro (médico) ni sabíamos qué hacer", contó María de Jesús. Martín, el inseparable hermano menor de Miguel, no se enteró de todo sino hasta el otro día, cuando llegó a la escuela y no vio a su hermano. "Fue bastante duro para mí. Fue como si hubiera perdido las piernas porque estamos siempre juntos. El primer día me sentí enfermo, no podía dormir. Estaba enojado conmigo porque si yo hubiera estado en la casa, si no hubiera sido rebelde, tal vez esto no hubiera pasado", dijo el muchacho.

En el hospital, a Miguel le hicieron un lavado estomacal y lo evaluaron. Vieron en sus brazos marcas de cortadas y dictaminaron que el episodio de las pastillas había sido un intento de suicidio. Lo remitieron a una clínica psiquiátrica, en donde pasó tres días. "Ibamos a visitarlo y no decía nada. Hasta que un día me dijo que tenía sueño. Yo pensé que se iba a recostar, pero se sentó en el piso y puso su cabeza en mis piernas. Ese fue el acabose para mí. Yo lo quería sacar de ahí como fuera", relató María de Jesús.

Como Miguel, un 15 por ciento de los estudiantes de high school en Georgia han pensado seriamente en suicidarse, según un informe sobre la salud de los niños del estado, elaborado por el Consejo Nacional La Raza en 2008. A nivel nacional los intentos de suicidio entre jóvenes latinos son también tema de alarma, en especial entre las mujeres, de acuerdo con el médico puertorriqueño Luis Zayas, quien durante los últimos 20 años ha estudiado el fenómeno.

"Hubo un punto hace unos años en el que una de cada cinco muchachitas latinas había intentado suicidarse", señaló Zayas, quien destacó que aunque las cifras de intento entre los latinos son altas, son pocos los que realmente terminan con su vida. Este fue el caso de Miguel, a quien antes de darlo de alta le dijeron que tenía que ir a un psicólogo, pero la familia no tenía dinero para pagarlo. El doctor de la clínica habló con él y Miguel le dijo que no lo iba a volver a hacer y que podía manejar la situación. Hasta la fecha, así ha sido.

La familia Hernández se encuentra ahora más unida que nunca, pero este episodio fue traumático. Aun hoy, cuatro años después, buscan una respuesta a un hecho que, aunque no terminó en tragedia, sí les hizo replantear su vida. Como muchas familias, ellos vinieron a Estados Unidos con la idea de "vivir una vida mejor". Llegaron a Georgia hace nueve años, después de haber pasado algunos meses en California y en Carolina del Sur. En el seno familiar nunca se habló de las dificultades que enfrentaban todos para adaptarse a una nueva vida, lejos de la familia y amigos con los que habían crecido en Guadalajara. A Miguel le costaba lidiar con las diferentes culturas y Martín extrañaba vivir frente a sus abuelitos o al lado de sus primos. Pero sus padres lo ignoraban.

"En pocas ocasiones nos poníamos a pensar que sentían los muchachos o cuáles eran sus inquietudes", indicó María de Jesús. "

Hoy reconozco que debió ser muy difícil para ellos venir a este país, con otro idioma, otras costumbres. Pero uno piensa que para ellos es más fácil", complementó Junior. Son precisamente estas dificultades, que parecen normales, las que llevan a muchos jóvenes latinos a pensar en terminar con su vida, de acuerdo con Belisa Urbina, directora ejecutiva de Renovación Conyugal, una organización que ayuda a las familias hispanas de Georgia.

"Nuestros jóvenes sufren de soledad y aislamiento", aseveró Urbina. "Es como si estuvieran en un limbo cultural, en donde no son lo suficientemente latinos ni lo suficientemente gringos. No son lo suficientemente ni negros ni lo suficientemente blancos", afirmó. En el caso de las jovencitas, hay factores que agravan la crisis, de acuerdo con el doctor Zayas. Las chicas latinas se enfrentan a los mismos retos que cualquier otra adolescente: quieren ser más autónomas y empiezan a tener sus propias emociones. Pero estos deseos chocan con el proteccionismo que los padres hispanos suelen tener con sus hijas.

"Son costumbres que son muy buenas y no tienen nada de malo, pero si estamos en un medio ambiente como el de Estados Unidos, estas costumbres chocan con un sistema cultural muy distinto", elaboró el médico, quien agregó que esto es común cuando las chicas quieren tener novio o salir con sus amigas.

"Si estuvieran en República Dominicana, estas muchachitas podrían hablar con sus amigas y sentir que todas están pasando por lo mismo. Pero aquí son distintas a las demás y se sienten aisladas. Llega un momento en el que ya no pueden más y llega el intento de suicidio", precisó.

Factores de riesgo

Miguel y Martín Hernández vivieron un choque cultural como el que describieron los expertos. "En middle school empecé a ver que todo el mundo era diferente y al llegar a high school me sentí que me había quedado estancado en el medio", recordó Miguel. Entonces decidió vestirse diferente, con ropa oscura, las uñas pintadas de negro y delineador en los ojos. "Me empecé a vestir igual para ser aceptado", explicó. Pronto Martín lo siguió. "Como nos vestíamos de negro, como fúnebre, nos dejaban en paz", señaló.

Los padres de estos jóvenes no vieron que sus hijos se vestían así para sentirse aceptados y, por el contrario, se convirtió en motivo de discordia familiar. De acuerdo con Urbina, problemas de comunicación como este son otras de las causas que pueden llevar a un joven a sentirse incomprendido. "Muchas veces no es que los padres no quieran entender a sus hijos, es que no saben la presión que viven los jóvenes porque ellos pasaron su adolescencia en su país y no vivieron lo que están viviendo sus hijos", explicó Zayas.

Otro factor que influye en los jóvenes es el hecho de que algunas familias vienen pensando en que solo vienen por un corto plazo, según Urbina. "Viven como acampando. No tienen raíces, están pensando en irse, no hay seguridad y los niños se alimentan de la seguridad", explicó Urbina. "Son niños que pasan muy solitos, porque los papás están trabajando todo el tiempo", agregó.

Familias rehacen sus vidas después de años de trauma

Leslie Contreras y Michelle Booth

El Tiempo
Las Vegas, NV

Según estadísticas de la Coalición Nacional contra la Violencia Doméstica (NCADV por sus siglas en inglés) una de cada cuatro mujeres tienen una experiencia de este flagelo de la sociedad al menos una vez en sus vidas.

La violencia doméstica se ha convertido en un problema crítico en la comunidad de Las Vegas. En lo que va del año, hasta octubre 1, en total 17 mujeres perdieron la vida en el condado Clark, producto de ataques de este tipo; en el 2009 fueron 25 las víctimas fatales, según el reporte de la Policía Metropolitana. En la comunidad hispana es un problema mucho mayor ya que según reporta, la NCADV, los hispanos registran el doble de incidentes que los anglosajones.

Muchas mujeres y hombres que sufren violencia doméstica mantienen esa relación por dependencia financiera del abusador, por valores familiares, por falta de información, por dependencia psicológica y por terror.

Expertos de NCADV afirman que una mujer intenta dejar al abusador varias veces sin éxito. Pero algunas si alcanzan a tomar ese paso de valor y reportan al hombre abusador logrando rescatarse ella misma y a su familia de una vida violenta.

El hecho no es fácil, dejar un esposo o pareja abusador(a) requiere empezar de nuevo, quizás la mujer tiene años sin haber trabajado, a veces huyen de la situación y no se llevan con ellas más que alguna ropa, afirman. El empezar de nuevo aunque sin situación critica de violencia también puede ser difícil, especialmente después de vivir un trauma.

A continuación presentamos las historias de cuatro mujeres de nuestra comunidad que después de vivir años de abusos al fin tuvieron el valor para dejarlos por el bien de sus hijos y de si mismas.

Las identidades de algunas de ellas han sido cambiadas para su protección y la de sus hijos pero las pesadillas de sus historias son reales.

//Los hijos aprenden de los padres//

"Me fijé que mi hijo estaba aprendiendo las tendencias de su padre, le pegaba a su hermanita y me respondía irrespetuosamente." Ese fue el evento que al fin convenció a Mayra Peralta para dejar a su esposo que la abusó física y emocionalmente por 12 años.

"No quise que mi hijo fuera parte de ese ciclo de violencia o que mi hija creciera pensando que está bien que un hombre le pegue a su mujer," dijo Peralta.

Su esposo la golpeaba con frecuencia, la amenazaba y la atacaba emocionalmente.

"Me ponía frente al espejo y me decía que era un monstruo y que nadie me iba a querer... y lo creía," sostuvo.

Su esposo la insultaba con frecuencia y le rompía sus pertenencias, situación que aterrorizaba a sus hijos. "Me acuerdo una vez que mi esposo me tiró el caldo al suelo mi hijo me rogaba que limpiara para que él no me pegara y mi hija pequeña también veía todo," relató Peralta.

Pero a veces el niño no la respetaba. "Una vez le pedí que recogiera su desorden o iba a tener que pegarle y me dijo que si le pegaba le iba decir a su papá para que me pegara a mí y eso me dolió mucho."

Hasta que en una de las golpizas le dijo a su niño que llamara a la policía. Le pusieron una orden de restricción. Luego, le quitó sus hijos sin su consentimiento, y Peralta llamó a la policía, lo detuvieron y lo deportaron.

"Me acuerdo que me llamó y me pidió que le tuviera lástima, pero le dije que yo no me iba a tocar el corazón cuando el nunca lo hizo por mi," recordó Peralta.

Ahora, ella vive tranquila, los dos niños están en consejería y a ella la quieren y la respetan.

Peralta espera los resultados de su aplicación por una U-Visa (para casos de Violencia Doméstica) y mientras tanto trabaja limpiando casas pero el dinero no le alcanza para pagar las utilidades y este año no habrá regalos de navidad.

"Quisiera comprarle regalos a mis hijos pero son más importantes las necesidades, como la luz, el agua, ropa y zapatos para los niños," concluyó.

//Su matrimonio se convirtió en un infierno//

Para una jovencita de 15 años de edad que no podía asistir a la escuela por

tener que trabajar desde los 12 años, es natural que quisiera casarse para escapar a una nueva vida. Teresa(*) se casó de quinceañera con un jovencito de 17 años. "Yo nunca me casé por amor," dijo. Y por más de 28 años, Teresa sufrió el maltrato de su esposo quien la abusaba sexualmente lo que resultó en nueve embarazos.

"Me forzaba a tener relaciones con él, aun cuando 'por mis días' no podía pero a él no le importaba," dijo.

De esos embarazos, el esposo la forzó dos veces a tener abortos y la golpeaba mientras que estaba embarazada.

A sus hijas las maltrataba diciendo que no eran de él y como resultado, ellas se fueron casando de jovencitas para escapar a la situación doméstica.

El era muy controlador, no me permitía salir de la casa o me ponía horario para regresar a la casa.

"Cuando salía siempre miraba al suelo porque si veía a alguien me acusaba de ser infiel o si alguien me saludaba me iba muy mal," explicó.

"Varias veces me amenazaba con quitarme los niños o con hacerme deportar si lo reportaba a la policía."

Su esposo le había quitado los hijos y le había presentado cargos. "Cuando fuimos a la Corte de Justicia el juez me dijo que si mi esposo me había pedido disculpas entonces yo tenía la obligación de regresa a la casa y ser buena esposa," relató Teresa.

Después, su esposo aparaeció con una amante y se la presumía. "Eso de verdad me hizo enojar. Me trataba como un perro!"

Al fin Teresa tomó valor, lo sacó de la casa y lo deportaron.

Ahora vive más tranquila pero su nueva vida ha sido difícil. Comparte el apartamento con su hijo mayor, su nuera, dos nietos y sus tres hijos de 16, 14 y 13 años, en un departamento de dos recámaras. No puede conseguir trabajo, se despierta a las tres de la mañana para ir a colectar latas de aluminio las que recicla por $1 la libra.

Para ella es difícil comprar ropa para los hijos y proveerle las necesidades básicas. "Gracias a Dios mis hijos me respetan," dijo Teresa.

Ella le pide a las mujeres en su situación que actúen. "Yo les diría que no tengan miedo, porque si se puede sobresalir y salir adelante."

//Incesto//

A Sandra (*) le pasó una de las más grandes pesadillas de una madre y fue bajo su techo. "Una cosa es cuadno le hacen algo a uno, pero otra cuando se lo hacen a sus seres queridos," dijo. Su esposo violó a su hija mayor durante años. "Yo no sabía nada hasta que la niña me lo dijo."

Sandra estuvo casada por 25 años, su matrimonio fue como una prisión, ya que su esposo la controlaba. No la permitía tener amistades, no la dejaba ir de compras sola y sabía exactamente a que hora tenía que llegar a casa. Mientras tanto, cuando Sandra trabajaba en McDonald's su esposo abusaba de su hija.

"Me empezó a tocar a los cuatro años," recuerda su hija. "Y a los nueve años me violó, y así hasta que tenía 12 años."

No fue hasta que el padre empezó a golpearla como a su mamá cuando la niña lo delató. "Yo me quedé tan sorprendida que no tuve palabras," dijo Sandra.

La niña abusada dijo que tenía el temor de que estaba haciendo lo mismo con su hermanita menor.

Poco después cuando las niñas estaban en la escuela, Sandra llamó a la policía y ahora el abusador purga su primer año de una sentencia de 25 años en prisión.

"Me llamó para pedirme que lo sacara de allí, pero de ninguna manera lo iba a permitir," afirmó Sandra.

Ahora la niña mayor tiene problemas, se embarazó de chica y la relación con su madre es tensa y extraña, ninguna se puede entender. La jovencita tien dos niños, de tres y de un año, ella solo tiene 17 años.

La familia enfrenta las cicatrices emocionales y el hecho de que no tienen nada ya que Sandra no ha podido trabajar. Viven humildemente y duermen en sillones, pero al menos con menos presión.

//Doble Violencia Doméstica//

Esperanza (*) sufrió de violencia doméstica de dos personas diferentes y una de ellas la tiene amenazada de muerte.

Ella, como cientos de inmigrantes, cruzó la frontera desde su natal México en busca de una mejor vida. En California fue detenida en 1999 por inmigración y al poco tiempo decidió trasladarse a Las Vegas para, según ella, seguir con su única prioridad: ayudar a su familia que había dejado en su tierra.

Sin embargo, todo se tornó al revés cuando conoció a su primer pareja con quien procreó una niña, aparte de los cuatro hijos que ya tenía en México.

"Esta persona llegó en un momento en que me sentía sola... cuando estaba embarazada me golpeaba, me humillaba y terminé separándome de él cuando la niña tenía 36 meses. Pero nunca lo denuncié por miedo a quedarme sola", explicó.

Después de seis años de no tener una pareja, otra persona se cruzó en su vida pero nuevamente la hizo sufrir y con quien tuvo un pequeño ahora de dos años y medio.

"De nuevo me relacioné con otra persona que me golpeaba y nunca lo denuncié hasta que me fracturó un brazo y me dio una patada en mis partes nobles, y por eso decidí reportarlo a la policía", sostuvo.

De acuerdo con Esperanza la agresión fue en agosto de este año. El abusador regresó a la semana después y cuando se disponía a golpearla de nuevo, llegó la policía, lo arrestaron y poco después fue deportado a México.

Para la víctima fue un alivio pero recientemente le informaron que el ofensor regresaría a Las Vegas y ella está atemorizada por algo que él le dijo varias veces. "Me dijo que si me separaba de él me iba a matar adonde me encontrara, y ahora vivo con temor de que cumpla su promesa", dijo desesperada.

Esperanza recientemente inició una serie de terapias psicológicas para superar el problema. No encuentra trabajo y por si fuera poco, a causa de los conflictos con esta ultima relación perdió su único patrimonio; una casa móvil que había comprado con mucho sacrificio.

El único motivo de alegría y de superación son sus hijos de 23, 16, 15, 8 y 2 años y medio quienes están a su lado ahora, excepto la hija mayor que permanece en México.

El chico de 23 años es la cabeza de la casa, pero acaba de perder el trabajo y la situación ha empeorado, dijo la madre desesperada.

"Recibimos alimentos de tres iglesias, y es de gran ayuda; pero a veces no tenemos para un galón de leche para

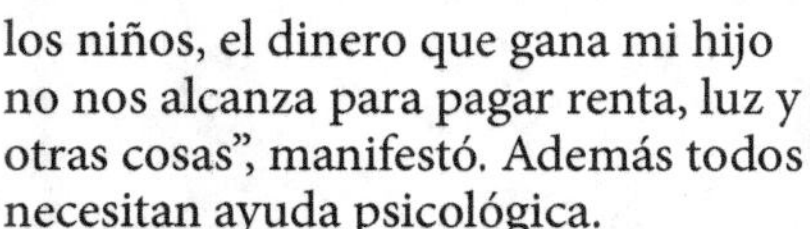

los niños, el dinero que gana mi hijo no nos alcanza para pagar renta, luz y otras cosas", manifestó. Además todos necesitan ayuda psicológica.

"No deseo otra cosa que trabajar para ayudar a mis hijos y ver por el bienestar de ellos", exclamó Esperanza quien necesita asistencia médica.

(*) nombres ficticios

Si desea ayudar a estas familias, favor comunicarse con el periódico El Tiempo al (702) 477-3846 o vía email a eltiempoinfo@gmail.com. Se necesitan donaciones de todo tipo, muebles, ropa, juguetes, zapatos, asistencia sicológica y médica. El 21 de diciembre entregaremos las ayudas a las familias de esta historia.

10 de diciembre de 2010

Los Bebes y sindrome controversial

Milagros Meléndez-Vela

El Tiempo Latino
Washington, DC

El fallo contra una niñera de Fairfax reaviva el debate sobre los riesgos de sacudir a un infante

Hace unos días, el jueves 21, un jurado de Fairfax declaró culpable a una inmigrante peruana por dos cargos de negligencia y abuso al sostener que la mujer había sacudido a un bebé de cuatro meses, que estaba bajo su cuidado, causándole daño cerebral .

Trudy Muñoz, de 45 años, recibió el veredicto del jurado tras siete días de juicio, en el cual salió a la luz el debate que existe en la comunidad médica sobre el "Síndrome del Bebé Sacudido" (Shaken Baby Syndrome) .

El jurado se inclinó por el lado de la fiscalía y rechazó los argumentos de la defensa que sostiene que el síndrome no cuenta con el respaldo de la ciencia.

El jurado discernió entre las divididas opiniones de los expertos. Entre ellas, la del pediatra del Hospital de Fairfax, Craig Futterman, presidente de la National Shaken Alliance, quien testificó por el lado de la fiscalía que el niño "había sido sacudido o golpeado contra algo". Pero su testimonio reveló rápidamente el debate: también admitió que para sacudir el cerebro de un bebé y causarle daños se requiere de unos 50Gs de fuerza (es decir 50 veces la fuerza de la gravedad).

Por la defensa, Kirk Thibault — ingeniero bioquímico residente en Filadelfia— testificó que pruebas realizadas con adultos muestran que un hombre bastante fuerte puede generar 20Gs de fuerza al sacudir y golpear contra algo a un muñeco del tamaño de un niño de 6 meses.

El 20 de abril de 2009, Muñoz, originaria de Huaraz al norte de Lima, tenía bajo su cuidado al pequeño Noah Whitmer, de cuatro meses. Hacía un mes que los padres del bebé habían tomado los servicios de la proveedora de cuidado infantil, que tenía en su casa de Franconia, una guardería con licencia del condado de Fairfax.

Esa tarde el niño fue llevado de emergencia después que se desmayó. Tuvo convulsiones, seguidas de una hemorragia cerebral y ocular. Los médicos dijeron que estos síntomas indicaban que el niño había sido violentamente sacudido.

Muñoz dijo que en ningún momento zarandeó al bebé. Lo declaró cuando la policía la entrevistó el mismo día del incidente y delante de la jueza. Pero, una trabajadora social testificó lo contrario. Dijo que Muñoz había admitido que lo había sacudido "tres veces". El jurado recomendó 10 años de prisión, pero la defensa apelará. La sentencia será en abril.

Mientras que unos científicos dicen que este síndrome genera hemorragia cerebral y ocular; otros señalan que estos síntomas pueden ser causados por otras razones, especialmente cuando no hay marcas o daños en el cuello del bebé; tal como testificó el neurocirujano Ronald Uscinski, de la Georgetown University.

La defensa quiso probar que el niño tenía una condición médica preexistente. Un médico notó que la cabeza del bebé tenía un tamaño anormal; pero otra pediatra mostró lo contrario.

OTRO CASO

En 1997, Audrey Edmunds fue condenada en Wisconsin a 18 años de prisión por la muerte de una bebé de 7 meses, que estaba bajo su cuidado. El jurado se convenció de que la niñera había sido la culpable por zarandear a la niña.

Once años después, en abril de 2008, la mujer fue puesta en libertad después que una corte de apelaciones escuchó el testimonio de expertos en los que se puso en duda el "síndrome del bebé sacudido" como la causa de la muerte de la infante.

Uno de los doctores que había testificado en contra de la niñera, le dijo al juez que ahora, con los avances de la ciencia, no estaba seguro de que los daños en la bebé hubieran sido causados por Edmunds. El doctor Patrick Barnes dijo que en ausencia de un impacto fuerte, como un golpe contra la pared, el síndrome es más mito que ciencia.

Las niñeras, preocupadas

Juicio. Sentada en la última banca de la sala del tribunal 4j, en la Corte de Fairfax podía divisar bien a la joven pareja, padres del bebé Noah Whitmer, quien a los cuatro meses sufrió un daño cerebral y ahora, de 13, se desarrolla con varios problemas.También podía observar en el banquillo de los acusados a Trudy Muñoz, la peruana que había estado cuidando al bebé y que fue declarada culpable de haberle provocado el daño al sacudirlo.

Afuera. Fuera del tribunal, el veredicto preocupa a los padres que tienen infantes en las guarderías, pero mucho más a las proveedoras de cuidado infantil. "Este es un trabajo de mucha responsabilidad" comentó mi amiga Mariella que tiene licencia estatal de Virginia para proveer cuidado a infantes y niños. "En una emergencia, lo mejor es mantener la calma para poder hacer bien nuestro trabajo y salvar la vida al niño".

Cámaras. Lo mejor es prevenir, Mariella cuenta con ayudantes y ha habilitado su guardería con cámaras de video que en una situación como ésta podría ser la mejor evidencia. Los instructores recomiendan que se lleve un récord diario del comportamiento del bebé y los niños.

BRONZE AWARD

Al Día
Dallas, TX

Rompen cicio de la violencia

Paulina Magdaleno

Renacen tras años de abuso

BEN TORRES/ESPECIAL PARA AL DÍA

Elvia Ojeda se estrenó como empresaria en enero, al abrir Dulce Bakery en Dallas, tras poner fin a un largo historial de violencia doméstica.

Dos mujeres rehacen su vida al desafiar la trágica estadística de víctimas fatales de abuso doméstico

PAULINA MAGDALENO/Al Día

L

Apenas abrió este negocio en enero, pero desde el inicio la aventura ha sido la validación de un triunfo personal: superar una vida precedida por la amargura del maltrato doméstico.

Ojeda presenció episodios de violencia doméstica en su familia cuando era niña. Luego fue víctima de abuso físico y psicológico en sus dos matrimonios, hasta que un grupo que ofrece ayuda a mujeres en relaciones abusivas le ayudó a separarse y a reconstruir su vida.

"Salir de ese pozo (de maltrato), de veras que es difícil", dice Ojeda, madre de dos hijos. "Pero la vida te va a cambiar (al liberarte de tu abusador), le das una vuelta a una pági-

DÓNDE PEDIR AYUDA

- Genesis Women's Shelter: 214-946-HELP (4357) www.genesisshelter.org
- SafeHaven: 877-701-SAFE (7233) www.safehaventc.org
- The Family Place: 214-941-1991 www.familyplace.org
- National Domestic Violence Hotline: 1-800-799-SAFE (7233) Las llamadas son contestadas las 24 horas del día. La ayuda es confidencial y sin costo.
- Caridades Católicas de Dallas: 214-520-6590 www.catholiccharitiesdallas.org

cuando en una relación íntima una persona ejerce poder y control sobre la otra a través de un patrón de conductas intencionales, como abuso psicológico, verbal, emocional, físico y sexual.

Jan Langbein, presidenta de Genesis, explica que el maltrato se da en todas las culturas y en hogares de todos los extractos sociales y económicos.

"Desgraciadamente cada cultura tiene su manera de hacer menos a la mujer, pero ninguna importa, porque todas son excusas. ¿Por qué vas a malinterpretar ciertos conceptos como el machismo, y usarlo para tolerar que una persona le haga daño a otra?", dice.

"Como sociedad tenemos que

Amores que matan

Tania Lara

Ahora Sí
Austin, TX

En Texas, 111 mujeres perdieron la vida a manos de sus parejas en 2009

Carla Alvizo y Ángela García eran tan buenas vecinas que solían reunirse para desayunar, comer y cenar mientras sus hijos jugaban juntos. Pero cuando el novio de Alvizo, "Tony" regresó a Estados Unidos, "todo cambió", recuerda Ángela García, vecina de Alvizo y madre de cinco niños.

"Ella me dijo que Tony no la dejaba salir de la casa"', cuenta García y también asegura que la relación entre ambos era física y emocionalmente abusiva, pues algunas veces García vio a Tony desgarrarle la ropa o arrastrarla jalándola del pelo frente a la casa. En una de tantas disputas entre ambos, esta vecina llamó a la policía.

Entonces, García habló con el pequeño Sebastián Alvizo, de 7 años, para decirle que si alguna vez sentía miedo, que corriera a su casa.

A pesar de que Alvizo ya se había separado de su novio, la relación entre ambos tuvo un final definitivo el pasado 24 de octubre. Ese día, los policías de Austin encontraron los cuerpos de una mujer de 39 años y su hijo de 7 años asesinados en "un crimen espeluznante" en una casa en ruinas al este de la ciudad.

La policía investiga ahora a Marco Antonio García, un inmigrante indocumentado de 45 años, como el sospechoso de los crímenes de Alvizo y su hijo así como del asesinato de Edward Randall Stout, el patrón de García.

Al igual que Alvizo, 111 mujeres fueron asesinadas por sus parejas en Texas en 2009 y ese mismo año, se reportaron 193,505 casos de violencia doméstica.

Texas ocupa el sexto lugar nacional de la tasa de mujeres asesinadas en casos de violencia doméstica en relación con la población del estado.

"Estoy triste, indignada y afligida", dice Julia Spann, directora ejecutiva del refugio para mujeres en Austin, Safe Place, sobre la muerte de Carla Alvizo y su hijo Sebastián. "Estoy afligida de que hemos tenido tantos crímenes este año y continuamos teniendo tantos incidentes de violaciones, violencia doméstica y agresiones sexuales", agregó.

El año pasado, cuatro mujeres fueron asesinadas por sus parejas en el Centro de Texas.

"La única persona que puede detener un homicidio por violencia doméstica es la persona que lo comete", agrega Spann.

Mientras que los homicidios por violencia doméstica disminuyeron en 2009 en comparación con el año anterior, Gloria Aguilera Terry, presidenta del Concilio de Texas contra la Violencia Doméstica, asegura que el número de víctimas que solicitan refugio para escapar del abuso doméstico aumentó a 79,000.

Las cifras indican que se trata de un problema grave pues 74% de los texanos indicaron que ellos, un familiar o un amigo han sido víctimas de violencia doméstica en comparación con 77% de las personas en Texas de origen hispano.

"La mujer latina no sufre más abusos que las mujeres de otros grupos, pero la mujer latina se detiene más para reportar el abuso o solicitar ayuda", asegura Terry.

Una razón por la cual algunas mujeres latinas no reportan abusos ni solicitan ayuda es porque consideran que su religión católica les exige "no abandonar el hogar ni dejar a su hombre", explica.

Y aunque el matrimonio religioso señala que la pareja debe permanecer unida "hasta que la muerte los separe", el sacerdote católico Jayme Mathias no aconseja que las mujeres toleren una relación abusiva. "El amor nunca hace daño y el abuso nunca está bien", dice Mathias, párroco de la Iglesia Cristo Rey al este de Austin.

Otra razón es que el abandono de hogar se castiga en México con prisión de tres a seis meses, multas e incluso la pérdida de la custodia de los hijos. "Pero eso no existe en Estados Unidos", asegura Terry.

Los expertos consideran que las víctimas enfrentan mayores riesgos cuando tratan de escapar de una relación abusiva.

Dana Conley, de 40 años, estaba empacando las cosas para marcharse cuando su esposo Julius la estranguló en su casa en Round Rock. Dana, quien estaba embarazada, quedó en estado de coma durante dos años y logró dar a luz durante este periodo pero nunca recuperó la conciencia.

"La pareja comienza a discutir temas más serios y puede surgir más violencia cuando la víctima trata de terminar la relación", explica el abogado Carlos Salinas de la organización de ayuda legal Texas Río Grande (TRGLA).

Salinas aconseja a las víctimas buscar una orden de protección y, si es necesario, una orden de custodia temporal de los hijos ante la fiscalía del condado antes de iniciar los trámites de divorcio o la separación de la pareja. Tal orden puede determinar que el abusador abandone la vivienda y se abstenga de hacer contacto con la víctima e incluso pagar por los daños causados a la víctima.

"Con una orden de protección, la víctima está más segura", asegura Salinas, pues las consecuencias son severas si el abusador viola los términos de esa orden.

Aún así, Salinas aconseja que las víctimas elaboren un plan de seguridad como cambiar de residencia, vivir con amigos o familiares o bien, cambiar los candados de la casa.

Aléjate si es celoso

En la mayoría de los casos, las relaciones que terminaron en tragedia pudieron haber tenido un mejor final cuando la relación comenzó a mostrar signos de abuso y control.

"Personas que son muy celosas, que quieren saber todo el tiempo dónde está su pareja y que incluso la menosprecian, son signos de abuso emocional que después pueden convertirse en abuso físico", explica Salinas.

Sin embargo, para muchas víctimas es difícil identificar los signos de abuso al principio de la relación. "Una profesora de leyes me decía que una relación abusiva es como estar vivo en agua hirviendo, porque las condiciones van empeorando y escalando lentamente y es difícil notarlo al principio", expresa Salinas.

La buena noticia para las víctimas de abuso doméstico es que existen muchos recursos legales y de otro tipo para ayudarlas a salir de una relación de este tipo. "Cualquier persona, sin importar su situación de inmigración, tiene derecho a buscar servicios y ayuda", dice Terry.

El gobierno de Estados Unidos creó las visas U para personas que son víctimas de delitos, entre ellos la violencia doméstica, con lo cual garantiza que el

estatus legal de inmigración de la víctima no depende de su abusador.

"Lo más difícil es convencer a personas indocumentadas que sí tienen derecho y que están protegidas por la ley", dice Roy Gómez, un hombre de Austin cuya hija fue asesinada por su cónyuge hace 16 años y quien ahora se dedica a ayudar a víctimas de violencia intrafamiliar referidas a él por el refugio Safe Place u otros miembros de la comunidad.

"Yo mismo las acompaño a la oficina del condado para sacar una orden de protección y ahí hacen un análisis de cómo las pueden ayudar", expresa Gómez.

Una orden temporal de custodia también protege a los hijos. "La amenaza de hacerle daño a los hijos o a otra persona, a veces es suficiente para que la víctima decida seguir en la relación", explica Terry.

Los familiares o amigos de una víctima que sufre violencia doméstica, no deben ignorar la situación y deben buscar ayuda para esa persona, dice Gómez. No se trata de entrometerse en la vida de los demás, sino de demostrar el interés por su bienestar, dice este abuelo de dos adolescentes.

Los activistas quieren dejar claro que: toda persona tiene derecho a una vida libre de violencia.

Cifras del Concilio de Texas contra la Violencia Familiar y la Línea Nacional de Ayuda para Adolescentes contra la Violencia de Pareja (www.loveisrespect.org)

Abuso entre adolescentes provoca embarazos no planeados y violencia Una de cada 10 adolescentes ha sido golpeada por su pareja

Si tu novio hace bromas para que los demás se rían de ti, te presiona para tener relaciones sexuales o trata de controlar la forma en la que te vistes o con quién debes pasar tu tiempo libre, "eso no es cool", dice Bárbara Ball, directora del proyecto Start Strong en Austin. Esta iniciativa busca educar a los adolescentes sobre qué esperar de una relación amorosa y qué se considera una relación enfermiza.

El proyecto nacional llega a Austin a través de la Fundación Robert Wood Jonson, la cual cuenta con $18 millones para dirigir mensajes preventivos a los estudiantes de 11 a 14 años. Start Strong trabaja con 3,200 estudiantes en cuatro secundarias de la ciudad para educar sobre la prevención de relaciones abusivas.

La campaña busca educar a los adolescentes con obras de teatro, mensajes de texto y otros medios usados por los adolescentes.

"Los adolescentes confían más en sus amigos y les piden consejos, por eso es importante educar a todos en la escuela", señala Ball.

A los padres les recomienda mantener una comunicación abierta con sus hijos y escucharlos sobre lo que les ocurre a ellos y a sus compañeros de escuela.

También estar alerta de signos de un noviazgo abusivo como que su hijo ya no participe en actividades extra escolares, salga con otros amigos, tenga baja autoestima o empeore en sus calificaciones. "Todo eso son signos de una relación abusiva", asegura Ball.

Al igual que los adultos, para los adolescentes puede ser difícil escapar de una relación abusiva. "Los adolescentes sienten presión social de tener novio, se sienten aislados para pedir la ayuda o el consejo de un adulto y pueden tener autoestima baja", explica Ball.

Una de cada 10 adolescentes ha sido golpeado por su pareja e incluso ha habido asesinatos cometidos por un novio adolescente. "Muchos de los embarazos juveniles son indeseados y ocurren en el contexto de una relación abusiva", expresa Ball.

Realidades del abuso

- No existe el típico abusador. En público suelen ser amistosos y cariñosos y cometer el abuso a puerta cerrada y golpear en partes no visibles del cuerpo.
- No ocurre porque la persona estaba estresada, borracha o bajo el influjo de drogas. Es un acto intencional.
- Los abusadores tienen baja autoestima y culpan a la víctima por provocar la violencia.
- En la mayoría de los casos, los hombres abusan de mujeres, pero también existen mujeres abusivas.
- La violencia doméstica no le ocurre solamente a mujeres pobres o de las minorías. Ocurre en todas las clases sociales, religiones y culturas.
- Afecta a los niños, la productividad de la víctima en su trabajo y su salud.
- La víctima no sigue en la relación por su gusto. Para muchas víctimas, el momento más peligroso es cuando tratan de escapar de la relación.

Fuente: www.domesticviolence.org

Solicita ayuda

- Línea Nacional contra la Violencia Doméstica: 1-800-799-7233, www.thehotline.org
- Safe Place— Provee ayuda legal, asistencia médica, financiera y refugio temporal. 512-267-7233, www.safeplace.org
- Texas Río Grande Legal Aid– Clínicas de asesoría legal gratuita los lunes, 6 p.m. en la Preparatoria Martin Junior, 1601 Haskell St. y los miércoles,6 p.m. en la secundaria Webb, 601 E. St. Johns Ave. Detalles en 1-888-988-9996, www.trla.org
- Condado de Travis— Solicita una orden de protección de forma gratuita. 854-9415, o en 314 W. 11th St., tercer piso. www.co.travis.tx.us

Test: ¿Tu pareja es abusiva?

Tu relación puede encaminarse al abuso e incluso terminar en una tragedia, si tu pareja muestra estas actitudes:

1. ¿Te presiona para formalizar la relación o tener relaciones sexuales aunque no te sientas preparada(o) para ello?
2. ¿Es celoso(a) o posesivo(a)?
3. ¿Trata de controlar a dónde vas, qué te pones y qué haces?
4. ¿Envía mensajes de texto o te llama constantemente?
5. ¿Rechaza tu punto de vista o tus deseos?
6. ¿Evita que hables o pases tiempo con amigos o familiares?
7. ¿Bebe demasiado o usa drogas y después justifica su conducta por el abuso de sustancias?
8. ¿Te ha amenazado con lastimarte o lastimarse a sí mismo(a) o incluso suicidarse si lo(a) abandonas?
9. ¿Te ha mirado o actuado de una forma que te asusta?
10. ¿Te menosprecia o te critica?
11. ¿Te echa la culpa de cosas que él dice o hace?
12. ¿Te ha golpeado, empujado, pateado o cacheteado?
13. ¿Te sientes presionada(o) a pasar tiempo con él/ella cuando preferirías hacer otra cosa?
14. ¿Callas tus opiniones o preocupaciones con tal de mantener la paz y evitar conflictos?

Si contestate sí a alguna de estas preguntas, puede tratarse o convertirse en una relación abusiva. Tienes todo el derecho de decirle no a tu pareja y él o ella deben tratarte siempre con respeto.

Migajas el pago de los trabajadores agricolas

Walter Gómez

La Conexión
Raleigh, NC

Por primera vez, el líder y presidente de uno los sindicatos más importantes del país, Bob King, visitó el Este de Carolina del Norte

DUDLEY- El sábado no fue un día más en la lucha de los trabajadores agrícolas para lograr sus derechos, sino el inicio de las fuertes alianzas que el Comité de Organización de los Trabajadores Agrícolas (FLOC) comenzó a tejer para presionar en su campaña contra la empresa tabacalera Reynolds y el banco JP Morgan Chase. Con ese objetivo, Bob King, presidente de la Unión de Trabajadores de la Industria Automotriz (UAW en sus siglas en inglés), arribó a Dudley para visitar junto con el presidente de FLOC, Valdemar Velásquez, tres campos en la zona de Wilson. Una visita que ratificó la explotación que viven los trabajadores hispanos del campo. "Elegimos esta área donde hay, según las estadísticas, la mayor población agrícola indocumentada", indicó a La Conexión antes del recorrido Diego Reyes, organizador comunitario de FLOC. "Es algo que parece nunca acabar". La comitiva partió, cerca de las 3pm desde la sede de FLOC en una van con los integrantes de ambos comités y La Conexión como único medio presente.

totalmente Inhumano

"Nadie hace las mejoras", manifestó Juan, uno de los empleados, "le hemos dicho a los contratistas, pero las soluciones no llegan. Es inhumano". Los campensinos comienzan su jornada laboral a las 4:30am y regresan 12 o 16 horas despuées. "Nos pagan $35 o 40 centavos por cubeta de camote" dijo, "mínimo, debemos llenar 300 para recibir al menos $120 dolares. Algunos hacen 100 cubetas porque es un trabajo muy pesado y no todos tienen el físico para aguantar. A ese ritmo por semana nos pueden quedar entre $200 y $220 dólares". Sumado a ésto se encuentran las deplorables condiciones de vivienda como baños antihigiénicos y sin privacidad; en los días de calor el interior de la casa puede superar los 100 grados de temperatura, ya que carecen de aire acondicionado; los colchones están plagados de chinches, y en una habitación para cuatro persona duermen ocho; algunos en catres y otros sobre cartones. Los niños por su parte, no son ajenos a este situacion, pues hay muchos con familias. Para algunos, las ratas son sus mascotas."Como estos lugares, hay miles en el estado, en iguales y/o peores condiciones", explicó Reyes. Luego de más de tres horas de recorrido y entrevistas, al regresar a la sede, Bob King compartió con La Conexión su impresión. "Es muy triste las condiciones", mencionó; "no es humano vivir así. Gente buena que trabaja muy duro. Se les debe mayor respeto y dignidad". "La situación es peor… mucho peor de lo que imaginaba", señaló. Con respecto a los pasos a seguir, King indicó que "particularmente apoyará la lucha para lograr mejores condiciones de vida".

unIdad Contra el JP morGan Chase Bank

Luego de tres años de intentar sin éxito el diálogo con la presidente de Reynolds, Susan Ivey, FLOC lanzó una campaña contra JP Morgan Chase Bank. "El banco Chase coordina los préstamos a la empresa tabacalera. Tienen una línea de crédito anual de $500 millones de dólares. Hace mucho dinero con el sudor y la explotación de los trabajadores", anotó a La Conexión Velásquez. "Le estamos pidiendo a todos los que tienen cuentas con el banco que las cierren. Cuando los ricos se den cuentan que ya no pueden hacer negocio como antes, forzaremos a esa empresa que tome acción", opinó.

FLOC espera que con esta acción, Reynolds se siente a dialogar. "Ya estamos realizando relaciones con otras federaciones. El sindicato de Bob King tiene un fondo de huelga depositado en el banco de $300 millones y lo van a sacar en favor a nosotros", destacó.

Sobre el reporte dado a conocer por la compañía tabacalera acerca de las condiciones de los trabajadores agrícolas el cual indica que no hay mayores inconvenientes y que las condiciones laborales son buenas, Valdemar mencionó: "Acabo de escribir una carta a Reynolds solicitando mayor información sobre su estudio, dónde y quiénes lo hicieron. A cuántos trabajadores entrevistaron, en qué condiciones y qué preguntas realizaron". Velásquez indicó que Carolina del Norte se ha quedado atrás. "Es el estado menos sindicalizado de todo el país, no hay manera de quejarse sin recibir una represalia. Debemos plantar la semilla y engrandecer el contrato que tenemos con los granjeros. Con la primera tabacalera que firme con nosotros, nos vamos a expandir". "Como está ahora el sistema, las migajas son para los trabajadores".

Respeto y dignidad

Walter Gómez

La dura realidad de los trabajadores indocumentados que cultivan los campos en Carolina del Norte

DETROIT Como lo adelantara en exclusiva La Conexión , el sindicato de la Unión de los Trabajadores de la Industria Automotriz, (UAW en sus siglas en inglés), anunció el retiro de fondos y cierre de cuentas con el JP Morgan Chase Bank. En conferencia de prensa celebrada en la iglesia Central Metodista Unida, con la presencia de Baldemar Velásquez, presidente del Sindicato de Trabajadores Agrícolas, FLOC y Bob King, presidente de UAW y líderes religiosos, se anunció el retiro de millones del JP Morgan Chase Bank. La protesta fue impulsada por la negativa del banco a declarar una moratoria de dos años en las ejecuciones hipotecarias en Michigan y su vinculación permanente con RJ Reynolds Corporation. El gigante del tabaco es financiado por JP Morgan Chase que se ha negado a entablar un diálogo con FLOC acerca de los bajos salarios y condiciones de trabajo inseguras de los latinos, en su mayoría indocumentados que se parten el lomo en los campos estatales. "Chase tiene que ayudar a los propietarios desempleados en Michigan y los trabajadores agrícolas mal pagados en las Carolinas", dijo

King. "El banco podría hacer una gran diferencia con la suspensión de las ejecuciones hipotecarias y presionar a RJ Reynolds hacer lo correcto", expresó. Las fotografías fueron tomadas en cuatro campos de tabaco y camote en el área de Wilson, hace dos semanas, cuando King visitó los campamento y habló con los trabajadores latinos. La Conexión los acompañó.

El Hispanic News
Portland, OR

Winemaker raises money for women's kidney transplant

Richard Jones

Richard Jones
Reportero de El Hispanic News

McMinnville, OR — Si Guadalupe Hernández se da la vuelta en la cama a mitad de la noche, ella no se quedará dormida por mucho tiempo. Su máquina de diálisis le dejará saber. "Va a empezar a sonar si me doy vuelta," dice Lupe.

Estar conectada a una máquina de diáli-

por el resto de su vi[illegible]
detalle de encontra[illegible]
pagar por todo esto[illegible]

Ellie Schlam de[illegible]
del Riñón estima [illegible]
sis en el hogar pro[illegible]
cuesta unos $71,00[illegible]
de trasplante de ri[illegible]
unos $100,000 dóla[illegible]
régimen anti-recha[illegible]

Ahora Sí
Austin, TX

Cada vida es un milagro

Josefina Villicaña Casati

Cada vida es un milagro

Tu hijo merece un esfuerzo

Niños que nacen con síndrome de Down pueden desarrollarse como otros niños

Por **Josefina Villicaña Casati**
¡ahora sí!

"Santiago es un luchador incansable. Un pequeño adorable con una fuerza interior que impacta a todo aquél a su alrededor por ser tan audaz, tan atrevido, y perseverante," escribe Mirna Carrillo sobre su hijo de 3 años. "Como todo niño grande que es, se va y regresa en el camión de la escuela porque es un niño muy independiente," cuenta la oriunda de Chihuahua, orgullosa de los logros de desarrollo de su pequeño que tiene el síndrome de Down, el más común de las anormalidades cromosómicas en humanos.

El síndrome de Down es un trastorno genético que provoca rasgos físicos particulares y retraso en el desarrollo intelectual. Ocurre en uno de cada 733 nacimientos y los individuos con síndrome de Down tienen 47 cromosomas en lugar de 46. Este trastorno es causado por la presencia de una copia extra del cromosoma 21 (uno de los 23 pares de cromosomas del ser humano). Es la causa más frecuente de discapacidad psíquica congénita y debe su nombre al médico inglés John Langdon Haydon Down quien fue el primero en describir

Foto cortesía de Adry Prado

Brandon Ramírez (der.), de 7 años, participa en el festival de Papalotes con su hermano Dylan y su papá Lino.

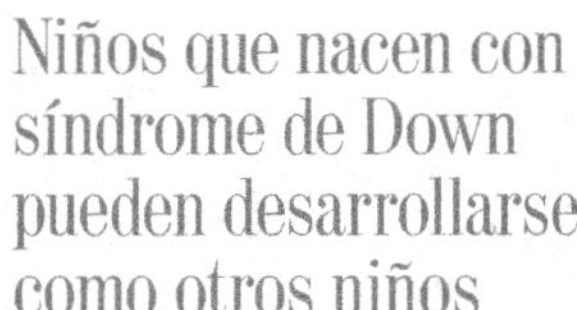

La Asociacion del Síndrome de Down del Centro de Texas (DSACT) es una organización formada por voluntarios que son padres de niños con síndrome de Down. Of-

nace un bebé con síndrome de Down de una pareja que habla español. Carrillo acude de inmediato "porque hay algunos doctores que dan la noticia muy feo," explica. En ocasiones se ha encontrado que el doctor le explica a los nuevos padres los posibles problemas, y no las soluciones. Es ahí cuando ella les puede hablar sobre su propia experiencia cuando nacieron sus

Editorial Writing Awards

Outstanding Entertainment Article, 30,000+

Del Toro, entre la fantasía y las tinieblas

Juan Carlos Sierra

El Mensajero
San Francisco, CA

SAN FRANCISCO.— Cuando en 2006 fueron anunciados los nominados a la entrega 79 de los premios Oscar, sobresalió en la lista compitiendo en seis categorías, una película española con alma mexicana: El Laberinto del Fauno. El filme consolidó a su creador en el gusto del público, cuando ya su película Hellboy gozaba de reconocimiento entre los seguidores del cine fantástico.

Haber conquistado tres premios Oscar, le valió a su director, el pleno reconocimiento a su labor, como uno de los mejores creadores del cine contemporáneo mundial. Su nombre: Guillermo Del Toro.

Nacido en Guadalajara, Jalisco, en 1964, Guillermo Del Toro creció rodeado de letras gracias a que su padre, quien se había ganado la lotería, instaló una enorme biblioteca en casa. Guillermo tuvo acceso a cientos de libros, desde cuentos para niños hasta enciclopedias de biología y anatomía. "Leí de todo y todos eran mis favoritos: Víctor Hugo, Dickens, Oscar Wilde", comenta. Cada uno de esos volúmenes influirían en sus creaciones cinematográficas, dedicadas a monstruos, vampiros, insectos y demás fauna fantástica.

En 1993, Cronos, su primer largometraje de horror, se lleva el premio de la semana de los críticos en el Festival Internacional de Cannes. Cronos trata sobre un viejo anticuario y su nieta, quienes encuentran un artefacto escondido en una escultura. El objeto, en cuyo interior vive un misterioso insecto, le concede a quien lo usa, una larga vida; a cambio, el poseedor abandonará su humanidad y vivirá de la sangre de otros.

Ambos personajes son acechados por un siniestro y poderoso empresario, quien ansía vida eterna. La cinta aborda la relación de cariño entre el abuelo y la nieta, y sería la primera de sus películas que llevaría como estelar a uno de sus monstruos favoritos: el vampiro.

La vibra

El cineasta y escritor compartió con El Mensajero detalles de sus obras y su filosofía

Del Toro: entre la fantasía y las tinieblas

Después vendría su primer filme en Hollywood: Mimic, que trata sobre una plaga de insectos que mutan y asesinan a la población en Manhattan, Nueva York. Es a partir de este filme que Del Toro deja México y se instala en Los Ángeles, luego de sufrir el secuestro de su padre, quien tras el pago del rescate, fue liberado.

Desencantado de los grandes estudios, escribe y realiza de forma independiente El Espinazo del Diablo, cinta de fantasmas ambientada en un orfanato durante la guerra civil española. Su siguiente proyecto, Blade 2, trata sobre un cazador de vampiros y una nueva raza de los mismos. Aquí Del Toro se encarga de diseñar a los bebedores de sangre, mucho más violentos y monstruosos que el viejo estereotipo del caballero elegante.

Vendría posteriormente Hellboy, basado en el cómic de Mike Mignola, que trata sobre un demonio convocado por la sección de ocultismo de los nazis y que es adoptado como hijo por un científico norteamericano. El demonio trabajará como parte del gobierno en casos paranormales.

En 2006 concibe El Laberinto del Fauno, cinta igualmente ambientada en la guerra civil española, que narra la historia de una niña y su padrastro, un férreo y desalmado capitán franquista. A la niña se le aparece un mítico fauno, quien le explica que ella es una princesa, y que podrá regresarle a su reino si pasa una serie de pruebas. Debido a su contenido fantástico y a su retrato de la violencia de la guerra, se considera a la cinta como un cuento de hadas para adultos.

2008 traería la secuela de Hellboy: El Ejército Dorado, y tras la cancelación en 2010 de sus planes de filmar El Hobitt, basado en el libro de J.R. Tolkien, Del Toro, junto con Chuck Hogan, ha concentrado sus energías a la elaboración de sus novelas que conforman la Trilogía de la Oscuridad.

Con ideas sobre monstruosos vampiros, que Guillermo ha elucubrado desde hace más de 20 años, nace en 2009, la Trilogía de la Oscuridad, que fue pensada como un escenario para reflejar qué pasaría si una catástrofe sanitaria ocurriera en la ciudad de Nueva York.

En ese contexto la ciudad tiene como amenaza no a un virus, sino a una horda de sedientos y grotescos vampiros que están acabando con la población. Pero esta plaga, los no muertos, hambrientos y salvajes, son obra de un mal ancestral

que ha roto el balance entre las fuerzas ocultas de este mundo.

A lo largo de tres novelas, Nocturna, Oscura y Eterna, Del Toro nos lleva a ser testigos de cómo un científico, un sobreviviente del holocausto nazi, y hasta un luchador mexicano, hacen frente a estas criaturas de la noche.

—¿Un luchador mexicano, Guillermo?

—El personaje está metido en la novela (Oscura). Se llama el Ángel de Plata, y finalmente pelea contra los vampiros. Era un personaje que llevé cargando hasta que encontré un lugar que lo cobijara, y realmente funcionó perfecto en la novela, es uno de mis personajes favoritos", responde el escritor y cineasta, en breve entrevista con El Mensajero. Del Toro narra que siempre quiso hacer una película, un libro, en donde en un momento crucial, hubiera un luchador de 60 años con sobrepeso, retirado, con la rodilla rota y las arterias bloqueadas, que pudiera ponerse la máscara una última vez para luchar contra un vampiro y que nadie se estuviera riendo.

"Creo que todos los objetos tienen alma; a mi carro lo nombré 'Guapo' y le hablo bonito cada vez que lo uso", explica Del Toro, tratando de describir en parte su filosofía de la vida.

El cineasta considera que si no le damos valor a todo lo que nos rodea, la vida se vuelve vacía, pierde su importancia.

"Debemos hacer más ricas nuestras vidas; en mi trabajo trato de envolver toda la belleza que nos rodea", afirma.

Por lo anterior, no es casual que uno de los libros favoritos de Guillermo sea Frankenstein: "es una pobre alma que es abandonada en la tierra por su creador. Es un libro que destruyó mi mundo; para mí es un equivalente del 'paraíso perdido'".

Actualmente, Del Toro desarrolla una versión cinematográfica del monstruo, basada en los dibujos de Bernie Wrightson. Además, el director está metido de lleno en la estructuración de su próxima película En las Montañas de la Locura, basada en el libro de H. P. Lovecraft, y que cuenta con la producción del cineasta James Cameron.

Antes de hablar ante decenas de sus seguidores, reunidos el pasado 28 de septiembre en el Teatro Kabuki de San Francisco, Guillermo Del Toro contestó a nuestras preguntas en exclusiva:

EM: La mitología mexicana, ¿está reducida únicamente a La Llorona o existen otros mitos que merecen ser revisados?

GDT: Sí, sí los hay. Creo que existe una veta riquisísima, que se explotó cuando yo era niño en los sesenta y setenta con la revista Tradiciones y Leyendas de la Colonia ¡Buenísimas todas! Impresionantemente bien llevadas, brutales, interesantes, todo. En la primera época eran leyendas auténticas de la Colonia; después ya empezaron a adaptar cuentos y decían "sucedió en el callejón del sapo", y no era cierto, no había sucedido ahí. Pero esa veta es muy rica.

EM: ¿Qué nos puedes decir sobre el cine de horror en México?

GDT: Creo yo que el cine fantástico mexicano con un toque rulfiano con un toque totalmente no europeo, totalmente no convencional, sería maravilloso de explorar. El problema del horror en México es que es un género que nunca ha tenido el presupuesto que necesita. Siempre se hace como película B, como película C; se hace como película rápida, con Pedrito Fernández (risas). Se hacen películas de terror que no tienen la escala de producción necesaria.

EM: ¿Qué relatos te han parecido más espeluznantes?

GDT: He leído, literalmente, miles de libros de horror. Recuerdo que algunos de los que más me asustaban eran los relatos de folclor vampírico; por ejemplo un librito de Alianza editorial, que se llama Pasaporte a lo Sobrenatural, de Bernhardt J. Hurwood y un librito de editorial Posada, que se llamaba Vampiros vivos, Vampiros muertos. Esas cosas me asustaban".

Así lo dijo Del Toro:

•"Yo soy un tipo que a la vez ha experimentado cosas raras en la vida: he visto un ovni, vi un fantasma, algunas cosas rarillas; pero normalmente no soy alguien crédulo, no creo que haya dioses cósmicos malignos como lo dice Lovecraft, pero como mitología es muy atractivo".

•"Le temo a aquellos que se supone que son los más rectos y que dan sermones, son los peores. A los políticos les tengo miedo".

Actualmente, Del Toro desarrolla una versión cinematográfica de Frankenstein, basada en los dibujos de Bernie Wrightson

---

Sólo Queda Reirnos

Arturo Varela

Al Día
Philadelphia, PA

El talento hispano ha convertido los absurdos ataques anti-inmigrantes en inspiración para unir a personas de distintas etnias en EE.UU. a través de la risa.

En medio de un debate nacional en el que los latinos son presa de acusaciones por parte de anti-inmigrantes, y objetivo de medidas contra indocumentados que cada vez se tornan más absurdas, los comediantes mexicoamericanos convierten estos ataques en inspiración para celebrar la diversidad cultural de EE.UU. y para unir a personas de distintas etnias a través de la risa. Han pasado más de 30 años desde que el pionero de la comedia latina, Cheech Marín, inundó las pantallas de la nación junto con Tommy Chong, explotando los estereotipos de los hispanos. En los noventas, reconocidos comediantes como Paul Rodríguez y Carlos Mencia encontraron trabas para presentarse en clubes en Los Ángeles. Hoy, experimentados comediantes como George López, han llegado a los horarios estelares de la televisión nacional, mientras Gilbert Esquivel, con menos experiencia, resultó hace pocos días ganador del programa de televisión "Last Comic Standing" gracias al voto no sólo de los hispanos, sino del público general. Quizá su triunfo es una señal de aceptación del cambio demográfi co que atraviesa la nación, y de que la sociedad estadounidense. Como dijo Gilbert Esquivel: "No son los comediantes hispanos los que tienen que cruzar al mercado anglo, es EE.UU. el que tiene que cruzar al mercado hispano".

FELIPE ESPARZA

"La ley de Arizona es una locura, si me deportan por error voy a usar la misma excusa que uso cuando me corren de un club nocturno, les voy a decir que yo ya estaba aquí, y que mi tarjeta de crédito se quedó adentro", dijo el mexicano Felipe Esparza, quien ganó esta semana del programa de NBC, "Last Comic Standing". A pesar de que el sinaloense utiliza el humor étnico en sus rutinas, bromea diciendo que no le gustan los estereotipos de los latinos. "No todos los mexicanos somos trabajadores", dijo Esparza. "Hago bromas de mi comunidad, cuando hablo del restaurante que está estacionado afuera de mi casa, los latinos saben que hablo de un puesto de tacos, cuando hablo de Comunidades Seguras saben que las ventanas, la puerta trasera, y todo en mi casa tiene rejas". Esparza emigró a EE.UU. con su familia cuando tenía dos o tres años, y se crió en Los Angeles, relató. "Mi barrio era de afroamericanos y después se volvió latino y vietnamita, sin importar de dónde era cada persona, todos aprendieron español y a disfrutar el mole". Según Esparza, su comedia pretende borrar divisiones sociales, y celebrar la diversidad cultural de EE.UU.. "Si eres latino y ves afroamericanos y blancos riéndose de chistes latinos, mi comedia hace que te sientas orgullosos de quién eres". El humor para los hispanos es particularmente importante en momentos en los que la nación atraviesa un fuerte debate migratorio y en el que los latinos muchas veces son presentados como criminales o delincuentes para justifi car medidas extremistas, como la ley 1070 de Arizona, según Esparza. "Los latinos son el hazmerreír de la inmigración, todo mundo habla de los mexicanos, y cuando piensan en indocumentados no piensan en asiáticos, piensan en latinos". Entre los personajes del debate migratorio, Esparza reconoce al alguacil del condado Maricopa, Joe Arpaio, como el más polémico. "Yo lo llamo 'Pinky', porque hace que los presos usen ropa interior rosa, pero no es tan conocido, y por más que intenta, no ha hecho el 'crossover' a los medios principales como nosotros los latinos". "Ahora hay más oportunidades para comediantes hispanos con canales como Mun2 y MTV Tr3s. Antes solo existía 'Qué Locos'", dijo Esparza en referencia al programa del comediante Mike Robles transmitido por Galavision en los noventas. Fue el primer programa latinos que cruzó al mercado anglosajón". "Es más difícil ser un comediante latino que ser blanco o afroamericano, porque la gente piensa que los latinos solo hacen chistes étnicos, pero los comediantes latinos ya no serán vistos de tal manera, sino simplemente como comediantes. Hay gente que dice 'no puedo creer que este tipo ganó, no puedo entender lo que dice'. Pero pueden decir lo que quieran porque acabo de ganar 250 mil dólares".

ALEX REYMUNDO "Hay algo obviamente mal sucediendo en inmigración, hay mucha tensión social y racial, pero una vez que los blancos, los latinos y los afroamericanos nos juntamos y reímos, esta tensión desaparece", dijo Alex Reymundo, considerado uno de los reyes de la comedia latina en EE.UU. junto con George López y Paul Rodríguez, y quien recibió su primer premio ALMA en el 2008.

"Si yo expreso un mensaje directamente y alguien no está de acuerdo conmigo puede bloquearme, pero cuando hago un chiste al respecto la gente está más abierta a entender lo que yo quiero". Para la fi esta mexicana del 5 de Mayo, Reymundo tuvo una

ALEX REYMUNDO

presentación en Arizona a pesar de que grupos pro-inmigrantes lo instaron a boicotear al estado por la aprobación de la ley 1070 que pretende criminalizar a indocumentados. "Para otros puede ser efectivo el boicot, pero para mí no, mi voz es mi arma más fuerte, y dejar de hablar no tiene sentido. Yo prefiero ir al estado y ver a quién puedo convencer de participar en un debate intelectual". Aún así, Reymundo, a quien trajeron a EE.UU. a los dos años de edad y hoy tiene 45, dijo que no sabe cuál es la solución a los problemas migratorios de la nación. "No podemos deportar a todos los indocumentados, pero tampoco podemos dejarlos aquí". "Me gusta bromear sobre la familia y los números, lo ruidoso que somos los latinos, como cuando hay 20 personas viviendo en una casa o el crecimiento de la población hispana". "Los estereotipos en general son chistosos porque son verdaderos hasta cierto grado, aunque son exagerados, pero me gusta respaldarlo siempre con un toque positivo inspirado en mi familia". Entre estos estereotipos se encuentra el de los latinos que se criaron en zonas rurales blancas, y a los que Reymundo se refi ere como "hickspanics" y "rednexicans", una fusión de términos peyorativo para hispanos y blancos de bajo nivel socio-económico. Reymundo, un mexicano de Acapulco casado con una sureña de Kentucky, bromea diciendo que sus hijos

califi can dentro de estas categorías. "Tengo un acuerdo con mi familia, ellos saben que puedo decir lo que quiera de ellos y así podemos seguir comiendo". "Las oportunidades para los latinos en el entretenimiento y la comedia son altas en este momento", dijo Reymundo, quien le dio el crédito a Cheech Marín, Paul Rodríguez y George López por abrir las puertas de la comedia a otros latinos, como Felipe Esparza, quien esta semana resultó ganador del Programa de NBC, "Last Comic Standing". "El hecho de que un latino ganó un programa estelar de televisión demuestra que los latinos somos fuertes en número y que hay sufi ciente gente de distintas etnias apoyándonos", dijo Reymundo. "Las oportunidades son increíbles y estamos tomando el reto".

"Yo no entiendo por qué los latinos y los mexicanos están tan enojados con eso de la inmigración, no se preocupen, no van a encontrar a 12 millones y a regresarlos si no pueden encontrar a un árabe en una cueva, y no han encontrado a Waldo ni a Carmen San Diego", dijo Gilbert Esquivel, quien fue uno de los responsables de la explosión de comediantes latinos en EE.UU. en los noventas.

"Y menos cuando la mitad de inmigrantes son más blancos que muchos estadounidenses, y todos somos tan diferentes", dijo Esquivel, quien considera que las crecientes medidas contra indocumentados en la nación no son la solución a los problemas migratorios. "No se dan cuenta que tratando de sacarlos de aquí están creando un mayor problema".

"Cuando voy a Arizona, digo que soy Filipino", dijo el mexicoamericano nacido en Idaho en referencia a la ley 1070 que considera se presta para el perfi l racial. La primera vez que Esquivel pisó un escenario fue de manera espontánea. "Fui a ver a un comediante y él pensó que podía burlarse de nosotros, pero eso es lo que hacemos mejor los mexicanos, molestarnos todo el tiempo, así que le contesté y me subí al escenario". "Hago chistes étnicos porque crecí con gente blanca y afroamericana, y con diferentes tipos de mexicanos, tejanos, rancheros, y chilangos", dijo Esquivel. "Mis padres eran inmigrantes trabajadores de Texas, ahí es de donde venían antes, ahora vienen de México". "La comedia puede aligerar lo que las personas toman en serio, es una herramienta poderosa para educar, conectar a la gente. Hacer que la gente se ría, piense y hacerles llegar un mensaje de paz", dijo Esquivel, quien se considera cristiano, "pero solo los martes", bromeó. Cuando Esquivel comenzó su carrera en Los Angeles se topó con la negativa de los clubes de comedia que consideraban que su humor era "demasiado étnico", para causar risa entre los anglosajones. Así fue como decidió abrir su propio club para comediantes hispanos, junto con Will Parcela, hace aproximadamente 20 años. "En ese entonces, ni a Paul Rodríguez lo dejaban presentarse, ahora los clubs de Hollywood nos quieren, pero nosotros ya no los necesitamos". Para Esquivel, el futuro de la comedia latina está en las películas. "Vamos a necesitar a un Spike Lee, y una vez que comencemos a hacerlo, el resto nos seguirá, y Hollywood va a llorar, antes nos cerraban las puertas, ahora van a rogarnos", dijo Esquivel, quien planea producir una película titulada "Vampire on East LA". "Es una película que escribí para un productor y cuando me di cuenta que iba a cambiarla para el mercado anglosajón, decidí que yo mismo la haría, es puro humor latino para latinos que hablan inglés, pero no somos nosotros los que tenemos que cruzar al mercado anglosajón, es Estados Unidos el que tiene que cruzar al mercado latino".

GILBERT ESQUIVEL

Una ópera bien ranchera

Jesús Del Toro

Rumbo de Houston
Houston, TX

La música de mariachi es fiesta, es nostalgia, es amor realizado o despechado. Es la música que da el toque final a la celebración, ilumina la serenata de los amantes, evoca a México dentroy fuera de sus fronteras. Es el alma de la plaza Garibaldi en México DF, el orgullo de Coculayde Tecalitlán, Jalisco, y una poderosaherencia cultural para innumerables mexicanos y organizaciones mexicanas en Estados Unidos y otras partes del mundo. El género ranchero —el mayor aunque no el único que define la música de mariachi—se ha encarnado en películas clásicas, en palenques y conciertos, en la radio, la TV, el iPod y el MP3. Pero aunque la fuerza narrativa, el valor musical y la emotividad del rancheroy del mariachi sonenormeseindudables, estamúsica mexicanahabíaestadoausente en el ámbito del teatro musical y de la ópera. Hasta ahora. La HoustonGrand Opera(HGO) realizará el 13 de noviembre el estreno mundial de la primeraópera mariachi: 'Cruzar lacara dela luna' ('To Cross the Face of the Moon'), con música compuesta por el mexicano José 'Pe p e' Mar tínez, líder del Mariachi Vargas de Tecalitlán, y libreto de Leonard Foglia, autor y director estadounidense de ópera y teatro musical.

La primera ópera mariachi esla historiade un inmigrante mexicanoque, cuandose aproximasu muerte, cuentaa sus hijosestadounidenses sobre su llegada a Estados Unidos y les revela que tienen una familia que se quedó en México.

El propio Mariachi Vargas se encargará de la música ydestacados cantantes interpretarán los diferentes papeles de la obra, que se estrenará en una versión ópera-concierto. Del 3al 5

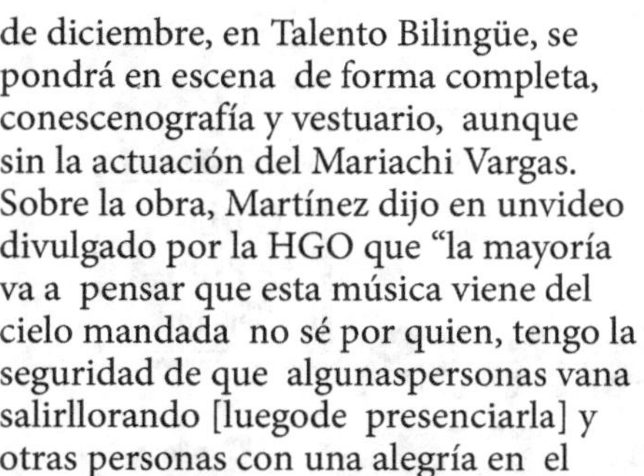

de diciembre, en Talento Bilingüe, se pondrá en escena de forma completa, conescenografía y vestuario, aunque sin la actuación del Mariachi Vargas. Sobre la obra, Martínez dijo en unvideo divulgado por la HGO que "la mayoría va a pensar que esta música viene del cielo mandada no sé por quien, tengo la seguridad de que algunaspersonas vana salirllorando [luegode presenciarla] y otras personas con una alegría en el corazón que no creo poder explicar". '

Cruzar la carade la luna' esnotable, no sólo por ser el primer ejemplo del mariachi y el ranchero en unaproducción escénica/operística sino porque contribuye a devolver la majestad al canto que una vez tuvo como máximos exponentes a grandes vocescomo Jorge Negrete, Pedro Infante o Javier Solís, pero que en años recientesseha sumido, salvoexcepcionescomo VicenteFernández yel propio Mariachi Vargas, en loque se podríallamar el 'ranchero pop' o 'ranchero light', donde el virtuosismo del cantante y del mariachi se han diluido.

"La músicaranchera nueva, denuestros días, o ranchera pop, es otro estilo, otra calidad pero la música ranchera bravía requiere de una técnica que no cualquier persona puede tener", comentó Octavio Moreno, barítono queinterpretael papel principal delaópera. 'Cruzarlacaradela luna' retomaesa tradición de alto nivel en la composición y el canto de los clásicos del mariachi y del género ranchero.

Esta obra surgió deuna afortunadaconfluencia. Anthony Freud, director general de la HGO, contó a RUMBO su profunda impresión cuando, hace dos años y medio, acudió a un concierto del Mariachi Vargas de Tecalitány quedó impresionado por la calidaddela música, por su fuerza dramáticaysu belleza vocal que él halló equiparablesa lamúsica operística. "Investigué y resultó que no había habido nunca una ópera mariachi, y para mí la conexión fue muy obvia porque las dos formas de arte son extraordinariamente emotivas", explicó Freud.

Freud decidió asumir el reto y crear con la HGO la primera ópera mariachi. Para ello, invitó a creadores de primernivel yoriginalidad, puessu objetivofue siempre lograr un producto auténtico y no una obra meramente folclorista o quereciclara canciones o historias ya escritas. Freudrecurrió a Foglia, un destacado autor y director con experiencia tanto en óperacomo enteatromusical yqueconoce biena México (vive una buena parte del año en Querétaro) y a Pepe Martínez, director del "extraordinariamente virtuoso" Mariachi Vargas, en palabras de Freud. Pero al mismo tiempo que la ópera mariachi debía ser auténtica y original, también debía ser universal. 'Cruzar la cara de la luna' aborda el tema de la inmigracióndе México a Estados Unidos, de la separación y el reencuentro de familias, del valor de la herencia cultural y de la armonía entre sociedades diferentes pero interconectadas.

El Mariachi Vargas de Tecalitlán presentará 'Cruzar la cara de la luna', con música de su director Pepe Martínez y libreto de Leonard Foglia . Foto: Cortesía

La obra "va dirigida al mundo entero, no es nada más para ungrupode personas, es para todoel auditorio mundial...porquela músicaentraporel corazón, no necesita idiomas", dijo Martínez.

"Es una historia de inmigración y migración" que seda entodo el mundo, dijo Fogliaa RUMBOy añadióque esacircunstancia mueveala gentea preguntarse "¿dónde está el hogar, qué es el hogar?", cuestiones que están en el corazón de 'Cruzar la cara de la luna" y de todo ser humano en general.

El propio Foglia señaló que la inspiración le viene desu padre, uninmigranteitaliano, pues los significados y las emociones de la emigración son cuestiones universales que trascienden una región y unaépoca. Las mariposas monarca, hermosos insectos que migran desde Canadá a México a través de Estados Unidos, son símbolo de 'Cruzar la cara de la luna' y un motivo poético continuo en ella.

La composición de esta ópera mariachi fue encargada por la HGO en el marco de su proyecto 'Song ofHouston', queretrataladiversidad cultural dela CiudadEspacial ybusca, indicóFreud, explorar el futuro del arte de la óperaconnuevas formas y direcciones, algo único entre las grandes compañías operísticas de Estados Unidos. Y para el propio género ranchero esta obraes también unhallazgo notable. 'Cruzarla carade la luna' "despertará el gigante dormido de la música de nuestro pasa doy posiblemente a traerá alas nuevas generaciones y demostrará que el género ranchero es algo muy bonito y de mucha calidad", dijo Moreno.

Freud agradeció el apoyo de diversas instituciones, entreellas el Consulado General de México en Houston, por su ayuda en las primeras gestiones del proyecto'Cruzarlacara delaluna', ydestacóel apoyo económico de $400,000 que entidades aportaron para hacer esta obra posible. Entre ellas figuranla AndreW. Mellon Foundation, Chevron, Bankof America, AmericanExpress, Gruma, The Humphreys Foundation e Imperial Sugar.

30 Alritmode...

Roberto Carlos
BUSCA UNA CANCIÓN DE AMOR

BRONZE AWARD

El Diario La Prensa
New York

Roberto Carlos: Busca una canción de amor

Heriberto González-Andino

HERIBERTO GONZÁLEZ-ANDINO/LA VIBRA

NUEVA YORK — A unos días de cumplir 69 años y en plena celebración de cinco décadas de carrera profesional, el cantautor brasileño Roberto Carlos confiesa que aún no ha escrito la canción de amor que siempre ha deseado hacer.

"No sobre un tema de los que ya he escrito porque ya he abordado casi todo, pero siempre digo que quiero hacer una canción de amor que hable del amor de una forma que todavía no he hablado", dijo vía telefónica Roberto Carlos desde Brasil.

"Decir el amor en su forma más sublime, más grandiosa y creo que en cualquier momento voy a encontrar esta canción que aún no he hecho", agregó Roberto Carlos, quien hoy recibirá en Nueva York un premio especial de la

CLAUDIASCHEMBRI
El cantautor brasileño Roberto Carlos se presenta el 16 y 17 de abril en el Radio City Music Hall, en Manhattan.

BRONZE AWARD

El Mensajero
San Francisco, CA

Julieta Venegas, tierna y salvaje

María Antonieta Mejía

La cantante mexicana ofrecerá un concierto en Oakland en pleno embarazo

Julieta Venegas:

[illegible]

Con su suave acento norteño y una naturalidad que no puede más que caer bien, Julieta Venegas inició una charla telefónica con El Mensajero para hablar de su nueva producción musical, Otra cosa, y de otra producción todavía más personal: la que se gesta dentro de su vientre desde hace cinco meses.

—Me contaron que estabas embarazada. ¿Cómo te va con esta nueva experiencia haciendo giras y viviendo a *full* tu carrera?

sorpresa; tampoco dio señales de querer hablar acerca de quién es el padre de la criatura.

De lo que sí quiso hablar es acerca de lo que pueden esperar los *fans* que acudan a uno de los conciertos de su actual gira, como al de Oakland el próximo 5 de mayo.

"Estoy presentando bastantes canciones del disco nuevo, del Otra cosa, que acaba de salir hace como un mes, y es la primera vez que vamos a Oakland, Oakland, [antes] habíamos ido a San Francisco, así que

música, como la revista *Rolling Stone*, califican su más reciente producción como cargada de ternura, Julieta prefiere que se la perciba como una cantante menos tierna, más compleja.

"Creo que más bien como que hay gente que le da ternura mi voz, pero no es algo intencional. No es como que yo estoy intentando causar ternura. Me parece demasiado inofensivo el sentimiento, digamos, si solamente es ternura. Me gusta más combinarlo con otras cosas, igual con triste

8 AGOSTO 21 DEL 2010 EL MUNDO / LAS VEGAS, NV

[illegible]

Proclaman "Día de Pepe Motta en Nevada"

[illegible]

BRONZE AWARD

El Mundo
Las Vegas, NV

Proclaman "Día de Pepe Motta en Nevada"

Valdemar González

Por Valdemar GONZÁLEZ

[illegible] najeado por la Legislatura de Nevada al dedicarle el 6 de [illegible] trabajo artístico y cultural lo merecen, dijo al micrófono el asambleísta Rubén Kihuen al momento de entregar la proclama luego que el músico ejecutó a los teclados canciones como Alfonsina y el mar.

[illegible] comunidad hispana del sur de Nevada el pasado viernes [illegible] entregarle a Pepe este reconocimiento porque se lo merece, como persona y por su impresionante trayectoria artística y cultural", dijo el asambleísta por el distrito 11 Rubén Kihuen.

Antes de entregar la proclama Kihuen leyó los considerandos a lo que siguió el aplauso de la gente reunida en el restaurante "Rincón de Buenos Aires", uno de los sitios preferidos de la comunidad argentina y donde hubo gente [illegible]

[illegible] la distinción y continuó interpretando piezas como Ca- [illegible]

El asambleísta demócrata Rubén Kihuen lee la proclama y Pepe Motta, a la derecha, escucha.

suspirar a muchos.

Esa velada del viernes 13 de agosto en el "Rincón de Buenos Aires", cuando Kihuen leyó los motivos por los que se otorgó la proclama mucha gente se enteró por primera vez [illegible]

[illegible] trabajo como compositor, arreglista y productor. Por dos años consecutivos fue considerado como uno de los "Productores latinos más famosos", según la revista Billboard; [illegible]

Tango como lo siento

Ha hecho arreglos, dirección y producción para grupos de música regional mexicana, tocado en diversos escenarios [illegible] musical ha sido más comunita[...] argentina e hispana en sus ev[...] tiene producción musical com[...] siento".

[illegible] lo retiró de las actividades artís[...] [illegible] "Inspiración" y "Rincón de Bu[...] [illegible]

[illegible] Rincón de Buenos Aires acompañado de Sergio Eduardo

OUTSTANDING ENTERTAINMENT ARTICLE, UNDER 30,000

Rocío Sánchez Azuara

Patricia López

El Nuevo Heraldo
Brownsville, TX

Más de 30 años de carrera periodística y en la comunicación, Rocío Sánchez Azuara regresa con más fuerza para brindar consuelo a la gente que la necesita a través de su programa "Cosas de la Vida".

Emocionada de regresar a lo que llama "su casa", la conductora mexicana, Rocío Sánchez Azuara, regresa y recupera su lugar en TV Azteca estrenando "Cosas de la Vida", Talk Show original que iniciara a mediados de los noventas en la televisora del ajusco.

Y es precisamente "Cosas de la Vida" el que convertiría a la talentosa periodista, en la primer mujer en México en adoptar el formato de talk show con su programa de sentido social.

"Bueno, si fui la primer mujer al adoptar este programa y transmitirlo completamente en vivo, sin embargo en México ya lo manejaba Nino Canún, quien fue el pionero de los talk shows", aclara la guapa periodista, quien concedió un espacio para este medio.

Rocío, quien los últimos seis años y medio estuvo radicando en la ciudad de Miami Florida, hoy se siente muy contenta de estar nuevamente en su México querido, y asimismo, comparte la experiencia de su primer día de grabaciones.

"Mi primer programa fue fantástico", dijo expresiva. "Lo importante es que tenemos una energía muy fuerte como equipo y estamos muy enfocados en una misma meta", explicó la conductora a la vez que dijo estar agradecida con TV Azteca y debérselo a su amigo y productor de Cosas de la Vida, Roberto Romagniolli.

EXPECTATIVAS A SU REGRESO

"Hay muchas expectativas de mi regreso y estoy segura que las vamos a superar. En el programa vamos a llorar juntos, a reír, a enojarnos pero sobre todo a solucionar los problemas de la gente", argumentó.

Y es que la llegada de Rocío Sánchez Azuara a TV Azteca se dio en un ambiente de expectaciones, con la salida al aire del programa "Laura de Todos", de la conductora peruana Laura Bozzo, quien salió supuestamente de la empresa por discrepancias para irse a Televisa.

"Como sabrán, yo soy una mujer respetuosa, no soy grosera ni gritona, pero sí soy una persona muy entrona en donde juntos vamos a encontrar una solución a esas cosas tan importantes de la vida", declaró la conductora, quien dijo que "Cosas de la Vida" era un programa comprometido con la gente.

A CONDUCTORA OJIVERDE Sánchez Azuara regresa con su programa Cosas de la Vida".

SIN COMPETENCIA CON OTRAS CONDUCTORAS DE TALK SHOWS

Sánchez Azuara, quien tiene un estilo y un sello único como conductora dijo no tener competencia en México dentro de los talk shows.

"De entrada mi raíz es periodística, yo me formé en noticias TV Azteca. Tengo una visión realmente diferente de ver las cosas, ya que conozco el teje y maneje de lo que se debe y no se debe hacer, y ante todo, en TV Azteca lo primero que se tiene que respetar son los principios y los valores", exclamó la talentosa mujer, quien agregó, "tenemos que tener pero mucha, (repite) mucha ética profesional porque hay que respetar a la empresa por la que estamos dando la cara", señaló la conductora al diferenciarse de otras.

La guapa ojiverde dejó bien claro que regresó a TV Azteca porque allí había que ser bien congruente con lo que uno dice y uno hace. "Entonces está perfecto, pero cuando hay hipocresía de por medio entonces dices, ¡hay que flojera!, a qué vine", argumenta.

UN PROGRAMA 100 POR CIENTO HUMANO

"El talk show que presentamos es cien por ciento humano, es una plataforma para el pueblo, en el programa no hay estrellas, nos dedicamos todos a trabajar", dijo Rocío, quien afirmó que el equipo trabaja fuertemente al dar lo mejor de cada uno a nivel profesional, y de cuidar todos los ángulos que se tengan que cuidar.

"Pero... ¿De qué te estoy hablando? del tema del programa que es sumamente importante, del rating, de las ventas, de la imagen, de todo. Esto es una tarea a la cual todos nos sumamos para que Cosas de la Vida sea un programa verdaderamente aceptable para todos", repitió.

DEFIENDE CÓMO SE TRABAJA EN MÉXICO

Asimismo, Rocío Sánchez Azuara reiteró su gusto de estar trabajando en México, y aunque le fue bien en Estados Unidos, dijo que la televisión latina sobre todo la que se transmite en ese país dejaba mucho que desear.

"A pesar de haber hecho en Miami el tak show "Rocío", ellos nunca se

pudieron adaptar al verdadero concepto del talk show", dijo algo seria.

Además de que trabajar en Estados Unidos le resultara, en cierta forma, una incongruencia en cuanto a sus convicciones cívicas que se alejaban de la realidad.

"Ellos tienen otro concepto totalmente diferente de lo que nos interesa a nosotros los mexicano, de lo que celebramos, de lo que son nuestras raices. Allá (Estados Unidos) le dan más importancia al 5 de mayo fecha en que ven como nuestra independencia y nada que ver", exclama Rocío.

"Fue una fecha muy importante porque ganamos la batalla de Puebla pero para nosotros los mexicanos que venimos de México, es el 16 de septiembre Día de la Independencia, con nuestros héroes Miguel Hidalgo y Costilla, Doña Josefa Ortiz de Domínguez, Morelos, etc... que por cierto, este año estamos de fiesta por los 200 años de independencia", dijo.

Acordó también que los mexicanos tenían un estilo muy propio para hablar, para expresarse. "Tenemos muchos modismos, el español del mexicano es el mas rico, ya que utilizamos muchas palabras para decir lo mismo", expresó la periodista, conductora, y productora, quien concluyó diciendo ¡Qué orgullo ser mexicana!

Un Superhéroe en la pantalla

Gissela Santa Cruz

Ahora Sí
Austin, TX

Un latino lucha por alcanzar la venganza y hacer justicia en Machete, el nuevo filme de Robert Rodríguez

Machete, la tan esperada película del cineasta local Robert Rodríguez, no sólo está llena de acción pero también está cargada de controversia. Y aún no se estrena.

Joaquín Avellán
Associated Press
Danny Trejo protagoniza la nueva película de Robert Rodríguez.

"La película fue hecha para el entretenimiento de la gente", dijo Danny Trejo, protagonista de la cinta. "Pero tal vez lo que hará es abrir los ojos a la gente sobre lo que posiblemente está pasando en la frontera". Trejo añade en la entrevista en inglés que sobre todo, la película es divertida.

Pero los críticos ya han puesto la película, escrita por Rodríguez y su primo Álvaro Rodríguez, en un dilema. Localmente, Machete enfrenta perder incentivos fiscales del estado que típicamente reciben los proyectos filmados en Texas. Al nivel nacional, tiene el potencial de ser un arma para las posturas del debate de la reforma de inmigración.

La película, la cual se estrena el viernes 3 y tiene su estreno regional el jueves 2 de septiembre en el Teatro Paramount de Austin, ha sido calificada como una "exploitation film", o mejor dicho "Mexploitation", el término de la industria usado para describir una película que explota un tema que a veces llama la atención de la crítica y sus seguidores.

En este caso, el tema es el problema de corrupción que existe en ambos lados de la frontera entre México y Estados Unidos.

La cinta, filmada en Austin, cuenta la historia de un ex federal mexicano conocido como "Machete" —por el uso de su arma favorita— quien está exiliado en Estados Unidos después de desobedecer órdenes de no perseguir a un narcotraficante poderoso llamado Torrez (interpretado por Steven Seagal).

En una trampa dirigida por agentes mexicanos y el mismo Torrez, Machete es testigo del asesinato de su esposa a manos de Torrez. Después de encontrar una vida como jornalero en una ciudad ficticia en Texas, Machete se encuentra en una trampa que lo lleva de nuevo a enfrentar a Torrez.

Las escenas y personajes son tan exagerados que han atraído la atención de los críticos. Uno de estos personajes es el teniente Stillman, un vigilante de la frontera (interpretado por Don Johnson) quien es muy similar al alguacil Joe Arpaio del condado de Maricopa en Arizona quien ha proclamado su meta de sacar a los inmigrantes de su condado. En la cinta, Stillman usa la violencia para lograrlo.

Robert DeNiro interpreta el papel de McLaughlin, un senador texano que usa la plataforma anti-inmigrante en su campaña de reelección. Su lema pide a sus votantes que protejan la frontera de los inmigrantes "parásitos". Pero también incluye clichés culturales mexicanos y chicanos muy divertidos como la referencia a las piñatas, la comida mexicana, los autos lowriders y el orgullo mexicano.

En términos sencillos, los latinos son los buenos y los blancos son los malos.

La imagen positiva de los latinos es algo que intenta mostrar en sus películas, dice Rodríguez."Algunos cineastas hacen una película latina y luego se desaniman cuando la gente latina no va a verla", señala. "Lo que yo hago es hacer una película popular, para una audiencia universal donde el latino tiene un papel positivo y la audiencia latina tiene el orgullo de ver eso".

Machete está llena de violencia, estereotipos y desnudos, lo cual, mezclado con un sentido del humor oscuro, es tal vez lo que ha provocado

tanta discusión.

En Texas, la comisión estatal de cine otorga incentivos fiscales a cineastas que filman en el estado. Los ahorros, de 5% a 17.5% en impuestos según el proyecto, resultan en una gran cantidad de empleos. Para que una película reciba estos beneficios, tiene que seguir algunos criterios, incluyendo evitar proyectar una imagen negativa de Texas, algo que muchos profesores de cine y de las leyes dicen que es un criterio escrito en forma muy ambigua.

Elizabeth Avellán, productora de la película, opina que Machete no da una mala imagen de Texas."Sabes, en cada estado sin duda han existido políticos corruptos", dijo Avellán al diario Austin American-Statesman. "Y en la película, el político en este caso es un títere de los villanos. El político es el que es manipulado. Siempre habrá un villano y tendrá que venir de algún lugar. En este caso, el villano es de México y enreda a un tipo de Texas. La manera de representar a Texas no es mala en absoluto, en realidad es divertida".

El locutor de la difusora local KLBJ y anfitrión de un programa político sindicado, Alex Jones, originalmente no estaba de acuerdo. En una entrevista con el diario Fort Worth Star-Telegram en mayo, Jones dijo que la película no debería recibir incentivos fiscales porque daba la imagen de que los anglosajones son "asesinos". En una entrevista más reciente con el American-Statesman, Jones dijo que la película debería recibir fondos, pero sólo porque el gobierno no debe controlar qué tipo de películas se producen en Texas.

El debate sobre los incentivos estatales se inició cuando Rodríguez lanzó el trailer de Machete en mayo. El lanzamiento llegó justamente después de que se aprobó en Arizona la ley anti-inmigrante SB 1070. En el trailer, Trejo usa el personaje de la película para decir, "Este es Machete con un mensaje especial del Cinco de Mayo… para Arizona". Lo que sigue son imágenes de la película que muestran violencia, explosiones, y la rebelión de unos inmigrantes.

El trailer encendió el debate nacional de que la película sería un arma para ambas posutras de la reforma de inmigración. Rodríguez no piensa que la película tenga un impacto directo en el tema.

"Yo creo que todos quieren una reforma de inmigración. Todos quieren que suceda un cambio, y lo que está pasando ahora es que no se está haciendo nada", dijo Rodríguez. En la película se puede ver lo que pasa cuando nada cambia "y la gente tiene que crear sus propias soluciones".

La película parece haber sido creada por los titulares noticiosos, la realidad es que este es un proyecto que nació hace más de 10 años, señala Rodríguez.

"Hace tiempo, tuve la idea del personaje de Machete, y cuando trabajé por primera vez con Danny (Trejo), supe que él sería Machete", dijo Rodríguez. El cineasta primero presentó un trailer falso de la película en 2007 como parte de la película Grindhouse, la cual fue dirigida por Rodríguez y Quentin Tarantino.

"Lo que revela Machete es que existe corrupción en ambos lados de la frontera. Y eso es un tema que nadie quiere tocar", dijo Rodríguez. "El tema de la inmigración está en el fondo, sí, pero hay otros temas que han sido presentados para que el público decida por sí mismo ".

De preso a héroe

El actor méxico-americano Danny Trejo por más de 25 años, eha dado vida a algunos de los personajes más intimidantes, la mayoría papeles pequeños en más de 125 películas según www.imdb.com, incluyendo Blood In, Blood Out (Sangre por sangre), Anaconda, Con Air (Riesgo en el aire), y Desperado (Pistolero). Por primera vez realiza un papel principal en Machete.

"Tiene la cara muy asombrosa en la historia del cine", dijo Robert Rodríguez, director de Machete, y quien ha usado al actor en seis de sus películas. "Desde la primera vez que lo conocí, supe que él interpretaría el papel de Machete".

Pero Trejo no siempre llevó la buena vida que le ha brindado su trabajo en Hollywood.

Trejo, de 66 años, pasó 11 años en la cárcel, la mayoría de ese tiempo en los años 60. La mala influencia de un tío y la adicción a las drogas a una edad muy temprana —a los 10 años fue detenido en un centro juvenil por un asalto y a los 12 probó por primera vez la heroína— fue la combinación que lo llevó a la delincuencia.

Pero cuando salió de la cárcel por última vez en 1968, decidió cambiar su vida. Primero, se inscribió a un programa de Alcohólicos Anónimos y luego a un programa similar para drogadictos. Después se convirtió en consejero de estos programas ayudando a otros adictos.

En 1985, durante una llamada de un adicto a quien ayudaba, se encontró en un estudio de cine donde filmaban Runaway Train (El tren del infierno). Allí alguien lo reconoció como un campeón de boxeo del sistema de cárceles en California y le pidió que fuera un actor de boxeo en la película. De allí, todo cambió.

"Siempre he dicho, que todo lo bueno que me ha sucedido ha sido el resultado directo de ayudar a alguien más", dijo Trejo. ¡ahora sí! habló con Trejo una semana antes del estreno de Machete.

¡ahora sí!: ¿Cómo se siente tener tu propio papel principal?

Trejo: Es algo maravilloso. Es muy divertido y algo estresante, porque tengo que estar seguro de dar lo mejor de mí para este papel.

¿Tienes algo en común con Machete?

Machete es alguien que nunca da un paso atrás. Y yo creo que en alguna parte de mi vida, no tenía la opción de dar un paso atrás. Siempre tuve que moverme hacia adelante. De esa manera, pude entender un poco a Machete.

¿Cómo aseguraste que tus tres hijos, ya adultos, no cometieran algunos de tus errores?

Les pude mostrar lo que me costó a mí. Les dije, 'quieres seguir malos pasos, éste será el precio'.

¿Aún sigues como consejero?

Sigo hablando con jóvenes en centros de detención juvenil y en escuelas. Mi mensaje para ellos es simple: Hay tres hechos seguros: los maleantes nunca tienen dinero, los pandilleros van a la cárcel y la gente que ayuda a otra gente, siempre tiene una buena vida. Les digo que nada bueno viene de actos malos. La clave es la educación. Les digo, una persona que termina la prepa gana más que alguien que abandona sus estudios; y alguien que va a la universidad gana más que el que sólo terminó la prepa.

—Gissela SantaCruz

BRONZE AWARD

La Voz Bilingüe
Denver, CO

Get ready to reach new Heights!

Joe Contreras

CHICANO
HISPANA
LATINO

Get ready to reach new Heights!

JOE CONTRERAS

The curtain rises, the orchestra's Latin rhythms begin and as the massive urban set is revealed one senses something special is about to unfold, and it does. "In the Heights" does not disappoint. This energizing musical takes its audience on a roller coaster ride of emotions that will leave many wanting to get back in line to ride again and again. You will laugh, cry and dance in your seat, often all at the same time. The performance grabs hold of you and doesn't let go, nor do you want it to.

Bilingual musical promises to wow Denver

Image courtesy of In the Heights production

While you may not have heard about this highly acclaimed Tony & Grammy Award winning bilingual musical, by Cinco de Mayo it promises to be the talk of all of Denver. Universal Pictures recently announced that the show will be made into a motion picture directed by Kenny Ortega of "High School Musical" and more recently, Michael Jackson's "This is It." Many top Latino recording artists and actors are expected to take part, but the film's star will be the play's music and lyrics writer Lin-Manuel Miranda.

"In the Heights" has been referred to as one of those rare occurrences that come along once in a generation. What "West Side Story" was to the boomer era, "In the Heights" is to today's X, Y and Millennial generation. But unlike its predecessor of more than 50 years ago, there are no gangs or killings. It is the story of the pursuit of the American dream, of young love and of tradition in an ever changing and challenging society.

The story is based on a book by Quiara Alegría Hudes. Like many college students Nina has returned home for summer break, only she is hiding a devastating secret from her very proud father. She is the first in the family to make it into a top university. Her father, Kevin, has sacrificed nearly everything he owns to make sure she can attend. Her community of Washington Heights, a northern suburb of Manhattan in New York, welcomes home their aspiring native daughter. Everyone is so proud that she has made it out of the barrio to pursue her dream. She is hiding the secret from them too--but for how long?

Her vibrant Hispanic neighborhood is like those in Denver, full of energy and life, but also full of change. Like the "west side," or Denver's "north side," now called "The Highlands," once thriving with Latino

CONTINUED ON PAGE 15

¡Alístese para llegar a nuevas alturas!

La Cortina se levanta, los ritmos latinos de la orquesta comienzan y a medida que se revela el set masivo urbano uno siente que algo especial se va a crear, y así se hace. "In the Heights" no decepcionará. Esta producción musical energizante lleva a la audiencia a un sube y baja lleno de emociones que deja a muchos con el deseo de volver a la línea y subirse de Nuevo. Usted se reirá, llorará y bailará en su sitio, y generalmente hace los tres al mismo tiempo. La presentación lo atrapa a uno, y no lo deja ir, pero tampoco uno quiere hacerlo.

Aun cuando usted puede no haber oído acerca de este muy aclamado musical bilingüe ganador de los premios Tony & Grammy Award, para el Cinco de Mayo promete ser la comidilla del día de todos en Denver. Universal Pictures anunció recientemente que el espectáculo será hecho como una película dirigida por Kenny Ortega quien hizo "High School Musical" y más recientemente, la película de Michael Jackson "This is It." Se espera que muchos artistas musicales y actores latinos van a tomar parte, pero la estrella de la película será el escritor de la obra musical y de la letra Lin-Manuel Miranda.

Se refiere a "In the Heights" como una de esas cosas raras que aparecen una sola vez en una generación. Lo que "West Side Story" fue para la era de la generación de los 45, "In the Heights" es hoy X, Y y la generación del Milenio. Pero a diferencia de su predecesor de hace más de 50 años, no hay pandillas o muertes. Es la historia de perseguir el sueño americano, un amor juvenil y de tradición en una sociedad siempre cambiante y desafiante.

Photo by Joan Marcus, courtesy of In the Heights and DCPA

Musical bilingüe promete atraer a Denver

La historia se basa en un libro de Quiara Alegría Hudes. Como muchos estudiantes universitarios Nina ha vuelto a casa en sus vacaciones de verano, solamente que está escondiendo un secreto devastador de su muy orgulloso padre. Ella es la primera de la familia en ir a una universidad de alto calibre. Su padre, Kevin, ha sacrificado casi todo lo que tiene para asegurarse que ella pueda estudiar. Su comunidad de Washington Heights, un suburbio norteño de Manhattan en New York, da la bienvenida a casa a su aspirante nativa e hija suya. Todos están orgullosos que ella se haya salido del barrio para seguir sus sueños. Ella está ocultandoles también un secreto – pero ¿por cuánto tiempo?

Su vibrante barrio hispano es como los de Denver, lleno de energía y vida, pero también lleno de cambios. Como el "west side," o el "north side," de Denver que ahora se llama "The Highlands," antes floreciente con la cultura Latina ahora está dando paso a una resurgencia urbana. Este núcleo de la ciudad ha sido redescubierto a medida que la comunidad pedazo por pedazo está siendo derrumbada para dar paso a ocupantes más modernos y para sus lugares de diversión. Está allí la bodega, la farmacia de la esquina operada por Usnavi, con su café con leche que atrae a los locales para socializarse. Lo mismo hace Vanessa's beauty salón, en donde las señoras, las co-trabajadoras

CONTINUA EN PÁGINA 15

OUTSTANDING EDUCATIONAL ARTICLE, 30,000+

En Sunset, todos participan

Stella M. Chavez

Al Día
Dallas, TX

Valoran mejoramiento en calificaciones de preparatoria gracias a estudiantes, maestros y padres de familia

Hubo un tiempo en que la preparatoria Sunset era más conocida por sus problemas de disciplina que por sus logros. Había un especialista en pandillas asignado a la escuela y los directores del plantel no duraban mucho tiempo en su puesto. Pero en los últimos años la fama de Sunset ha mejorado. El año pasado la notación académica de la escuela pasó de 'académicamente aceptable' a 'reconocida', con lo que se convirtió en la primera preparatoria importante del distrito que recibe tal reconocimiento. También el año pasado, el distrito posicionó a la escuela en lo más alto de su sistema de jerarquización interna, y el director Tony Tovar ya lleva cinco años en su cargo. Este año la calificación de Sunset cayó de reconocida a aceptable. El director Tony Tovar desestima el desliz y dice que los factores que llevaron a la escuela a obtener buenas notas siguen vigentes. Argumenta que, en términos generales, los cambios que él ha visto han sido para bien. "Durante los últimos cuatro años las calificaciones han estado mejorando", dijo Tovar. "Sigue habiendo muchos estudiantes de varias escuelas de los alrededores que quieren venirse con nosotros. Los padres hacen cualquier cosa por traer a sus hijos aquí". Tovar subraya que estos avances no significan que la escuela ya no tenga problemas. Todavía hay pandillas y drogas. Además el índice de embarazo en adolescentes sigue siendo elevado, advirtió. Pero algunos integrantes del personal, maestros, padres de familia y estudiantes afirman que ciertos ingredientes fundamentales -la participación de los padres, buenas escuelas que les envían estudiantes, un entorno vecinal estable y la competencia con escuelas magnet- han tenido un efecto positivo. Tovar agrega que contar con grupos más pequeños -por ejemplo los de noveno grado están divididos en grupos más pequeños según las materias- también ha sido de ayuda. El profesor de inglés Justin Glowney atribuye parte del giro positivo del plantel a las demás escuelas que están canalizando estudiantes a Sunset. " Todos los años estamos viendo que llegan jóvenes que saben un poco más", señaló Glowney, quien ha estado impartiendo clases a estudiantes de recién ingreso. "Son escuelas estables; es un sector vecinal muy estable". Glowney dice que muchas familias viven en la zona desde hace años. Además hay muchas casas unifamiliares, lo cual es un factor de estabilidad clave, añade. Otro factor es que Sunset compite por estudiantes con escuelas magnet. Sunset ofrece algo que atrae a estudiantes que de otra forma se irían a una magnet o están tratando de inscribirse en alguna, dice Glowney. Puso como ejemplo el plan de colocación avanzada (advanced placement, cursos preuniversitarios) de la escuela. Hace cinco años la escuela tenía entre 60 y 70 estudiantes de noveno grado en clases de inglés pre-AP. Actualmente hay entre 130 y 150 inscritos en esa categoría. "Si queremos a los mejores y más brillantes de los alrededores, tenemos que ofrecer algo que las magnet ofrezcan", dijo Glowney. "Los muchachos que podemos traer a nuestro programa van a terminar sus estudios. Estos son los chicos que se van a graduar". Pero ofrecer clases de inglés pre-AP y AP no es suficiente. Glowney dice que algunos alumnos pueden no estar al nivel de AP ya sea por sus notas o por falta de oportunidades, pero que se esfuerzan y están dispuestos a invertir el tiempo necesario para salir adelante. Es importante atraer estudiantes que de otra forma no se hubieran inscrito en clases AP. "No tienen que llegar a esta escuela siendo un gran escritor o amando la literatura, pero hay que ofrecerles un programa que los convierta en una de esas cosas", dijo. Tovar atribuye el éxito de sus estudiantes a profesores como Glowney, así como a la funcionaria de enlace de la escuela con la comunidad, Nora García. "Cuando llegué no podía creer que no hubiese un enlace con la comunidad", dijo Tovar. "Ella ha logrado involucrar a más padres de familia y empresas". García dice que se identifica con los estudiantes y sus familias, lo cual le ha permitido involucrar a tantos padres en programas que, a final de cuentas, son en beneficio de sus hijos. A los padres les ofrece clases de computación básica, como escribir y las funciones del teclado. Dice que para que los padres puedan ayudar a sus hijos, tienen que entender lo que sus hijos están haciendo. "Mi meta es que sepan cómo usar internet", dice García. "Sus hijos viven en internet. Quiero que los padres vayan a la computadora y sepan lo que están haciendo". Además pueden aprender inglés en la escuela y tomar clases de ciudadanía. Sin embargo, sólo aquellos que tienen residentcia permanente pueden inscribirse a las clases de ciudadanía. Aún cuando se requieren conocimientos de paternidad, también hay clases para que los padres y hasta los abuelos aprendan a hablar de sexo y drogas con sus hijos. García

BEN TORRES/ESPECIAL PARA AL DÍA

(De izq. a der.) Aurora Torres, Alejandro Rosas y María Verdín trabajan en una asignatura durante su clase de inglés como segundo idioma en la preparatoria Sunset, escuela de mayoría hispana que busca mantener sus logros académicos.

dice que su trabajo de comunicación con los padres a final de cuentas será en beneficio de los alumnos. "Ha sido un componente muy importante de nuestro éxito aquí en Sunset", dijo. "Una vez que un padre se involucra, empieza a venir a la escuela, y luego participan en la educación de sus hijos". Angélica Hernández es uno de las madres de familia a los que García ha ayudado. Hernández tiene una hija en décimo segundo grado y es la vicepresidenta de la Asociación de Padres y Maestros. Hernández dice que a ella y su hija les ha servido el apoyo de la escuela. "Esta escuela le ha ayudado bastante", dijo Hernández. "Ahorita no quiere salir. Antes no quería entrar". Hernández dice que los padres se sienten bienvenidos y alentados de participar en la educación de sus hijos. Su hija, Gricelda, de 17 años, dice que ver a su madre comprometida con su educación le ha ayudado. Cuenta que antes su madre no se involucraba tanto, pero ahora está al tanto de su asistencia para asegurarse de que no falte a clases. Seguido habla con sus maestros y les pregunta cómo va Gricelda. Gricelda Hernández dice que antes faltaba a la escuela y no tenía mucho interés en aprender, pero que un día una maestra la sentó y le habló muy seriamente. "Me dijo cosas, sobre la vida y el futuro", dice. "Era mi primer año, y me dí cuenta de muchas cosas{ellipsis}. que tenía que tomar en serio la escuela, ser responsable y siempre estar en clase".

September 11, 2010

Cortan beneficios

SILVER AWARD

El Latino
San Diego, CA

Gobierno y Congreso discuten sobre la extensión de los subsidios por desempleo que se vencieron

Foto: Mark R. Day

Piden Aprobar "Dream Act" Pag. 10

Servicios EL Latino
editor@ellatino.net

Washington - La secretaria de Trabajo de Estados Unidos Hilda Solís, urgió al Congreso a extender esta semana los subsidios de desempleo que caducaron a la medianoche del 1 de diciembre dejaron "a más de 2 millones de estadounidenses totalmente desprotegidos".

En una mesa redonda con medios hispanos, Solís subrayó la importancia de que la breve sesión que mantiene el Congreso antes de renovarse en enero según los re... lativas vote "antes de Navidad" sol...

"Si el recorte de beneficios a los ... el año que viene, podría acabar af... nas", aseguró Solís.

Piden aprobar "Dream Act"

Americá Barcelo

LA UNIVERSITARIA JESSICA COLOTL REGRESÓ CON SUS SERES QUERIDOS

Libre gracias a un "milagro"

Mundo Hispánico
Atlanta, GA

Libre Gracias a un "milagro"

Linda Carolina Pérez y Mario Guevara

Luego de permanecer 35 días detenida, una estudiante indocumentada recuperó su libertad justo cuando esperaba ser deportada a México.

LINDA CAROLINA PÉREZ Y MARIO GUEVARA
editorial@mundohispanico.com

La liberación de Jessica Colotl, una universitaria indocumentada que estaba a punto de la deportación, prueba que las movilizaciones, la presión política y la participación del público pueden cambiar el desenlace de una historia, según activistas y miembros de la comunidad.

"La presión del público a los miembros del Congreso y específicamente la de aquellos que trabajan para pasar el DREAM Act (proyecto que legalizaría a algunos estudiantes indocumentados) fueron instrumentales (para la liberación de Jessica)", aseguró Azadeh Shahshahani, de la American Civil Liberties Union of Georgia (ACLU).

Y es que mientras que Jessica estaba tras las rejas, cientos de personas luchaban por su libertad: sus compañeras de clase y hermanas de fraternidad, activistas loca-

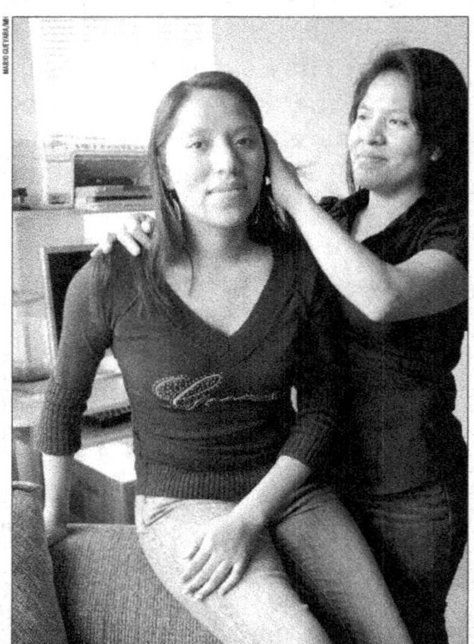

medidas una vez se enteró del caso de Jessica, el 26 de abril.

Justo ese día, la joven había asistido a una audiencia en una corte migratoria, en la que un juez le negó la libertad bajo fianza y le dio 20 días para salir voluntariamente del país.

"Hasta aquí llegó todo", pensó la mexicana, sin saber lo que se fraguaba del otro lado de las rejas.

La abogada de la universidad se puso en contacto con Sonoda y le entregó una carta del presidente de la institución en la que aseguraba que Jessica era una buena estudiante y una líder en el campus.

Además, la abogada trató de comunicarse con el Consulado de México en Atlanta para ofrecer su ayuda en caso de que se necesitara, pero no tuvo éxito, según un comunicado enviado por Kennesaw State.

El portavoz del consulado, Armando Bello, indicó que no tiene conocimiento de esa llamada.

"No sé si tuvieron éxito o no. Tenemos un conmutador y la posibilidad de dejar mensajes en todas las extensiones. No sabemos de ningún mensaje o llamada que hayan hecho", explicó Bello.

Además, el caso de Jessica no pasó por el consulado pues, de acuerdo con Bello, ningún familiar de ella solicitó ayuda.

"El consulado actúa a petición de parte, pero nadie se acercó. Sí supimos del caso y estuvimos haciendo seguimiento. Incluso es-

"Hasta hoy no puedo entender cómo es que me trajeron a Atlanta y me soltaron", afirmó Jessica.

Esta acción del ICE no cambia su estatus y le permite quedarse en el país solo por un año. Jessica podrá volver a la universidad y terminar sus estudios de ciencia política, como siempre soñó.

Además, el documento indica que es elegible para sacar un permiso de trabajo, una tarjeta de seguro social y, por consiguiente, la licencia de conducir de Georgia.

"Por eso creo que es un verdadero milagro, me tocó sufrir, pero gracias a Dios al final mi historia tuvo un final feliz", recalcó Colotl.

Para Azadeh Shahshahani el desenlace de esta historia es más que un milagro.

"Cuando casos como el de Jessica reciben tanta atención del público y demuestran el fracaso del ICE para justificar su retórica, el ICE se muestra muy abierto a actuar rápido para disminuir la posibilidad de quedar en ridículo", dijo Shahshahani.

MundoHispánico se comunicó con el portavoz del ICE para conocer su versión de los hechos, pero al cierre de esta edición no había obtenido respuesta.

VUELVE EL DEBATE

Actualmente, las universidades públicas de Georgia no impiden a alumnos indocumentados matricularse.

El gran impedimento para quienes

Jóvenes con Futuro

Gissela SantaCruz

Ahora Sí
Austin, TX

Programa XY-Zone motiva a los estudiantes latinos a alcanzar su potencial

Cuando Arturo García llegó a la Preparatoria Reagan en 2006 como estudiante del grado nueve, era un chico tímido con ninguna idea de las oportunidades que lo esperaban en "el mundo real," (como él lo llama). Arturo, como muchos otros muchachos de las minorías de bajos recursos, estaba predispuesto a ser parte de las estadísticas que señalan un futuro desolador.

Eso era antes de que se topara con la organización XY-Zone, un programa de Communities in School (CIS, o comunidades en las escuelas) en siete preparatorias de Austin que provee liderazgo y un modelo positivo masculino para más de 250 varones adolescentes en riesgo de deserción escolar.

"De la población total, los chicos de las minorías son más propensos a abandonar la escuela que las chicas", dijo Suki Steinhouser, presidente de la organización Communities in School en el Centro de Texas. "Y los chicos de color tienen más probabilidades de desertar que los estudiantes blancos".

Communities in Schools surgió debido a las cifras de deserción. Esta organización ubica a consejeros y coordinadores directamente con las escuelas del Centro de Texas para ayudar a los estudiantes a superar los problemas que los distraen de alcanzar su potencial de aprendizaje.

Aunque fue fundada en 1985, fue más tarde que los funcionarios de CIS desarrollaron el programa XY-Zone para responder a la crisis de deserción escolar que enfrentaban los jóvenes quienes carecían de modelos masculinos positivos. Cada semana, algunos miembros del grupo, que puede incluir hasta 50 estudiantes de los grados 9 a 12, se reúnen con un coordinador del programa en la escuela participante. En este ambiente seguro y con la dirección del coordinador, el grupo de jóvenes discute problemas personales, tales como los asuntos con las novias, sobre alguna curiosidad del futuro o simplemente de temas comunes y corrientes.

"Con la desintegración familiar, ya sea por causa de un divorcio, la movilidad o madres solteras, muchos niños no tienen un modelo masculino positivo en sus vidas", señala René Garganta, director de la Preparatoria Travis, la cual inició un programa XY-Zone este año escolar. "Cuando un niño no tiene ese modelo, se pierde mucho".

Garganta agrega que en el pasado, un niño posiblemente era influido por sus maestros, la iglesia, su familia y hasta sus amigos.

"Ahora, reciben más influencia de los medios de comunicación y las redes sociales", dijo Garganta, medios que no siempre dan un mensaje positivo a los jóvenes.

"Muchos de nuestros jóvenes no tienen ejemplos de lo más básico como la caballerosidad o pensar en algo más allá de lo que conocen", dijo Garganta.

Las cifras de XY-Zone demuestran que el modelo de roles es una buena y necesaria herramienta de influencia. De los estudiantes que han participado en el programa 85% mejora y mantiene sus calificaciones, y 87% mejora y mantiene su asistencia a la escuela.

Los participantes del programa reciben ese ejemplo a seguir de su coordinador de XY-Zone. Cada participante recibe de este adulto consejos para combatir las influencias negativas. Durante una reunión horas después de la escuela el jueves 21, Arturo contó algunos de los cambios que ha experimentado a través del programa, incluyendo el ser aceptado al Instituto Lincoln, una escuela técnica de calefacción y aire acondicionado, algo que nunca había considerado Arturo.

"Quiero algún día poner mi propio negocio y tener éxito", confesó Arturo con orgullo. Sentado a su lado Wilton Harris, su coordinador de XY-Zone, de inmediato sugiere que Arturo puede lograr mucho más que eso.

"Vas a ser un empresario con mucho éxito, estoy seguro de eso. ¿Pero sabes lo qué pienso? Creo que vas a ser un gran político. Tienes los ingredientes de un gran político", le dice Harris con una sonrisa convincente. Arturo responde al asentir con la cabeza.

Para los muchachos como Arturo, XY-Zone significa tener un lugar seguro donde se pueden plantear preguntas desconcertantes sobre la adolescencia y obtener respuestas, donde un adolescente puede sentirse acogido y reconocido, recibe apoyo para seguir estudiando y aprende cómo romper el ciclo de la pobreza.

El coordinador de XY-Zone en la Preparatoria Lanier, Cecilio Valderrama recuerda la historia de un ex participante del programa, Rudy.

"Rudy era un niño de Colombia que estaba teniendo dificultades con la escuela debido a las barreras del idioma y muchos otros problemas en casa", recuerda Valderrama. "Su padre estaba ausente. Su madre trabajaba todo el tiempo para ganarse la vida, pero no siempre tenían lo suficiente".

Valderrama dijo que Rudy estaba a punto de desertar porque no veía el valor de graduarse pues pensaba que no sería capaz de conseguir un buen trabajo ya que no era un residente legal.

Valderrama lo animó a participar en el programa prometiéndole aperitivos y bebidas como incentivos. A través del programa, Valderrama fue capaz de darle una orientación sobre lo que tenía en su poder: inteligencia, talento y oportunidades. Pocas semanas después de unirse al grupo, Rudy mejoró su asistencia a la escuela significativamente y sus calificaciones mejoraron lo suficiente para también unirse al equipo de baloncesto. Rudy se graduó y asistió al Austin Community College (ACC).

"La última vez que lo vi hace un año o dos, él estaba trabajando en un estudio produciendo música. Eso es lo que estudió en ACC", dijo Valderrama. "Estaba muy bien".

La clave para muchos de los participantes del XY-Zone es tener el apoyo de otros jóvenes que pasan por algo similar, pero especialmente de un modelo masculino positivo. Para los

jóvenes de XY-Zone, ese modelo lo encuentran en los coordinadores.

"Es como mi segundo padre", dice Arturo acerca de Harris. "Él me da consejos acerca de mi futuro y lo que está sucediendo. Y desinteresadamente nos escucha". Harris apunta que su trabajo es recordarle a los miembros que "sí se puede".

"Tal vez algunos de nuestros estudiantes tienen el apoyo de seguir estudiando o de soñar y hacer realidad sus sueños en sus hogares, pero muchos no lo tienen", dice Harris. "Mi papel es de ser una voz más para los que ya tienen el apoyo y ser una voz mucho más fuerte para los que no la tengan".

Harris agrega que él piensa que todo ser humano tiene el potencial de lograr éxito.

"Yo les digo a mis muchachos que en ellos hay grandeza. Y les pido que si no la ven, que me den la oportunidad de ayudarlos a encontrarla", dice Harris.

XY-Zone está en siete preparatorias: Travis, Crockett, LBJ, Lanier, Reagan y Eastside Memorial en Austin, así como en Lehman de Kyle. Cada uno de los 250 miembros debe seguir con énfasis los valores del programa: respeto, responsabilidad, buenas relaciones, ejemplos/modelos y contribución a la comunidad.

"Sobre todo, uno tiene que tener respeto por sí mismo, y luego respetar a todos a su alrededor para desarrollar buenas y saludables relaciones ya sea con sus novias, con sus maestros, con sus familias", dice Harris. "Pero es importante también ser algo positivo en su comunidad, y dejar ver a otros el impacto que uno puede tener, para animarlos a que ellos también hagan algo positivo en sus comunidades".

Durante el año escolar los miembros del programa visitan universidades, empresas y participan en actividades a través de los servicios comunitarios mensuales obligatorios. Cada mes, los grupos de XY-Zone de cada escuela se reúnen para realizar una actividad comunitaria, como dar comida a personas sin hogar.

"Es increíble ver la emoción que sienten estos jóvenes cuando alguien que tiene tan poco les da las gracias y el reconocimiento de haberles mejorado sus vidass sólo por un día", dice Harris. "Eso es tan impactante, que nuestros jóvenes pueden ver el valor de su existencia".

Las experiencias han sido tan positivas para Arturo, que cuando entró su hermano menor Roberto García, de 16 años, a la Preparatoria Reagan por primera vez, lo reclutó al programa.

"En mis casi cuatro años con el programa he tenido tantas experiencias tan buenas y he conocido tantas cosas nuevas, que tuve que compartirlo con alguien", dijo Arturo. "Le platiqué a mi hermano sobre el programa y le dije que tenía que convertirse en miembro".

Roberto lleva dos años con el grupo e igual que Arturo, ya ha visto grandes cambios en sí mismo.

"Antes, sólo me gustaba pasar el tiempo en mi cuarto", recuerda Roberto. "No tenía ni idea de lo que había en este mundo. Nunca pensaba en las oportunidades que uno puede tener, los trabajos que uno puede lograr". Ahora, Roberto es parte del equipo de corredores y de atletismo de la Preparatoria Reagan.

"Después de ayudar en varias actividades comunitarias con el grupo, reconocí que hacía buenas cosas para otra gente pero también era tiempo de hacer algo bueno por mí mismo, pensé si me cuido a mí mismo, podría seguir ayudando a los demás", dice Roberto, quien sueña con ser científico. "Con el programa, he aprendido cómo estar más motivado para mejorar mi vida y la de los demás".

XY-Zone

Programa gratuito de liderazgo y apoyo de los compañeros para los varones adolescentes en riesgo de deserción en las preparatorias de Austin: Crockett, Eastside Memorial, Lyndon B. Johnson (LBJ), Lanier, Reagan, Travis, y Lehman (en Kyle).

Para más información llama a la oficina de Communities in Schools (Esuelas en la comunidad) ubicada en la escuela de tu hijo, o llama al 462-1771.

Empezando temprano

La realidad de que los latinos jóvenes figuran en las cifras más altas de la deserción escolar no significa que no haya esperanza para varones adolescentes.

Algunas organizaciones locales se enfocan en prevenir la deserción, como las siguientes:

Boys Scouts of America,

La próxima semana, te damos más información sobre esta organizaciones que por más de 100 años ha ayudado a alcanzar su máximo potencial a chicos de casi todas las edades. Para más información o para encontrar un concilio local, llama a Mike Lira, director distrital al 944-7754.

Boys and Girls Club, ofrece una variedad de programas para jóvenes. 444-7199, www.bgcaustin.org

Breakthrough Austin, programa que brinda ayuda a jóvenes que serán los primeros de su familia en llegar a la universidad. Para más detalles llama al 692-9444 o visita www.breakthroughaustin.org

Big Brothers, Big Sisters, reúne a niños con mentores para compartir un impacto positivo. 472-5437, www.bbbscentraltx.org

Otras organizaciones se enfocan en dar una segunda oportunidad a quienes han dejado la escuela, pero buscan mejorar su futuro cpm ima educación y trabajo, como:

American YouthWorks, 744-1900, www.americanyouthworks.org

Youth Advocacy, 407.6752, www.yapinc.org

OUTSTANDING EDUCATIONAL ARTICLE, UNDER 30,000

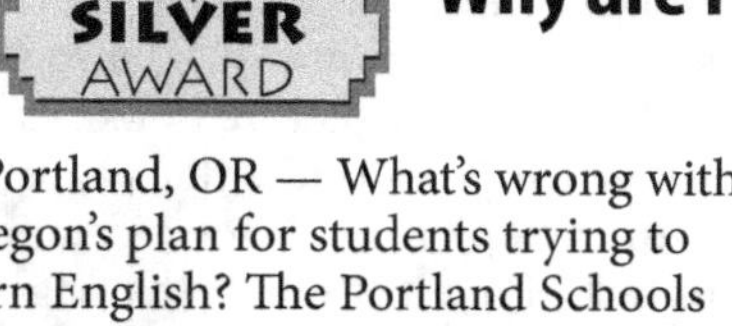

Why are Portland schools struggling to teach English?

Richard Jones

El Hispanic News
Portland, OR

Portland, OR — What's wrong with Oregon's plan for students trying to learn English? The Portland Schools Alliance presented a 14-page report to Port land Schools Superintendent Carole Smith and others; the title of the report said it all: "A History of Persistent Problems." The Alliance's report led off with an Oregon Department of Education review criticizing the Portland Public Schools' shortcomings in providing adequate programs for English language learners (ELLs). The review charged Portland with shortcomings on five points, ranging from inadequate to minimal performance.

In 1994, The U.S. Department of Education conducted an investigation of how the Portland Public Schools were handling English learning programs. Portland came up short in several areas — and agreed to fi x them. By 1999, conditions were not much better. The Alliance wrote, "We look upon these findings as evidence of the district's failure to follow through on its commitment to offer ELLs equitable access to a meaningful education." After a brief improvement, it seems that Portland Public Schools have lagged back to their former subpar levels. As the Alliance put it, "The district appears to have quickly lost sight of the promises it made over the past 15 years."

THE PROFESSIONAL VIEW

To get a few other viewpoints about Portland's service to non-English speaking students, El Hispanic News listened to a few experts on education — Waneen White, an associate professor at George Fox University; Cynthia Cosgrave, an instructor at Lewis & Clark College; and Martín González, a member of the Portland School Board.

White, Cosgrave, and González independently identified several of the problems outlined in the Alliance report. And all three agreed on one topic: the need for improved communication between parents and teachers. Cultural norms play a part in this issue. Hispanic parents, González says, "have very high respect for the teachers" and hesitate to question them about what's going on in the classroom. Nonetheless, Cosgrave says, schools should "make sure parents know what we have to offer." Parents who do not speak English won't come to parent-teacher meetings at their children's schools, White says. "Parents should realize the influence they have at school," she added, suggesting parents should get acquainted with their children's teachers and volunteer to help on projects. "Teachers will take more interest in people they know,"

White observed. It makes sense. When teachers understand a student's background, they can better deal with learning problems.

THE MASTER PLAN

Is the failure to teach English as a Second Language (ESL) children, a fault of the plan, school administrators, teachers, or something else? "There are lots of teachers out there who are doing an excellent job, no matter what [obstacles they face]," White says. White, who grew up speaking English, learned Spanish in Mexico and taught there. González agrees. "Some schools are doing better than others," he says, pointing to Harrison Park K-8 school in Southeast Portland as a model of excellence. "They've been really good," he says. "Some schools are getting it right," Cosgrave says. On the other hand, she notes, "Some schools need help. As a system [the ESL plan] lacks consistency." Superintendents and principals have their roles to play, González says. Nevertheless, "Once [a teacher] crosses the door into the classroom, [the teacher] is responsible for teaching all the children." He emphasizes the word "all."

PROBLEMS

Perhaps the biggest problems come from system overload. White says that not long ago immigrants came to Oregon from just a few countries, such as Russia and Mexico. "Now we have this huge influx" into local schools with kids coming from 192 countries. "No one can speak all those languages," she observes. Cosgrave notes, "We have low graduation rates for the students [due to] a lack of teachers to work with English learners." "Principals," Cosgrave says, "don't get enough [support] from the ESL program." White says that $600,000 of set-aside state money has been held back or used for other things.

White points out the difference between "social" English and "academic" English.

"Many teachers hear kids speaking social English," she says, "and don't understand [that they can't handle academic English]." Without a command of academic English, students will have difficulty reading well enough to learn in fields such as history, civics, and science. And then, there's the squabbling. "Adults have found it easier to point their fingers at each other than to implement solutions," González says.

CONDITIONS AT HOME

White recalls home tutoring four children in a family. Of the four, three

were failing in school. "Where are the students going to study?" White asked as she looked around the house. The mother shrugged and said, "On the floor." White explained that providing a table for the children would make a better place for them to do their homework.

"I would have them reading every day," White says. She suggests that parents should get library cards for the children. "There should be a place in the home for books," she adds.

SOLUTIONS

"Educating refugee and immigrant children is complex work," Cosgrave says.

"Given good direction, principals and teachers can get this right." "We're getting a lot of guidance from federal government and the state on what their [classroom] programs can look like," Cosgrave says. White urges bringing students up to speed on their reading abilities as soon as possible. "If they don't learn to read well, how are they going to learn other subjects?" she asks rhetorically. Both White and Cosgrave agree on the need for sheltered classes. "High school kids need what we in the trade call sheltered instruction, so they can graduate," Cosgrave says. "The differences between ESL instruction and the use of sheltered instruction … is that sheltered instruction does not focus entirely on language development;" according to Wikipedia. "Instead through the process of varied curriculum methods English proficiency is achieved." White says that in some sheltered classes, "One teacher can teach many students from different countries." Mt. Hood Community College uses a version of this technique in teaching adults. Students use picture books as the instructor pronounces the English word for each picture. "After 35 years in this field, I see it as either [having] the will and the courage to do this," Cosgrave reflects, "or you don't want to." White advises parents to take an active role in monitoring their children's progress. "Make sure that your child is reading. Well. Whatever you have to do to make that happen, do it," she says. "If they're not, go up [to the school] and find out why they aren't reading. Take the initiative. [It's] for the future of your child."

BRONZE AWARD

El Hispanic News
Portland, OR

Cesar Chavez Leadership Conference

Julie Cortez

Edward James Olmos returns to inspire students for event's 20th anniversary

Julie Cortez
El Hispanic News Writer

Monmouth, OR — The César E. Chávez Leadership Conference returned for its 20th year last Friday with a big name on the ticket: actor, producer, director, and community activist Edward

ing event possible year after year.

Olmos said in his keynote address to approximately 1,350 students that Oregon's leadership conference is one of the biggest he's attended in his 40 years of delivering such speeches, and that the dedicated people who volunteer to make it happen "deserve an incredible amount of respect and a lot of love."

"There's nothing more important that what's happening here today," he insisted.

What has happened on that one day, every year for the last 20 years, is a coming together of promising Latino high school students. Students take part in workshops, are honored for their Chávez-inspired artwork, and spend an entire day surrounded by Latino peers and mentors.

Don frutas mexicanas que pisan fuerte

Rumbo de Houston
Houston, TX

Juan Carlos Sierra

La exportación de guayabas y fresas mexicanas crece hacia Estados Unidos

La exportación de fruta fresca de México a Estados Unidos es una relación que crece y graciasa nueva tecnologíay ala creciente pasióny ambiciónde los agricultores mexicanos más fruta cosechada enlos campos de varios estados deMéxico llega a las mesas de los consumidores estadounidenses. La industrias de la fresa y la guayaba en México han crecido notablemente y evidencia de esto está enla fuertepenetración quetienenen los mercados estadounidenses.

La guayaba mexicana hoy domina en el mercado de EstadosUnidos y, aunqueoriginalmente viene de Asia, su cultivo en áreas semitropicales de Aguascalientes, Zacatecasy Michoacánsupera de lejos al de otros productores de esta fruta. "La competenciaes poca paralos productores de guayaba en México, ya que productor es como Puerto Rico, Hawaii y Miami no generan cantidades importantes paraser una amenaza a la guayaba mexicana. Además la calidades notable porque la de México es muydulce, tiene mucho aroma, su sabor es jugosito y no tiene tanta semilla", dijo AlejandraTiscareño, representante de la industria de la guayaba de Zacatecas. La fresa mexicana, por su parte, se encuentra en una innovadora etapa que podría convertirla en una de las frutas más cotizadas de México. Con apoyo gubernamental se está desarrollando una campaña en Texas para informar al consumidor de los cambios que ha habido en México en cuanto al cultivo de la fresa, especialmente en Michoacán y Baja California. "Hemos adoptado los agricultores una tecnología de punta y única porque solamente en México y en España se aplica esta tecnología que se le dice macrotúneles o cultivo defresa en macro túnel", dijo Octaviano Magaña Ortiz, presidente del Consejo Nacional de la Fresa, A.C. La tecnología consiste en una desinfectación del suelo, luego se hace una colchado de plástico, se cubre la cosecha con una carpa y se riega con sistema en cinta, lo que permite que la cosecha no tenga contacto con latierra. Esto a la vez permite que la fresa se mantenga al margen de ser contaminada con impurezas de la tierra. El agua con que se riega es extraída del subsuelo y completamente potable. Hay también avances enla lucha contra las plagas y aunque los precios aumentan por el costo del cultivo al aplicar este tipo de tecnología el sacrificio vale la pena porque se aumentanlos rendimientos del cultivo y son menores las posibilidades de perder cosechas completas por plagas o condiciones climatológicas. Así el producto está casi garantizado de llegar al mercado. "La producción está segura toda época del año y el sabor es exquisito y supera a cualquier otro sabor de la fresa cultivada en cualquier otra parte del mundo, lo que nos permite hacer el gasto en el cultivo porque vendemos más", agregó Ortiz. En Michoacán y Baja California la fresa tiene un rendimiento impresionante que yas upera lacalidad y cantidad de fresa que se cosecha en Irapuato. "A Irapuato ya solamente le queda a fama conesta tecnología porque estamos produciendo una fresa de gran calidad en todas las temporadas del año", sentenció Ortiz. Otro aspecto importante dela relación entre México y Estados Unidos en el comercio de estas frutas tiene que ver con los empleos que se generan. Y en el campo de la guayaba tiene una importancia muy especial. "En Zacatecas es muy importante la industria de la guayaba porque en la fasede empacamiento, donde se selecciona la fruta, los principales trabajadores son mujeres y para muchas de ellas ese ingreso mantienea flotesus hogares. Hay siete plantas de empaque de guayaba en todo México y se calcula que en cada planta laboran unas 70 mujeres por empacadora", contó Tiscareño. La guayaba mexicana que se consume mucho durante la temporada navideña comenzóa exportarse en número importante a Estados Unidos en 2008y hoylo quese buscaes seguir creciendo las cantidades de toneladas vendidas. "Se calcula que unas 36,000 toneladas han llegado a Estados Unidos desde que iniciamos en 2008 y esto nos ayuda mucho en México a los que la cosechamos porque se nivelael precio de la guayaba y hoy en día la podemos vender en México casi al mismo precioque se vende acá en Estados Unidos. Antes de comenzar la exportación se vendía muy barata porque había tanta en el mercado mexicano", explicó Tiscareño. Casi 50% de la producción de guayaba en México terminaen tiendas estadounidenses y es que ya se han penetradolos mercados de estados donde radican muchos mexicanos como Illinois, Nueva York, Georgia, Texas, Arizona y California.

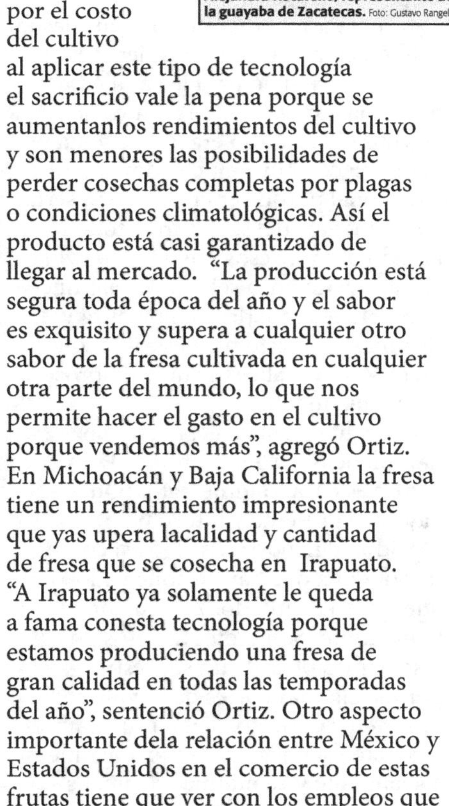

Alejandra Tiscareño, representante de la industria de la guayaba de Zacatecas. Foto: Gustavo Rangel

Octaviano Magaña Ortiz, presidente del Consejo Nacional de la Fresa A.C. Foto: Gustavo Rangel

EDITORIAL AWARDS

Editorial Writing Awards

Outstanding Latin America Political/Business Article

"Ya no hay nada más grave que me pueda acontecer"

Carlos H. Lozano

El Mundo
Austin, TX

La mas famosa rehén de las FARC presentó su libro 'No hay Silencio que no Termine' en la capital texana La encuentro seria, profunda, reflexiva y midiendo con milimétrica intelectualidad cada respuesta y frase. Ya no se le nota cansada, se ve muy saludable, aunque habla pausadamente. Las huellas del secuestro no se ven en su cuerpo y menos en la expresión de su rostro. Todo va por dentro, en su mente y en su alma. Ingrid Betancourt visitó la ciudad de Austin como invitada por el Festival de Libros de Texas. Ahí, llenó de personas el campamento de C-SPAN/TV en donde exponía y presentaba su libro titulado "No Hay Silencio que no Termine", que ya es un éxito internacional. Durante el evento, la ex candidata a la presidencia de Colombia contó algunos episodios de su secuestro y de sus secuestradores –las FARC– y justificó lo escrito en el libro, que ya ha sido traducido a nueve idiomas.

Betancourt respondió preguntas, saludó de mano –muy amable y cálida– a quienes se acercaron a ella. Caminó por la Congress Avenue en dirección al Capitolio, donde muy cerca se encontraba un sitio y una mesa disponible para atender al público. La esperaba una larga fila de más de 70 personas –con sus libros bajo el brazo– para que la autora les estampara su firma y una dedicatoria. El MUNDO Newspaper fue atendido por la señora Betancourt una vez que terminó de recibir a los concurrentes, que en su mayoría fueron mujeres. Es inevitable hablar de su secuestro y de la posterior liberación. • ¿Se divide en dos la vida de Ingrid Betancourt desde el momento del secuestro? Mi vida es completamente diferente desde que pasó todo esto. Ya no hay nada más grave que me pueda acontecer. Definitivamente, esto lo cambia a uno en todos los aspectos. Lo social, lo familiar, lo económico a veces parece una vida sin rumbo y es lo que quiero encontrar, el rumbo. Tratar de llevar una vida normal, pero sé que es difícil. No se puede separar ni olvidar ese pasado. Es una huella y un dolor para toda la vida.

• En Colombia hay posiciones muy contradictorias sobre usted y los procedimientos de su salida del país después de la operación 'Jaque Mate' que dio como resultado su liberación. ¿Por qué despierta usted estos sentimientos entre algunos colombianos? Colombia es un país de una gran riqueza humana, de gente maravillosa y sorprendente en lo bueno.

Lastimosamente, en el país al que amo tanto y por el que he luchado desde la actividad política, se considera que he hecho algo malo o en contra de la gente. Es muy doloroso para mí todo lo que se dice. Hay muchos intereses políticos de por medio que han deteriorado la imagen de todo lo que he hecho o realizado. Tan solo es miedo a que regrese a la actividad política. Intentan acabar con el pasado.

• Han pasado más de dos años desde la liberación. Durante este tiempo, ¿en qué se refugió para llevar algo de calma a su vida? Me dediqué a escribir el libro. Eso era lo que tenía y quería hacer. Tuve mucha dificultad emocional porque era revivir una serie de momentos del secuestro y todo lo pasado durante esos seis años. La vida en cautiverio en la selva, por más que se quiera entenderla, es muy dura y recordar todo esto para escribir con precisión y detalles fue muy doloroso emocionalmente.

• Se edita y publica el libro "No hay Silencio que no Termine". Lo demás es pasado inmediato. ¿Qué hay en el presente y futuro para Ingrid Betancourt? Es algo así como responder a qué hay en congelador, qué quedó guardado. Yo también me lo pregunto. Son tantos asuntos por resolver después de un secuestro, porque algunas partes de tu vida se detienen y otras no. Siguen su rumbo. Necesito estabilizarme emocionalmente, socialmente y económicamente. Es enfrentarse a las responsabilidades acumuladas durante seis años. Al salir del secuestro todos los problemas están acumulados. Por ejemplo, no tengo una casa, no tengo un lugar para mí. Todo lugar o sitio donde he estado es temporal. No es mío. Es prestado y no tengo una dirección física que me identifique. Y esto es lo más inmediato de resolver y es parte de encontrar el rumbo de nuevo.

• Su vida y su pasado está entre Colombia y Francia. ¿Viviría de nuevo en Colombia después de todo lo dicho y hecho? No estoy lista para regresar a Colombia defini- tivamente. Debo estar más preparada para enfrentarme a esa posibilidad, pero esa estabilidad que estoy buscando para vivir no va ser en Colombia. Uno no tiene que vivir donde no lo quieren. Esto es muy injusto y el tratamiento dado hacia mí no me parece sensato.

• Prácticamente ha estado dos años ausente de Colombia. ¿Cómo ve al país desde afuera? Alguna parte de la sociedad colombiana está muy enferma de odio. Siempre están muy enfrentados entre sí. No hay tolerancia ni aceptación del otro o los otros. Necesitamos sentirnos los unos a los otros. Se califica y descalifica sin compasión. Eso hace parte de toda la herencia de tantos años de violencia. Esto ha marcado algunos sectores de la gran población.

• ¿Por qué se da lo de la demanda al Estado colombiano, en que pedía una fuerte indemnización monetaria por su secuestro? En Colombia no es la primera vez que alguien demanda o pide una indemnización al Estado por falta de garantías de seguridad. Hay un derecho y es constitucional de pedir compensación para las víctimas de hechos como el ocurrido. Muchas personas que han estado secuestradas lo han hecho, pero todo lo que yo haga será mal visto y presentado como algo en contra de Colombia y sus instituciones. Hace parte de la idea del despretigio en mi contra. Es una explotación mediática de cada paso que dé.

• Se divorció de Juan Carlos Lecompte. ¿Qué ha pasado con este proceso y como lo ha enfrentado? De todo esto se ha querido hacer un escándalo, por supuesto, también

mediático, y esto no es sano para nadie. Es un show del cual he tratado de marginarme, pero es difícil porque la otra parte quiere sacar provecho y hacer de esto una posibilidad para lograr objetivos por medio de escándalos, a lo cual no me voy a prestar. Esto del divorcio tiene un curso normal y yo espero sobre el marco de la ley en Colombia. Hace poco el Gobierno y el ejército colombiano dio cuenta de Jorge Briceño, conocido como 'El Mono Jojoy', figura relevante en la guerrilla de las FARC. ¿Piensa que está cerca el fin de este grupo en Colombia? Se han dado pasos muy favorables para lograrlo y el país debe tomar otro rumbo. 'El Mono Jojoy' fue el que inventó mi secuestro. Él fue el que tuvo la idea de secuestrarnos a mí y a muchos otros, porque empezó a entender que éramos piezas importantes para un canje entre los secuestrados y miles de guerrilleros presos en las cárceles de Colombia. Me convertí en una pieza canjeable de mucho valor que le podía dar mucha imagen a n ivel mundial. Él quería tenerme secuestrada y esto del canje era algo muy importante para una posible negociación con el gobierno.

• Al momento de su liberación en el 2008, el ministro de Defensa era Juan Manuel Santos, actual presidente. ¿Cómo es su relación con él y cuál es su opinión respecto de su administración? Mis relaciones personales con Juan Manuel Santos son muy buenas, diría que excelentes. Es un buen líder y se caracteriza por hacer muy buenos equipos de trabajo. Tiene algo que se necesita para dirigir un país como Colombia y es un buen manejo de grupo. Admiro esto de él y creo que hará un buen gobierno. Conoce muy bien a Colombia y le deseo lo mejor.

Regresar a México no es tan fácil

Linda Carolina Pérez

Mundo Hispánico
Atlanta, GA

La estudiante indocumentada Jessica Colotl se salvó de la deportación. Tampoco tuvo que irse voluntariamente a su país. Pero, ¿qué sería de ella si se hubiera regresado a México?

Lilliana Rodríguez sí lo hizo. Desde hace dos años, Lilliana vive en Matamoros, Tamaulipas, una ciudad fronteriza con Brownsville, Texas. Llegó allí después de haber vivido 13 años en Georgia, tras haberse graduado de una preparatoria del estado y de haber incluso iniciado su carrera universitaria, tal como lo hizo Jessica. Se fue por voluntad propia, dejando a su familia en Georgia, cansada de ver cómo día a día se le cerraban más puertas por ser indocumentada. Esperaba un regreso triunfal, pero las cosas no resultaron como pensaba.

"El sueño de todo niño mexicano es que al volver a México todo va a ser color de rosa y que te van a recibir con los brazos abiertos, pero es un poco distinto", contó Rodríguez a Mundo-Hispánico. "Cuando llegué me quería morir. Comencé a llorar desde que crucé la frontera", recordó la joven de 22 años. Luego tuvo que vivir la adaptación "a la inversa". Como cuando llegó a Estados Unidos, que no sabía nada de inglés, tuvo que aprender de nuevo español.

No era que no lo supiera, pues siempre lo habló con sus padres en casa. Era el uso del idioma en conversaciones casuales, los "albures"–palabras con doble sentido– y los modismos los que no comprendía. "Todavía hoy me hacen burla, me dicen 'pocha', que es como les dicen a los que crecieron allá (en Estados Unidos) y se regresan", relató Rodríguez, quien estudia periodismo en el campus local de la Universidad del Valle de México. "Me falta mucho para hablar bien y siento que a veces no me puedo expresar bien. Entonces dejo de decir cosas; tengo una actitud muy diferente a la que tenía allá", agregó. Lejos de casa Aunque le va bien en la escuela y siente que está dando los pasos necesarios para convertirse en una buena profesional, estar separada de su familia ha sido lo más difícil de esta experiencia. "Ella nunca pensó lo difícil que iba a ser estar sin su familia", relató su mamá, Martha Lilia Rodríguez. A pesar de que hablan todos los días por teléfono o se ven a través de una cámara web, la tristeza embarga a toda la familia. "Es muy duro estar lejos de mis padres y de mis amistades", aseguró Lilliana, quien vive con sus abuelitos. "Es como si tuviera dos vidas. Todo es completamente distinto y aunque soy la misma en esencia, me cuesta mucho", expresó la joven. Fue justamente el deseo de no tener la familia separada lo que llevó a Martha Lilia hace 15 años a seguir a su esposo que se había venido a Georgia a buscar un mejor futuro. "Nosotros queríamos estar unidos como familia, queríamos cumplir el sueño de darles una mejor educación a nuestros hijos. Por eso es bien frustrante ver todo lo que ha pasado", dijo la madremexicana. Para Lilliana, además de frustrante es irónico."No culpo a mis papás. Ellos vinieron e hicieron muchos sacrificios por nosotros, para que al final tú seas el que regrese por ellos", indicó la joven.

Aunque siempre estuvo orgullosa de sus raíces, Lilliana dice que ahora se siente Mexicana en proceso.

"Cuando estás allá no eres americana porque eres Mexicana y aquí no eres Mexicana porque creciste en Estados Unidos", afirmó. A este dilema se suma el hecho de que vive en una ciudad fronteriza, donde la violencia y el narcotráfico son el pan de cada día. "Cuando me hablan mis amigos de Estados Unidos, me parece que sus problemas no son nada si comparas lo que estamos viviendo aquí", dijo Rodríguez, quien ya ha sido víctima de los ladrones y vándalos.

La meta Lilliana espera graduarse en un par de años de periodista.

Siente que está un poco atrasada porque la mayoría de sus compañeros de la South Forsyth High School justo acaban de graduarse de la universidad. Es el caso de su amiga Cinthya Rojo, quien acaba de egresar de la Universidad Georgia Tech. A diferencia de Lilliana, Cinthya tiene

documentos, por lo que no tuvo que pagar la matrícula para extranjeros que le cobraban a Rodríguez y ahora tiene la posibilidad de conseguir un trabajo en su campo.

"Yo fui afortunada porque mis papás me pudieron hacer ciudadana, pero igual mis papas me trajeron y no me dieron la opción", aseguró Rojo. Otros amigos indocumentados también ya se graduaron de la universidad, según Rodríguez. "Pero ahora están trabajando en la construcción para pagar los préstamos que hicieron", indicó. En un futuro, Lilliana quiere regresar a Georgia, pero solo de visita. "Agradezco la preparación que me dieron, pero yo no quiero estar en un lugar donde no me quieren", señaló la joven.

Reflejo de un sol maya

Ricardo Ibarra

El Mensajero
San Francisco, CA

OAKLAND.— Cuando una voz anunció al auditorio que tomara sus asientos porque Rigoberta Menchú estaba por hacer su entrada, un silencio solemne recorrió el nuevo gimnasio de la escuela Urban Promise Academy.

De pronto, los ligeros murmullos fueron rebasados por explosivos aplausos que recibieron a la ganadora del Premio Nobel de la Paz (1992), en su andanza sonriente por el pasillo principal del salón, hasta que llegó a la silla que la aguardaba arriba del escenario.

Todos estaban ahí para verla y escucharla, mas nadie le escuchó la voz hasta que transcurrieron rezos ceremoniales con todo y el humo de la salvia del desierto, cantos tradicionales nativoamericanos y otros discursos de líderes pertenecientes al American Indian Movement (Movimiento Indígena Americano), además de los mensajes de bienvenida de los organizadores, Homies Empowerment, en voz de su director César Cruz.

Hasta la recién electa alcaldesa de Oakland Jean Quan tuvo su oportunidad frente al micrófono, donde en compañía de su familia exaltó al público con el "Sí se puede" del movimiento hispano en Estados Unidos e incluso afirmó haber leído algún libro de la guatemalteca originaria de Chimel, Uspatán, con 51 años de experiencia escrita sobre la tierra.

Cuando por fin llegó el momento esperado en esa noche del 15 de noviembre, Rigoberta Menchú comenzó su charla con un interrogatorio al público asistente: "¿Quién me podría señalar por dónde sale el Sol?".

Las indicaciones de la audiencia apuntaban a todos los rumbos. Ante la confusión vendría una de las primeras enseñanzas y legado para la juventud ahí reunida. "A donde quiera que uno vaya hay que tener puesta la mirada en la salida del Sol, porque todos somos hijos de la luz. Igual que la mata del frijol, si no le cae la la luz se queda raquítico, chaparrito, no crece no es frondoso, y se imaginan si no saliera el Sol qué haríamos nosotros los humanos. Si estamos asustados viendo al Sol todos los días, imagínenese qué terrible sería si no saliera el Sol. Entonces para sus futuras generaciones siempre recordarán el Sol en este salón, si tenemos claro donde está el Sol eso los puede orientar en las cosas de la vida".

La humanidad está perdida, porque ha olvidado el punto de origen. "Si tú estás frente al Sol, atrás de ti están tus ancestros, los ancestros de millones y millones de años", dijo Menchú orgullosa de sus raíces maya-quiché. Preguntó al auditorio quién en ese espacio no tenía antepasados. Ante el silencio, respondió ella misma. "El problema más grande es que a la humanidad se le olvidó que tiene ancestros y se le olvidó que es custodia de un ADN de millones de años, que pasa de generación en generación. Esos son nuestros ancestros".

Rigoberta Menchú, respetuosa mientras es recibida en Oakland con cantos nativoamericanos [Foto: Ricardo Ibarra/El Mensajero].

Alentó a los jóvenes a diferenciar entre la sabiduría y el conocimiento, por ejemplo, entre saber vivir una vida plena y conocer de tecnología, "del twitter y el internet". Vestida de colores y flores explicó: "Una clave para tener sabiduria es participar, si ustedes dicen: 'ah, que el otro haga por mí', ustedes están renunciando a sus derechos, pero si ustedes dicen: yo intento, yo participo, yo escucho, escucho y escucho, parezco muda, no hablo, pero estoy escuchando por dónde van los caminos que a mí me gustaría llevar".

Aquí en Estados Unidos, uno de los países más activos en la dinámica de la guerra, Menchú dijo a las caras jovenes presentes —algunos ex pandilleros—, que "la violencia es una salida cobarde, es el camino de los cobardes porque no saben resolver nada de otra manera. En mucha de la violencia el primer afectado es el que ejerce la violencia porque está enfermo, se enferma de todas las maneras, espiritual, material, colectiva".

Sentenció: "Una persona que ha hecho daño a otro jamás puede tener una vida de armonía, paz y tranquilidad".

Enseñó al auditorio que ellos mismos pueden aprender a curarse. "Nos enseñaron que las piedras no hablan, pero son el oído de nuestra madre naturaleza. Busca apoyo en la madre, si somos hijos de la tierra cómo es que la tierra no nos cura. Porque el occidente nos enseña que nosotros vamos a salvar la tierra. Somos muy pretenciosos. ¿Se imaginan que nosotros salvaremos la tierra?, la mentalidad es salvémonos nosotros antes de que la tierra nos recicle. Así es la vida", dijo aludiendo a las historias ficticias del cine hollywoodense.

Enumeró los actuales enemigos de la humanidad: la droga, el alcohol, el racismo, y algunos discursos políticos. "Voy a los gobiernos, a las instituciones, y dicen: 'somos defensores de los pueblos indígenas' y miran su grupo y no hay ningún sólo indígena. Resulta que los defensores de los pueblos indígenas no aceptan ni un sólo indígena en su equipo, ¿entonces qué están haciendo?". En el mismo grupo demagógico enmarcó a los que apoyan a la juventud y quienes abogan por la equidad de género.

"Si hago una lucha tengo que ser coherente, no podemos predicar lo que no somos capaces de vivir. Y esa es la

salida de la juventud... No mientan. Si no pueden hacer una cosa, pues no se puede, pero lo peor es cuando se ofrece y no lo hace. Para que ustedes vean que necesitamos muy pocas cosas para hacer lo que tenemos que hacer. O sea, es una forma de vida lo que tenemos qué cambiar, no una forma de decir, ver, hacer la vida", señaló mientras su español era traducido al inglés.

Rigoberta Menchú sabe de luchas. Su familia fue torturada y asesinada por militares y la policía guatemalteca conocida como "escuadrones de la muerte". Sus hermanos eligieron la guerrilla. Menchú decidió ir por el camino de la paz con campañas de denuncia al régimen opresivo de su país y de la constante violación a los derechos humanos del pueblo indígena.

Guatemala no era tierra segura. Escaló el mundo con sus mensajes hasta alcanzar la tribuna de las Naciones Unidas. Para escapar a la represión se exilió en México, donde publicó su autobiografía Yo, Rigoberta Menchú (1983). Regresó a su tierra arropada con la atención internacional y continuó con las denuncias de injusticia. Nunca aprendió a callar lo que sabe.

En el auditorio escolar localizado en el suroeste de Oakland pronunció una vez más lo que sabe, lo que no ha aprendido a silenciar: "Yo sé que hay mucho dolor en la comunidad inmigrante —o llamada inmigrante, porque en realidad es un nombre muy feo, todos tendríamos derecho de vivir donde nos dé la gana—. Yo sé que hay mucha persecusión, hay abuso de la policía, yo sé que hay prision de libertades. Todo eso. Ustedes luchan por eso".

Ahí parada, ella misma con un rostro de sol redondo, alumbrante y sonriente, dijo sus últimas oraciones. "Una de las formas de cambiar el mundo es tener una educación integral. Entonces usen la computadora, el twitter, todo lo que les da información, pero también usen los valores de la casa, la comunidad, los abuelos, su origen, su identidad, sus idiomas. Tienen tantas herramientas en sus manos".

Lessions for avoiding a tragedy Chilean advice for a better life

Enid Carranza

La Isla Magazine
Savannah, GA

When we work together to meet the same goal, there are few things that are unachievable.

A small family or a large corporation can learn from what happened in Chile as an example that when we as human beings want to do something, we can.

1. We are people, not furniture. Always think about other people and their feelings and treat them with consideration and respect.
2. Don't lose hope. God helps those who help themselves. The miners didn't sit and wait to be rescued. They got to work and looked for ways to send signals to outside life.
3. Organize yourself to survive. The miners didn't know how long they would be without outside help. While they were waiting they figured out how to use their resources and take care of their bodies, minds and spirits.
4. Stay calm. In moments of anguish crazy decisions are made. You must remember that God won't give you more than you can handle.
5. Achieving a goal requires sacrifices. In the beginning the miners ate every 48 hours while they awaited rescue.
6. You are the only one responsible for your own mistakes. Don't waste time trying to find someone to blame for your decisions. Don't be a coward and confront your weaknesses. President Piñera didn't waste time looking for someone to blame for the lack of control.
7. The saying "divide and conquer" is from the Middle Ages. The Chilean President never divided the town from those responsible for the safety of the mine; that would have caused chaos. No intelligent leader divides his/her team or family.
8. Ethics. Don't do anything to anyone that you wouldn't want them to do to you. Don't forget that he who sows the wind shall reap the whirlwind.
9. Communicate. Communication is a process of feedback. Giving opportunities to ask, respond and indicate what is expected creates a feeling of confidence. We saw that in all of the press conferences at Camp Hope.
10. Information is power. Knowing the land, the mine conditions and the inside situation was a determining factor for planning the rescue efforts and making timely and efficient decisions.
11. Recognizing that projects that turn into reality are not miracles, they are the result of hard work. Of course working hard for some would be a miracle.
12. All in good time. Establishing priorities will help you to take one step at a time.
13. Be responsible for the consequences of your own decisions. Those in charge of miner security took full responsibility and then took action with the problem that was created by a fault in their system.
14. Be ready to adapt to change without losing sight of the goal. You must have a plan A, B, C, etc. Let's recognize that things don't always turn out as we thought but that doesn't mean that we should forget that there is light at the end of the tunnel.
15. You can't just wait for things to happen. You don't have to wait for others in order for you to decide to carry out your work, your responsibilities and your wishes.
16. Don't let anyone be trapped by your lack of judgment. Your decisions might affect your family and loved ones. The worst thing you can do is nothing at all.
17. When you say you're going to do something, do it well. If something is done half-hearted, it never turns out well.
18. Be creative in times of adversity. In other words, knock on every door. When one closes, another one opens.
19. Ask for help. Even if it sounds weird; yes, there are many people willing to lend a hand.
20. Technology is there to be used. Take advantage of it!
21. Honesty and Modesty. Don't try to always be the star. Piñera was not the first one to greet the miners; it was their friends and family.
22. Be a part of union and not of discord.
23. 100% dedication. The rescue went

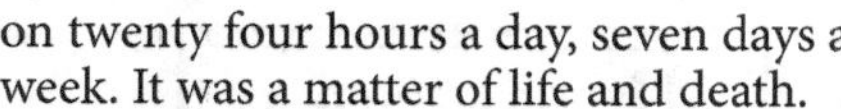

on twenty four hours a day, seven days a week. It was a matter of life and death.

24. Share your experience. If you know the way to get ahead in life, don't be selfish. Experts from around the world contributed to saving those 33 lives.

25. Finish up old financial, spiritual, and emotional business. Let's hope you don't have your spouse and your lover waiting on you to tell them what's going on.

26. It's not bad to make mistakes unless you keep making the same one. When you know what your weaknesses are it's easier to get over them. That's why they proceeded with caution with the first trips in the capsule. With practice the process sped up.

27. You should always have some savings in case of emergency. Calculations show that saving these 33 lives cost the Chilean population $20,000,000.

28. Don't stop smiling. Don't lose hope and don't forget that you can do it; then you will see.

29. A true leader is always present. President Piñera didn't make the capsule or the tunnel. Even though he didn't perform the process, he supervised and encouraged his team. His best lecture was given with his actions.

30. The leader is the last one to come out. The leader is neither the first one to abandon ship nor the last one to get on. If you want your children to behave well, you have to set a good example and be ready for action.

31. Be thankful. Don't stop thanking those who give a hand to help achieve a goal and offer solutions as if it were their own issue.

32. Reflect on what we are capable of. After each achievement, be it large or small; think about what your next project will be.

33. Happily celebrate achievements. This is the greatest lesson that Hispanics know well. Congratulate yourself and everybody who puts forth effort to overcome their own problems. That deserves a party.

Thanks Chile for being an inspiration to everyone!

Novedades News
Dallas, TX

¡Viva el becentenario!

Esthela P. Borges

ENTREVISTA EXCLUSIVA

Carlos Fuentes: El pasado y el porvenir

JES S DEL TORO
RUMBO

Su vitalidad, lucidez, amabilidad y energía llaman de inmediato la atención. A sus casi 82 años, Carlos Fuentes mantiene una gran actividad: escribe libros y artículos, viaja y da conferencia, participa en comités para discutir grandes asuntos globales.

Carlos Fuentes, el mayor escritor vivo de México y uno de los más importantes de la lengua española, concedió una entrevista exclusiva a RUMBO durante su reciente visita a Houston, invitado por Inprint.

El escritor Carlos Fuentes. Foto: Gustavo Rangel

◆ M xico ha sido uno de los grandes ejes de su obra. A usted, que es mexicano pero ha vivido en muchos pa ses, de d nde le vienen sus primeras referencias mexicanas?

Mi padre era diplomático, de manera que crecí en muchas partes, sobre todo en Washington. Entre la edad de cinco y 11 años viví en Washington DC, fui a la escuela, aprendí inglés. Y me sentí muy

ra entrar a Estados Unidos

Sí. En muchas épocas. Fui invitado a debatir a Richard Goodwin, que era el subsecretario de Estado para América Latina del presidente Kennedy. Y dije con mucho gusto, me va a ganar porque es un funcionario, habla inglés mejor

Rumbo de Houston
Houston, TX

Carlos Fuentes: El Pasado y El Porvenir

Jesús del Toro

Una vida nueva, pero con diabetes

El Diario La Prensa
New York

Pedro F. Frisneda/EDLP

NUEVA YORK — "Es la resaca del alcohol". Eso pensó hace cinco años, el mexicano Gerardo Cuapio cuando se levantó una mañana sintiéndose muy mal, con la vista borrosa y una sed incontrolable.

Su malestar, sin embargo, nada tenía que ver con la fiesta de la noche anterior. Cuapio estaba presentando síntomas de una urgencia médica conocida como "coma diabético", pero él no lo sabía.

"Le dije a mi esposa que me sentía muy mal y que me iba a la emergencia (...) Las enfermeras me chequearon el nivel de azúcar en la sangre y se espantaron. Me dijeron que lo tenía muy alto; lo normal es 108 y yo la llevaba en 550. De inmediato me acostaron en una camilla y me pusieron como robot, con todos esos cables para monitorearme", recuerda Cuapio, de 39 años. "Los doctores me dijeron que de milagro no me había dado un infarto porque era mucha la presión que llevaba", añade.

Así, en la sala de emergencias de un hospital y casi al borde de la muerte, fue como Cuapio se enteró de forma repentina que sufría de diabetes tipo 2, una enfermedad que afecta de manera desproporcionada a los hispanos que residen en Estados Unidos, especialmente a los mexicanos.

La Asociación Americana de la Diabetes (ADA, en inglés) estima que 2 millones de hispanos padecen de diabetes tipo 2 (10.2% de todos los latinos en EE.UU.). De ellos, el 24% es de origen mexicano, sólo superados por los puertorriqueños con 26%.

Según la Encuesta Nacional de Salud y Examen Nutricional (NHNES, en inglés) los mexico-americanos tienen más del doble de posibilidades que los blancos no hispanos de sufrir de diabetes tipo 2 (11.7% comparado con el 4.8%).

No se conocen las causas exactas por las cuales los mexicanos son más propensos a desarrollar la enfermedad, pero se cree que se debe a un componente hereditario y genético. También, investigaciones médicas sugieren que puede ser causada por factores culturales, sociales y económicos como malos hábitos alimenticios, poca actividad física,

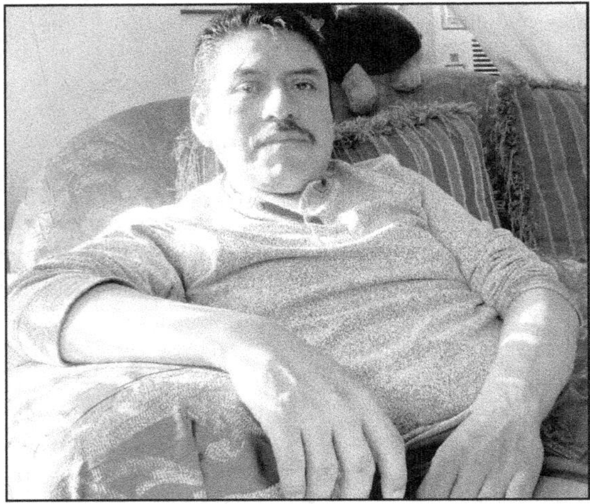

pobreza y poco acceso a servicios de salud.

"Los incrementos de la incidencia de diabetes en los mexicanos se dan por predisposición genética, especialmente en aquellos que son de origen indígena", explica la doctora María Paliou, jefa de Endocrinología en el Hospital Metropolitano de Nueva York.

"Esto empeora por los factores medio-ambientales y los cambios en el estilo de vida cuando vienen a EE.UU.", agrega la endocrinóloga que ha sido testigo de este fenómeno debido a que tiene su consultorio en East Harlem (al norte de Manhattan, NY), un vecindario con numerosa población mexicana y uno de los más afectados por la diabetes. De sus pacientes con la enfermedad, asegura, el 80% son hispanos y de ellos la mitad son mexicanos.

Una epidemia en Nueva York

La ciudad de Nueva York, en donde Cuapio ha vivido por 16 años, recibe un constante flujo de nuevos inmigrantes que se adaptan al "estilo de vida americano", muchos de ellos proceden del estado mexicano de Puebla.

En la actualidad, la Gran Manzana está enfrentando una de las peores epidemias de diabetes a nivel nacional y las autoridades de Salud han declarado una emergencia por los altos números de personas con el mal.

Cifras del 2007 (las más recientes) indican que cerca de 800,000 adultos en la ciudad de Nueva York, o uno de cada ocho, tiene diabetes tipo 2. Los hispanos son el grupo con más predisposición a la enfermedad con un 13%, seguidos de los afroamericanos (12%). Los blancos, con 6%, tienen menos del doble que los latinos. En total hay 140,000 hispanos diabéticos en esta urbe (casi 30% del total de enfermos).

"La diabetes es la quinta causa de muerte en la ciudad de Nueva York," indica el doctor Thomas Farley, comisionado de Salud de la ciudad.

La proporción de diabetes en la población adulta de Nueva York es mayor que la de otras grandes ciudades como Los Ángeles y Chicago y más del doble que la de Boston. Y, según proyecciones del Departamento de Salud local, pronto un millón de personas podrían sufrir de la enfermedad, si continúa el ritmo de crecimiento en obesidad (54% de los adultos son obesos o tienen sobrepeso).

Cuando la asimilación es mala

A pesar de que su papá, abuela y tíos son diabéticos, Gerardo Cuapio no siempre sufrió de este mal. Como ocurre con muchos de los nuevos inmigrantes que llegan a Nueva York, no estaba enfermo cuando vino procedente de México. Por el contrario —asegura— era un hombre saludable y con mucha vitalidad.

"Nunca me pasó por la mente que iba a sufrir esta enfermedad porque yo era sano y me sentía fuerte cuando llegué aquí, pero me descuidé", indica Cuapio, que vive en Jackson Heights, Queens, uno de los vecindarios con más latinos en Nueva York.

"Mi salud en México era buena, pero cuando llegué aquí mi estilo de vida cambió de manera drástica. Primero la comida, luego el horario de trabajo que ya no es igual (...) No hay tiempo para actividad física", cuenta el inmigrante que de las 176 libras (80 kg) que pesaba cuando llegó de México a los 23 años, aumentó a 225 (120 kg).

"Tú piensas que porque estás joven no te va a pasar nada, pero todo eso te va afectando. Yo era el rey de los bares, tomaba mucha cerveza, me gustaba comer y beber en exceso, y luego el cuerpo.

En el reino de las grasas y el azúcar

En EE.UU., los mexicanos cambian tacos, nopales y frijoles por hamburguesas y pizzas. La obesidad y la diabetes son inevitables

Pedro F. Frisneda/EDLP |

2010-12-20

Nueva York — Cuando Sandra Bravo llega a su hogar después de haber pasado todo un día limpiando casas ajenas, lo que menos le queda son ganas, y tiempo, de ponerse a cocinar.

La mexicana de 28 años, originaria de Guerrero y madre de dos niños (10 y 5), por lo general compra comida 'rápida' (fast-food) antes de llegar a casa. Ella sabe —y lo admite—, que no es lo más saludable para su familia, pero dice que no tiene otra opción.

Vea el video aquí

"El mismo trabajo hace que tengamos comidas rápidas. Si yo fui a trabajar, regreso, recojo los niños, y tengo que llegar y darles de comer, entonces no me da tiempo de cocinar, por lo que paso y compro algo a las carreras: McDonald's o arroz chino", cuenta Bravo, quien tiene 10 años viviendo en Nueva York.

Al preguntársele con cuánta frecuencia consume ese tipo de alimentos, responde sin pensarlo mucho: "comemos hamburguesas de McDonald's por lo general una o dos veces a la semana, pero a veces son tres, cuando no se tiene tiempo (...) Es que es la comida más barata que encuentras aquí", reconoce.

Aunque en la mayoría de los casos no se trata de una decisión voluntaria, estudios han demostrado que muchos mexicanos, como Bravo y su familia, cuando emigran a EE.UU., cambian su dieta tradicional basada en maíz, cereales y leguminosas, por una de comida rápida como pizzas, hamburguesas y sodas.

Según el Centro para la Ciencia en Interés Público (CSPI, en inglés), que el pasado 22 de junio exigió públicamente a McDonald's que dejara de usar juguetes en el menú de los niños (Happy Meals), un almuerzo o cena en ese restaurante (hamburguesa con queso, papas fritas y una malteada de chocolate) contiene 700 calorías. Esto es más de la mitad (63% mayor) de las 1,300 calorías $¬recomendadas por pediatras y nutricionistas en la ingesta diaria para niños de 4 a 8 años de edad.

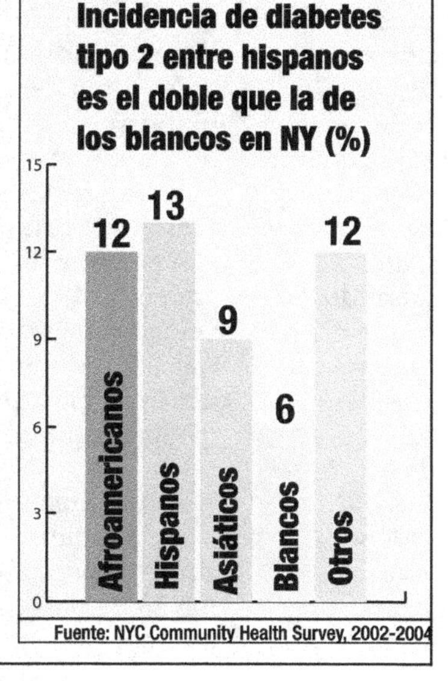

"Mientras más tiempo pasan en EE.UU., consumen más comida 'chatarra'. En nuestros análisis encontramos que baja mucho el consumo de frutas y verduras frescas con la aculturación", indica el doctor Rafael Pérez-Escamilla, autor del estudio "El Papel de la Aculturación en la Nutrición, Estilo de Vida, y la Incidencia de la Diabetes Tipo 2 entre los Latinos".

"Hay un mayor consumo de comidas afuera de casa y generalmente en los barrios donde viven los hispanos pobres, la comida disponible en la calle son hamburguesas, pollo frito, alimentos relativamente baratos, altísimos en calorías y muy bajos en nivel nutricional", agrega Pérez-Escamilla, quien es profesor de Ciencias de la Nutrición, Epidemiología y Salud Pública de la Escuela de Salud Pública de Yale.

Aparte de la elevada cantidad de calorías, el CSPI asegura que un 'Happy Meals' contiene 7 gramos de grasas saturadas (la mitad del límite de 14 gramos $), 940 miligramos de sodio (alrededor de tres cuartas partes del límite de 1,200 miligramos), y 35 gramos de azúcar (el doble de la cantidad para un día).

El problema que enfrentan los inmigrantes con su dieta fue reflejado en una encuesta de salud comunitaria realizada en el 2007 por el Departamento de Salud de la Ciudad de Nueva York. Cuando se le preguntó a las personas si comían las 5 porciones o más de vegetales y frutas recomendadas por día, el 95% de hispanos respondió "no".

El doctor Walid Michelén, director de las clínicas de la Corporación de Salud y Hospitales, en el Alto Manhattan, un vecindario neoyorquino con creciente número de nuevos inmigrantes mexicanos, advierte que estas personas "al consumir esos alimentos baratos terminan subiendo de peso", y la obesidad representa el mayor riesgo para desarrollar diabetes tipo 2.

"Se hizo un estudio que encontró que el 65% de los mexicanos en este país son obesos o tienen sobrepeso", informa Michelén.

Según la Asocia$ón Americana de la Diabetes, 2 millones de hispanos padecen de diabetes tipo 2 (10.2% de todos los latinos en EE.UU.). De ellos, el 24% son de origen mexicano, sólo superados por los puertorriqueños con el 26%.

Sandra Bravo no tiene diabetes, pero la enfermedad le preocupa porque ha dejado graves secuelas en su familia. "Mi abuela por parte de mamá murió por la diabetes, y por eso le tuvieron que amputar una pierna, ahora tengo un tío que también está sufriendo de lo mismo y a mi mamá, en su tiempo, le diagnosticaron diabetes juvenil".

La joven, que no tiene seguro médico, aprovecha los servicios de salud que ofrece de manera gratuita el Consulado de México en Nueva York y algunos hospitales del área metropolitana, para chequearse los niveles de colesterol y la presión sanguínea. Ella sabe, que por su herencia familiar y por el tipo de alimentos que consume, está en alto riesgo de sufrir la enfermedad

Pobreza, factor determinante

Expertos en el tema aseguran que la diabetes está estrechamente ligada

a la pobreza. Las personas con menos recursos económicos tienen menos acceso a comida fresca y saludable.

Según el estudio "Diabetes en la Ciudad de Nueva York. Carga Pública y Disparidades", del 2007, el 90% de los adultos que viven en vecindarios pobres no comen la cantidad de vegetales $frutas recomendada, en comparación con los que residen en zonas con mayores ingresos, que son en su mayor parte gente blanca.

"Las frutas y vegetales no son tan fáciles de conseguir para ellos en una comunidad de bajos recursos, porque no hay supermercados grandes, sino que sólo hay bodegas o tiendas chiquititas que venden cosas que no son tan frescas. Los pocos vegetales que hay son caros, y cuando se tienen recursos bien limitados y varios hijos, uno trata de comprar lo máximo usando el mínimo de dinero", dice la doctora Judith Aponte, profesora de la Escuela de Enfermería del Hospital Hunter-Bellevue.

En el sector del condado de Brooklyn donde vive Sandra Bravo no hay supermercados grandes donde se puede acceder a verduras frescas y vegetales. Lo que sí abunda, como en otros vecindarios pobres donde viven inmigrantes, son los restaurantes de comida rápida (fast-food). No escapan a la vista pizzerías, establecimientos de comida china o cadenas como McDonald's y KFC, que anuncian sus hamburguesas y papas fritas muy baratas y sus sú$combos familiares de pollos fritos.

Por otra parte, muchos de los barrios donde viven los inmigrantes no cuentan con mercados de agricultores ('farmers markets') y si los hay, son muy esporádicos.

"Cuando vienen los agricultores a la Cuarta Avenida, es cuando aprovechamos de comprar cosas frescas, pero solamente vienen dos meses que son agosto y septiembre", dice Bravo.

Cuando no está la familia

La mayoría de los expertos consultados para este reportaje concuerdan que un factor que influye en los drásticos cambios alimenticios de los inmigrantes mexicanos cuando llegan a EE.UU., es la falta de la familia.

"Hay una gran diferencia entre el inmigrante que está aquí solo trabajando los 7 días de la semana, 8 horas sin comer, y el inmigrante que tiene una familia aquí, que tiene alguien que le cocine o prepare comida en casa", dice Jossana Tonda, coordinadora de la Ventanilla de Salud, un programa del Consulado de México en Nueva York.

"Están acostumbrados en México, a comer sus tres comidas al día, porque siempre hay una persona en casa cocinando, pero una vez que llegan a EE.UU. y están solos, su estilo de vida cambia y también su dieta", indica la doctora Sandra Ayalo, una nutricionista y educadora de diabetes en el Hospital Elmhurst en Queens.

Sandra Bravo coincide con las opiniones de los expertos. "Cambiamos el estilo de vida porque venimos aquí para trabajar y ahorrar, porque queremos tener un peso más en la bolsa y mandar más dinero al país (México). Trabajamos muchas horas y no comemos bien, para tratar de ahorrar lo máximo aquí y enviar lo máximo allá".

Sodas, enemigos de los niños

En los últimos años se ha visto un aumento alarmante de casos de diabetes tipo 2 en niños en EE.UU., y los infantes hispanos tienen tres veces más chance de desarrollar la afección que los de otros grupos debido, principalmente, a los altos índices de obesidad. El Departamento de Salud de la ciudad de Nueva York estima que hay un 40% de niños obesos o con sobrepeso, de los cuales, el 46% son hispanos.

Estudios realizados en esa urbe, con niños de 4to a 6to grado de primaria, demostraron que los infantes mexico-americanos consumen más bebidas azucaradas y artificiales, que los no latinos, por lo que están en mayor riesgo de ganar peso.

"Los mexicanos son el grupo que consume más bebidas azucaradas; refrescos y gaseosas", dice Lorena Drago, nutricionista y educadora de diabetes en el Hospital Lincoln, en El Bronx, un condado donde el 12% de sus residentes sufre de diabetes. Drago, que es voluntaria de la Asociación Americana de la Diabetes, advierte que la alta concentración de azúcar en los refrescos produce obesidad a una edad temprana. "El aumento en la circunferencia de la cintura se considera uno de los mayores riesgos para desarrollar diabetes y enfermedades cardiovasculares".

Según un estudio realizado como parte de los programas de prevención de la obesidad y la diabetes en el Hospital de Niños de Los Ángeles, entre 1970 y 2005, el consumo de azúcar en EE.UU. aumentó un 19%, y el consumo diario de calorías de los refrescos subió un 70%, de 7,8 a 13,2 onzas, por lo que se ha triplicado la obesidad infantil. Estados Unidos se está, literalmente, "ahogando en azúcar", dice Katrina Kubicek, una de $autoras del estudio.

Especialistas advierten que si hay historia de diabetes en la familia, como el caso de los hijos de Sandra Bravo, los niños están en mayor riesgo de ser diabéticos en su edad adulta. Por ello, recomiendan a los padres hablar con un pediatra sobre un plan de nutrición saludable para sus hijos y que estén seguros de que los infantes sean más activos en su vida diaria.

En una nación sedentaria
Pobreza, exceso de trabajo, y poco tiempo, no permiten a inmigrantes ejercitarse

NUEVA YORK — Gerardo Cuapio nos recibe en su casa mientras observa un partido de fútbol entre Brasil y Argentina. Al igual que para muchos mexicanos, éste es su deporte favorito. El hombre de 39 años solía jugarlo los fines de semana cuando vivía en Ciudad de México. Hoy es otra la historia.

Desde que llegó a Estados Unidos hace 16 años, el inmigrante mexicano no ha hecho más que trabajar. Sus largas jornadas como cocinero en un restaurante de comida italiana en Manhattan (NY), no le dejan tiempo para el ocio, mucho menos para ejercitarse

"En México todas las mañanas corría tres kilómetros y los fines de semana subía un cerro y jugaba fútbol. Pero cuando llegas acá es diferente; todo cambia", comenta Cuapio que hace 5 años le diagnosticaron diabetes tipo 2.

"Allá (México) tenía un horario normal de 9 de la mañana a 5 de la tarde. Comía a mis horas, podía descansar y tenía tiempo para hacer deportes. Pero aquí a veces entro al trabajo a las 9 de la mañana y no salgo

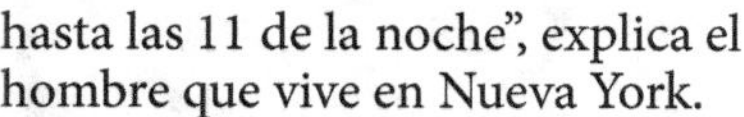

hasta las 11 de la noche", explica el hombre que vive en Nueva York.

Su caso es muy común. Estudios han demostrado que a la mayoría de los trabajadores inmigrantes que vienen a Nueva York, y otras ciudades de EE.UU., se les hace muy difícil hacer ejercicios o mantenerse activos.

"Estas personas trabajan mucho y no tienen tantas horas de ocio como tenían antes, como para reunirse con los amigos en el parque. Muchos trabajan hasta doce o trece horas al día", explica Lorena Drago, educadora de diabetes en el hospital Lincoln de El Bronx (NY).

Drago, que es voluntaria de la Asociación Americana de la Diabetes (ADA, en inglés), asegura que a la falta de tiempo se le suma los bajos ingresos.

Expertos indican que debido a las barreras culturales y la pobreza en que viven muchos, los latinos no tienen acceso adecuado a lugares deportivos y recreativos como gimnasios. También influye la falta de parques y áreas verdes seguras en vecindarios donde viven las minorías. Por esta razón, pueden estar en mayor riesgo de ser sedentarios.

En una encuesta realizada por el Departamento de Salud de Nueva York (NYCDOH), cuando se les preguntó a las personas si habían realizado ejercicios en el mes pasado, el 41% de los hispanos respondió "no", siendo el grupo más sedentario en comparación con los afroamericanos (31%), los blancos (34%) y los asiáticos (22%).

Por otra parte, el reporte "Diabetes en la Ciudad de Nueva York. Carga Pública y Disparidades" (2007), indica que los inmigrantes adultos no realizan la cantidad de ejercicios recomendada: 30 minutos por día, 5 o más días por semana. Además, un gran porcentaje reporta que no camina o monta bicicleta por lo menos diez cuadras mientras va de la casa al trabajo o viceversa, o al realizar diligencias.

Diferentes análisis, incluyendo algunos realizados por el Consulado de México en Nueva York, han llegado a la conclusión de que muchos inmigrantes mexicanos, especialmente lo que vienen procedentes de áreas rurales, realizaban más actividades físicas durante el día, porque caminaban más, no dependían del transporte público o trabajaban en el campo. Es decir, eran más activos en sus rutinas diarias, pero todo eso cambia cuando llegan a EE.UU. y se asimilan a su estilo de vida.

ILUSTRACION FRANKLIN RAMOS/EDLP

"Si son inmigrantes de zonas rurales, el impacto que va a tener la aculturación va a ser mucho más grande que si son personas que vienen de zonas urbanas, indica el doctor Rafael Pérez-Escamilla, profesor de Ciencias de la Nutrición, Epidemiología y Salud Pública en la Universidad de Yale.

Pérez-Escamilla realizó el estudio "El Papel de la Aculturación en la Nutrición, Estilo de Vida, y la Incidencia de la diabetes tipo 2 entre los latinos", en el cual concluye que "la inactividad física es uno de los mayores factores de riesgo para la salud, incluyendo la obesidad y el desarrollo de diabetes tipo 2".

Mujeres están en alto riego

Datos de la Encuesta Nacional de Salud y Examen Nutricional (NHNES, en inglés), indican que las mujeres México-americanas tienen mayores niveles de inactividad física que los hombres cuando se trata del tiempo de ocio. Entre las mujeres se encontró que eran menos propensas a haber realizado ejercicios recientemente.

"Cuando los estudios separan actividad física por recreación y actividad física relacionada con el trabajo, lo que encuentran es que las mujeres hispanas gastan mucho más energías y realizan más actividades por su tipo de trabajos, pero tienen menos tiempo y energía para hacer actividad física recreativa", informa Pérez-Escamilla, que también es director del Centro para la Eliminación de Disparidades de Salud entre los Latinos, de la Universidad de Connecticut.

"Es decir, no van a un gimnasio, a correr con las amigas; no se ponen los tenis y salen a caminar, a trotar con los hijos, montar bicicleta, o ir a nadar", agrega el experto quien dice que eso se debe a que se trata en su mayor parte de mujeres trabajadoras y pobres.

Este es el caso de Silvia Luna, una mexicana de 41 años oriunda de Guerrero, que vive en el condado de Brooklyn (NY). "Yo no tengo nada de tiempo para realizar ejercicios. Llego muy cansada del trabajo diariamente a preparar comida, porque trato de cocinar todos los días para la familia", cuenta Luna, una madre de dos hijos que trabaja como empleada doméstica quien, aunque trata de alimentarse bien, reconoce que ha aumentado de peso debido a la poca actividad física que realiza.

OUTSTANDING MULTIPLE ARTICLE SERIES, 30,000+

Al Día
Philadelphia, PA

La muerte de Eduardo

David Cruz, John Stish, Nubia, Erives, Arturo Varela, Adriana Arvizo, Ivonne Malaver

ENTREVISTA CON VIUDA DE MEXICANO MUERTO A GOLPES

"La muerte de Eduardo destapó una lata de gusanos en Shenandoah"

YA CUMPLIÓ TRES años el menor de los dos hijos del inmigrante y Crystal Dillman. La familia se tuvo que mudar de Shenandoah para evitar los ataques raciales. David Cruz/AL DÍA

Este 4 de octubre comienza el juicio federal contra los estudiantes que dieron muerte a Luis Eduardo Ramírez por ser mexicano. Será el segundo luego de que otro los absolviera de los cargos más graves.

ADRIANA ARVIZO
adrianaa@aldiainc.com

En un pequeño pueblo en Pensilvania, a 11 millas de Shenandoah, se refugia la estadounidense Crystal Dillman.

Ella y sus tres hijos, dos de ellos de Luís Eduardo Ramírez Zavala, se esconden luego de que el inmigrante de 25 años fue muerto a golpes en el 2008 por ser mexicano.

Dillman, de 26 años, parece cansada, mientras sus hijos lucen contentos. La familia vive hace un año en un edificio que antes era una escuela.

Ahí llegó en busca de calma y huyendo del odio racial de un pueblo de unos cinco mil habitantes que se ensañó contra ellos. "Ya no quería estar ahí, más que nada por mis hijos. Justo después, de una movilización anti-inmigrante, un grupo racista, los 'skinheads', se pararon afuera de mi casa y comenzaron a gritarle a mi hija Angelina, 'inmigrante ilegal, regresa a tu país, no perteneces aquí, regresa a México'. Mi hija mayor ni siquiera es de México, su papá es puertorriqueño", dijo Dillman en entrevista con AL DÍA.

Dice que hace dos años y dos meses la muerte de Ramírez "destruyó mi familia para siempre".

El recuerdo de Eduardo, como ella lo llama, aún está latente en su casa y su corazón. En el modesto apartamento no hay muchos muebles, y a pesar de que es oscuro, la escasa luz que entra por el balcón deja ver las fotografías de Ramírez que cuelgan en todas las paredes.

Eduardo, el hijo más pequeño de Dillman y Ramírez tenía apenas 11 meses cuando mataron a su padre; ahora de tres años y cada día más parecido a él, apunta a las fotografías mientras explica que su papá está en el cielo.

Kiara, la primogénita de Ramírez y la más risueña de los tres, tiene 4 años, mientras que la hija mayor de Dillman, Angelina, a quien Ramírez adoptó como suya, tiene ahora 5.

Mientras Dillman les sirve jugo a los niños y le arregla el cabello a Kiara, Dora la Exploradora les enseña español en la televisión.

Más delgada y ojerosa, Dillman viste pijamas desde las 5 de la tarde, pues además de no recibir visitas, asegura que sale a la calle lo menos posible para evitar que las personas la reconozcan y la insulten a ella o a sus hijos como pasaba en Shenandoah.

El último incidente que la orilló a dejar el pueblo fue cuando escribieron insultos en su camioneta con pintura de aerosol.

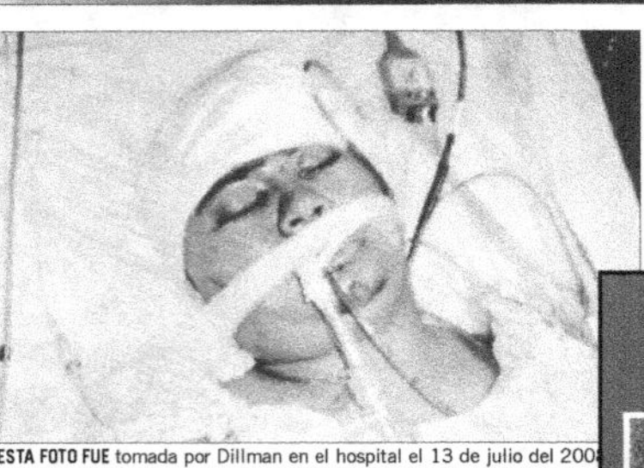

ESTA FOTO FUE tomada por Dillman en el hospital el 13 de julio del 200[8] día después de que el grupo de estudiantes lo golpeara. Archivo particular

VÍCTOR GARCÍA ERA mejor amigo de Ramírez y padrino de su hijo Eduar[do] quien sostiene durante una vigilia en honor a su papá en el 2008. David Cr[uz]

Según Dillman, no es que l[as] tensiones raciales incremen[t]ran después de que mataran a prometido, sino que su muer[te] 'destapó una lata de gusanos'.

"La gente no quería admi[t] que el racismo estaba ahí, pe[ro] después de la muerte de Edua[r]do salieron muchos problem[as] a la luz de los que no se habla[ba] antes, especialmente la corru[p]...

LANZAN ESFUERZOS DE ÚLTIMA HORA PARA CONVENCER A LATINOS DE PARTICIPAR

BEN TORRES/ESPECIAL PARA AL DÍA

Las hermanas Sylvia Hernández, Melissa Gutiérrez y Elza Valadez escuchan al funcionario de la Oficina del Censo Israel Ramírez (der.), quien les dio información sobre el censo así como oportunidades de trabajo en el conteo.

Censo debe superar temor

Por JULIÁN RESÉNDIZ/Al Día

En una esquina de Garland, inmigrantes mexicanos explicaban esta semana por qué no han participado en el censo de población.

Uno dijo que se mudó de vivienda. Otro que está aquí sólo de paso. Uno más afirma que no recibió el formulario que el gobierno mandó a casas y departamentos en marzo.

Pero a medida que el entrevistador rompía el hielo, surgían otras razones.

"Hay que tener cuidado, que la gente sea quien dice que es... que no vayan a usar esto para otra cosa", dijo Arturo, uno de los jornaleros renuentes.

El temor de inmigrantes recientes es un obstáculo que empleados de la Oficina del Censo y voluntarios de organizaciones no gubernamentales tratan de superar antes del 1 de abril, fecha límite para entregar formularios que decidirán cuánto dinero y representación política recibirá cada comunidad en los próximos 10 años.

Los esfuerzos de último minuto incluyen anuncios, fiestas en centros recreativos, visitas a iglesias y escuelas, e información a través de organizaciones

BAJA PARTICIPACIÓN

No olvide mandar su formulario a más tardar el jueves. Hasta la tarde del martes, esta era la tasa de participación para el censo del 2010 y la tasa del conteo del 2000:

Condado	2010	2000
Dallas	43%	72%
Tarrant	47%	73%
Collin	50%	75%
Denton	48%	71%
Harris (Houston)	40%	67%
Bexar (San Antonio)	43%	72%
Travis (Austin)	39%	69%
Webb (Laredo)	31%	59%
El Paso	47%	76%
Cameron (Brownsville)	31%	57%

entregado sus formularios, en comparación con la media nacional del 50%. El condado de Dallas, donde uno de cada cinco habitantes es nacido en el extranjero, también se quedaba atrás de sus vecinos de Tarrant (47%), Collin (50%), Denton (48%), Ellis (51%), Johnson (52%) y Kaufman (51%).

buscar gente a un centro comercial cercano.

"La gente tiene dudas y hay personas que no van a llenarlos por su situación migratoria. Prefieren seguir contribuyendo desde las sombras que arriesgarse" a que las encuentren, dijo Domínguez. "Hemos tratado de sembrar la confianza, decirles que no es una trampa para deportarlos, que cualquier funcionario que dé a conocer la información suya va a ir a la cárcel".

Domínguez urgió a inmigrantes a llenar los formularios antes del jueves, o bien abrir la puerta cuando encuestadores del censo visiten los hogares donde no hubo respuesta a partir del 1 de mayo.

"La gente que va a tocar la puerta trae su identificación y no va a ir a hacerle un mal. En este país es importante votar y ser contado. Si bien los inmigrantes no podemos votar, cuando menos debemos hacernos contar. Esos datos nos van a ayudar a mejorar las calles y los servicios, y si el inmigrante participa, ese va a ser un logro para él", afirmó.

Latinos en la campaña

Hasta hace pocos años la clientela

SILVER
AWARD

Al Día
Dallas, TX

Censo

Julián Reséndiz

OUTSTANDING MULTIPLE ARTICLE SERIES, 30,000+

El Observador de Utah
Salt Lake City, UT

Lista negra afecta economía local

Tania Navarro

EL OBSERVADOR DE UTAH

dinero

9
jueves
19 DE AGOSTO DE 2010

NEGOCIOS LOCALES

Lista negra afecta economía local

Familias hispanas se abstienen de pedir beneficios e incrementar sus compras

REINALDO ESCOBAR
EL OBSERVADOR DE UTAH

Las familias hispanas de Utah, están siendo afectadas en su economía por los últimos acontecimientos relacionados con la reforma migratoria y los residentes indocumentados.

Una propuesta del representante Stephen Sandstrom, que incluye algunas provisiones de la

…ás visitantes en busca de empleo que de aprovisionarse de artículos de consumo

drástica.

Después de que se informó que la lista negra había salido de las oficinas del Workforce Services, muchas familias tienen miedo de volver a solicitar estos servicios.

Rita Márquez, madre de 3 hijos, dijo a El Observador de Utah que su esposo y ella aparecieron en la lista negra, justo poco después de que solicitaron beneficios del gobierno.

"Ahora estoy buscando trabajo, porque con lo que gana mi esposo no es suficiente y no queremos volver a acudir a la ayuda del gobierno", indicó.

"Creo que es como una trampa, para tenernos ubicados y de pronto deportarnos en cualquier momento", enfatizó.

abarrotes "El Rancho Market".

Agregó, que también se ha visto un aumento considerable de las solicitudes de empleo.

"Muchas personas vienen a pedir formularios, para solicitar trabajo", señaló.

Otras tiendas muy frecuentadas por hispanos han cerrado, pero sus administradores niegan que se deba a un descenso en las ventas o utilidades.

Es el caso de la popular tienda "Big Lots", una de cuyas sucursales ubicada en la 600 East con 200 South, será clausurada en próximas semanas.

"Cerca de un 20 % de nuestros clientes son hispanos, pero este local cierra porque no llegamos a un acuerdo con los propietarios sobre el costo del alquiler", dijo a

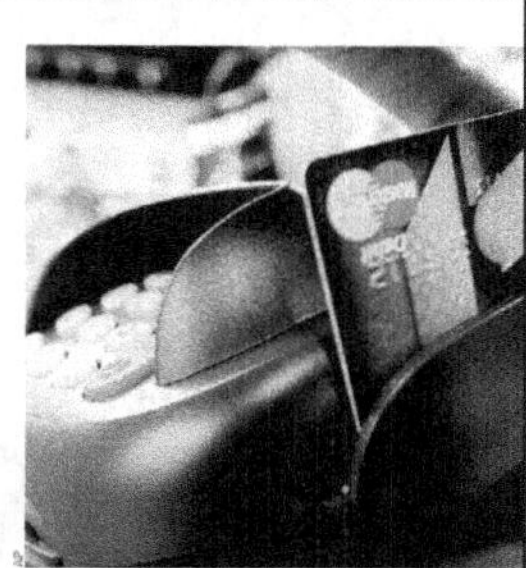

En la foto el cliente pasa la tarjeta débito, por la máquuina ve… una tienda de Seattle. Los americanos están nerviosos por la …

MINORISTAS

Minoristas co… ganancias

La confianza de los consumidores de Estados Unidos en la evolución de la economía se deterioró más en julio, después de un fuerte descenso en el mes anterior, según datos que difundió hoy The Conference Board.

El índice de confianza que elabora esa entidad privada de análisis bajó a 50,4 puntos este mes desde los 54,3 puntos del anterior, una cifra esta última que revisó al alza.

Los economistas preveían que el índice de confianza, que se basa en un sondeo mensual entre 5.000 hogares estadounidenses, se situara en 51 puntos en julio.

El subíndice correspondiente a la percepción de los consumidores acerca de la situación actual de la economía descendió a 26,1 puntos este mes, desde los 26,8 puntos de junio.

El subíndice de expectativas, que trata de medir la perspectiva que tienen los consumidores acerca de la evolución de la actividad en los próximos meses, bajó a 66,6 puntos, desde los

INSURANCE INSECURITY

Vida en el Valle
Fresno, CA

Insurance Insecurity

Rebecca Plevin

Charlotte bajo el asedio de las drogas

Patricia Ortiz

Mi Gente
Charlotte, NC

Charlotte, NC- el pasado viernes 1 de octubre ocho hispanos fueron condenados a pasar entre cinco y diez años de prisión por tráfico de heroína en la corte federal con sede en Charlotte. Los individuos habían sido arrestados en esta ciudad en julio de 2009, como parte de una operación denominada "Chica Sucia 3" liderado por la Agencia Antidrogas de Estados Unidos (DEA). Asimismo, el pasado 22 de agosto fue ase- sinado un latino de 22 años por dos adolescentes blancos en un complejo de apartamentos ubicado en la Avenida Central, durante lo que la policía considera que pudo ser una transacción de drogas. El hispano recibió aproximadamente 17 puñaladas. Las autoridades que combaten el tráfico de narcóticos reconocen que en la ciudad existe un problema de comercio y uso de estupefacientes. "Charlotte es un mercado significativo para ambos, como ciudad recipiente para las drogas que van a ser usadas aquí, y también como punto de tránsito de recibo y distribución a otras partes de Carolina del Norte, otros estados, y el país", dijo a "Mi Gente" John Emerson, el principal funcionario de la DEA en Carolina del Norte, quien supervisa cinco oficinas de la agencia federal en el estado. Entre la clase trabajadora El Departamento de Policía de CharlotteMecklenburg (CMPD) tiene identificados muchos de los lugares utilizados por los expendedores de drogas que suplen a los usuarios hispanos. "La cocaína en polvo está muy disponible ahora", explicó un agente encubierto de CMPD, quien señaló que es la droga más consumida por los trabajadores latinos de entre 20 y 29 años de edad. Las estadísticas policiales indican, que entre el 1 de enero de 2009 al 31 de agosto de ese mismo año se realizaron 602 arrestos relacionados con drogas en el condado de Mecklenburg. Un total de 562 hombres y 40 mujeres fueron detenidos. Más de la mitad de los arrestos realizados involucró a hombres entre 20 y 29 años de edad. De acuerdo con un trabajador hispano que fue adicto a la cocaína y al alcohol, la mayoría de los hombres que emigran de sus países solos y se establecen en lugares como Charlotte necesitan algo con que desahogarse para "matar" la soledad y el cansancio. "La soledad es muy dura y después de 8 o 10 horas al sol uno siente la necesidad de relajarse", dijo. De acuerdo con el rehabilitado, hay quienes durante las fiestas colectivas del fin de semana se gastan todo su salario en alcohol y drogas. "No les queda para pagar ni la renta, ni el teléfono", agrega. Las autoridades de salud comparten la preocupación de las agencias de la ley por el consumo de drogas entre los obreros hispanos. "Necesitamos que hayan más servicios y programas para los hispanos", indicó a "Mi Gente" Nidian Coker de Anuvia, agencia local de prevención y recuperación, donde los latinos reciben consejería y tratamiento ambulatorio en casos de consumo de drogas y alcohol. Rafael Prieto Zartha contribuyó en la elabo- ración de este artículo.

"Necesitamos ayuda": la DEA en Carolina del Norte

Charlotte, NC- El auge del narcotráfico y el consumo de drogas entre los hispanos de Charlotte y Carolina del Norte es tal que la Agencia Antidrogas de Estados Unidos (DEA) está solicitando cooperación de la comunidad latina para frenar este flagelo. Desde principios de agosto pasado, la DEA puso en funcionamiento cinco líneas telefónicas en español, para que la gente reporte situaciones relacionadas con el tráfico de drogas y delitos de lavado de dinero. "Los individuos pueden recibir una compensación por información que conduzca a decomisos y arrestos", dijo a "Mi Gente", John Emerson, encargado de la DEA para Carolina del Norte. De acuerdo con el funcionario, en el poco tiempo que ha estado funcionando el servicio en cinco ciudades del estado, ya se han recibido llamadas y el programa puede calificarse como exitoso. Durante 2009, la DEA decomisó 991 kilos de cocaína, que es la droga más popular entre los hispanos de 20 a 29 años de edad. En 2008, el decomiso de la misma droga sólo alcanzó 384 kilos. Según la DEA, aunque la mayoría de los inmigrantes

no están involucrados en el tráfico de drogas, su presencia ha permitido a las organizaciones de narcotráfico filtrarse en las comunidades de latinos en muchos condados del estado. Charlotte, punto estratégico. La ubicación de Charlotte, donde confluyen varias autopistas como la Interestatal 85, la Interestatal 40, y la cercanía a la Interestatal 95, han convertido a la ciudad en un punto estratégico para la distribución de las drogas ilegales. A finales de septiembre, los condados de Mecklenburg, Union y Gaston, tres condados del área metropolitana de Charlotte, fueron designados por la Oficina de Política Nacional de Control de Drogas de la Casa Blanca, como zonas de alta intensidad de tráfico de drogas. Un trabajador hispano, que participó en la distribución de drogas, contó a "Mi Gente" que viajaba desde un área rural del estado a Charlotte para recoger la "mercancía" en un negocio ubicado al sureste de la ciudad. En junio pasado, la policía de Charlotte arrestó a Ricardo Ramírez, un indocumentado que había sido deportado dos veces por tráfico de drogas. Desde 2006, las autoridades locales buscan a Leonidio

Venegas, de 43 años, quien es prófugo de la justicia desde entonces y contra quien pesan cuatro órdenes de captura por delitos relacionados con el tráfico y distribución de cocaína. Los dos casos anteriores son sólo la "punta del iceberg" de la presencia de drogas entre la comunidad hispana radicada en Charlotte. Desde el establecimiento del programa 287 g en abril de 2006 en Charlotte, un total de 747 indocumentados han sido puestos en orden de deportación por cargos relacionados con el tráfico y posesión de drogas. "Entre enero 1 de este año al 31 de septiembre, se habían efectuado 602 arrestos en el condado de Mecklenburg de adultos hispanos con al menos un cargo relacionado con drogas", informó el oficial Daniel Hernández, enlace hispano del Departamento de Policía de Charlotte-Mecklenburg (CMPD). Las autoridades reconocen que la tarea de combatir el narcotráfico es extremadamente difícil, pero insisten en que continuarán persiguiendo a los responsables del negocio. "Siempre los tenemos en la mira", expresó a "Mi Gente" un agente encubierto de la policía.

"Estuve en el Infierno"

Charlotte, NC- La cita se hizo en un punto fuera de Charlotte. Con la mirada cristalina y el arrepentimiento en su rostro, José, como prefirió ser identificado, narró a "Mi Gente" su historia cuando se involucró en los vicios, se hizo adicto a las drogas, el alcohol, y su incursión en el bajo mundo del narcotráfico. El hombre, cercano a los 40 años de edad, llegó a Charlotte a finales de la década de los noventa proveniente de México para trabajar en construcción y así poder mantener a su familia. Durante tres años, José vivió en lo que hoy ya rehabilitado define como el "infierno". "Eché a la basura esos años de mi vida. Tuve problemas con las autoridades y perdí a mi familia". El obrero cuenta que tuvo que dejar su profesión de mecánico y venir a este país a trabajar para tratar de solventar los gastos hospitalarios de su hijo que nació con problemas respiratorios. "Estaba muy endeudado por lo que me cobró el coyote y lo que ganaba no me alcanza-ba. Estaba desesperado". La soledad mala consejera. La soledad que experimentó en sus primeros años en Estados Unidos por la separación de su familia, el engaño de su esposa, sumado a la muerte de sus progenitores, dice que lo consumieron y entró en depresión, por lo que se refugió primero en el alcohol. "La soledad es muy dura y después de ocho o diez horas al sol uno siente la necesidad de relajarse". José cree que una cosa lo llevó a otra. Dice que le perdió apego a la vida y fue cuando se inició en las carreras de autos callejeras. Pero afirma que esa diversión le salió cara. Fue detenido por conducir embriagado, tuvo innumerables multas por exceso de velocidad, perdió su licencia de manejo, y tuvo que pagar mucho dinero en cortes y abogados. "Mi récord era de varias páginas". Por esa época, José probó por primera vez las drogas por un compañero de trabajo que las usaban y poco a poco se volvió adicto a la cocaína y marihuana. "Consumía cualquier cosa mientras te apendejara. Mi salario de una semana me duraba un día en la mano y no me quedaba ni para pagar la renta". En la venta Un día José hizo contacto con alguien que estaba metido en el narcotráfico, y así durante casi un año estuvo involucrado en la venta de cocaína. Cuenta que con su "banda" tenían buenas ganancias de las "cargas", que generalmente recogían en un negocio al sureste de Charlotte. Una carga podía consistir en una bola de cocaína solida, que volvía polvo y en ocasiones para lograr mejores dividendos, la mezclaba con pastillas blancas para el dolor."Una dosis del tamaño de una pastilla podía venderse en 20 dólares o más". José asegura que en el gremio de los obreros de construcción existe la tentación de vicios como el de las drogas. "Se la ofrecen a uno en todas partes. Muchos evitan consumirlas durante el trabajo porque si sufren un accidente y le hacen el test de drogas el patrón no cubre los gastos". "Ese mundo te desgasta mucho física y moralmente, estas rodeado de perdición, de peleas, armas y mujeres… estuve en un mundo sucio, peligroso, y mi cura nunca llegó". La salvación. El rehabilitado dijo que reaccionó cuando se salvó de ser arrestado y deportado. Esa vez no fue con sus "cuates" a recoger la "mercancía". A su carro se le había estallado dos llantas durante una carrera y tuvieron que buscar otro chófer. "Se embriagaron y se fueron con una carga 'de la mejor' y los agarró la policía". Por temor a correr la misma suerte de sus compinches, José se refugió donde unos amigos y permaneció varios días sin consumir drogas ni alcohol. Dice que desde entonces dejó de comerciar y ha estado en el proceso de abandonar totalmente los vicios. "Había perdido la noción de la vida y la fe en Dios. Pero comencé a buscarlo y eso es lo que me ha ayudado".

La droga está muy disponible entre los obreros hispanos

Charlotte, NC- las autoridades que combaten el narcotráfico y el menudeo de drogas en la ciudad afirman que en los últimos años Charlotte pasó a ser uno de los centros de operación más importantes de las organizaciones delictivas dedicadas a este negocio. "Mi Gente" habló con dos oficiales, un sargento y un agente encubierto del Departamento de Policía de Charlotte-Mecklenburg (CMPD), que dieron una perspectiva sobre el problema de las drogas en Charlotte. "Los narcóticos en general están más disponibles ahora, no se si más que en los ochenta y noventa, pero si muy disponibles", afirmó el agente encubierto. El consumo es otro problema en aumento y ya no respeta edad, estrato social, ni situación migratoria, ya que las drogas de todo tipo se consiguen fácilmente en la calle y su precio varía dependiendo de su pureza.

Entre la clase trabajadora. Entre los hispanos preocupa el aumento del consumo en los más jóvenes. Sin embargo, el auge ha ocurrido entre la clase trabajadora. Los inmigrantes que vienen a trabajar se han convertido en mercado objetivo de los expendedores de drogas. Años atrás, el patrón era que los hispanos bebieran licor o cerveza. Pero todo cambió en los últimos años. Estadísticas policiales lo confirman. Entre el 1 de enero de 2009 y el 31 de agosto de ese mismo año se realizaron 602 arrestos de hispanos con cargos relacionados con drogas en

el condado de Mecklenburg. Un total de 562 hombres y 40 mujeres fueron detenidos, y más de la mitad de los arrestos involucró a hombres entre 20 y 29 años de edad. "Esta gente está más tentada porque posee dinero y tiene la libertad para adquirirla en distintos lugares", indicó el sargento que trabaja en la Unidad de Vicio y Narcóticos del CMPD, quien prefirió mantener su nombre en reserva. Prefieren la cocaína El oficial explicó que los más jóvenes comienzan fumando marihuana, que es la primera droga que encuentran, pero después pasan a probar otras sustancias más fuertes y adictivas como el "crack" y la cocaína o las "drogas de clubes" como el éxtasis y las píldoras. Tanto el "crack" como el éxtasis son elaborados clandestinamente a partir de productos utilizados en la industria farmacéutica como la seudoefedrina. "Las metanfetaminas no son muy usadas entre latinos. Nuestra impresión es que prefieren la cocaína en polvo en lugar del crack", aclaró el agente encubierto. El sargento mencionó que en los últimos 3 a 5 años se ha visto un incremento de la venta de drogas en los clubes nocturnos, que dijo "tienen identificados" donde se puede conocer gente en el negocio y hacer fácilmente estas transacciones. Los que tienen el control Según los policías, drogas como la heroína "black-tar" viene específicamente de México. Sin embargo, no pueden decir lo mismo de la marihuana y la cocaína. En los ochenta y noventa, de acuerdo con el agente, estas drogas llegaban de Colombia y Panamá, pero debido a la desarticulación de varios carteles, sus sobrevivientes tuvieron que buscar otros caminos para hacerlas llegar a Estados Unidos a través de la frontera mexicana. "Eso no quiere decir que todas las drogas provengan de México. Simplemente es el país que sirve de vía para traerlas aquí. No sería justo decir que toda se produce allí", dijo el sargento. No obstante, el policía afirmó que tradicionalmente, los carteles mexicanos son los que controlan el mercado de las drogas en el área, condados, y estados aledaños. Pese a esto, una fuente cercana a "Mi Gente" aseguró que parte de la venta al menudeo y distribución mayormente de cocaína tiene un "brazo" controlado por sudamericanos.

Venta de heroína "black tar" se incrementa en Charlotte

Charlotte, NC- Mientras las autoridades luchan por vencer el tráfico y la venta de drogas como la cocaína y la marihuana, que son las más populares por los consumidores del área, una droga más adictiva y letal está cada vez más disponible en las calles y barrios de la ciudad. Se trata de la heroína "black tar" que es considerada por las autoridades como la peor droga de estos tiempos. Los consumidores se la pueden inyectar, aspirar, fumar e incluso mezclar con agua como si fuera un "spray" nasal. Un agente encubierto, que trabaja con la Unidad de Vicios y Narcóticos del Departamento de Policía de Charlotte Mecklenburg (CMPD) hace cinco años, dijo que la heroína "black tar" que se consigue en Charlotte es más barata y poco refinada. "Es la más potente que he visto en años y es la que está llegando a Charlotte", indicó a "Mi Gente" el agente. La heroína "black tar", que se logra de mezclar la morfina con otros químicos, viene casi exclusivamente de México y se puede producir en lugares pequeños bajo condiciones poco sanitarias por lo que es básicamente "sucia" y contiene bacterias, según el agente. Un "hit" o dosis de este tipo de heroína se vende entre 9 y 10 dólares, mientras que la heroína "brown powder" que es menos potente y más difícil de conseguir, se vende desde 20 a 25 dólares el "balón". "Esta droga es muy adictiva y entre más se consuma es más difícil de dejarla porque produce una adicción progresiva", resaltó. El agente explicó que en el caso de la cocaína en polvo, el efecto o "subida" es rápida pero con la heroína esa sensación se puede conseguir en dos o tres horas. Entre los más jóvenes existe el problema de consumo de la heroína "black tar", que mezclan con drogas de prescripción. "Si las combinan con alcohol pueden ser doblemente mortales porque producen efectos contrarios. Mientras el alcohol es depresivo, las otras aceleran", añade. Como comprando pizza Los cárteles mexicanos que trafican con la heroína "black tar" utilizan el sistema de despachos a domicilio. Los "clientes", con una sola llamada, pueden ordenarla como si se tratara de "pizza" e incluso ofrecen muestras grátis. "Generalmente es un revendedor latino que le dice a donde ir para recogerla". Según John Emerson, principal funcionario de la Agencia Antidrogas de Estados Unidos en Carolina del Norte (DEA), los latinos usualmente son quienes proveen la heroína "black tar" no los que la consumen. El agente encubierto mencionó que los latinos prefieren la cocaína y la marihuana y según su experiencia, son pocos los arrestos de latinos adictos a ese narcótico. El año pasado y con el recrudecimiento de la guerra que se libra en el vecino país de México contra los carteles del narcotráfico, algunos en Charlotte los relacionaron con la violencia que existe en la ciudad. Estadísticas de la DEA indican que en 2009 fueron confiscados 9 kilogramos de heroína en Carolina del Norte, y hasta comienzos de octubre de este año, ya se habían incautado 18 kilogramos. Las autoridades dicen que las pandillas no están involucradas con los narcotraficantes a excepción de la "M" o "Mexican Mafia". "Vemos algunos pandilleros que venden gramos de cocaína, pero no están ligados con los carteles, están involucrados a un mas bajo nivel", indicó un sargento de la Unidad de Vicios y Narcóticos del CMPD. En Charlotte, las autoridades han dado duros golpes a los traficantes de heroína. En julio de este año fueron arrestados 11 hispanos por vender heroína "black tar". Así mismo, a principios de octubre, ocho mexi- canos fueron condenados a pasar entre cinco y diez años en prisión. Los individuos habían sido arrestados en esta ciudad en julio de 2009, como parte de una operación denominada "Chica Sucia 3" que fue liderada por la DEA.

Narcóticos Anónimos ayuda a drogadictos hispanos

Charlotte, NC- Juan estuvo sumergido en el mundo de las drogas durante diez años de su vida. Hoy, a sus 38 años, este mexicano es un empresario exitoso, que comenzó a trabajar de lavaplatos en un restaurante para convertirse en

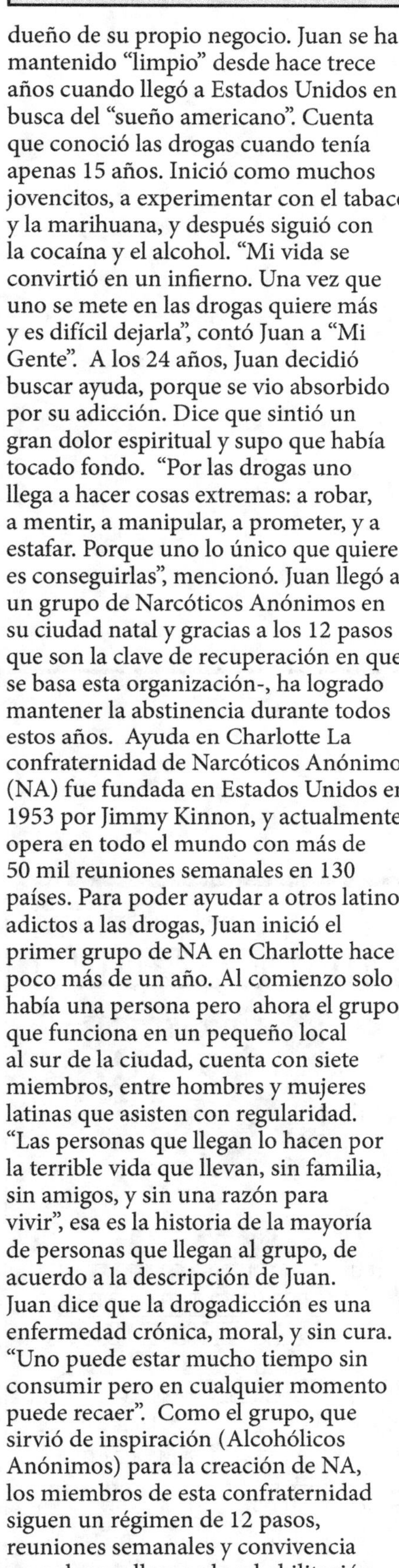

dueño de su propio negocio. Juan se ha mantenido "limpio" desde hace trece años cuando llegó a Estados Unidos en busca del "sueño americano". Cuenta que conoció las drogas cuando tenía apenas 15 años. Inició como muchos jovencitos, a experimentar con el tabaco y la marihuana, y después siguió con la cocaína y el alcohol. "Mi vida se convirtió en un infierno. Una vez que uno se mete en las drogas quiere más y es difícil dejarla", contó Juan a "Mi Gente". A los 24 años, Juan decidió buscar ayuda, porque se vio absorbido por su adicción. Dice que sintió un gran dolor espiritual y supo que había tocado fondo. "Por las drogas uno llega a hacer cosas extremas: a robar, a mentir, a manipular, a prometer, y a estafar. Porque uno lo único que quiere es conseguirlas", mencionó. Juan llegó a un grupo de Narcóticos Anónimos en su ciudad natal y gracias a los 12 pasos que son la clave de recuperación en que se basa esta organización-, ha logrado mantener la abstinencia durante todos estos años. Ayuda en Charlotte La confraternidad de Narcóticos Anónimos (NA) fue fundada en Estados Unidos en 1953 por Jimmy Kinnon, y actualmente opera en todo el mundo con más de 50 mil reuniones semanales en 130 países. Para poder ayudar a otros latinos adictos a las drogas, Juan inició el primer grupo de NA en Charlotte hace poco más de un año. Al comienzo solo había una persona pero ahora el grupo, que funciona en un pequeño local al sur de la ciudad, cuenta con siete miembros, entre hombres y mujeres latinas que asisten con regularidad. "Las personas que llegan lo hacen por la terrible vida que llevan, sin familia, sin amigos, y sin una razón para vivir", esa es la historia de la mayoría de personas que llegan al grupo, de acuerdo a la descripción de Juan. Juan dice que la drogadicción es una enfermedad crónica, moral, y sin cura. "Uno puede estar mucho tiempo sin consumir pero en cualquier momento puede recaer". Como el grupo, que sirvió de inspiración (Alcohólicos Anónimos) para la creación de NA, los miembros de esta confraternidad siguen un régimen de 12 pasos, reuniones semanales y convivencia grupal, para llegar a la rehabilitación y equilibrio emocional. Según Juan, cuando el drogadicto se enfrenta a fracasos, decepciones y problemas, tiende a buscar de nuevo las drogas pero con los 12 pasos se logra "equilibrar la ansiedad". "Para el drogadicto es difícil vencer el egocentrismo y la autodestrucción que lo caracte-riza", anotó. Juan ayuda a los "recién llegados" a entender y asumir su problema de adicción, y con la visión del programa anima a los miembros a cultivar una concepción individual religiosa o no de los principios es- pirituales y la aplicación de los mismos en la vida cotidiana. Narcóticos Anónimos es un grupo autónomo, sin ánimo de lucro, que se mantiene con los aportes de sus miembros. No tiene reglamentos para ingresar y no controla ni lleva records de los participantes.

Ayudan a salir de las drogas a latinos de Charlotte

Charlotte, NC- Mientras las autoridades luchan por erradicar las drogas de las calles y vecindarios de la ciudad, existen agencias que se ocupan de ayudar a los drogadictos a abandonar la dependencia. Casos críticos El Área de Salud Mental del Condado de Mecklenburg cuenta, entre otros, con el Centro de Servicios de Abuso de Sustancias para pacientes que requieren un tratamiento intensivo de desintoxicación por abuso de substancias. "Vemos que muy pocos hispanos utilizan estos servicios", dijo a "Mi Gente" Carlos Martínez, funcionario del departamento. Según Martínez, el centro tiene una capacidad para albergar a 67 internos. Hace un mes, el lugar estaba lleno pero solo dos pacientes eran hispanos. Uno de los latinos ingresó por problemas de drogadicción y el otro por alcohol. "La mayoría de latinos usan servicios ambulatorios donde solo tienen que acudir una o dos veces por semana, por ejemplo, porque se los ordena un juez o su nivel de dependencia no es tan grave", indicó el funcionario. En este centro, los pacientes pasan por un proceso de desintoxicación que dura cuatro días, otro programa de 14 días que es para aquellos que recaen, y el programa de tratamiento intensivo de 28 días. Todos estos programas son gratuitos para personas sin seguro y de bajos recursos. "No necesita tener dinero ni papeles para ingresar. Lamentablemente los latinos no creen en estos programas", añadió. Línea telefónica de ayuda El condado también cuenta con la agencia Servicios de Prevención de Abuso de Sustancias (SAPS, por sus siglas en inglés), que cuenta con una línea telefónica anónima en español. "La mayoría de personas que llaman tienen más de 20 años y generalmente tienen problemas de alcoholismo, cocaína y marihuana", comentó Alba Sánchez, encargada del programa hispano de SAPS. Semanalmente, esta línea

recibe entre 8 y 10 llamadas, no solo de Charlotte sino incluso de ciudades como Raleigh y Greensboro, y de Carolina del Sur. Sánchez se encarga de proveer la información de los sitios y recursos disponibles en todo el estado y refiere a los consultantes a los lugares más convenientes dependiendo del caso. "A veces incluso llamo para verificar que tienen personal que habla español", agregó. Tratamiento ambulatorio Anuvia es un centro de prevención y recuperación que brinda asesoría, programas de tratamiento ambulatorio y educación para adictos a drogas y alcohol, que cuenta con personal

EDITORIAL AWARDS

bilingüe. Nydian Coker, supervisora clínica para los programas dirigidos a los hispanos, dijo que los pacientes que atienden no presentan un nivel crítico de dependencia. Generalmente son hombres entre los 18 y 30 años de edad, y en su mayoría trabajan en el área de construcción. "Vemos que la soledad y la falta de trabajo conducen a la depresión y por eso buscan un escape refugiándose en las drogas o el alcohol, o en ambos", dijo Coker a "Mi Gente". De acuerdo con Coker, varios de los pacientes son remitidos por un juez luego de ser arrestados por posesión de drogas, manejar ebrios, abuso y negligencia con menores de edad, y violencia doméstica. "Es lo que vemos aquí todos los días. Por eso creo que necesitamos más servicios para hispanos aquí en el condado", añadió la funcionaria. Cada caso es diferente y de ello depende el número de sesiones semanales y el nivel de cuidado que el adicto requiere para su recuperación, algunos solo necesitan asistir al programa de prevención. Anuvia ofrece además tratamiento para consumidores de heroína, la droga más peligrosa y adictiva que existe, según afirman las autoridades. Sin embargo, la adicción a este narcotic opiáceo no es aún un problema en la comunidad hispana, aseguró Coker.

Caso Marcus Jackson

Patricia Ortiz

Design Awards

Publication design is what helps keep the readers coming back - as well as allowing them to better enjoy the types of great articles we've just shared. This is our second largest category with 46 honorees.

"The entries are so much better than a few years ago. Pages have more impact - and the design quality has greatly improved. The designs are nice and clean, which is important. Some of the pages had great concepts. Overall I was very impressed." ***Ignacio Gomez, award winning commercial artist and designer.***

"What was most encouraging was the awareness that considerable Latino journalism skill is building nationally. With the growing Latino presence in small communities all over the country, varying levels of expertise will be able to find a market. Best wishes to every journalist with a dream. Go for it!

Historian Norman Rozeff writes, that Catarino Garza, was one of 'the first to use print media to defend the interests of Mexicans in Texas.' Garza started quite a few newspapers in the 1880s whose history, I believe will surely interest you. It excited me, with Garza in my lineage, to realize what was happening in South Texas, Tejanos dealing at the same time with conflicts against both Mexico and the US. . . great historical insight," ***Mimi Lozano, Somos Primos***

Design - Newspaper, Broadsheet Format

GOLD AWARD

El Obervador de Utah
Salt Lake City, UT

EL OBSERVADOR DE UTAH

O UTAH weekend

SALT LAKE CITY : 16-17 DE OCTUBRE DE 2010 : AÑO I, NÚMERO 108

En una hazaña memorable se convirtió la tragedia de los mineros atrapados en el refugio San José del desierto chileno de Atacama. La fe, la esperanza y la organización se unieron a la tecnología para lograr un rescate sin precedentes. Chile dio ejemplo al mundo. Pág. 2 y 3

"MISIÓN CUMPLIDA!"

Tendencias

El día en que el terror divierte

La popular celebración del Halloween se ha convertido en una tradición en la que se mezcla la alegría de los dulces con el espanto de los disfraces. Pág 6 y 8

Tendencias

Yoga para combatir el estrés

DESIGN - NEWSPAPER, BROADSHEET FORMAT

SILVER AWARD

Vida en el Valle
Fresno, CA

Vida en el valle
SECCIÓN ESPECIAL
Your Vote 2010 · Su Voto 2010

BRONZE AWARD

Al Día
Dallas, TX

FC Dallas va tras los latinos
Atraer aficionados hispanos es una prioridad y un reto para equipo
DEPORTES

al día

Miles piden reforma

50,000 personas en Dallas exigen nueva ley de inmigración

Debate podría ser provechoso

en interiores
Reformarán a Legionarios
Sospechoso confiesa

Perry confía que vendrán refuerzos

Desayuno para mamá

Inicia Tri gira por EU

BRONZE AWARD

El Nuevo Heraldo
Brownsville, TX

El Nuevo Heraldo

MATAMOROS
Son rumores
Propietario de García's niega hechos violentos en su establecimiento

REFLECTOR
Por el Grammy
Se disputan Arjona, Rubio y La Quinta Estación Grammy a Mejor Álbum Pop Latino

McALLEN
Repuntan maquilas
> Preocupan problemas de la Toyota

También se apunta
Roberto Garza dona artículos deportivos para el partido que se realizará hoy a favor de Haití

Diócesis Católica de Brownsville
Un nuevo pastor
Obispo Daniel E. Flores

HAITÍ
Capturan a presuntos traficantes de niños

BROWNSVILLE
NACIONAL
INTERNACIONAL
MILES MARCHAN

"I SAVED TAXPAYERS $2.1 MILLION"
Elect Ernesto DeLeón
Cameron County Commissioner Pct. 2
"I don't promise. I deliver!"
EXPERIENCE AND ACCOUNTABILITY YOU CAN TRUST

Nexus Real Estate
956.504.2727

DESIGN - NEWSPAPER, TABLOID FORMAT, 30,000+

Viva Colorado
Denver, CO

Mike Alvarado de Thornton busca título mundial.

PÁG. 30

THE DENVER POST 03/04/10 Colorado Año 3 No. 177

Chile bajo escombros

Unas 500.000 residencias resultaron averiadas o destruidas por el terremoto de 8.8 grados que azotó a Chile el sábado.

PÁG. 4

Reporte: Quejas de discriminación han incrementado en Colorado.

Una adoptada de Perú está cambiando el mundo un corazón a la vez.

Ozomatli tiene algunas sorpresas para la audiencia de Colorado.

DESIGN - NEWSPAPER, TABLOID FORMAT, 30,000+

SILVER AWARD

Rumbo de Houston
Houston, TX

LIGUILLA MEXICANA: PALENCIA, M S PUMA QUE CELESTE P g. 21
RUMBO
www.rumbotx.com HOUSTON
Piensa Digital
C mo elegir un smartphone
P g. 17
ENTREVISTA EXCLUSIVA
El mago tras Potter
P gs. 5, 6 y 8
FUTBOL MLS
El Dynamo tambi n quiere a D Alessandro
P g. 20
Celebra un Thanksgiving con sabor latino
P gs. 13 a 15
Tangled

BRONZE AWARD

Reflejos
Chicago, IL

20 Aniversario Reflejos
Encu ntralo adentro! Find it inside!
Daily Herald
Mango
Christina Aguilera
Variedad racial
Minorías en EEUU siguen creciendo, según nuevo reporte
Racial diversity: U.S. minorities continue to increase, according to new data
2010 World Cup special section 29
CONTENT | SUBURBS | YOUR HEALTH | WORLD CUP | WALL STREET JOURNAL

BRONZE AWARD

Vida Nueva
Los Angeles, CA

VidaNueva
PRST STD U.S. POSTAGE PAID
www.vida-nueva.com
GRATIS
Edición Especial de Bienvenida
¡Bienvenido a Los Angeles!
Arzobispo José H. Gomez

DESIGN - NEWSPAPER, TABLOID FORMAT, UNDER 30,000

GOLD AWARD

Libre
Miami, FL

LIBRE

Director: DEMETRIO PÉREZ JR.

AÑO XLV MIAMI, MIÉRCOLES, 10 DE FEBRERO, 2010 NO. 1767

¡Feliz Día del Amor!

Design - Newspaper, Tabloid Format, Under 30,000

Silver Award
Hoy de Delaware
Georgetown, DE

Bronze Award
Negocios Now
Chicago, IL

DESIGN - MAGAZINE, GLOSSY FORMAT

GOLD AWARD

La Isla Magazine
Savannah, GA

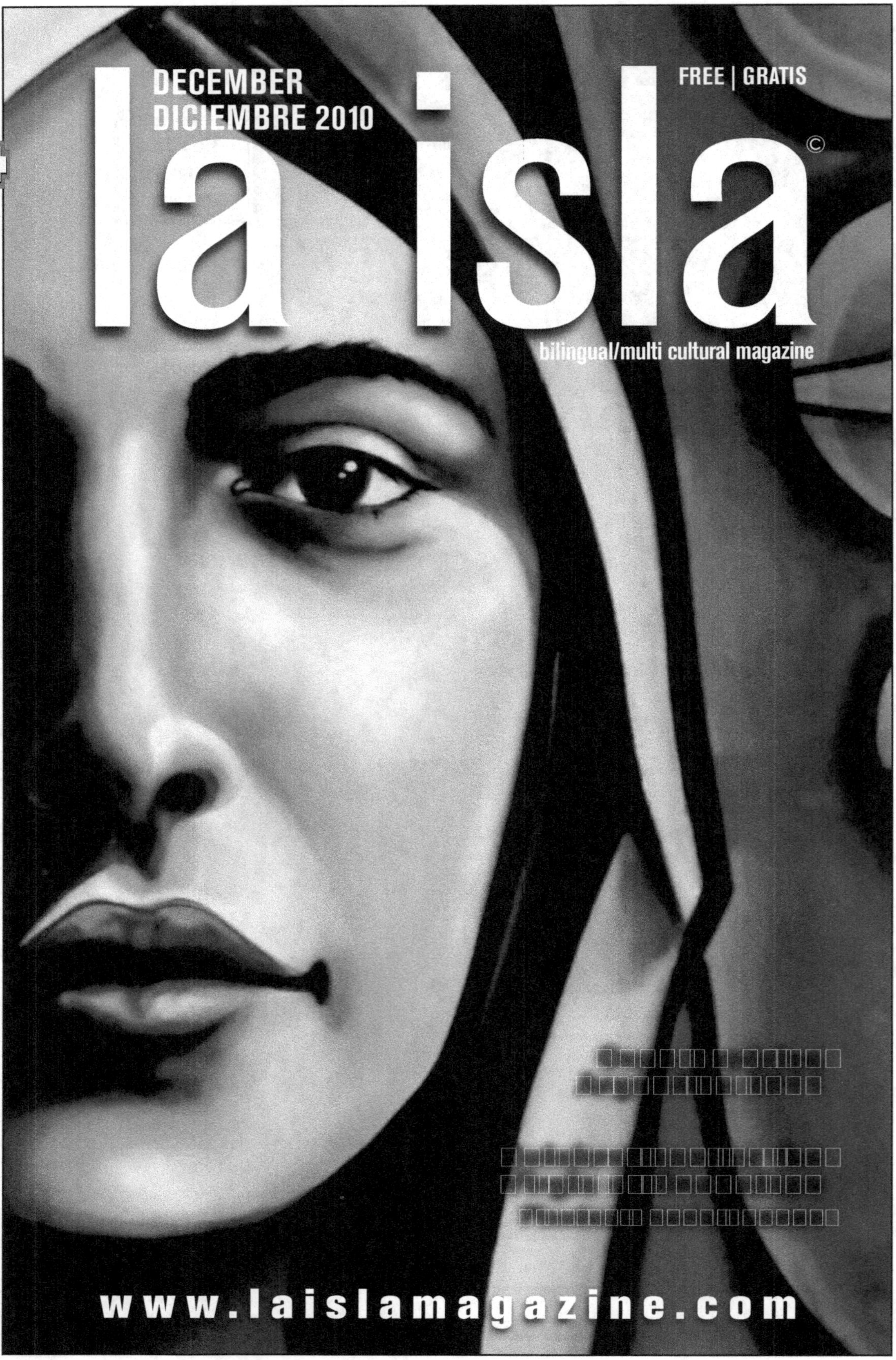

DECEMBER
DICIEMBRE 2010

FREE | GRATIS

la isla©

bilingual/multi cultural magazine

www.laislamagazine.com

Design - Magazine, Glossy Format

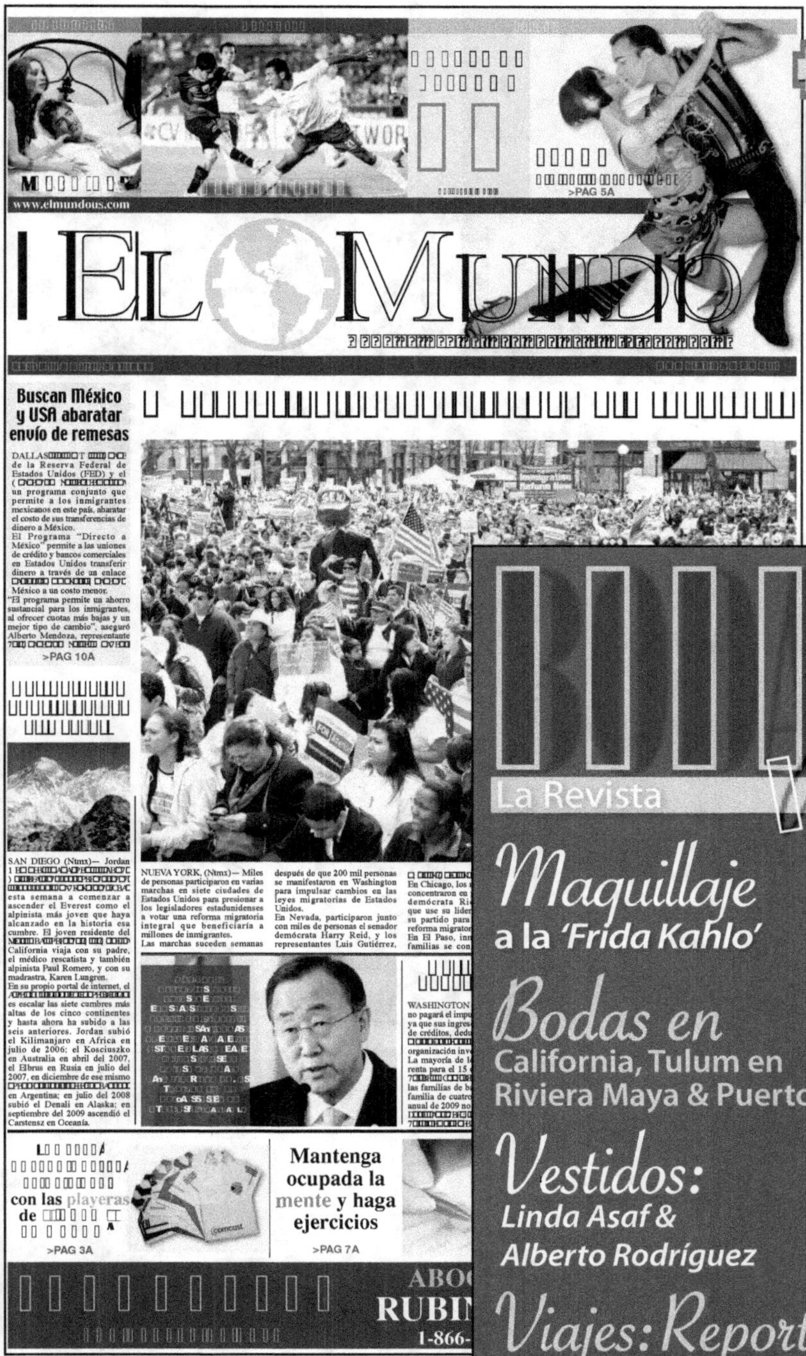

SILVER AWARD

El Mundo
Seattle, WA

www.elmundous.com

EL MUNDO

Buscan México y USA abaratar envío de remesas

>PAG 10A

Mantenga ocupada la mente y haga ejercicios

>PAG 7A

>PAG 3A

>PAG 5A

ABOG
RUBIN
1-866-

BRONZE AWARD

Bodas USA
Los Angeles, CA

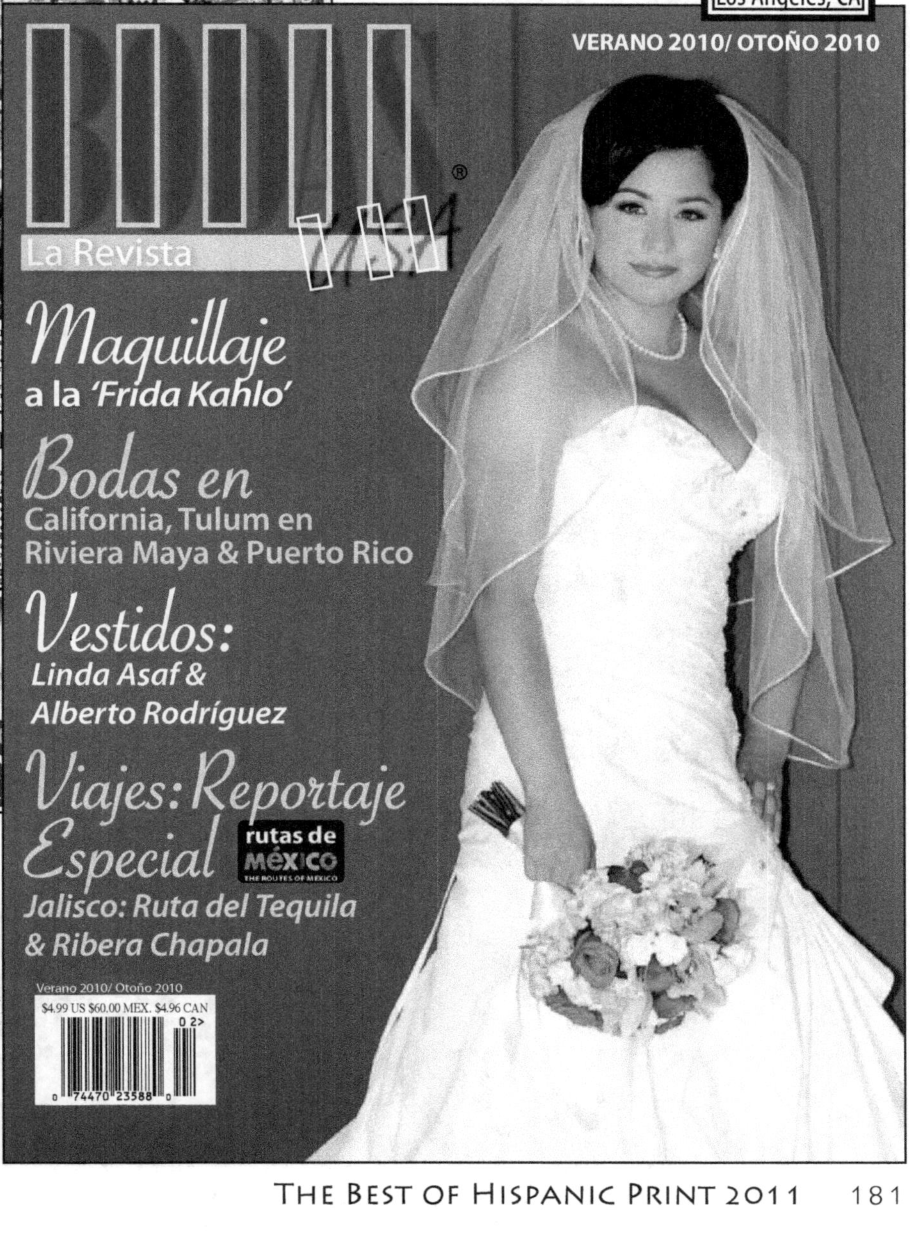

VERANO 2010/ OTOÑO 2010

BODAS USA La Revista

Maquillaje a la *'Frida Kahlo'*

Bodas en California, Tulum en Riviera Maya & Puerto Rico

Vestidos: *Linda Asaf & Alberto Rodríguez*

Viajes: Reportaje Especial rutas de méxico

Jalisco: Ruta del Tequila & Ribera Chapala

Verano 2010/ Otoño 2010
$4.99 US $60.00 MEX. $4.96 CAN

Tele Guía de Chicago
Chicago, IL

- Calendario de partidos coleccionable
- Significado del Jabulani

En el video oficial:

Leo Messi Rafael Márquez Dani Alves Carlos Kameni Gerard Pique

- ¿Cuál es el equipo favorito para ganar la copa?

SOUTH AFRICA 2010

Shakira

Fútbol+Música+Educación:
¡por un Gol!
"¡Somos Todos África! ¡Waka Waka!"

La dieta del Tri
23 Seleccionados Mexicanos

USA 35¢ Año XXV #1300 Junio 6 - 12, 2010 · www.teleguia.us

DESIGN - YELLOW PAGES

GOLD AWARD

Guía TeleFónica
Chicago, IL

Guía TeleFónica
¡Tu guía amiga que más vende y más ayuda!

Su banco comunitario desde 1882
Second Federal Savings
Ofreciendo sus servicios a la Comunidad Hispana
773-277-8500
www.secondfederal.com
GRATIS* HASTA $100
AL ABRIR UNA CUENTA DE CHEQUES

Tele Guía De Chicago

*Becas *Entretenimiento *Consejos Padres e hijos
*Información comunitaria y mucho más

Saint Anthony Hospital
¿Necesita un doctor?
Llámenos
773-484-1010
Contamos con todos los servicios que su familia necesita. Clínicas en Berwyn y Cicero.
2875 W. 19th Street Chicago, IL. 60623

Con o Sin Licencia...
amigo INSURANCE
Seguros de Auto
... Pagando menos se vive mejor
1-877-999-2644

www.maderalaw.com
Consulta GRATIS
Madera Law Offices, LLC
Roberto Madera
773-767-0212
Busquenos bajo ABOGADOS

YELLOW PAGES
PÁGINAS AMARILLAS 2011

FRONT PAGE DESIGN, 30,000+

GOLD AWARD

El Aviso
Los Angeles, CA

Año 23 • No. 15 • Abril 10, 2010

TOME UNA ES GRATIS!

El Aviso.com™
Magazine
Yo Lo Quiero!℠

La Diferencia Entre Un Niño y un Adulto... Es El Tamaño del Cuerpo!

En Señal de Protesta... 50 Consejales Se Bajan Los Pantalones en la Plaza

Aprende a Respirar, Aprende a Comer y Conseguirás Tu Peso Ideal

Profesor, Activista y Ferviente Motivador

Jaime Escalante

Fue Triunfador de la Vida!

1931 - 2010

FRONT PAGE DESIGN, 30,000+

SILVER AWARD

Vida Nueva
Los Angeles, CA

Vida Nueva

GRATIS

www.vida-nueva.c

anti-Americ
anti-fam
SB10
Stop the cl

Victoria

¿Existe una base común para la reforma migratoria? por el Cardenal ROGELIO MAHONY

SILVER AWARD

El Aviso
Los Angeles, CA

Año 23 • No. 38 • Septiembre 18, 2010

TOME UNA, ES GRATIS

El Aviso.com

Magazine

Yo Lo Quiero

Perdió lo que tenía, así que apostó a su hija ...y también la perdió!

Cargando El Venado
Una lección para el diario vivir

En Alimentos No Solo La Cantidad, También La Cantidad Cuenta

MÉXICO 2010
Bicentenario de la Independencia
200 Años de Libertad

BRONZE AWARD

Hoy Chicago
Chicago, IL

010 vivelohoy.com 312.527.8400

SUDÁFRICA 2010

Hoy
CHICAGO
GRATIS

¡CAMPEONES!

Cobertura completa.

Bud
OFFICIAL BEER of the 2010 FIFA WORLD CUP

SUDÁFRICA 2010

BRONZE AWARD

El Tiempo Latino
Washington, DC

El Tiempo Latino

UNA PUBLICACIÓN DE The Washington Post 12 DE FEBRERO DE 2010 ELTIEMPOLATINO.COM

16 Vida
Historia, curiosidades y tradiciones en el Día de San Valentín

17 Salidas
Cómo homenajear de la manera más especial al amor y a la amistad

25 Deportes
Pelé besa la Copa del Mundo, que está de gira por 83 países

EL PRONÓSTICO EN EL ÁREA

EUGENE ROBINSON
"En Haití, los misioneros no hicieron lo correcto"

DESIGN AWARDS

Front Page Design, Under 30,000

The Latino Voice Since 1974

LA VOZ BILINGÜE

VOL. XXXVI NO. 18 National Association of Hispanic Publications May 5, 2010

CINCO DE MAYO
23rd Annual Festival
Join the thousands who will celebrate the 23rd Cinco De Mayo Celebrate Culture NEWSED event at Civic Center Park, May 8-9. Visit the La Voz booth in Sponsor Row for great give-aways!

ESTA SEMANA THIS WEEK

COMMUNITY COMUNIDAD

Cinco de Mayo
A celebration of culture represented by the vendors at the event.
3

COMMENTARY COMENTARIO

Mi madre
Su vida fue la de romper el molde de la madre tradicional mexicana y ser una abogada agresiva y efectiva para todos sus hijos.
6

HOLIDAY FIESTA

Mi Mamá
A tribute honoring moms everywhere. See what Denver's leaders have to say about their leading lady.
7

¿QUE PASA?
WHAT'S HAPPENING
EVENTS CALENDAR, PAGE 13

Students protest SB 1070

LA VOZ Nueva photo by Delano Austin

Denver students from area high schools and colleges convened at the Capitol on Friday, April 30 to protest SB 1070. A similar rally was held on Saturday, May 1 in Denver and around the country to protest the Arizona law and to call for immigration reform.

Estudiantes de las escuelas secundarias y universidades de Denver se convocaron en el Capitolio el viernes, 30 de abril para protestar la SB 1070. Un acto similar tuvo lugar el sábado, 1 de mayo en Denver y en todo el país para protestar contra la ley de Arizona y para pedir una reforma migratoria.

Disaster in the Gulf

ERNEST GURULÉ

It was a normal day on the steel island---as normal as it can be when your work station is fifty miles offshore in the Gulf of Mexico sitting in mile-deep water---when an explosion rocked the oil drilling platform causing a massive fire to break out. All but eleven of the platform's 126 workers managed to find their way off the rig and into a supply boat as the fire burned out of control. Nearly a dozen workers suffered various injuries, a number of which are serious burn injuries. None of the eleven missing workers were recovered.

Since the April 20th explosion, oil has flowed non-stop from the three underwater leaks and, until engineers can devise a way to stanch the flow, it will continue to pulsate out at a rate that could reach two-hundred thousands of gallons a day. Despite what the government, Houston-based Transocean, the owners of the platform, and British Petroleum, who

CONTINUED ON PAGE 15 >>

Desastre en el Golfo

Era un día normal en la isla de acero---normal hasta lo posible cuando la estación de trabajo que esta a cincuenta millas de la costa en el Golfo de México y afianzada a una profundidad de una milla---cuando una explosión estremeció la plataforma perforadora de petróleo y creando un incendio masivo. Todos los 126 trabajadores de la plataforma, menos once, pudieron escapar y llegar a un bote de suministros mientras que el fuego continuaba sin control ninguno. Cerca de una docena de trabajadores sufrieron lesiones serias, y varios de ellos con quemaduras serias. Ninguno de los once trabajadores desaparecidos han sido recuperados.

Desde la explosión del 20 de abril, el aceite ha fluido sin parar, a partir de tres escapes submarinos, hasta que los ingenieros puedan encontrar la forma de detener el flujo, que continuará saliendo a razón de doscientos mil galones por día. A pesar de los esfuerzos hechos por el gobierno, la compañía Transocean basada en Houston, los dueños de la plataforma y

CONTINUA EN PÁGINA 11 >>

FRONT PAGE DESIGN, UNDER 30,000

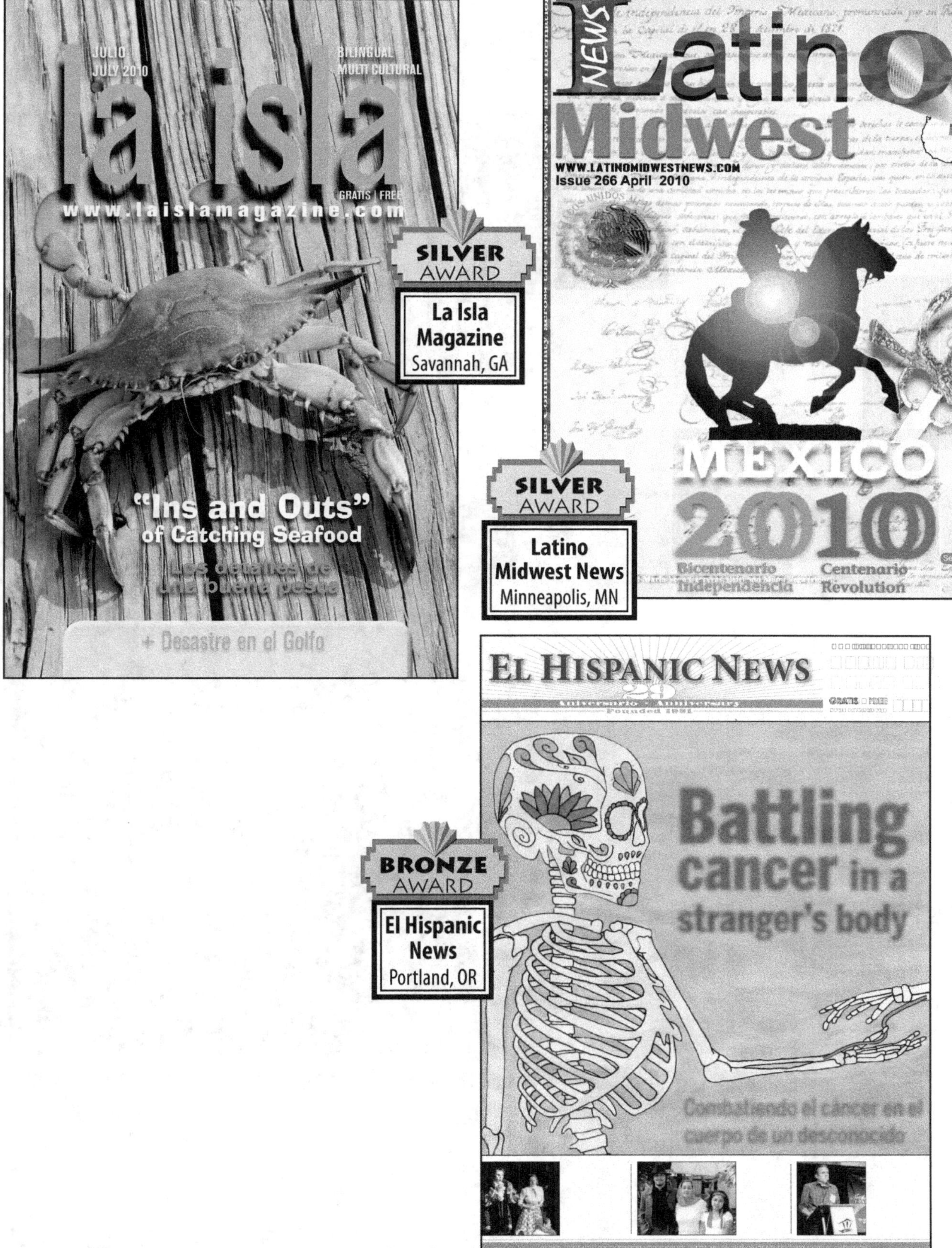

Gold Award

Reflejos
Chicago, IL

Mango

Jennifer Lopez

18

JUICY SPOTS	UNDER THE PEEL	A LITTLE TASTE	PICK YOUR FLAVOR
17	19	22	25

BICENTENARIO DE LA INDEPENDENCIA DE MÉXICO

MÉXICO 2010

1811

17 DE ENERO | 25 DE ENERO | 01 DE MARZO | 21 DE MARZO | 26 DE MAYO

VICENTE GUERRERO

Días de México

DIARIO DE MÉXICO

Del Domingo 27 de Agosto de 1809

Fiesta de San Cesáreo Obispo

Antigüedad mexicana

Partido grande de pelota que se ha de jugar hoy en San Camilo

Grabado

Pérdida

Trivia

Flora Especies Mexicanas del Bicentenario

SILVER AWARD

El Tiempo
Las Vegas, NV

extra

Octubre 29 a Noviembre 4 de 2010

Feliz Día de Muertos

Happy Halloween

EL Día de Muertos

América Barceló
editor@ellatino.net

En civilizaciones milenarias la significación de la muerte tiene una carga cultural de gran importancia. En muchas culturas antiguas la muerte tenía un carácter sagrado. Los pueblos pasados tenían la fuerte creencia de que había una vida después de la muerte. La tradición del Día de Muertos nace de la unión de la cultura indígena y de la religión católica. Es sin duda, una de las celebraciones más arraigadas de la cultura hispana, ya que el pueblo conmemorar a seres queridos que han perecido.

Esta fiesta se conmemora el 2 de noviembre, aunque se ha unido a la celebración de la noche del 31 de octubre, y el recuerdo de los infantes que murieron antes de ser bautizados, el Día de los Santos Inocentes, el 1 de noviembre.

En estas festividades las personas realizan procesiones a los cementerios, adornan las tumbas y ponen altares con ofrendas para convidar a sus seres queridos a regresar en espíritu para disfrutar lo que les gustaba en vida.

Con gran fervor, las familias se reúnen para recordar a sus difuntos, invitándolos a que entren a sus casas, o salgan de las tumbas; para ello se levantan altares con velas, flores, comida y diversas artesanías.

Se tiene la creencia que los muertos recorren un sendero hecho de pétalos de flor de cempasúchil hasta llegar a las ofrendas. Las familias rezan, cantan y después de haber pasado un tiempo prudente, los presentes en la celebración, disfrutan de las ofrendas del altar.

Para diversos pueblos latinoamericanos, especialmente México y Centroamérica, el Día de los Muertos es muy importante pues celebran la vida eterna, que es una forma de recordar a los seres queridos, y de burlarse a la muerte. Por eso estos festejos gozan de picardía, humor, música, baile, y una verbena popular donde se muestran las mas variadas artesanías, y comida típica. Esta popular fiesta también ha cruzado fronteras desde hace varios años. En diversas ciudades del Condado de San Diego se llevan a cabo muestras de altares, elaboración de calaveras, procesiones y ferias callejeras.

Eventos del Día de los Muertos en San Diego:

-Misión de San Luis Rey Obispo en Oceanside, domingo 31 octubre 10am-4pm, procesiones, muestra de altares y el Cementerio del Gía.

-Día de los Muertos en Parque Chicano, Sábado 30 de octubre 12-5pm, altares y danzas aztecas.

-Celebración Día de los Santos y de los Muertos construcción de Altares y protestas en Parque Chicano Lunes 1 Noviembre 11am-3:30pm, y Martes 2 de Noviembre 5-6pm. Misa Azteca y Exposición del Día de Muertos Sábado 30 de Octubre en el Concert Hall del Centro de las Artes.

El Halloween

Servicios El Latino
Editor@ellatino.net

San Diego.- Existen varias versiones sobre el origen del Halloween, pero la mayoría lo relaciona con Los Celtas, un grupo de guerreros nórdicos que habitaron Gran Bretaña, Escocia, Irlanda, Escandinavia y Europa Occidental (Alemania y Francia).

Aunque su formación política y social era parecidos a la de otros grupos de guerreros, el caso es que su gobierno estaba controlado por una sociedad de sacerdotes paganos (con rulas raíces cristianas) denominados Druidas.

Incluso, muchas versiones asocian a Los Druidas con la adoración al Diablo o Satanás, ya que alababan a Samhain, literalmente el Dios de La Muerte.

Según esta versión, cada año, el 31 de octubre, los Druidas celebraban la noche del Samhain, mejor conocido como El Festival de la Muerte.

Cada año, el 31 de octubre, los Druidas celebraban la noche del Samhain, mejor conocido como el festival de la muerte, y que algunos asociaron con la santería, la brujería, la magia y el terror nocturno.

Pero otras versiones indican que Samhain fue el festival original sobre el cual el calendario cristiano occidental creó "El Día de Todos Los Santos", considerando como el último día del verano y otoño (del año viejo) y el primero del invierno (o año nuevo), aunque los cristianos orientales continúan celebrando el día de Todos Los Santos en primavera, tal como lo hacían los cristianos romanos originalmente. Dado que los Celtas, como muchas otras culturas, comenzaban cada día con la puesta de sol de la noche anterior, Samhain llegó a referirse a la tarde de Todos Los Santos (All Hallows" o All Holies), que al comienzo terminó como Hallow-e'en o el moderno Halloween.

Samhain fueron pues, 4 días para Los Celtas que comprendía del 31 de octubre al 2 de noviembre, llamados por ellos festivales del fuego, en el que reinaba el caos y se rompía la férrea disciplina de estos guerreros, que disfrutaban de esa fiesta.

Hay aún otros autores que relacionaban a esta celebración con el tiempo en que mujeres campesinas ciegas o con un solo ojo (tuertas) cosechaban las calabazas en los cultivos, y a las que en forma despreciativa les llamaban "brujas" y las asociaban con "un aquelarre" o fiesta de brujas y las imaginaban o pintaban volando sobre un palo de escoba.

Trasladándonos a nuestros tiempos la advertencia: trick or treating (truco o dulce?), es sólo una expresión empleada por niños y jóvenes que durante la noche del 31 se disfrazan y salen a las calles para pedir en las casas o en los barrios "una calaverita" (dulce), cuando se celebra de manera sana.

No obstante, como todos sabemos, también existe otra forma de celebrar, en el que las personas vandalizan y agreden, dejando ventanas quebradas, personas lesionadas, y en algunos casos hasta muertos, debido al el estado de euforia con que algunos asumen el Halloween, conocido en nuestros días como "fiesta de disfraz de brujas". Cualquiera que sea su origen e historia, le recomendamos que celebre El día del Halloween con prudencia y respeto a los demás, sin dejar de divertirse en un ambiente sano y de alegría.

SILVER AWARD

El Latino
San Diego, CA

aldiatx.com — SÁBADO 4 DE SEPTIEMBRE DEL 2010 AL DÍA - 1B

RANGERS
Necesita Texas a Derek Holland
■ PÁGINA 4B

deportes

CONCACAF

FUTBOL
Planean cambios en la Concacaf
■ PÁGINA 2B

cancha

BEISBOL

Desconoce Seattle felonías de pitcher

FUTBOL AMERICANO

Visitan Borregos a Highland Park

FUTBOL

Otro papelón de Francia

BEISBOL

Operan codo a Strasburg

BOXEO

Manny Pacquiao y Antonio Margarito presentaron su próximo combate en el Cowboys Stadium, el viernes, con sus jerseys del equipo de futbol americano.

AMISTOSOS

Sale Crayton de Cowboys

Los Cowboys definirán la lista de 53 jugadores el sábado por la tarde

La llegada de Dez Bryant incomodó a Patrick Crayton que no pudo encontrar espacio en los Cowboys. Ahora jugará para San Diego.

VAN EN SERIO
Cowboys vs. Redskins
Qué: Primer juego de temporada

BRONZE AWARD

Al Día
Dallas, TX

SILVER AWARD

El Aviso
Los Angeles, CA

El Diario La Prensa New York

6

NUESTROS BARRIOS

✓ENVIANOS tus eventos y actividades
✓COMPARTE tus noticias en El Diario
✓EXPRESATE en tu propio espacio
tunoticia@eldiariony.com

El tren N
De la 45 a la 53

por LAURA RIVERA/Gráfico CARLOS F. BEDOYA

El tren N atraviesa tres condados de la ciudad, comenzando por Astoria en Queens, girando hacia Manhattan, y dirigiéndose hacia el sur de Brooklyn, donde termina en Coney Island. Uno de los vecindarios que toca, Sunset Park, fue una de las primeras secciones de Brooklyn en ser poblada por los europeos durante la época colonial, y fue también lugar de una famosa batalla durante la Guerra de Independencia. Desde aquellos tiempos, inmigrantes de China y de América Latina y el Caribe han transformado la base demográfica de Sunset Park, añadiendo su sabor a este lugar histórico. Estos son algunos lugares que se pueden disfrutar entre las calles 45 y 53.

Alku Toinen 5
Calle 43, entre la Octava y la Novena Avenida

Este y otro edificio que le avecina fueron las primeras viviendas cooperativas en los Estados Unidos. Construido en el 1916 por un grupo de familias finlandesas, el edificio fue parte del desarrollo de varios proyectos de vivienda y comercio cooperativos por parte de este grupo étnico, que en aquel tiempo se numeraban en miles en esta parte de Brooklyn.

Sunset Park 1
Entre las Calles 41 y 45
entre la Quinta y la Séptima Avenida

Las vistas magníficas de los atardeceres desde el parque uno de los puntos más elevados de Brooklyn, inspiró el nombre del parque en el siglo 19. En los años 60, el área antes agrupado con el sur de Brooklyn se convirtió en su propio vecindario del mismo nombre. Después de ver el perfil de Manhattan y la estatua de la libertad, disfruta de los caminos, las piscinas, y el centro de recreación.

Tacos Matamoros 3
Quinta Avenida, cerca de la Calle 45

Un tazón de pozole humeante y par de tacos al pastor y de chorizo es todo lo que uno necesita para llenarse la panza y enfrentarse al frió que nos avecina en los próximos meses. Un lugar familiar que ha estado en el vecindario por más de una década, el presente local es amplio y cómodo con cocina abierta y televisores para entretener a los niños.

Zapatería México 2
Quinta Avenida, cerca de la Calle 45

Cientos de botas y correas de cuero compiten por espacio en los mostradores con sombreros, hebillas y camisas importadas de diferentes regiones de México. La tienda, una de tres adueñadas por la misma familia, está abierta en este rincón por más de 10 años.

4
Biblioteca pública de Brooklyn en Sunset Park
Cuarta Avenida, esq. Calle 51

Abierta desde el 1905, la biblioteca se restableció en una nueva estructura en el 1972. Tienen materiales en español y ofrecen clases de inglés gratis. Aceptan muchas formas de documentación para hacerse miembro de la biblioteca, incluyendo cuentas con su dirección postal, y un carnet de trabajo con foto.

EL DIARIO/LA PRENSA DOMINGO 5 DE DICIEMBRE DE 2010 ● www.eldiariony.com

Inside Page Design, 30,000+

El Latino, publicación semanal — Julio 2 al 8 de 2010

extra

Servicios El Latino
editor@ellatino.net

El autoritarismo político y económico de la corona inglesa y la imposición de una visión religiosa distinta a la suya, fue la llama que 'prendió la mecha' de ciudadanos de ese país que en busca de independencia política y económica zarparon de Inglatera a bordo de la famosa embarcación llamada May Flower para arribar a tierras americanas y construir las llamadas 13 colonias inglesas en lo que ahora son los Estados Unidos de América.

Las colonos se establecieron en los 13 estados o colonias del este: Delaware, New Jersey, New York, New Hampshire, Rhode Island, Massachusetts, Georgia, North Caroline, South Caroline, Virginia, Connecticut, Maryland y Pennsylvania

Por supuesto, que la llegada de los primeros colonos americanos no fue fácil y tuvieron que luchar no sólo contra las enfermedades y el hambre sino contra las múltiples represalias o reacciones de venganza que llevó a cabo el Rey de Inglaterra, molesto por la decisión de los colonos de buscar su independencia de la corona británica.

De hecho, lejos de lograr su objetivo de independencia, en su llegada al nuevo continente, las presiones se agudizaron y en respuesta a la decisión, el monarca George III de Inglaterra determinó aumentar los impuestos, primero impuso un gravamen al timbre, sello que tenían que llevar los documentos jurídicos y posteriormente un impuesto sobre el té, lo que al final desencadenaría la llamada Revolución Americana. La rebelión de los colonos en el Puerto de Boston, Massachusetts nace, de hecho, como una consecuencia de la aprobación por Gran Bretaña en 1773 del Acta del Té, que gravaba la importación a la metrópolis de distintos productos, incluido el té, para beneficiar a la Compañía Británica de las Indias Orientales, a la cual los estadounidenses boicoteaban comprando el té proveniente de Holanda.

A manera de ejemplo, baste mencionar que en el puerto Boston, un buque cargado de té fué saqueado por colonos disfrazados de 'pieles rojas'.

Como consecuencia de lo señalado, el 16 de diciembre de 1773 tuvo lugar en el Puerto de Boston, Massachusetts el llamado Motín del Té (Boston Tea Party) como se conoce al movimiento de reacción social promovido por los colonos, en el que éstos lanzaron el cargamento del té al mar.

Los colonos, considerando que ambos impuestos eran abusivos, se reunieron en el Congreso de Filadelfia y, tras proclamar la Declaración de derechos (1774), se declararon independientes (1776). Habían nacido los Estados Unidos de América.

Desde luego que estos impuestos habían sido promulgados sin consultar a los residentes de las colonias inglesas en América, mediante el uso de la fuerza militar. La reacción de los colonos no se hizo esperar y en el Puerto de Boston, un buque cargado de té fue saqueado por colonos disfrazados de pieles rojas. Los colonos, considerando que ambos impuestos eran abusivos, se reunieron en el Congreso de Filadelfia y, tras proclamar la Declaración de derechos (1774), se declararon independientes (el 14 de julio de 1776). Habían nacido los Estados Unidos de América.

La Declaración de independe[…] lemnemente en el Congreso C[…] de Filadelfia, constituye todav[…] los textos más innovadores y […] de la historia contemporánea. […] ron proclamados los tres princ[…] que constituirían el lema de l[…] Francesa: «Libertad, Igualdad[…] dad», basado en la premis uni[…] todos los hombres son iguales[…]

Cabe destacar el texto redac[…] congresistas y firmada por los[…] tes.

"Nosotros los representantes[…] dos Unidos de América, reuni[…] greso general, acudimos al j[…] del mundo para hacerle testigo de la rectitud de nuestras intenciones. En el nombre y con el poder pleno del buen pueblo de estas colonias damos a conocer solemnemente y declaramos que estas colonias unidas son y por derecho han de ser Estados libres e independientes; que están exentas de todo deber de súbditos para con la Corona británica y que queda completamente rota toda conexión política entre ellas y el Estado de la Gran Bretaña, y que, como Estados libres e independientes, poseen pleno poder para hacer la guerra, concertar la paz, anudar relaciones comerciales y todos los demás actos y cosas que los […]

La Declaraci[…] Independe[…]

SILVER AWARD

El Latino
San Diego, CA

10A - AL DÍA MIÉRCOLES 29 DE DICIEMBRE DEL 2010 — aldiatx.com

2010, un año de lucha intensa

FOTOS: AL DÍA, DMN, AGENCIAS

MILES MARCHAN CONTRA LEY DE ARIZONA
El 1 de mayo, decenas de miles de personas marcharon por el centro de Dallas en protesta por una ley de Arizona que obliga a los ciudadanos porten una identificación que demuestre su presencia legal en el país. La marcha de mayo no fue tan numerosa como la megamarcha del 2006, pero mostró que el activismo latino en Dallas sigue unido ante la causa antiinmigrante. En julio, una juez determinó que partes de la controvertida ley eran inconstitucionales, incluida la norma de identificación.

DREAM ACT ENTRA AL DEBATE
Nunca estuvo tan cerca el Dream Act de ser realidad como en el 2010. Los jóvenes activistas del Dream Act, en Dallas y otras ciudades, lograron impulsar su causa y el Senado discutió el proyecto, pero la votación no prosperó en dos ocasiones.

RANGERS VAN A LA SERIE MUNDIAL
Los Rangers creyeron en el proceso y al final tuvieron su premio. Apostaron por desarrollar jóvenes peloteros y nunca inflaron su plantilla con contratos millonarios, asimilando la lección de la era A-Rod. En el 2010, los Rangers avanzaron a la serie divisional por primera vez en su historia y luego ganaron el título de la Liga Americana al derrotar a los Yankees en seis juegos.
El éxito del equipo se basó en gran medida al aporte latino: jugadores como Elvis Andrus, Bengie Molina, Wladimir Guerrero y Neftalí Feliz impulsaron a la franquicia a su máximo histórico.

BRONZE AWARD

Al Día
Dallas, TX

FC DALLAS FINALISTA
Nadie creía en el FC Dallas. Pero con una campaña silenciosa y efectiva, el equipo venció los pronósticos, estableció un nuevo récord de invicto para la franquicia y tuvo en David Ferreira al Jugador Más Valioso de la liga. Al igual que los Rangers en beisbol, el FC Dallas también creyó en el proceso y en el tercer año bajo el mando de Schellas Hyndman llegaron a playoffs y a disputar la ansiada final, que perdieron con los Colorado Rapids, 2-1.

LA NARCOGUERRA SE SIENTE CERCA
La guerra de los cárteles de la droga en México ha dejado miles de muertos además de una nación en permanente zozobra. Aunque no hay cifras exactas, en el 2010 se pudo percibir que muchos mexicanos que han llegado al Norte de Texas huyen de la violencia en su país. Grupos de oriundos y comerciantes autentifican esta tendencia. Un ejemplo es el caso del ex policía José Alarcón de Ciudad Juárez que incluso pidió asilo político en esta ciudad.

CAMBIO POLÍTICO EN IRVING
En el 2009 un juez determinó que Irving debe contar con seis distritos electorales y dos para toda la ciudad. La consecuencia de este fallo se reflejó en mayo de este año cuando Roy Santoscoy, un comerciante latino, derrotó al concejal Tom Spinks, que en el pasado había favorecido políticas contra los indocumentados.

MANNY PACQUIAO PEGA EN ARLINGTON
El filipino Manny Pacquiao vino, venció y se fue. Y lo hizo dos veces en el 2010. La primera vez venció a Joshua Clottey en marzo ante más de 50,000 personas en el Cowboys Stadium. En noviembre el mismo escenario fue testigo de la paliza que el filipino propinó al mexicano Antonio Margarito. Las dos peleas también demostraron que el coloso de Arlington está listo para albergar más peleas de alto […]

LOS COWBOYS SE DERRUMBAN
Las expectativas eran altas. Los Cowboys querían […]

Inside Page Design, Under 30,000

El Nuevo Heraldo
Brownsville, TX

Domingo 7 de febrero de 2010 • El Nuevo Heraldo • Sección B • Editor: Juan Carlos Sánchez

Deportes

LA FIESTA XLIV ESTA LISTA

> Potros y Santos hacen arder Miami

SUPER BOWL XLIV

BARRY WILNER
The Associated Press

MIAMI — Peyton Manning, la figura dominante de la NFL, hace ver sencillo su trabajo como quarterback y eso que es el único en la historia de la liga que ha sido galardonado cuatro veces como el Jugador Más Valioso.

Sin embargo, cuando Manning dirija a sus Potros de Indianápolis el próximo domingo ante los Santos en un enfrentamiento de Súper Tazón tan esperado como cualquiera pudiera imaginarse, todos los aficionados de Nueva Orleáns— le estarán deseando lo peor a su hijo predilecto.

Lo sentimos, Peyton, pero los Santos tienen preferencia en su búsqueda de su primer campeonato de la NFL.

Manning, cuyo padre Archie fue el primer jugador estelar de los Santos, lo comprende bien.

"Sin duda es una oportunidad emocionante que nuestro equipo regrese al Súper Tazón en Miami y ciertamente estoy feliz que los Santos de Nueva Orleáns también lo estén, y ciertamente, toda la ciudad de Nueva Orleáns", indicó Peyton Manning.

"Mis padres viven allí, mi hermano mayor Cooper vive allí, mi hermano Eli y yo hemos participado en organizaciones filantrópicas en Nueva Orleáns, ya sea en las labores de ayuda de Katrina o en otras obras de caridad", indicó Manning.

"Nueva Orleáns forma una gran parte de mi vida, así como en la vida de Eli. Mi padre ha trabajado para la organización de los Santos por 39 años de diferentes maneras, y definitivamente tenemos lazos fuertes" con la ciudad, agregó.

"Los Santos han tenido un gran año. Se lo merecen y obvio que la ciudad esté entusiasmada. Además, los jugadores de los Santos hacen cosas maravillosas para la comunidad en la ciudad. Es una gran relación la que tienen los jugadores y los aficionados y qué mejor manera que esos jugadores pudieran recompensar a esos aficionados con un Súper Tazón", dijo Manning.

Sin embargo, el trabajo de Manning es arruinarles la fiesta, sembrar la amargura en el Mardi Gras de Miami para los Santos y para sus familias y nadie está mejor preparado para hacerlo que él.

A Manning se le criticó en su momento por no poder ganar los partidos importantes y su foja en playoffs de su carrera es apenas de 9-8.

Sin embargo, Manning ha ganado seis de sus últimos ocho partidos y llevó a los Potros a la conquista del Súper Tazón hace tres años y bajo la lluvia en Miami.

Indianápolis tiene foja de 16-2 en esta temporada y pudo haber tenido una foja perfecta de 18-0 si los Potros no hubieran sacado a Manning y a otros titulares en los últimos dos partidos de la temporada regular.

Manning impuso una marca de la NFL en partidos de 300 yardas o más en playoffs al llegar a siete en el partido de campeonato de la Conferencia Americana al derrotar a los Jets de Nueva York.

Además, ha lanzado 22 pases de touchdown, cinco en este año y promedia 284 yardas por aire en la postemporada.

Ante dos de las defensivas más duras — Indianápolis venció a los Ravens de Baltimore antes que los Jets— Manning ha tenido actua-

Continúa FIESTA B3

La clave está en el ataque aéreo
DEPORTES B2

EL TROFEO Vince Lombardi, la joya más codiciada hoy en el país.

VINCE LOMBARDI TROPHY

PEYTON MANNING, el pilar de los Potros de Indianápolis

DREW BREES, la espeanza de los Santos de Nueva Orleáns.

Fotos: The Associated Press Diseño: Juan Carlos Sánchez

Sus Derechos

Cuentas claras con su mecánico

Sugerencias para evitar dolores de cabeza

Mantenga en mente estos consejos cuando las cosas definitivamente "suenan mal" con su auto y que no se lleve una sorpresa cuando tenga que llevarlo a un taller mecánico:

Pregunte si no entiende

No asuma que sabe lo que anda mal, sólo explique bien lo que sucede. Preferiblemente haga una lista detallada de las anomalías. Comente todos los detalles al jefe del taller de servicio y deje un número de teléfono donde puede ser localizado y asegúrese de preguntar cuando le est[á] llamando y a [qué] hora.

54 LA ISLA MAGAZINE.COM DICIEMBRE 2010

SILVER AWARD

La Isla Magazine
Savannah, GA

VALLE DEL RIO GRANDE

Recorridos

Domingo 7 de febrero de 2010 • El Nuevo Heraldo • Página C1

Valle Pag C2
Clasificado Pag C3

BROWNSVILLE

> Lola crea delicias en nueva panadería

Inolvidable SABOR

STEVE CLARK
ElNuevoHeraldo.com

Si solo la historia fuera igual de deliciosa.

Los cuernitos rellenos de crema, los hombrecillos de gengibre, las trenzas de nuez y otros manjares de las vitrinas con panecillos en Lola's Bake Shop & Bistro, podrían despertar las memorias de la Panadería Vannie Tilden's, que antes perfumaba el aire de Brownsville y Harlingen. Si eso sucede, es porque Lola Brown está en la cocina.

Brown es una panadera de panaderos quien aprendió su oficio en el legendario Vannie Tilden's en Harlingen, donde ella trabajó durante casi tres décadas. Ahora está de regreso en la cocina como panadera maestra en Lola's, un nuevo establecimiento en el bulevar Palm que el propietario Tony Martínez esencialmente construyó por ella – de donde le viene el nombre. En cierto sentido es un tributo a Brown y en sentido es una estrategia de mercadotecnia brillante, considerando el reconocimiento de su nombre en el Valle.

"¿Cuán a menudo van las personas por la vida y nunca ven su nombre en una marquesina? Hay

Continúa LOLA'S C2

BRONZE AWARD

El Nuevo Heraldo
Brownsville, TX

Design Awards

Inside Design Spread, 30,000+

A32 ESPECIAL — 21 al 27 de octubre de 2010 ATLANTA MUNDO HISPÁNICO

» ESPECIAL LOS MINEROS DE CHILE

EL RESCATE DEJÓ VARIAS ENSEÑANZAS

"Un buen ejemplo para el mundo"

Unión, fe y solidaridad son algunas de las claves a las que se le atribuye el éxito del rescate en la mina San José.

MARÍA ALEJANDRA BASTIDAS
mbastidas@mundohispanico.com

"Chile ha dado un buen ejemplo de lo que significa realmente compromiso, valor, fe, esperanza y unidad", declaró el presidente de Chile, Sebastián Piñera, tras la milagrosa salida de los 33 mineros.

El mandatario catalogó como "un buen ejemplo para el mundo" el exitoso rescate de los mineros atrapados durante 69 días en una mina del norte del país.

El rescate, que fue transmitido en vivo alrededor del mundo, se produjo en un plazo de 22 horas y se llevó a cabo antes del tiempo estimado inicialmente por las autoridades. Pero, ¿cómo lo lograron?

"Lo hicimos porque estábamos unidos, lo hicimos porque estábamos convencidos y lo hicimos porque nunca dejaríamos a alguien atrás. Y eso es un principio muy importante, para Chile y el mundo", agregó el mandatario.

El presidente estadounidense, Barack Obama, consideró que el trabajo en equipo fue una de las fortalezas de esta misión y mencionó en especial el apoyo que dio la agencia espacial de EE.UU. (NASA) y su colaboración con el diseño de la cápsula 'Fénix II' en la que salieron los mineros.

Por su parte, el obispo mexicano, Abelardo Alvarado Alcántara, atribuyó el éxito del rescate a "la fortaleza, la energía, el esfuerzo coordinado, la valentía".

Especialistas en comunicaciones en crisis creen que las claves del rescate fueron: estar en el sitio para enfrentar la situación, tener a un portavoz (el presidente), asumir la responsabilidad, buscar ayuda y confiar en expertos, mantener comunicación constante y fiable, tener presente el factor emotivo (los sentimientos de los mineros y familiares), prometer soluciones y tener la suerte de su lado.

EL RESCATE
La operación paso a paso:

El malacate tenía un display que indicaba la profundidad en la que se encontraba la cápsula.

Los primeros 100 metros del conducto tenían una inclinación de 79 grados.

Velocidad de descenso: 70 cm por segundo.

Si durante el ascenso el minero sufría un ataque de pánico, la velocidad de subida se incrementaba.

Dieta especial: Los mineros fueron sometidos a una dieta líquida para sobrehidratarse y evitar posibles vómitos durante el ascenso.

Las cifras que no se olvidarán

33 mineros atrapados

700 metros de profundidad

69 días enterrados

22 hora para restacarlos

17 días permanecieron incomunicados

$22 millones costó el rescate

Fuente: EFE

LÍNEA DE TIEMPO

Principales hechos cronológicos:

-5 agosto: Un derrumbe en la mina San José, de la empresa San Esteban, a 830 kilómetros al norte de Santiago de Chile, deja a 33 obreros atrapados, uno de ellos boliviano.

... obstruye la chimenea de ventilación. El ministro de Minería, Laurence Golborne, informa a los familiares.

- 9 de agosto: El presidente Sebastián Piñera hace un llamado a Perú, Estados Unidos, Canadá y Australia: Si existe alguna tecnología, algún conocimientos que nos pueda ayudar, lo usaremos".

Estamos bien en el refugio los 33

-22 agosto: "Estamos bien en el refugio los 33", dice un mensaje enviado por los mineros ...

-23 agosto: Se les entregan los primeros alimentos y medicinas.

-26 agosto: Difunden el primer video filmado por los mineros, en el que aparecen con largas barbas y bastante delgados.

-31 agosto: La perforadora comienza sus trabajos, a una media de 15-20 metros diarios.

DETALLE DE LOS MINEROS RESCATADOS

¡HISTÓRICO!

ESPECIAL A33

SILVER AWARD

Hoy Chicago
Chicago, IL

INSIDE DESIGN SPREAD, 30,000+

BRONZE AWARD

El Latino
San Diego, CA

SEMANA BINACIONAL DE SALUD

10th Binational Health Week

San Diego, Octubre 2010

SHARP

Patrocinador Oficial del Suplemento de la X Semana Binacional de Salud

Mensaje de la Cónsul General de México en San Diego, Remedios Gómez Arnau

Con motivo del inicio de la Décima Edición de la Semana Binacional de Salud 2010

Nuevamente ha llegado la hora en que la red consular mexicana, con el apoyo de cientos de agencias y miles de voluntarios, trabajará en Estados Unidos y Canadá para ofrecer información y servicios a la comunidad en otra edición de la Semana Binacional de Salud, la cual cumple diez años de existencia.

La continuidad de este enorme esfuerzo pone de manifiesto la gran disposición de parte de organizaciones, agencias y líderes comunitarios y políticos, en colaborar estrechamente para ofrecer a la población acceso a servicios de salud. También refleja la gran importancia de atender las necesidades de un gran sector de la comunidad que por diversos motivos no tiene un seguro médico o no cuenta con los recursos necesarios para pagar servicios profesionales de salud.

El apoyo que ofrece la Semana Binacional de Salud es aún más importante si se consideran problemas de salud pública como la Influenza AH1N1 o el brote de tosferina en California que afectó en forma especial a integrantes de la comunidad Hispana. Es fundamental que tanto las agencias de gobierno como la comunidad estemos preparados para enfrentar esas emergencias.

El año pasado, se estima que como parte de la Semana Binacional de Salud se realizaron en Estados Unidos y Canadá 5,082 actividades beneficiando a 765,901 personas. En estos eventos participaron 10,875 agencias y 17,044 voluntarios. En el caso del programa de actividades coordinado por el Consulado General de México en San Diego, se benefició a 4,500 personas

En el programa de actividades de la Décima Edición de la SBS que se iniciará el próximo viernes 1o. de octubre, se realizarán 40 eventos en diversas localidades del condado de San Diego. Los temas que tendrán un especial interés este año son Nutrición (diabetes y obesidad), Autismo, Salud Dental, Salud Mental (adicciones y prevención de pandillas) y VHI-Sida.

Invito a la comunidad de San Diego a que participe en las actividades de la SBS 2010 y aproveche los servicios de información que se ofrecerán en forma totalmente gratuita. ¡Recordemos que la salud es lo más importante para cada uno de nosotros y para nuestras familias!

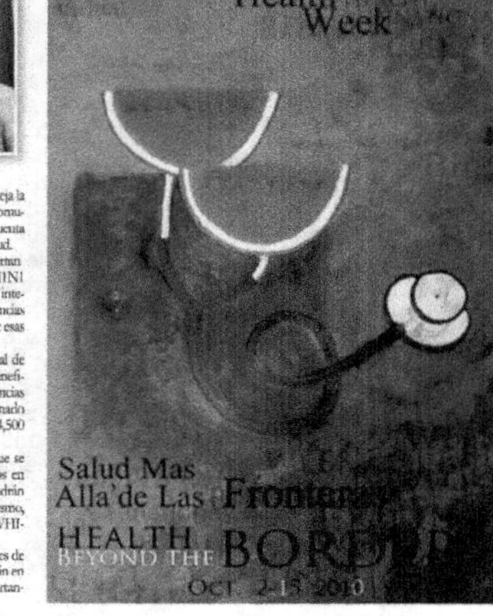

La Semana Binacional de Salud en San Diego no sería posible sin el compromiso y dedicación de las siguientes organizaciones. ¡Muchas gracias a todos!

211 San Diego
A Women's Wellness Center
Alzheimer's Association
AMASDA
American Diabetes Association
American Red Cross/WIC
BIENESTAR
CA Office of Binational Border Health
Centro Cultural de La Raza
Chula Vista Community Collaborative
CLASP
Community Housing Works
Consulado General de México en San Diego
Dental Health Initiative/Share the Care
El Latino
Exceptional Family Resource Center
Fallbrook Community Clinic
Foundation for Change
Health Initiative of the Americas
Health Net
La Maestra Family Clinic
Latino Networking Consortium
LNC Southwestern College
Logan Heights Family Health Center
Molina Health Care
National Latino Research Center
Neighborhood Health Care
Network for a Healthy California
Planned Parenthood
Poder Popular
Project Access San Diego
Project Concern International
Rady Children's Hospital
Rebeca & John Moores UCDS Cancer Center
San Diego City College
San Diego Laughter Club
San Ysidro Health Center
SAY San Diego
SD Access Crisis Line
SD County Immunizations Department
SD County Office of Border Health
SD Prevention Research Center
Senator Denise Moreno Duchony's Office
Southern Caregiver Resource Center
The Leukemia & Lymphoma Society-SD
UC Cooperative Extension-Nutrition Program
UCSD Nutrition Link
US-Mexico Border Health Commission
Vista Community Clinic

PATROCINADORES

SHARP
SRE

Anthem
MOLINA HEALTHCARE

Foundation for Change

Health Net
el latino

RECUERDO 102.9 FM
Radio Hispano 1470 AM
VOCESHISPANAS
San Diego hoy

PRODUCCIÓN: EL LATINO NEWSPAPER DE SAN DIEGO • DISEÑO: RAMÓN OTHÓN

BRONZE AWARD

Reflejos
Chicago, IL

Inside Design Spread, Under 30,000

Ahora Sí
Austin, TX

REPORTAJE

Regreso a clases sin gastar mucho

Por **Gissela SantaCruz**
¡ahora sí!

A pocos días antes del comienzo de clases en el Distrito Escolar de Austin, es cuando Juanita Reyes Esquivel normalmente realizaba sus compras para el regreso a la escuela de sus tres hijos. Este año, sin embargo, Reyes Esquivel ha tenido que planificar sus compras con mayor anticipación. La razón: sabe que los fondos de liquidación que ha recibido desde que perdió su trabajo en julio pronto dejarán de llegar.

"En el pasado esperaba hasta el último minuto para hacer las compras de regreso a la escuela porque simplemente no me gusta tratar con la molestia y el estrés", dijo Reyes Esquivel dos semanas antes del inicio de clases. "Este año, sin embargo, ir de compras fue una prioridad. Creo que casi he terminado con las compras de los tres niños".

Reyes Esquivel —quien tiene una hija que va a ser estudiante de primer año en la preparatoria LBJ, un hijo que inicia su tercer año en la preparatoria Travis y un niño de primer grado en la primaria Houston— no es la única madre que debe ajustar sus gastos. Al igual que el año pasado, muchos residentes en el Centro de Texas siguen sintiendo los efectos de una economía sombría que ha mantenido a millones de familias a lo largo del país con presupuestos ajustados.

Una encuesta de 2009 por la Federación Nacional de Minoristas, muestra que 85% de los estadounidenses están haciendo cambios en la forma en la que compran útiles escolares. Ahora estas familias se enfocan más en comprar sólo las cosas necesarias y usan cupones antes de ir a las tiendas, según la encuesta.

Así es como Reyes Esquivel cumplió con sus compras. "Hice un montón de comparaciones antes de iniciar mis compras", dijo. "Fácilmente yo gastaba $500 en cada niño en años anteriores, pero no hay manera de que pudiera haber hecho lo mismo este año, así que me tomé mi tiempo y busqué la mejor oferta".

A pesar de estos tiempos estresantes financieramente para muchos, los expertos coinciden en que las compras de regreso a la escuela pueden crear una gran experiencia de aprendizaje para la mayoría de los niños mayores de 11 años.

Una forma de involucrar a que los niños aprendan sobre un presupuesto de compras es dejar que tomen las riendas de su propio dinero en sus compras del regreso a la escuela. En otras palabras, deja que el niño sepa qué le vas a dar a él o ella una cierta cantidad de dinero para que compre su ropa mientras que tú pagues por todos los útiles escolares.

Al dar a tu hijo el poder, también le enseñas a ser prudente acerca de cómo se puede gastar mejor el dinero. Todo esto es posible, por ejemplo, al señalar que auque piense que no puede vivir sin comprar una mochila por $50, si compra una diferente por sólo $12, le rinde más el dinero. Le puedes mostrar que con el dinero que ahorra puede comprar hasta más artículos en su lista.

Al mismo tiempo, puedes enseñarles que piense más en el ambiente y tome decisiones más "verdes" que ayudan al medio ambiente por ser menos desperdicios o hechos de materiales reciclados, que al mismo tiempo ayudan a la familia a ahorrar dinero. Una manera de hacer esto es reforzar el tema: reciclar ropa y útiles escolares que aún pueden ser usados.

"No he gastado mucho en ropa nueva para mis hijos", admite Reyes Esquivel. "Todos tienen artículos en sus vestuarios que usarán de nuevo este año escolar porque aún parecen casi nuevos".

Miles de familias enfrentan una etapa financieramente difícil, pero los expertos no recomiendan decirle a tus hijos que la situación es apremiante. Es mejor que les digas que la familia entera busca maneras de ahorrar y que necesitas que los pequeños ayuden con sus ideas para ahorrar dinero y no gastar tanto. Por ejemplo, puedes sugerir a tu hijo que sólo gaste su dinero en dos trajes nuevos, y consiga el resto de su vestuario a través de un intercambio de ropa entre amigos y familia. Invita a amigos, familiares o a miembros de tu iglesia para que traigan ropa ligeramente usada de todos los tamaños, para intercambiar lo que ya no necesiten por prendas casi nuevas que no les sirven a otros niños, sugieren las tiendas Family Dollar en un comunicado.

Reyes Esquivel habla de lo fácil que fue hacer recortes a su presupuesto gracias a la ayuda de sus hijos.

"Saben la situación y entienden que no tendremos los mismos lujos este año", dijo Reyes Esquivel. "No me han pedido mucho y eso ayuda en muchos niveles".

Lo mejor de todo es que cada uno de sus hijos iniciará el año escolar saludable y listo, algo que es mucho más importante para todo niño sin importar la la situación financiera de su familia.

gsantacruz@ahorasi.com; 912-5991

Jason Getz Atlanta Journal-Constitution
Pide a tus hijos que usen útiles escolares que les sobraron el año escolar pasado y que aún están en buenas condiciones.

Alberto Martínez ¡ahora sí!
Incluye a tus hijos en sus compras de regreso a la escuela para que aprendan cómo manejar un presupuesto. También puedes ahorrar al reciclar algunos artículos como ropa del año escolar pasado.

16 **¡ahora sí!** 19 al 25 de agosto de 2010

Inside Design Spread, Under 30,000

SILVER AWARD

La Isla Magazine
Savannah, GA

Caras | Faces

A★D★O★L★F★O Hernández-Alvarado

Querer lo que se hace

Las ganas de hacer la diferencia es lo que mantiene a Adolfo ocupado. El crea, pinta, dibuja y plasma en cualquier medio –con diferentes técnicas- sus ideas y mensajes, todos los días, sin descanso.

Todo empezó en Ciudad Juárez, Chihuahua, México, cuando su mamá lo mantenía entretenido dibujando círculos y rayas. Su familia se mudó al El Paso, Texas y cuando asistía al *Del Valle High School*, fue cuando empezó a hacer murales como forma de mantenerse ocupado junto con dos amigos, Rogelio Gaytán y Ernesto Hernández. El hobby se convirtió en una entrada de dinero cuando los fines de semana empezaron a hacer murales en los locales comerciales en El Paso.

Los murales en El Paso fueron la ventana que expuso el talento de este artista plástico natural y empírico (self-taught) y gracias a ello, todos nosotros podemos ver las obras de Adolfo desde que vino a vivir a Savannah, GA en el 2006. Una de ellas, "La Virgen" -en la portada- es la expresión de la pasión hecha energía y el símbolo de que tener una realidad diferente, requiere de mucho esfuerzo.

Adolfo decidió estudiar Animación Gráfica en *Savannah College of Art and Design* (SCAD). Aun le queda un año más para poder concluir su carrera. Mientras tanto la chispa de la creación la enciende todos los días, ya sea desde hacer un escultura de una raíz de un bonsái muerto, hasta pintar la tragedia que está viviendo Cuidad Juárez.

Su estudio lleva el nombre de Inope -una palabra en español ambiguo que significa miserable- porque es lo que le recuerda que no quiere volver a esa condición que vio de cerca en su ciudad natal. En octubre de este año empezó a pintar "Como el viento a Juárez", la frase es una expresión popular en México que significa "no me importa", por explicarlo de forma amable. "En esta pintura hablo de lo que siento por Ciudad Juárez. Quizás no encuentre un dueño para ella, es sobre la violencia a sangre fría como algo natural en Cuidad Juárez, pero no tengo otra forma de explicar lo que la indeferencia hizo ahí," explica Hernández.

Las obras de Adolfo son la expresión de habilidad junto con carácter. Sus creaciones manifiestan el resultado de dedicarse a querer lo que se hace, que no significar otra cosa que quererse a sí mismo. Sólo así, podemos querer a los demás; que en última estancia, es lo único que puede hacer la diferencia.

14 LA ISLA MAGAZINE.COM DICIEMBRE 2010

DECEMBER 2010 LA ISLA MAGAZINE.COM 15

A8 ESPECIAL IMPUESTOS — Domingo 14 de febrero de 2010 • El Nuevo Heraldo — ESPECIAL IMPUESTOS A9

VALLE DEL RIO GRANDE

1 ESTE BIEN ATENTO

USTED RESPONDE ANTE EL IRS

2 LO QUE DEBES SABER

DECLARE SUS IMPUESTOS ANTES DEL 15 DE ABRIL 2010

DIVERSOS MÉTODOS PARA DECLARAR

QUÉ SON LAS PRÓRROGAS

¿SEGURO SOCIAL O NÚMERO ITIN?

PARA OBTENER EL ITIN NECESITA

3 DIEZ COSAS QUE USTED DEBE SABER SOBRE EL CRÉDITO HACER QUE EL TRABAJO PAGUE

TENGA CUIDADO

"Recuerde, usted y solamente usted es legalmente responsable de la información que aparece en su declaración de impuestos aunque haya sido preparada por otra persona"

Irma Treviño, Portavoz Hispana del IRS

GUIA 2010

SEIS PASOS PARA UNA EXITOSA DECLARACION DE IMPUESTOS

6

Precaución ante todo

› Infórmese bien antes de hacer su declaración tributaria

PATRICIA LOPEZ

5 COMPRADORES DE CASA

PAPELERIA CORRECTA

¿QUE FORMA DEBE UTILIZAR PARA HACER LA DECLARACION?

BRONZE AWARD

El Nuevo Heraldo
Brownsville, TX

Design Awards

Design Awards

Web Design

Gold Award

Hola Noticias
Charlotte, NC

HOME | NOTICIAS | OPINIÓN | DEPORTES | CLASIFICADOS | V.I.P. | MEDIA KIT | ADVERTISE WITH US | CONTACTOS

HOLANOTICIAS: HOME NOTICIAS LOCALES

Hola Noticias Charlo

Like

595 people like Hola Noticias Charl

Facebook social plugin

LOCALES

Se libran de la deportación

septiembre 13, 2011 | 0 Comment

Charlotte, NC.- Diez jóvenes indocumentados que habían participado primero en un mitin en el Central Piedmont Community College (CPCC), donde dieron a conocer sus historias y pedían por el Dream... *Ver mas »*

Silver Award

Libre
Miami, FL

Bronze Award

El Diario La Prensa
New York

PHOTO & CARTOON AWARDS

These 28 winners are honored for the quality of the photos and their relavancy to both the topic of the individual award, as well as to the Latino community.

"Hispanic newspapers serve their communities in many ways, by focusing on the issues important to Latinos, by telling the stories not told by the mainstream media, and by helping Latinos find the services they need.

"As a judge, I'm very proud to see that along with this service, the level of journalism is not compromised. This year's photographs were moving and the photographers demonstrated not just an understanding of their subject matter, but also a willingness to wait for and then capture the inspiring moment that truly told the story." ***José Galvez, Pulitzer Prize Winning Photographer***

"Overall, the quality of the photos submitted was excellent. Many of the individual entries beautifully combined a sense of fine-art photography with a quality of engaging photojournalism. The photos creatively depicted stimulating scenes of the cultural and social essence of the Latino community. Regrettably, mainstream photojournalists often approach scenes of the Latino community in such a way that we are depicted as representatives of "zoo stories," that is, outsiders come to our community and capture what they perceive to be "exotic" and unusual elements of our lives. The results reveal that they have an unnerving "anthropological" view of us. That certainly was not the case in these photos.

"These photos revealed a compassion for and intrinsic familiarity with the Latino community, as can only occur when the photographers are rooted in a genuine understanding of and empathy for who we are. It was satisfying to view these artfully created images." ***Luis Torres, award winning journalist.***

"As the saying goes, a picture paints a thousand words. The vivid colors, intriguing angles and depth perception of this year's photo entries captured stories, concepts, celebrations and historical events and brought them to life with artistic vision. Bravo!" ***Sylvia Mendoza, Mendoza Communications***

OUTSTANDING COLOR PHOTO - OVERALL, 30,000+

GOLD AWARD

Al Día
Dallas, TX

Photo by Ben Torres

Outstanding Color Photo - Overall, 30,000+

SILVER AWARD

Al Día
Dallas, TX

Photo by Ben Torres

Photo by Juan Esparza Loera

BRONZE AWARD

Vida en el Valle
Fresno, CA

OUTSTANDING COLOR PHOTO - OVERALL, UNDER 30,000

GOLD AWARD

Hoy en Delaware
Salisbury, MD

Photo by Antonio Perez

OUTSTANDING COLOR PHOTO - OVERALL, UNDER 30,000

Photo by
Delano Austin

Outstanding Black & White Photo

GOLD AWARD

Vida Nueva
Los Angeles, CA

Photo by Victor Aleman

OUTSTANDING BUSINESS PHOTO

GOLD AWARD

El Observador de Utah
Salt Lake City, UT

Photo by Brian Nicholson

Outstanding News Event Photo

GOLD AWARD

El Mundo
Las Vegas, NV

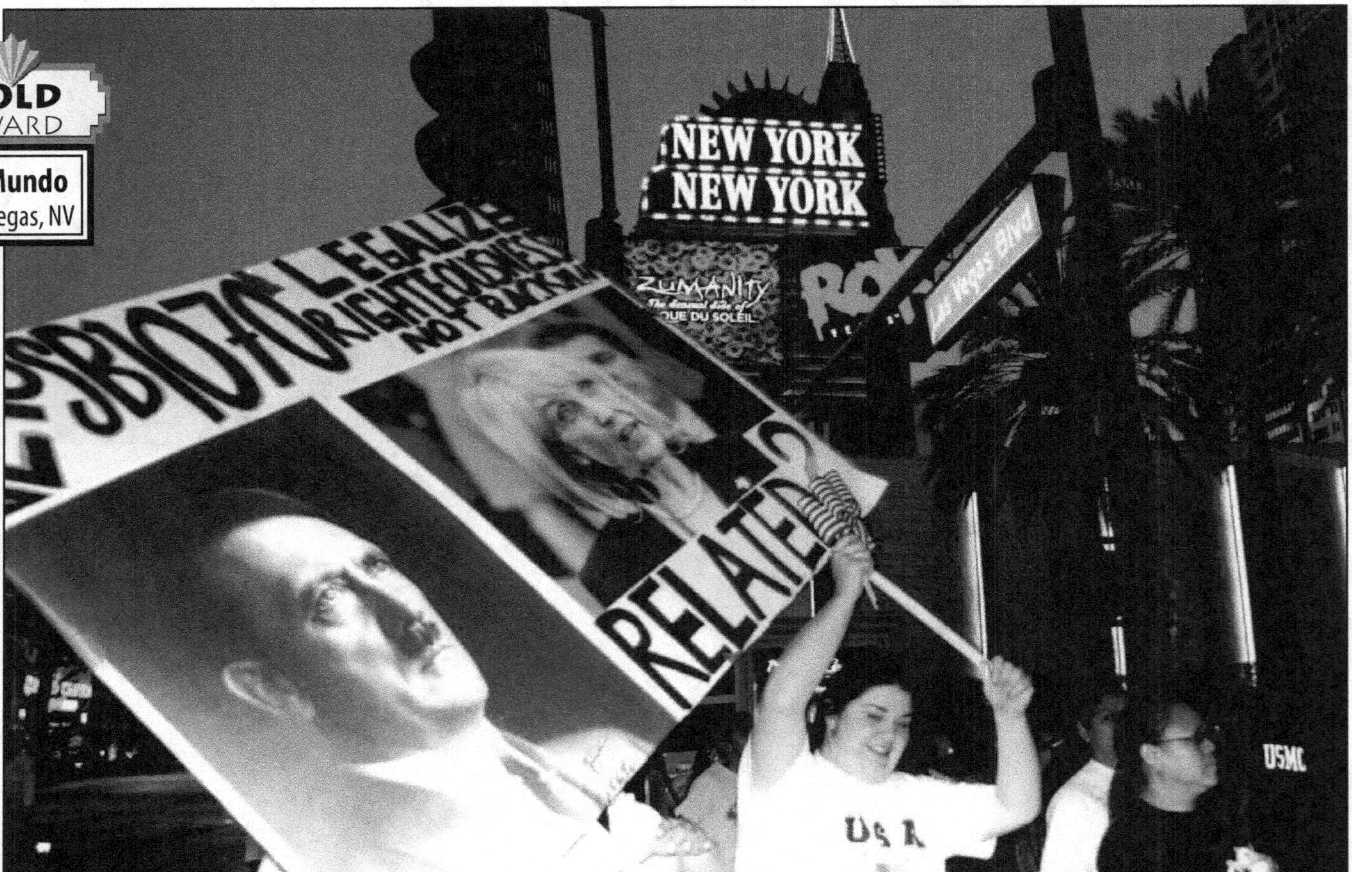

Con la aprobación de la controversial Ley SB 1070 de Arizona, en el país surgieron protestas, bloqueos comerciales y todc tipo de movilizaciones como marchas y huelgas de hambre. Desde Phoenix, capital de Arizona, a Nueva York, Chicago y Los Ángeles hasta Las Vegas políticos, líderes obreros, religiosos y sociales, y la gente común tomó posiciones contra la ley. La oposición incluye al propio presidente Barack Obama. Aquí en Las Vegas la foto muestra una de las movilizaciones llevadas a cabo el pasado 22 de mayo en El Strip. El cartel pide legalizar lo correcto, no el racismo, y pregunta si la gobernadora de Arizona es pariente de Hitler.

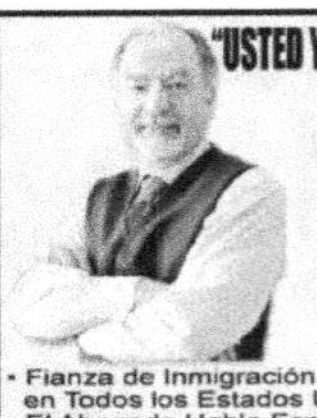

(Foto Valdemar GONZÁLEZ / archivo El Mundo) **Pags. 3, 5, 8, 9 y 13**

Photo by Valdemar Gonzalez

OUTSTANDING NEWS EVENT PHOTO

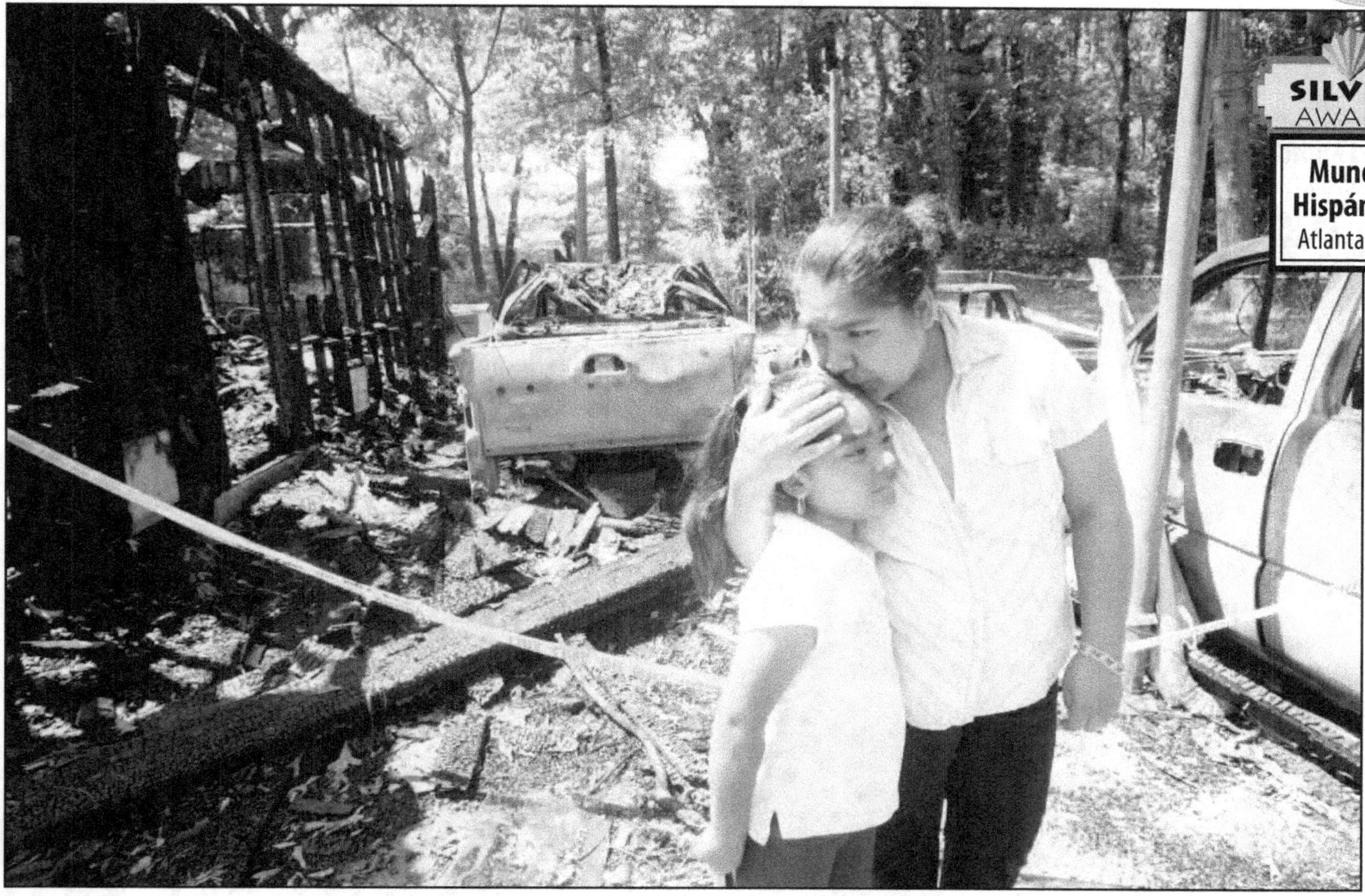

SILVER AWARD

Mundo Hispánico
Atlanta, GA

Photo by Miguel Martinez

Photo by Ben Torres

OUTSTANDING COMMUNITY PHOTO

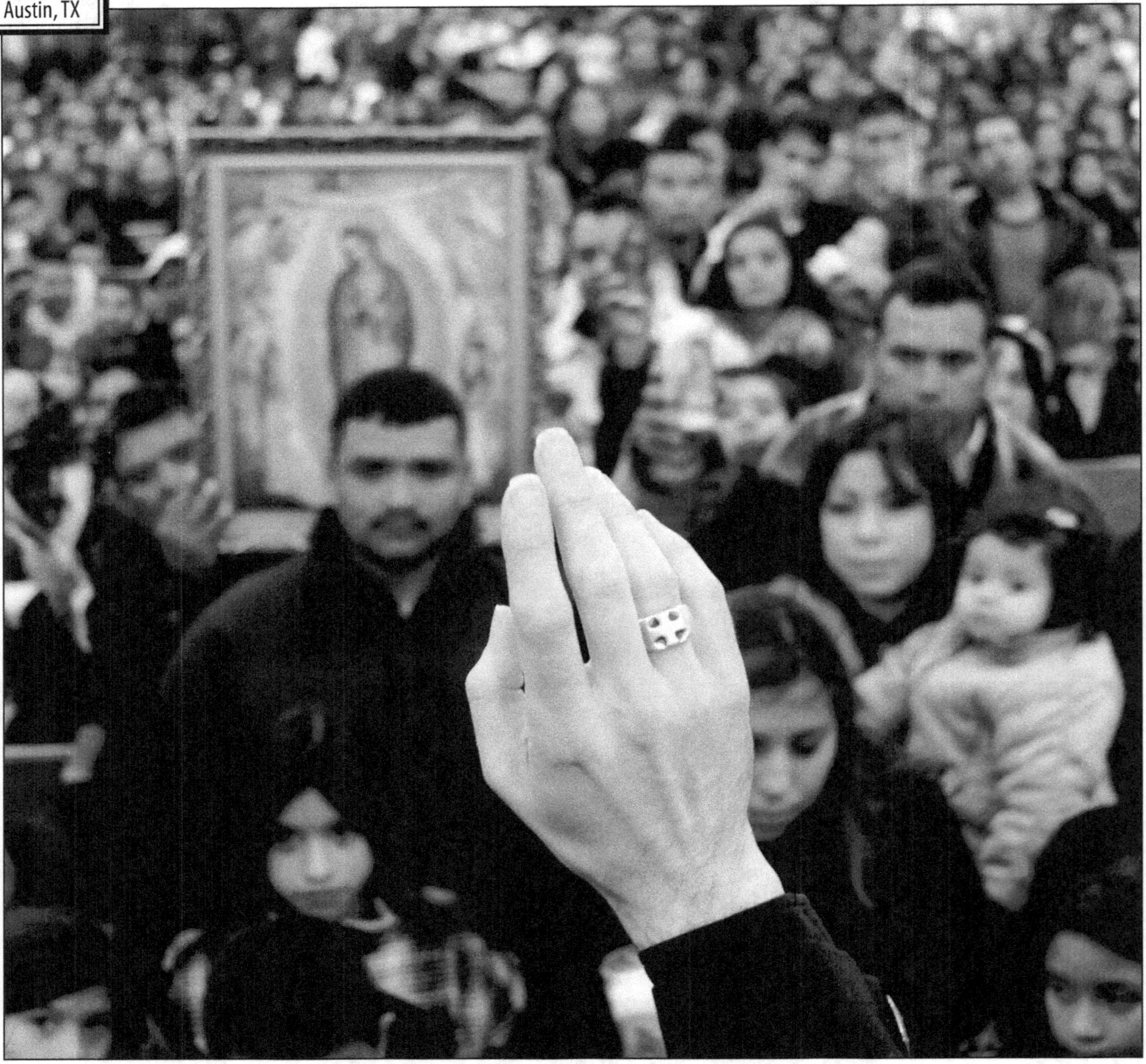

Photo by Carlos H. Lozano

OUTSTANDING COMMUNITY PHOTO

SILVER AWARD

Vida Nueva
Los Angeles, CA

Photo by Victor Aleman

BRONZE AWARD

Mundo Hispánico
Atlanta, GA

Photo by Miguel Martinez

OUTSTANDING INTERNATIONAL PHOTO

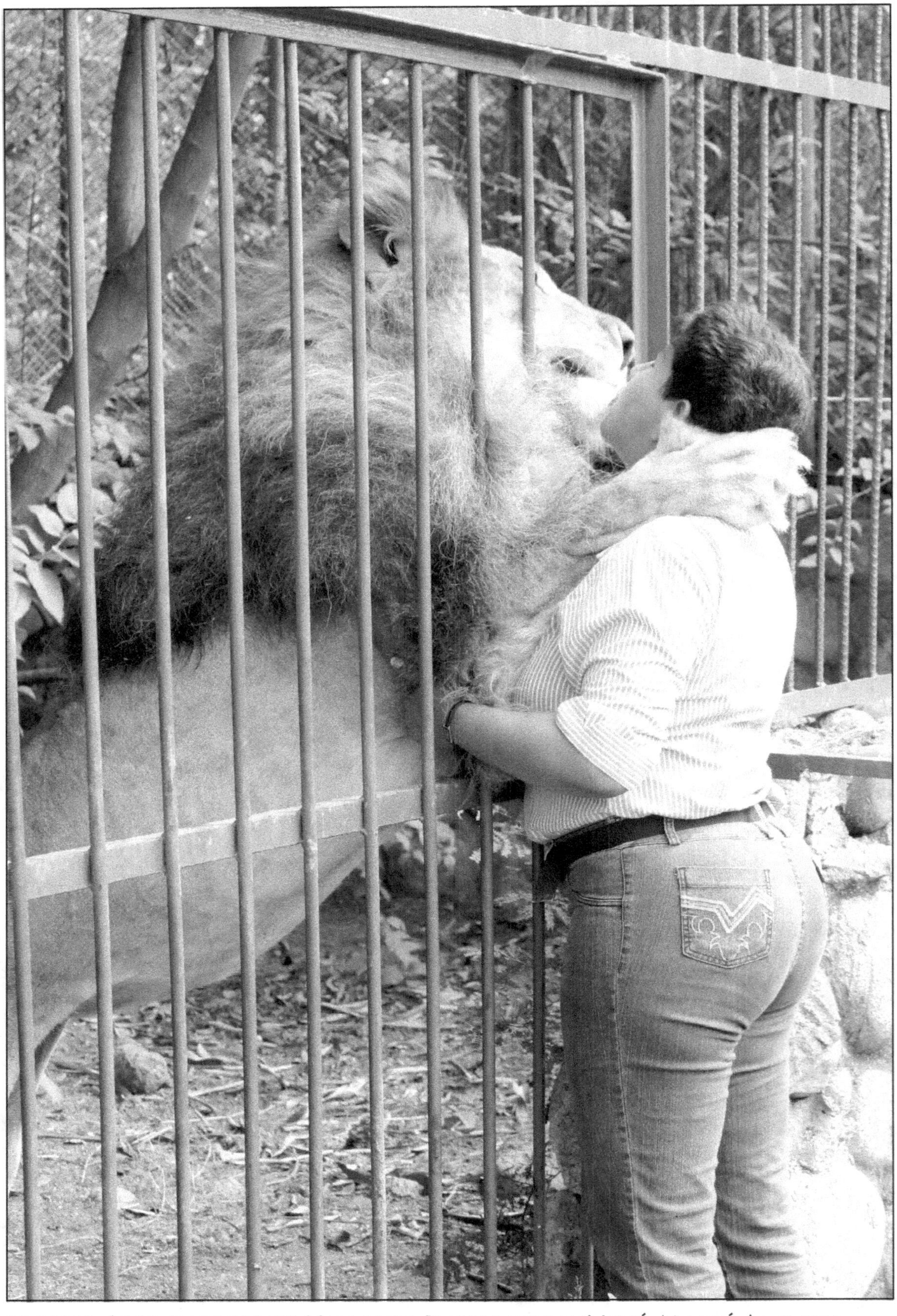

Photo by
Villa Lorena

Outstanding Sports Photo

Vida en el Valle
Fresno, CA

Photo by Daniel Cásarez

Mundo Hispánico
Atlanta, GA

Photo by Miguel Martinez

GOLD AWARD

Vida en el Valle
Fresno, CA

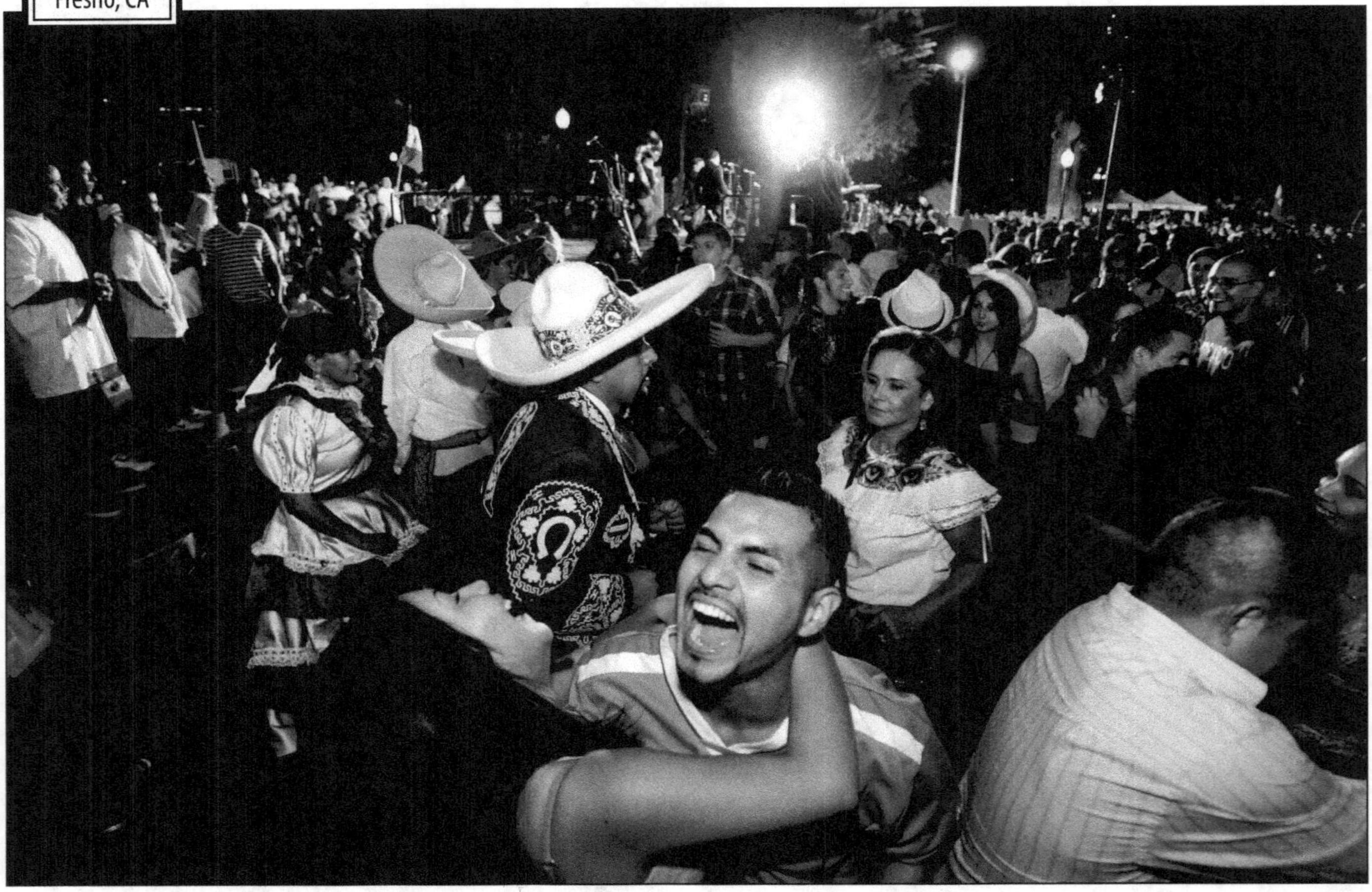

Photo by Hector Navejas

OUTSTANDING CULTURAL PHOTO

SILVER AWARD

El Mundo
Austin, TX

Photo by Carlos H. Lozano

BRONZE AWARD

Vida Nueva
Los Angeles, CA

Photo by Victor Aleman

Photo & Cartoon Awards

Outstanding News Event Photo Essay

2.8 · FILADELFIA · AL DÍA · NOVIEMBRE 21 - 27, 2010 · pontealdia.com

MÁS QUE MIL PALABRAS

Fotos: David Cruz/AL DÍA

pontealdia.com · NOVIEMBRE 21 - 27, 2010 · AL DÍA · FILADELFIA · 2.9

Los restos de San Bonifacio

Al interior de la fachada imponente quedan únicamente los vestigios de esa otra época en que San Bonifacio recibía cada domingo cientos de feligreses. El lugar luce como si un huracán hubiera arrasado con todo. Solo las columnas de yeso, los ladrillos y algunos adornos de mármol permanecen en su lugar.

Photos by David Cruz

OUTSTANDING NEWS EVENT PHOTO ESSAY

14

SILVER AWARD

Extra Bilingual
Chicago, IL

Photos by Abel Arciniega

PHOTO AWARDS

OUTSTANDING CULTURAL PHOTO ESSAY

B10 16 al 22 de septiembre de 2010 ATLANTA MUNDOHISPÁNICO

Herencia hispana

México y Atlanta, a casi un siglo de distancia

» AYER

» EMILIANO ZAPATA. 'El Caudillo del Sur' fue retratado en 1914.

» HOY

» MARTIN MACÍAS. Empresario jalisciense radicado en Atlanta.

» AYER

» INDUSTRIA AUTOMOTRIZ. En 1926, la compañía de autos Ford construyó la primera planta automotriz en México, con lo que marcarían una nueva época de apogeo industrial.

» HOY

» TALLERES LATINOS. Dirigido por Eduardo Méndez (izq.) y Héctor Juárez (centro), Sebastian Autorepair, en Chamblee, es uno de los talleres mecánicos en donde destaca la mano de obra hispana.

» AYER

» TEPEYAC, DF. Músicos cantaban a las afueras de la Basílica de la Virgen de Guadalupe en 1935.

» HOY

» LILBURN, GA. En la Iglesia de la Misión, año con año, la comunidad le canta a Nuestra Señora de las Américas.

» AYER

» TANGO. En 1920, este género musical y el danzón se bailaban en fiestas y competencias.

» HOY

» SALSA. Para bailar, este ritmo es uno de los más disfrutados por los latinos en Atlanta.

A principios del siglo 20, los hermanos Casasola documentaron la vida en México con sus cámaras. Nuestro lente le rinde un homenaje a su legado con fotografías inspiradas en sus imágenes, pero tomadas en la actual comunidad hispana de Atlanta.

FOTOS: ARCHIVO CASASOLA Y MIGUEL MARTÍNEZ

» AYER

» CIUDAD DE MÉXICO. En los 20's, tras la parte crítica de la Revolución, se finalizó la construcción de edificios como el Palacio de Bellas Artes.

» HOY

» BUCKHEAD. A pesar de la crisis económica, todavía se ven grandes proyectos de desarrollo urbano en la zona metropolitana de Atlanta.

» AYER

» LA FERIA. Los parques de diversiones con juegos mecánicos comenzaron a ganar popularidad en 1930 en la nación azteca.

» HOY

» STONE MOUNTAIN. En Atlanta, las ferias hispanas atraen a mucha gente y mantienen el espíritu festivo de antaño.

» AYER

» FAL. Una de las primeras tiendas departamentales de México en 1925.

» HOY

» LAREDO. Una tienda de ropa vaquera mexicana en Plaza Fiesta.

» AYER

» 'JUDAS'. Estas figuras de cartón se venden en las calles de México durante Semana Santa para quemarse.

» HOY

» GLOBOS. En las celebraciones en Atlanta, los globeros le ponen color a la verbena.

Photos by Miguel Martinez

OUTSTANDING CULTURAL PHOTO ESSAY

SILVER AWARD

Viva Colorado
Denver, CO

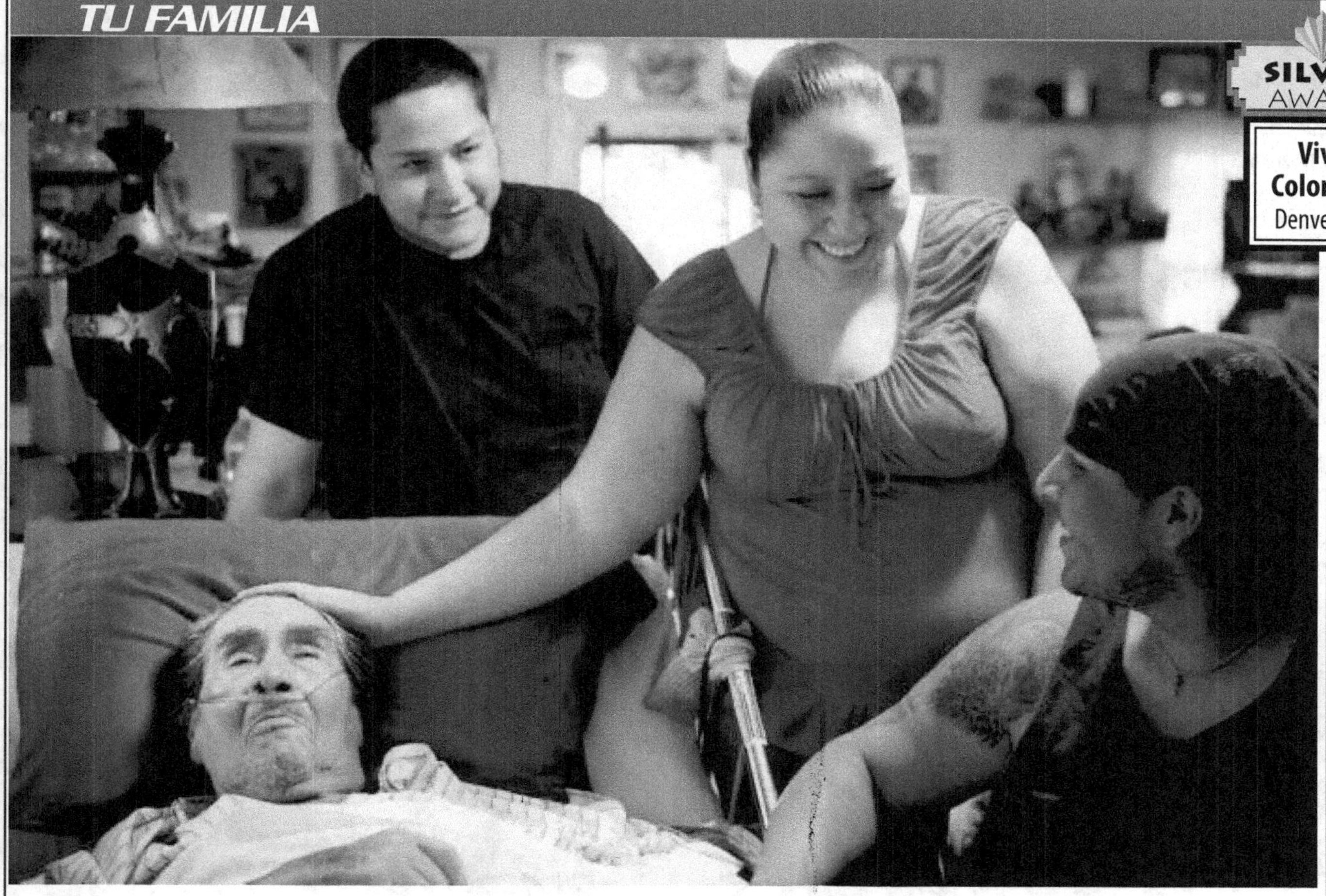

TU FAMILIA

Algunos aprovechan del Día de los Muertos para sacar a luz sus emociones

Afrontando la muerte

Por ***Laressa Bachelor***

La familia de Jacinto Daniel Salazar tuvo que enfrentar su posible muerte en varias ocasiones durante la pasada década. Después de cada episodio médico relacionado con problemas del corazón, él se recuperaba. Pero cuando Salazar se debilitó por completo, al punto que no podía salir de la cama a principios de septiembre, la familia sabía que el final estaba cerca.

Rudy Martinez, el mayor de los nueve nietos y 22 bisnietos de Salazar, recibió la llamada por video en Las Vegas, Nevada, el 10 de septiembre. Martinez vió a su abuelo por el sistema Skype y se "puso a llorar". Al día siguiente, el tomó el primer avión hacia Denver.

Cuando Martinez llegó a la casa de su tía Cathy Alire en Denver, se encontró con un grupo grande de familiares que rodeaban la cama de su abuelo. Algunos estaban serios, otros sonrientes recordando sus viajes con Salazar. Martinez decidió mantenerse fuerte para apoyar al resto de su familia.

Martinez se acercó a la cama de su abuelo y le agarró una mano.

"Él me dijo, 'Te estaba esperando', y le dije, 'Ya estoy aquí', y me contesto, 'Estoy contento que hayas llegado. No estoy listo para irme todavía, pero estoy feliz que estés aquí'", dijo Martinez.

Para Ron Salazar, el menor de los cinco hijos de Salazar, la decaída dramática de su padre le partió el corazón. Él señaló que estaba listo para

4 *VIVA Colorado* *28 de octubre de 2010*

Photos by Marie Griffin Dennis

PHOTO AWARDS

Photo & Cartoon Awards

Outstanding Cultural Photo Essay

SILVER AWARD

El Mensajero
San Francisco, CA

Photos by Ricardo Ibarra

Photos by Victor Aleman

OUTSTANDING EDITORIAL CARTOON

GOLD AWARD
Mundo Hispánico
Atlanta, GA

Editorial cartoon by Cascajo (Rodrigo Cervantes)

SILVER AWARD
Libre
Miami, FL

Editorial cartoon by Osvaldo Ozón

MARKETING AWARDS

While all the other award categories are based upon editorial and design qualities, this category is designed to honor the efforts that produce the revenues that allow the newspapers and magazines to survive and ultimately prosper. There's 22 great ideas presented here to help publications grow.

MARKETING AWARDS

OUTSTANDING MEDIA KIT

GOLD AWARD

Enlace
San Diego, CA

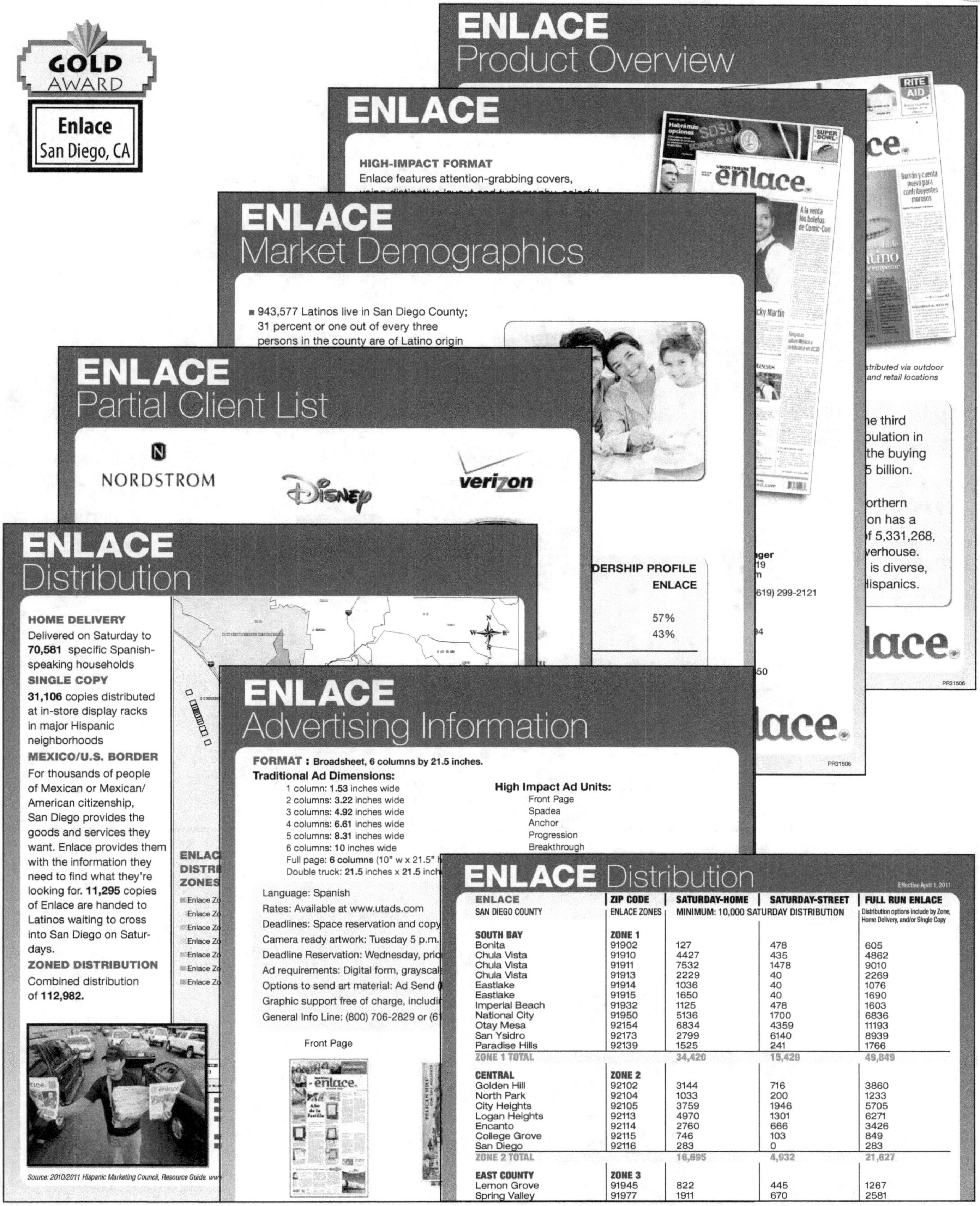

ENLACE
Product Overview

RITE AID

ENLACE

HIGH-IMPACT FORMAT
Enlace features attention-grabbing covers,

enlace

tributed via outdoor
and retail locations

he third
pulation in
the buying
5 billion.

orthern
on has a
f 5,331,268,
verhouse.
is diverse,
Hispanics.

PR31506

ENLACE
Market Demographics

- 943,577 Latinos live in San Diego County; 31 percent or one out of every three persons in the county are of Latino origin

DERSHIP PROFILE
ENLACE
57%
43%

ger
19
m
(619) 299-2121
94
50

PR31506

ENLACE
Partial Client List

NORDSTROM
Disney
verizon

ENLACE
Distribution

HOME DELIVERY
Delivered on Saturday to **70,581** specific Spanish-speaking households

SINGLE COPY
31,106 copies distributed at in-store display racks in major Hispanic neighborhoods

MEXICO/U.S. BORDER
For thousands of people of Mexican or Mexican/American citizenship, San Diego provides the goods and services they want. Enlace provides them with the information they need to find what they're looking for. **11,295** copies of Enlace are handed to Latinos waiting to cross into San Diego on Saturdays.

ZONED DISTRIBUTION
Combined distribution of **112,982.**

Source: 2010/2011 Hispanic Marketing Council, Resource Guide. ww

ENLAC
DISTR
ZONES

ENLACE
Advertising Information

FORMAT : Broadsheet, 6 columns by 21.5 inches.

Traditional Ad Dimensions:
1 column: **1.53** inches wide
2 columns: **3.22** inches wide
3 columns: **4.92** inches wide
4 columns: **6.61** inches wide
5 columns: **8.31** inches wide
6 columns: **10** inches wide
Full page: **6 columns** (10" w x 21.5"
Double truck: **21.5** inches x **21.5** inch

High Impact Ad Units:
Front Page
Spadea
Anchor
Progression
Breakthrough

Language: Spanish
Rates: Available at www.utads.com
Deadlines: Space reservation and copy
Camera ready artwork: Tuesday 5 p.m.
Deadline Reservation: Wednesday, pric
Ad requirements: Digital form, grayscal
Options to send art material: Ad Send
Graphic support free of charge, includi
General Info Line: (800) 706-2829 or (6

Front Page

ENLACE Distribution

Effective April 1, 2011

ENLACE SAN DIEGO COUNTY	ZIP CODE ENLACE ZONES	SATURDAY-HOME MINIMUM: 10,000 SATURDAY DISTRIBUTION	SATURDAY-STREET	FULL RUN ENLACE Distribution options include by Zone, Home Delivery, and/or Single Copy
SOUTH BAY	**ZONE 1**			
Bonita	91902	127	478	605
Chula Vista	91910	4427	435	4862
Chula Vista	91911	7532	1478	9010
Chula Vista	91913	2229	40	2269
Eastlake	91914	1036	40	1076
Eastlake	91915	1650	40	1690
Imperial Beach	91932	1125	478	1603
National City	91950	5136	1700	6836
Otay Mesa	92154	6834	4359	11193
San Ysidro	92173	2799	6140	8939
Paradise Hills	92139	1525	241	1766
ZONE 1 TOTAL		**34,420**	**15,429**	**49,849**
CENTRAL	**ZONE 2**			
Golden Hill	92102	3144	716	3860
North Park	92104	1033	200	1233
City Heights	92105	3759	1946	5705
Logan Heights	92113	4970	1301	6271
Encanto	92114	2760	666	3426
College Grove	92115	746	103	849
San Diego	92116	283	0	283
ZONE 2 TOTAL		**16,695**	**4,932**	**21,627**
EAST COUNTY	**ZONE 3**			
Lemon Grove	91945	822	445	1267
Spring Valley	91977	1911	670	2581

MARKETING AWARDS

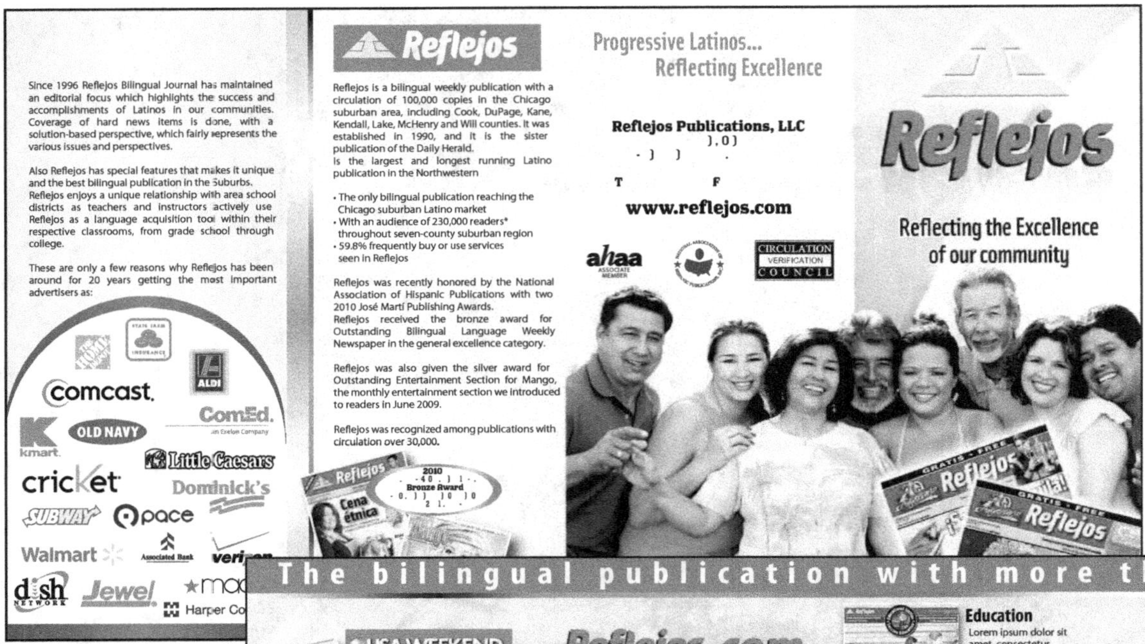

OUTSTANDING MEDIA KIT

Since 1996 Reflejos Bilingual Journal has maintained an editorial focus which highlights the success and accomplishments of Latinos in our communities. Coverage of hard news items is done, with a solution-based perspective, which fairly represents the various issues and perspectives.

Also Reflejos has special features that makes it unique and the best bilingual publication in the Suburbs. Reflejos enjoys a unique relationship with area school districts as teachers and instructors actively use Reflejos as a language acquisition tool within their respective classrooms, from grade school through college.

These are only a few reasons why Reflejos has been around for 20 years getting the most important advertisers as:

comcast. ALDI ComEd. an Exelon Company kmart OLD NAVY Little Caesars cricket Dominick's SUBWAY pace Walmart Associated Bank dish NETWORK Jewel Harper Co

Reflejos

Reflejos is a bilingual weekly publication with a circulation of 100,000 copies in the Chicago suburban area, including Cook, DuPage, Kane, Kendall, Lake, McHenry and Will counties. It was established in 1990, and it is the sister publication of the Daily Herald.
Is the largest and longest running Latino publication in the Northwestern

- The only bilingual publication reaching the Chicago suburban Latino market
- With an audience of 230,000 readers* throughout seven-county suburban region
- 59.8% frequently buy or use services seen in Reflejos

Reflejos was recently honored by the National Association of Hispanic Publications with two 2010 José Martí Publishing Awards.
Reflejos received the bronze award for Outstanding Bilingual Language Weekly Newspaper in the general excellence category.

Reflejos was also given the silver award for Outstanding Entertainment Section for Mango, the monthly entertainment section we introduced to readers in June 2009.

Reflejos was recognized among publications with circulation over 30,000.

Reflejos Cena étnica 2010 Bronze Award

Progressive Latinos...
Reflecting Excellence

Reflejos Publications, LLC

www.reflejos.com

ahaa CIRCULATION VERIFICATION COUNCIL

Reflejos

Reflecting the Excellence of our community

GRATIS · FREE Reflejos

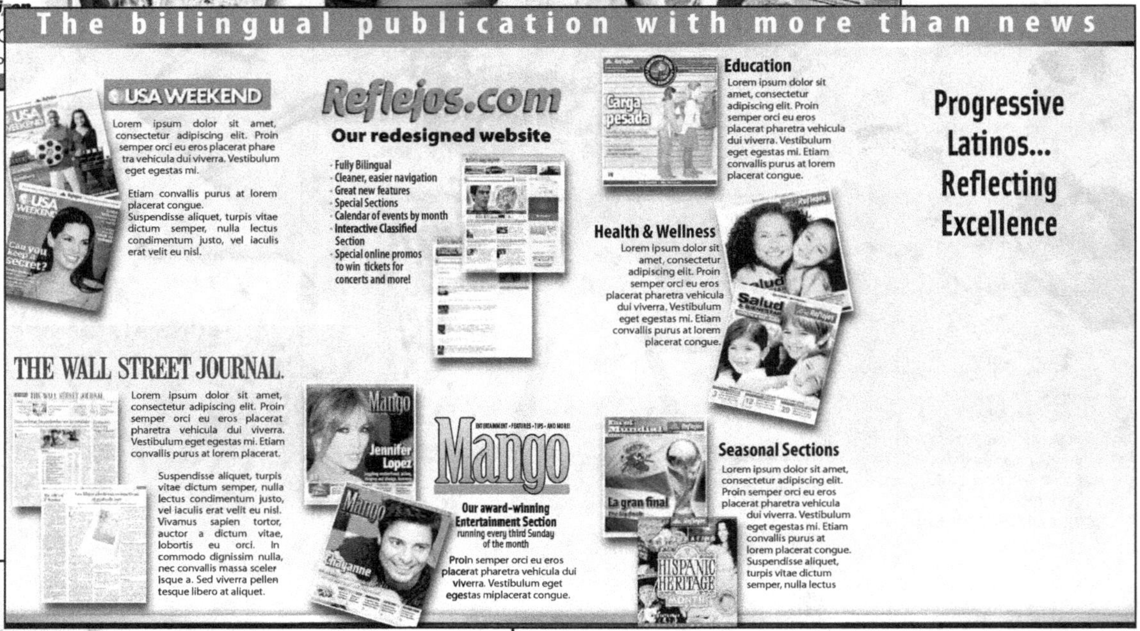

The bilingual publication with more than news

USA WEEKEND

Lorem ipsum dolor sit amet, consectetur adipiscing elit. Proin semper orci eu eros placerat phare tra vehicula dui viverra. Vestibulum eget egestas mi.

Etiam convallis purus at lorem placerat congue.
Suspendisse aliquet, turpis vitae dictum semper, nulla lectus condimentum justo, vel iaculis erat velit eu nisl.

Reflejos.com

Our redesigned website

- Fully Bilingual
- Cleaner, easier navigation
- Great new features
- Special Sections
- Calendar of events by month
- Interactive Classified Section
- Special online promos to win tickets for concerts and more!

Education

Lorem ipsum dolor sit amet, consectetur adipiscing elit. Proin semper orci eu eros placerat pharetra vehicula dui viverra. Vestibulum eget egestas mi. Etiam convallis purus at lorem placerat congue.

Health & Wellness

Lorem ipsum dolor sit amet, consectetur adipiscing elit. Proin semper orci eu eros placerat pharetra vehicula dui viverra. Vestibulum eget egestas mi. Etiam convallis purus at lorem placerat congue.

Progressive Latinos... Reflecting Excellence

THE WALL STREET JOURNAL.

Lorem ipsum dolor sit amet, consectetur adipiscing elit. Proin semper orci eu eros placerat pharetra vehicula dui viverra. Vestibulum eget egestas mi. Etiam convallis purus at lorem placerat.

Suspendisse aliquet, turpis vitae dictum semper, nulla lectus condimentum justo, vel iaculis erat velit eu nisl. Vivamus sapien tortor, auctor a dictum vitae, lobortis eu orci. In commodo dignissim nulla, nec convallis massa sceler isque a. Sed viverra pellen tesque libero at aliquet.

Mango

ENTERTAINMENT · FEATURES · TIPS · AND MORE!

Our award-winning Entertainment Section
running every third Sunday of the month

Proin semper orci eu eros placerat pharetra vehicula dui viverra. Vestibulum eget egestas miplacerat congue.

Seasonal Sections

Lorem ipsum dolor sit amet, consectetur adipiscing elit. Proin semper orci eu eros placerat pharetra vehicula dui viverra. Vestibulum eget egestas mi. Etiam convallis purus at lorem placerat congue. Suspendisse aliquet, turpis vitae dictum semper, nulla lectus

SILVER AWARD

Reflejos
Chicago, IL

Outstanding Media Kit

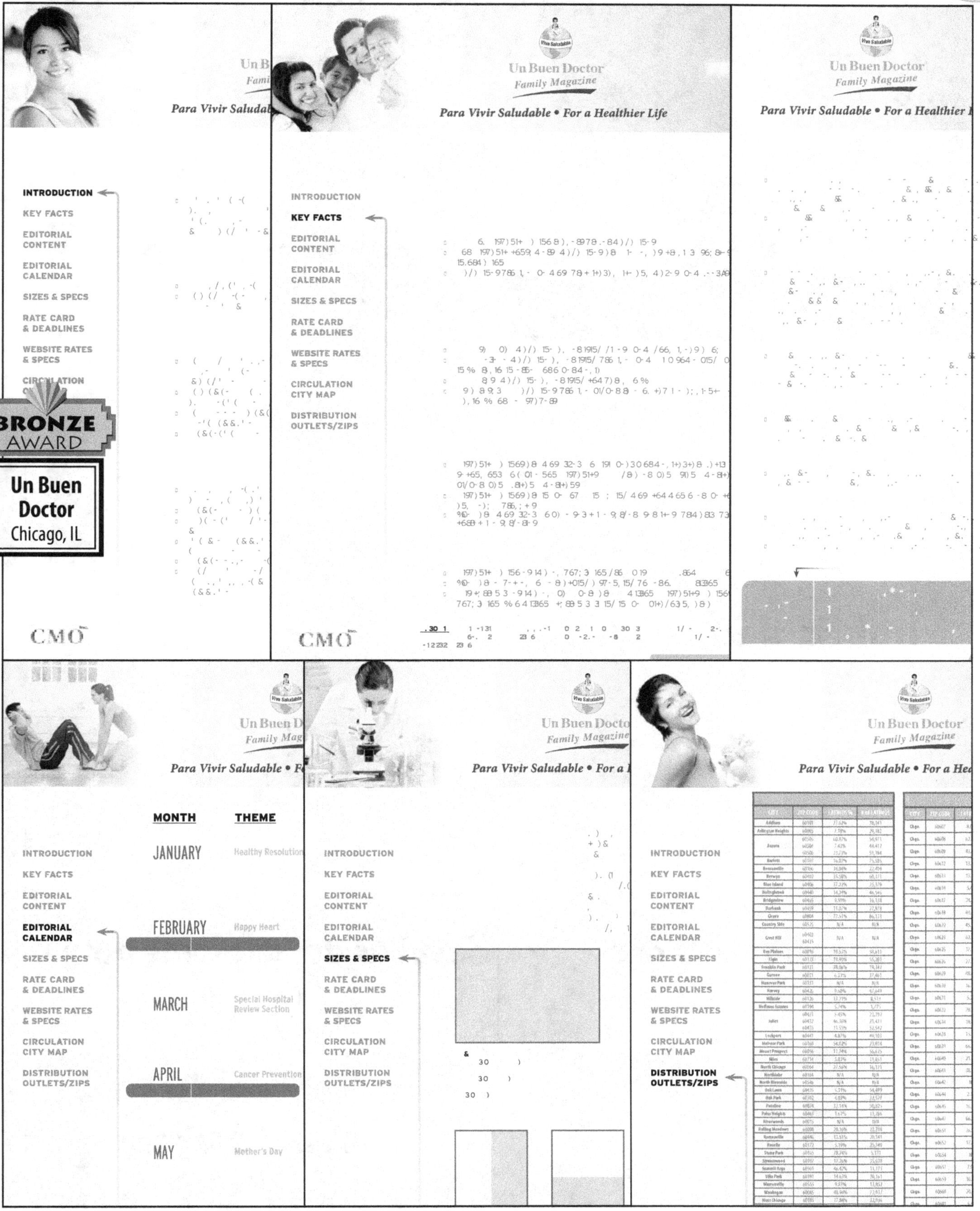

BRONZE AWARD

Un Buen Doctor
Chicago, IL

Un Buen Doctor
Family Magazine
Para Vivir Saludable • For a Healthier Life

INTRODUCTION
KEY FACTS
EDITORIAL CONTENT
EDITORIAL CALENDAR
SIZES & SPECS
RATE CARD & DEADLINES
WEBSITE RATES & SPECS
CIRCULATION CITY MAP
DISTRIBUTION OUTLETS/ZIPS

CMO

MONTH	THEME
JANUARY	Healthy Resolution
FEBRUARY	Happy Heart
MARCH	Special Hospital Review Section
APRIL	Cancer Prevention
MAY	Mother's Day

GOLD AWARD

El Clasificado
Los Angeles, CA

FIESTAS PATRIAS

BICENTENARIO DE MEXICO
200 AÑOS

publicidad

A COLOR

$2,000	$1,200	$1,000	FRONT COVER $900	$550 / $700 página 2	$550	$300	$125
	inside back cover y páginas principales: pg.3,5,7			½	½	¼	

fechas importantes

detalles del suplemento

PUBLICADO POR: El Clasificado.

al día
PUBLISHED BY The Dallas Morning News

Score big
World Cup 2010
An advertising opportunity of *Al Día*
Retail

SILVER AWARD
Al Día
Dallas, TX

Reach soccer's biggest fans

For Hispanics, soccer isn't just a national pastime, it's a national passion. That's why we're publishing **250,000** issues of World Cup 2010 and distributing them throughout Dallas-Fort Worth, the nation's sixth largest Hispanic market.

- In the D-FW area, Hispanics make up 24% of the population
- Among 18- to 34-year-olds, Hispanics are 64% more likely to have played soccer in the last 12 months than the general population

Oh! Mexico

Because World Cup competition kicks off with a match between Mexico and South Africa on June 11, local interest will be intense.

- 90% of Hispanics in the D-FW area are from Mexico or of Mexican descent
- D-FW Hispanics are more than twice as likely to follow the Mexican team than the general population
- 20% of all Spanish-dominant Hispanics read *Al Día*

To reach Hispanics beyond *Al Día's* subscriber base, more than 300,000 issues of World Cup 2010 will be distributed at local hotels, and at media and cultural events geared toward Hispanics and available for distribution by advertisers.

Al Día's exclusive coverage of all the games from April 3 through July 17 provides yet another opportunity to reach Hispanic fans.

Go for the goal

In the U.S., soccer is often called "the other football." But during World Cup competition, it's the only game in town. That's why *Al Día* is publishing World Cup 2010 on Saturday, June 5, the definitive Spanish-language guide to the players, the teams and the tournament. This indispensible 80-page resource will enhance the experience of local fans following the games from the opening whistle to the final goal.

To generate awareness of World Cup 2010, we will promote the guide on TV, radio, billboards and online, as well as in *The Dallas Morning News, Quick, Neighborsgo* and *Briefing*.

To reserve space in World Cup 2010, contact your *Al Día* account executive today.

Size	Rates
Full Page (9.66" x 11")	$6,160
1/2 Page (9.66" x 6")	$3,360
1/4 Page (5.75" x 5")	$1,680

Color included at no additional cost

Publishing Date: Saturday June 5, 2010
Space Deadline: Friday May 14, 2010
Material Proof Deadline: Friday May 21, 2010
Final Ad Release: Friday May 28, 2010

El Mundo
Seattle, WA

EN LA COPA DE EL MUNDO™

Puedes ganarte uno de estos premios......

... haciendo valer tus playeras

Ya se acerca el mundial y la hora de participar en LA COPA DE EL MUNDO™.

Reúne tus 12 playeras dobladas, marca con una F los 2 finalistas, ponlas en un sobre junto a un papel con tu nombre, dirección, teléfono y/o correo electrónico y llévalas a las oficinas del periódico El Mundo hasta el 25 de Junio.

Y prepárate, porque el 11 de Julio, el día de la gran final, podrás participar en el sorteo de espectaculares premios de nuestros patrocinadores.

INVITAN:

OUTSTANDING MARKETING NEWSLETTER

Quinceanera.com

En esta edicion: Celebra tus quince en un crucero?Jay Sean and the Mis Fabulosos Quince Contest?Madonna's "Hard Candy" Fitness Centers?Vicente Fernandez: un clasico para todas las edades?Style Icon: Frida Kahlo and more...

quinceanera.com

Celebra tus quince en el mar

PREPARATIVOS

El crucero ideal para la quinceañera: Puerto Vallarta

Por Pablo Scarpellini

Teatros con los ultimos estrenos cinematograficos, multitud de piscinas y buffets en cantidad proporcionan entretenimiento sin limites a bordo de estas ciudades flotantes que ofrecen una opcion valida tanto para las que iran antes o despues de la fiesta, como para aquellas que quieren sustituir el baile por unas vacaciones en barco.

Jay Sean and Dioselyn Maximo

IN THE LOOP

Jay Sean and Verizon Wireless' Mis Fabulosos Quince Contest Winner

By Hilda Gabriela

A few weeks ago we shared with you the opportunity of winning Verizon Wireless' Mis Fabulosos Quince contest, and now we bring you the lucky Quinceañera who not only got hooked up with the Quince party of her dreams, but that also had British pop/R&B artist Jay Sean sing at her fiesta. Check out the video interview with contest winner Dioselyn Maximo and Mr. Jay Sean himself, and watch all the excitement as Jay Sean sings "Happy Birthday" to Dioselyn on stage!

Stay fit, Madonna's way

HEALTH

Get fit with Madonna's "Hard Candy" Fitness Centers

By Quinceanera News

Throughout her career Madonna has been devoted to fitness and well being and has worked out in literally hundreds of gyms around the world. As a result, she has a strong vision on what the ideal exercise, dancing and work out environment should be. Now, she can share her fitness vision across the world through "Hard Candy" fitness centers.

Anuncio: GT Productio

SILVER AWARD

El Clasificado
Los Angeles, CA

GOLD AWARD

Al Día
Dallas, TX

Aprovecha y acompáñanos en el último gran evento del verano éste

14 y 15 de agosto

Copa Al Día Edición Mundialista

El torneo juvenil más prestigioso del metroplex

Disfruta de:

- Brincolines
- Pinta caritas
- Futbolito
- Texas Rangers
- FC Dallas
- ESPN Deportes
- Malabaristas
- Hombres en zancos
- Juegos
- Rifas
- Cientos de premios
- Exquisita comida

y por supuesto mucho futbol...

¡Todo es GRATIS!

Hobby Fields
Samuell-Garland
12061 McCree Rd.
Dallas, TX. 75238

Sábado 9am - 5pm
Domingo 9am - 5pm

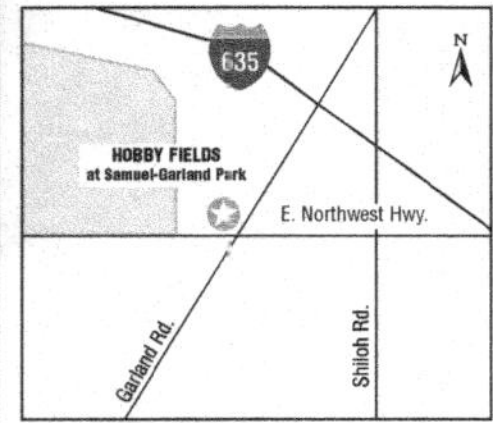

Más detalles en:

T · · Mobile ·

OUTSTANDING AD PROMOTING YOUR PUBLICATION, 30,000+

SILVER AWARD

El Tiempo
Las Vegas, NV

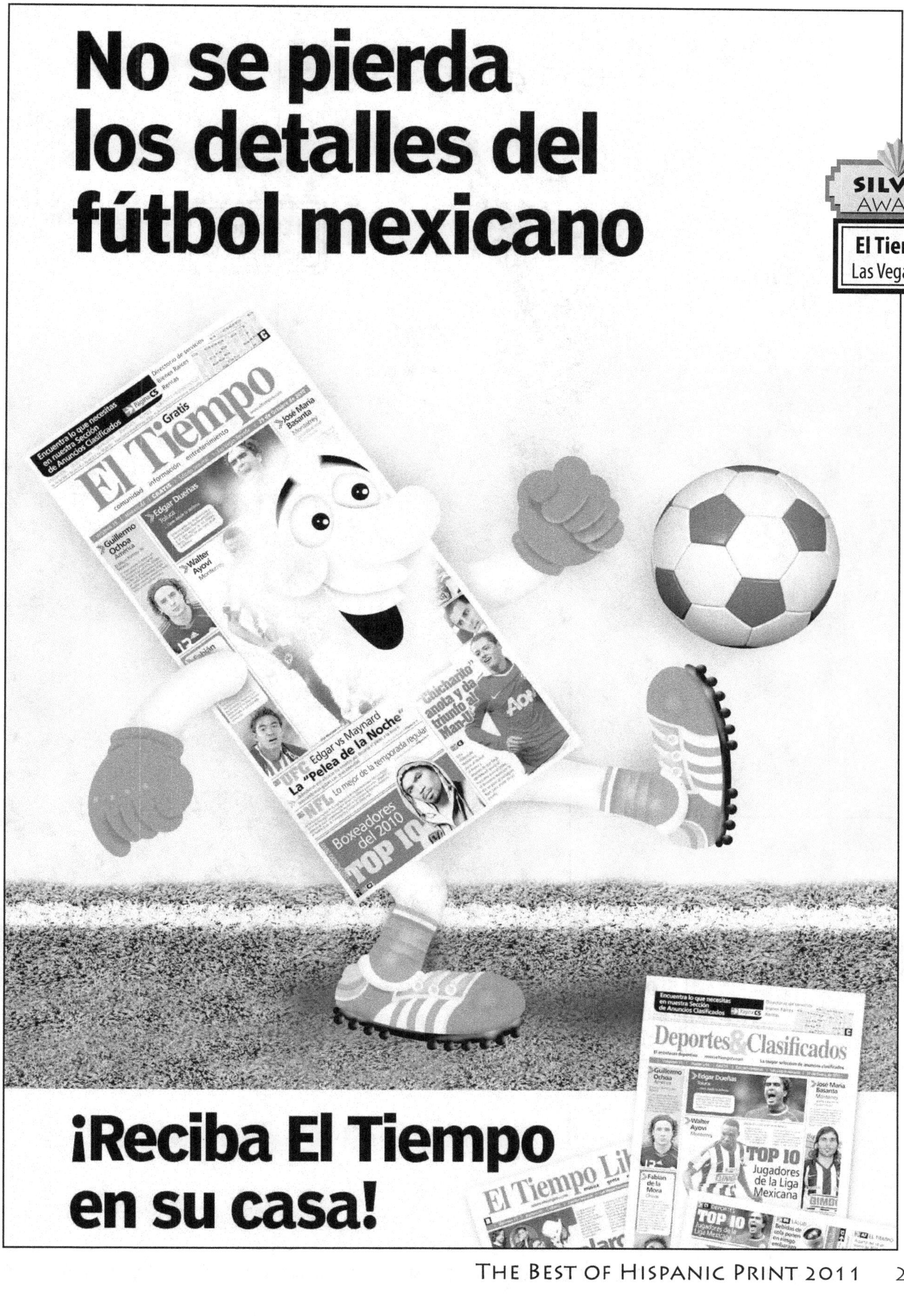

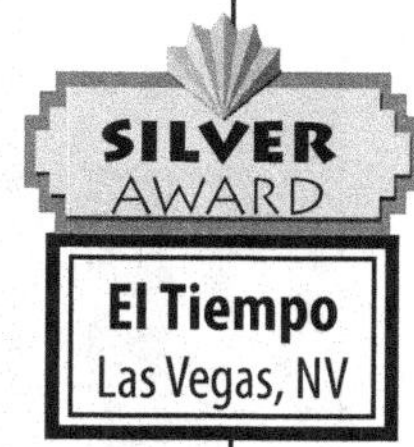

No se pierda los detalles del fútbol mexicano
El Tiempo
Deportes & Clasificados
TOP 10
Jugadores de la Liga Mexicana
¡Reciba El Tiempo en su casa!

MARKETING AWARDS

Outstanding Ad Promoting Your Publication, 30,000+

Hay que admitirlo,
¡Nos gusta ganar!

1er Lugar en las categorías:

- Mejor publicación de clasificados
- Mejor programa de distribución
- Mayor porcentaje de incremento en ventas
- Mejor website de auto-promoción
- Mejor suplemento de salud
- Mejor volante de auto-promoción

2do Lugar

- Mejor boletín digital (Su Socio de Negocios)

NAHP
2010
AWARDS

El Clasificado

BRONZE AWARD

El Clasificado
Los Angeles, CA

UTAH
EL OBSERVADOR DE UTAH

Sylvia Valli Abalos • Salt Lake City, Utah • Argentina

BRONZE AWARD

El Observador de Utah
Salt Lake City, UT

Outstanding Ad Promoting Your Publication, Under 30,000

GOLD AWARD

Libre
Miami, FL

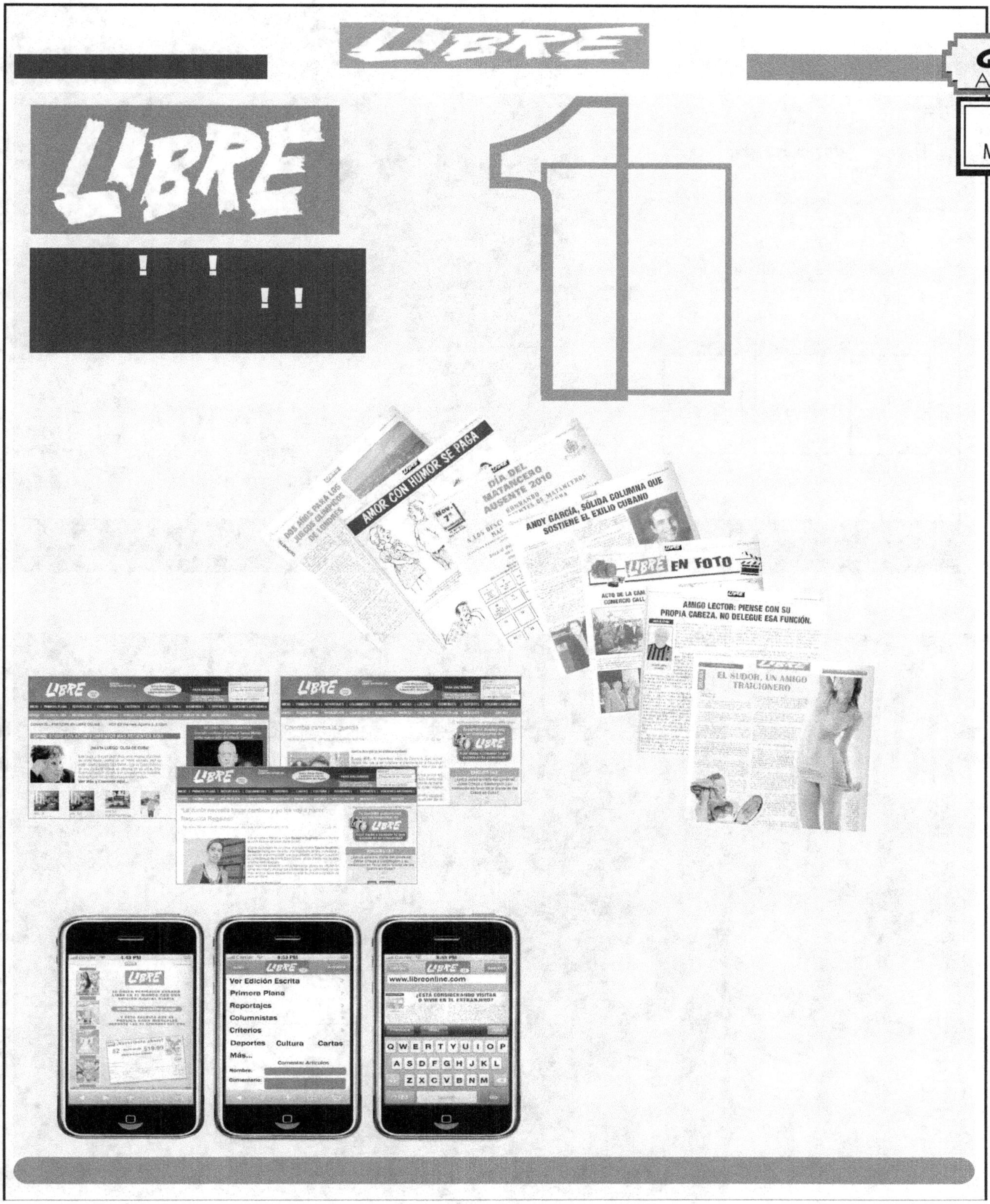

LIBRE

LIBRE

1

DOS AÑOS PARA LOS JUEGOS OLÍMPICOS DE LONDRES

AMOR CON HUMOR SE PAGA

DÍA DEL MATANCERO AUSENTE 2010

ANDY GARCÍA, SÓLIDA COLUMNA QUE SOSTIENE EL EXILIO CUBANO

LIBRE EN FOTO

AMIGO LECTOR: PIENSE CON SU PROPIA CABEZA. NO DELEGUE ESA FUNCIÓN.

EL SUDOR, UN AMIGO TRAICIONERO

Ver Edición Escrita
Primera Plana
Reportajes
Columnistas
Criterios
Deportes Cultura Cartas
Más...

www.libreonline.com

Marketing Awards

Outstanding Ad Promoting Your Publication, Under 30,000

SILVER AWARD

Hoy en Delaware
Salisbury, MD

BRONZE AWARD

Panorama Latin News
Scranton, PA

Outstanding Marketing Effort Targeting Advertisers

GOLD AWARD

La Voz Bilingüe
Denver, CO

Saving MOTHER EARTH

In honor of Earth Day, celebrated April 2011, LA VOZ will devote its entire publication space to saving our environment and "going green" in our April ___, issue.

Saving the environment is an important world issue and La Voz stresses the efforts made by corporate America and the everyday citizen in the Latino and non-Latino community.

Read about how to save our natural resources, new energy saving ideas, recycling efforts and more.

Please show your support by advertising in our April __issue of La Voz. For further information, or for advertising placement, please call or e-mail at: (303) 936-8556 or e-mail privera@lavozcolorado.com

SILVER AWARD

Al Día
Dallas, TX

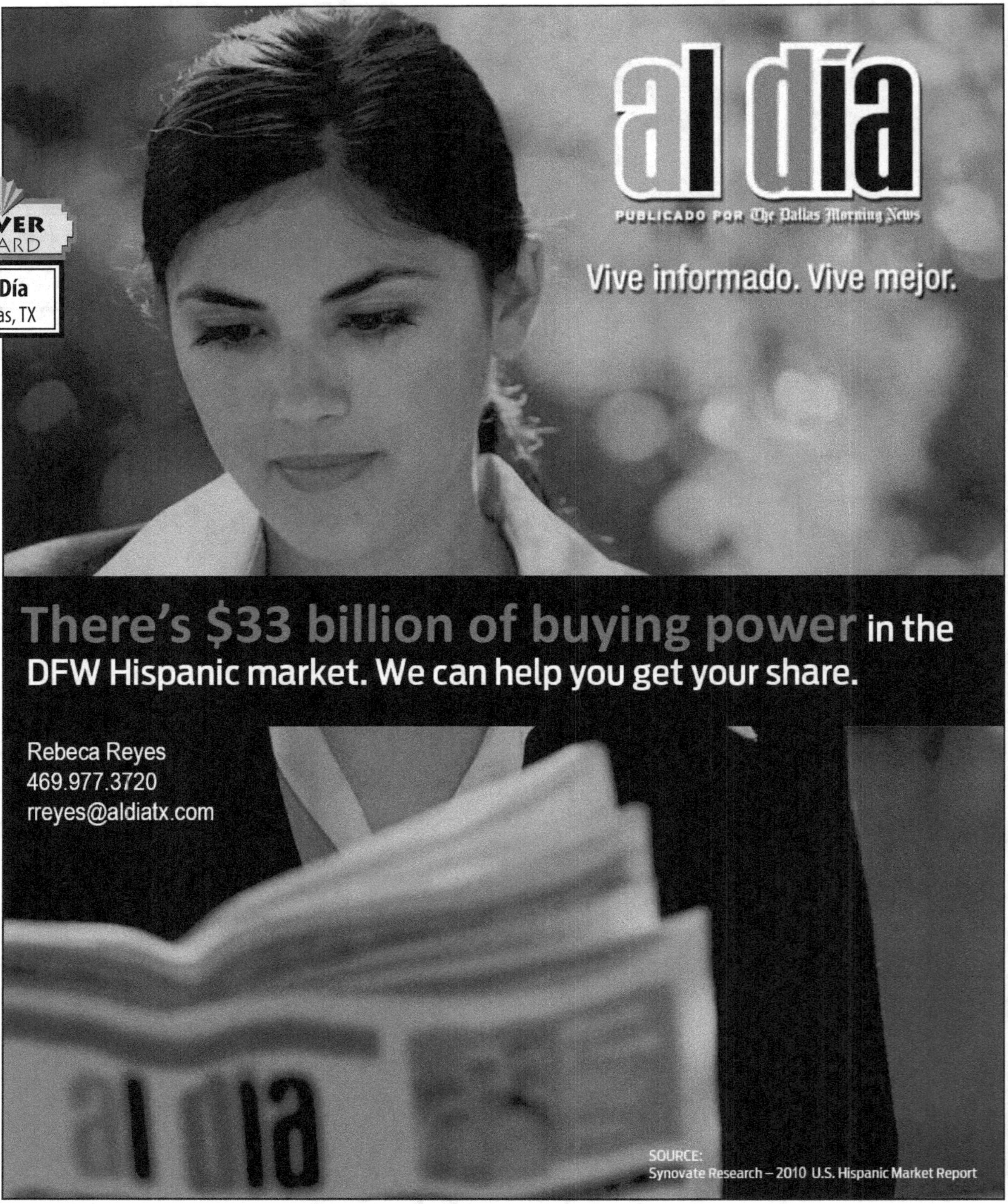

al día

PUBLICADO POR The Dallas Morning News

Vive informado. Vive mejor.

There's $33 billion of buying power in the DFW Hispanic market. We can help you get your share.

Rebeca Reyes
469.977.3720
rreyes@aldiatx.com

al día

SOURCE:
Synovate Research – 2010 U.S. Hispanic Market Report

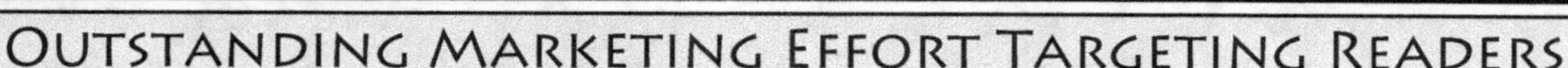

NAHP AWARDS

OUTSTANDING
Marketing Effort Targeting Readers

GOLD AWARD

El Clasificado
Los Angeles, CA

READERSHIP CONTESTS IN 2010

One of the marketing strategies that El Clasificado has executed with great results since the Company's foundation is the contests for its readers.

What began as a tactic to reward the loyalty of the families that read El Clasificado, has to date become a marketing tool that the company uses with various objectives: increase readership in the print copy as well as that of the special print supplements that are printed throughout the year, increase the number of page views to the various El Clasificado owned and operated media sites, collect email addresses from participants and add them to its contacts database and increase the number of "likes" and subscribers to its social media pages.

Throughout 2010, El Clasificado was able to meet those objectives with more than 100 contests in which nearly 6,500 readers participated. The monetary value of the prizes awarded by El Clasificado to contest participants surpassed $17,000.

With our Thanksgiving contest we received 1,000 entries.

PRINT CONTESTS

The contests that received the most entries last year were the coloring contests for "Tres Reyes" (Three Kings) and Dora the Explorer 10th Anniversary, along with a World Cup-themed word search. But without a doubt, the Thanksgiving Day-themed word search (sopa de letras) was the most successful with nearly 1,000 participants in which each winner received a $50 Payless gift card.

A new tactic that was implemented last year with the objective to introduce the traditional El Clasificado reader to the media company's special print supplements, was to run contests related to those special print editions and publish the names of the winners on the print supplements. The strategy was successful enough and we will replicate it this year with most of our supplements.

concurso de colorear

Su hijo puede participar y agregar toques finales al dibujo y tendrá la posibilidad de ganar un certificado de regalo de $50

The "Three Kings" was one of the most popular coloring contests in 2010.

2011

APPLICATION

MARKETING AWARDS

OUTSTANDING MARKETING EFFORT TARGETING READERS

Al Día submitted a video targeting readers

OUTSTANDING WEB SITE PROMOTING YOUR PUBLICATION

aldiatx com

PERCENTAGE INCREASE IN AD DOLLARS DURING 2010

Gold Award, **El Clasificado**, Los Angeles, CA **18% increase**
Silver Award, **Al Día**, Dallas, TX **7% increase**

NAHP AWARDS

OUTSTANDING CIRCULATION PROGRAM

GOLD AWARD

El Clasificado
Los Angeles, CA

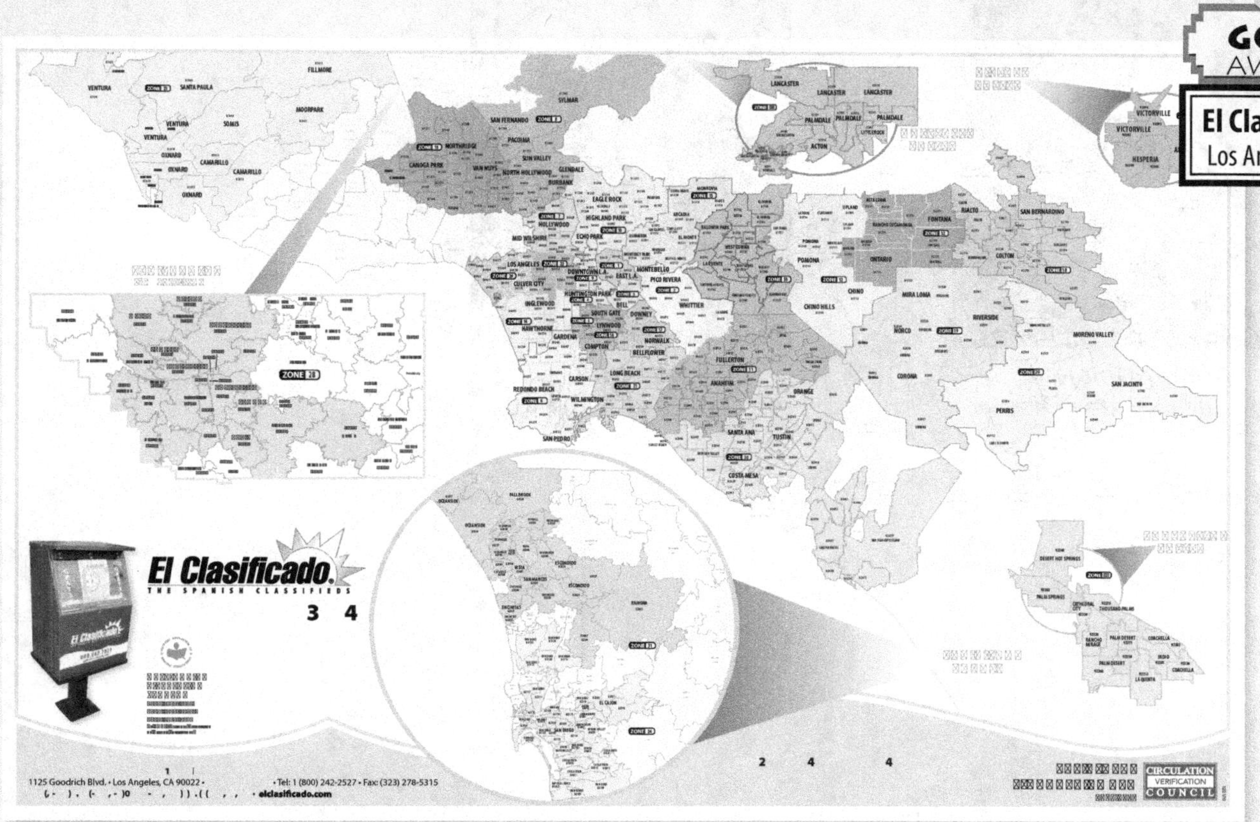

El Clasificado's 2010 Circulation Map

El Clasificado's delivers 410,000 weekly copies to over 1.5 million weekly readers. Our award-winning circulation program is monitored and controlled with Nautilus, a proprietary software program that has not only given the distribution department better control of print and distribution costs but has also contributed to the bottom line by providing data used in sales proposals to close deals especially with regional and national advertisers that seek very targeted penetration into the Hispanic market.

Nautilus is a software program that instantly provides valuable demographic and circulation information that can be used for current and prospective customers. Nautilus allows us to optimize our print by calculating drop amounts by location based on moving average return information. Its demographic information also enables us to pinpoint and add distribution locations in densely populated Hispanic neighborhoods. Optimizing print drops and broadening circulation expands our readership base and helps ensure that our advertisers are getting the highest return for their advertising investment.

APPLICATION

The 2011 NAHP Board

cont. from page 14

Amy Hinojosa
Acting Executive Director

Kirk Whisler
Founding President

WPR BOOKS
is dedicated
to improving
protrayals and
expanding
opportunities for
Latinos in the USA

A Wide Variety of Opportunities

WPR BOOKS, formerly known as WPR Publishing, has been publishing books and directories since 1983. WPR Books has seven imprints: Comida, Helping Hands, Heros, Latino Insights, Latin American Insights, Para los Niños, and Total Success.

Latino Print Network, **WPR BOOKS** sister organization, works with over 625 Hispanic newspapers and magazines. These publications have a combined circulation of 19 million in 177 markets nationwide.

Latino Literacy Now is a 501(c)3 organization that has produced 48 **Latino Book & Family Festivals** around the USA since it's founding in 1997. Over 800,000 people have attended these events. It also has carried out the **International Latino Book Awards** since 1997 and the **Latino Book into Movies Awards** since 2010.

Hispanic Marketing 101 is a twice-weekly enewsletter that provides a variety of helpful information. A subscription is free at **www.HM101.com**

We have these and other programs that may be of interest to you. For more information please go to **www.WPRbooks.com** or call us at 760-434-1223.

We're adding more books every month

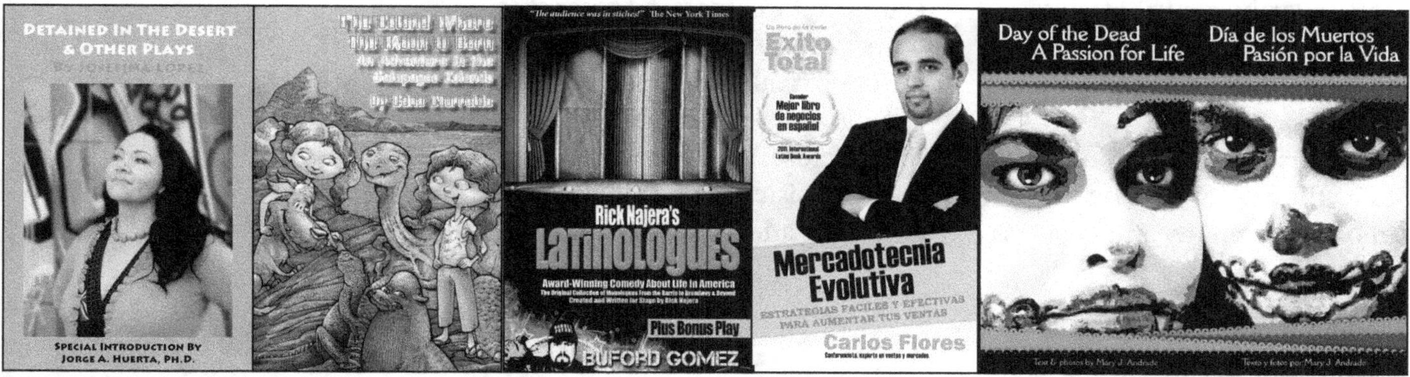

Latino Publishers are a Unique Breed of Business People

By Zeke Montes

It is important to recognize that Latino publishers are a unique breed of business people. Balancing the responsibility of keeping the community well informed while simultaneously making the business a profitable one.

It is in our hands to address the issues that affect children and their parents through the pages of our publications. We carry in our hearts, in our pocketbook and in the pages in our Newspapers the mission of making life better for all our readers.

We are in an exceptional position. Corporations and local businesses acknowledge the power of the printed page. Our local clients depend on us to increase the amount of people that visit their business. Our community leaders, non-profit organizations, schools and local government need us to share their news to our readers. Our vendors rely on our purchases to sustain their businesses such as a local dealer for our delivery vans or a cellular provider for our company phones. These working relationships stem from our newspaper, making a noteworthy contribution to our local economy and social responsibility.

As publishers, it serves us well to be the best connected person in our community and business environment. We are frequently offered leadership roles in non-profit organizations, committees and local chambers. Politicians recognize our influence and seek our support when it's time for elections. How many other businesses experience these exclusive opportunities?

I guess the point to be made is that publications are an effective way to reach the consumer. Not more so than when corporations and government entities are targeting the Hispanic Consumers. The blue print for penetrating the Hispanic Market is complex and if not done properly can be costly to any business. Hispanic Publications are a trusted source for our community and can aid the general market to reach our readers effectively to build brand recognition and trust.

In 2012, the NAHP's number one mission is to promote the benefits of reaching Hispanic communities through the printed word. As a united front, we continue to focus on the federal government through the Media Summit in March, develop our sponsored webinars, be present in our sister' National conventions to support our community, spotlight issues pertaining to our cause, create alliances with our sister organizations, and bring additional benefits to our members by expanding MOU's with our vendors and partners. The NAHP will plan the advertising summit in New York to demonstrate the success of our clients and we will work toward a celebration of our successes with our brothers and sisters in our 2012 convention.

We invite you to communicate with us as we work to meet the goals we have outlined here. Much work is planned in a strategy that will help our community and bring prosperity to our industry.

Zeke Montes is the President Elect of the National Association of Hispanic Publications and has served as President of the NAHP from 1986-1989 and 1999-2003.

www.ingramcontent.com/pod-product-compliance
Lightning Source LLC
Chambersburg PA
CBHW082126180726
48291CB00010B/2756
9781889379395